가람 이병기 전집 8

일기 Ⅲ

가람 이병기 전집

8

일기 III

전북대학교
출판문화원

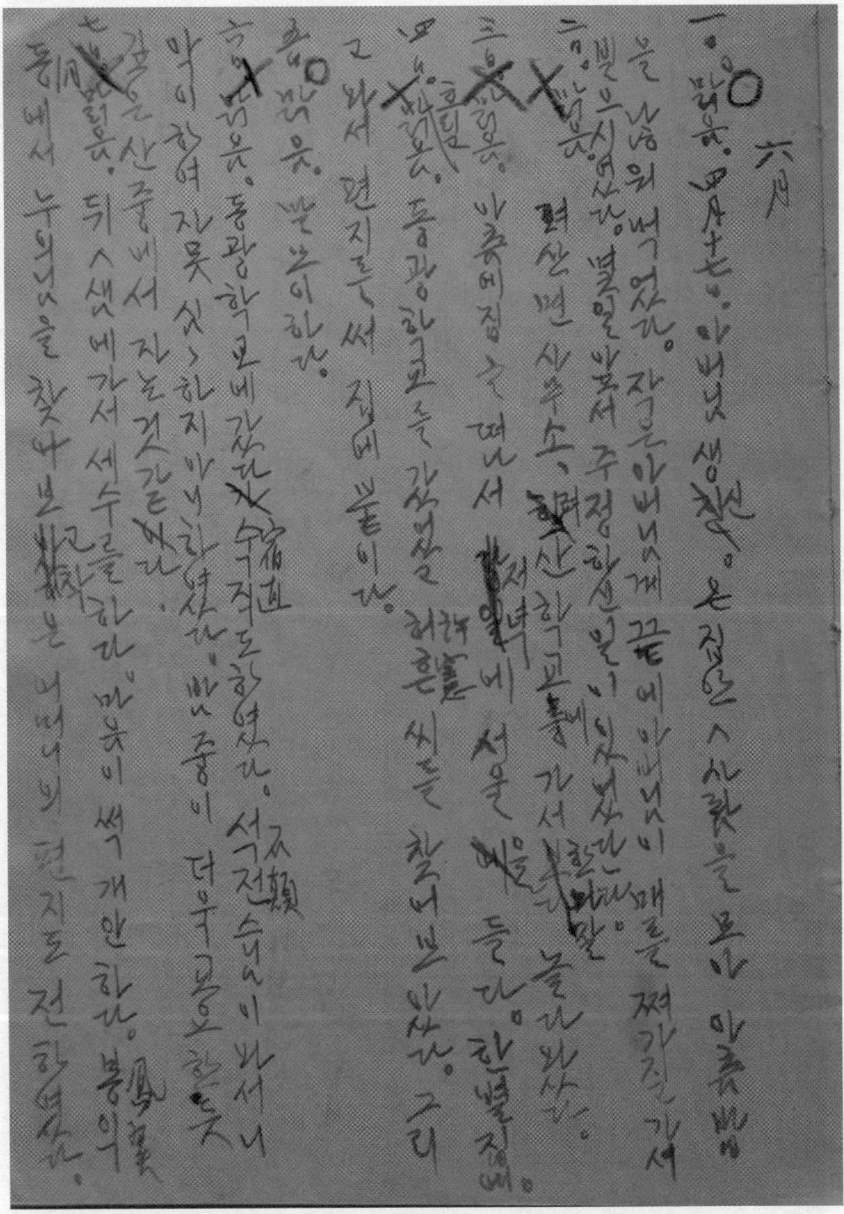

△ '말모이' 관련 일기 기록(1923년 6월 5일)

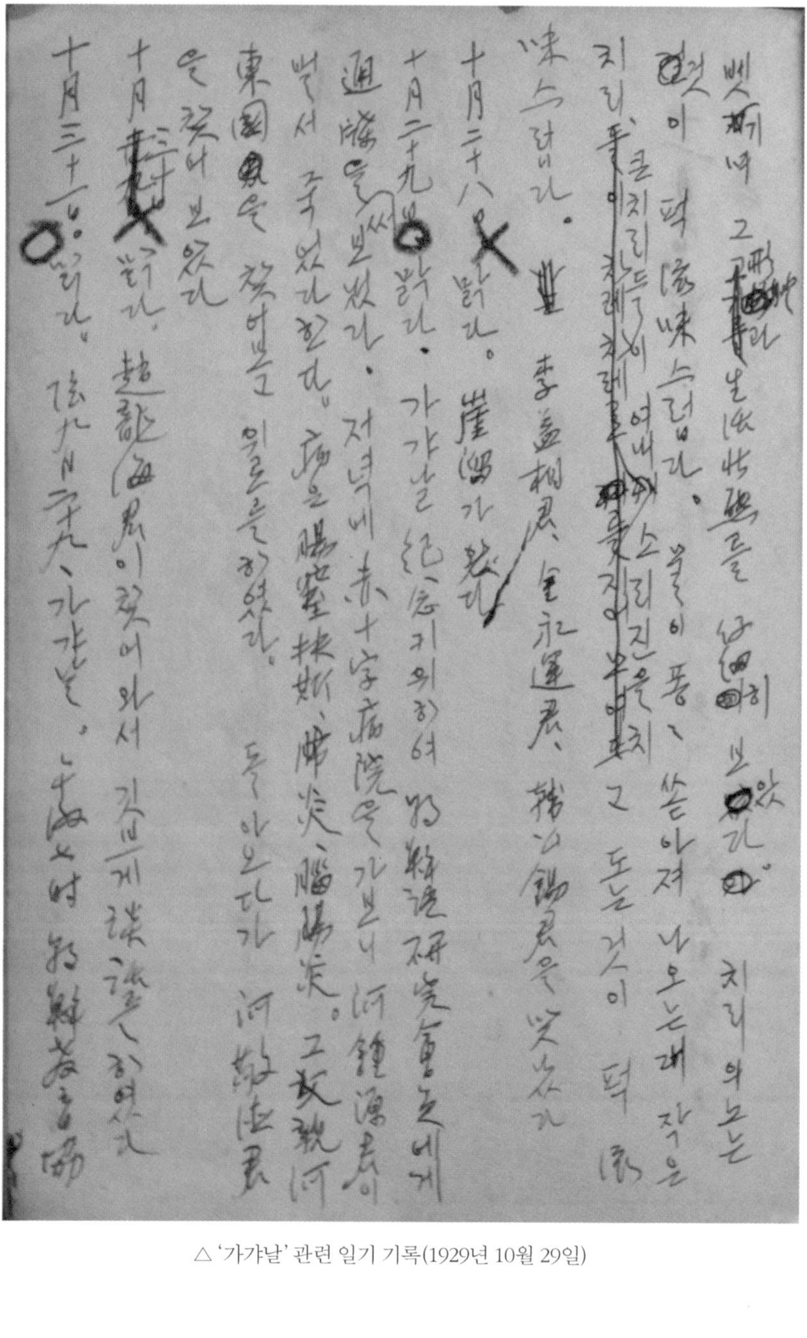

△ '가갸날' 관련 일기 기록(1929년 10월 29일)

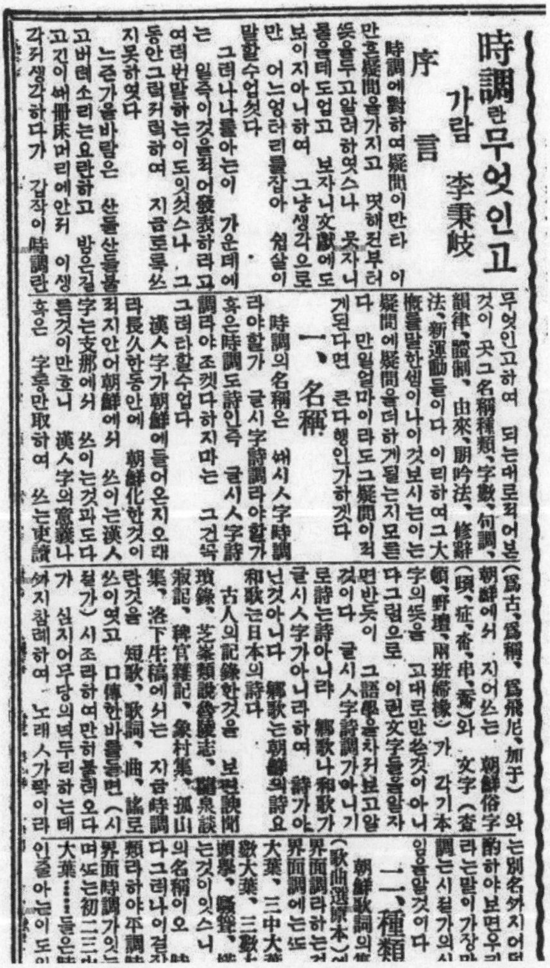

時調란 무엇인고

가람 李秉岐

序 言

時調에對하여疑問이만타 이
만흔疑問을가지고 몃해전부터
뜻을두고알려하엿스나 못자니
물을데도업고 보자니文獻에도
보이지아니하여 그냥생각으로
만 어느영터리를잡아 쉽살이
말할수업섯다
그러나나를아는이 가운데에
는 일즉이것을적어發表하라고
여러번말하는이도잇섯스나 그
동안그러저럭하여 지금토록쓰
지못하엿다
느즌가을바람은 산들산들불
고버러소리는요란하고 밤은길
고긴이 써冊床머리에안저 이생
각저생각하다가 갑작이時調란
무엇인고하여 되는대로적어본
것이 곳그名稱、種類、字數、句調、
韻律、體制、由來、朗吟法、修辭
法、新運動들이다 이리하여그大
槪를말한셈이니이것보시는이는
疑問에疑問을더하게될는지모른
다 만일얼마이라도그疑問이적
게된다면 큰다행인가하겟다

一、名稱

時調의名稱은 쌔시ㅅ字時調
라야할가 글시ㅅ字詩調라야할가
혹은時調도詩인즉 글시ㅅ字詩
調라야조켓다하지마는 그건뚝
그러타할수업다
漢ㅅ字가朝鮮에들어온지오래
라長久한동안에 朝鮮化한것이
적지안어朝鮮에서 쓰이는漢ㅅ
字는支那에서 쓰이는것과도다
른것이만흐니 漢ㅅ字의意義나
혹은 字音만取하여 쓰는吏讀
(爲古、爲稱、爲飛尼、加于)와
朝鮮에서 지어쓰는 朝鮮俗字
(頉、症、畓、串、乭)와 文字(畓
頓、野壇、兩班儒橡)가 각기本
字의뜻을 고대로만쓴것이아니
다그럼으로 이런文字를읽을자
면반듯이 그語學을차저보고알
것이다 글시ㅅ字詩調가아니기
로詩는詩아니라 鄕歌나和歌가
글시ㅅ字가아니라하여 詩가아
닌것아니다 鄕歌는朝鮮의詩요
和歌는日本의詩다
古人의記錄한것을 보면謏聞
瑣錄、芝峯類說、[illegible]志、[illegible]泉談
[illegible]記、稗官雜記、象村集、孤山
集、洛下生稿에서는 지금時調
란것을 短歌、歌詞、曲、謠로
쓰이엿고 口傳한바를들면(시
절가) 시조라하여만히불러오다
가 심지어무당의넉두리하는데
쌔지참례하여 노래ㅅ가락이라
는別名까지어더
的하야보면우리
라는말이가장마
調는시절가의시
임을알것이다

二、種類

朝鮮歌詞의舊
(歌曲選原本)에
界面調라하는것
界面調에는또
大葉、三中大葉
數大葉、三數大
頭擧、騷聳、
는것이잇스니
의名稱이오時
다그러나이걸자
類라하야平調時
界面時調가잇는
며또는初二三中
大葉……들은時
인줄아는이도이

△ 가람이 발표한 「시조란 무엇인고」(『동아일보』, 1926. 11. 24.~12. 13.)

일러두기

1. 『가람일기』(신구문화사, 1976)는 원래의 일기를 선별하여 펴냈으나, 이번 전집에는 현재 남아있는 1909년부터 1966년까지의 가람 일기(한문일기 3권, 한글일기 48권) 육필 노트 원고 전체를 유족의 협조로 확보하여 본 전집에 전문을 모두 수록하였다.
2. 가람의 일기 중 유실된 15권과 50권은 『가람문선』(신구문화사, 1966)과 『가람일기』(신구문화사, 1976)에 실려 있는 부분을 수록하였다.
3. 행초서로 쓴 한문일기는 탈초한 원문과 아울러 한글 번역문도 수록하였다.

※한문일기 1, 2, 3권의 탈초는 유화수 교수(호원대학교)와 황재문 교수(서울대학교 규장각한국학연구원)가, 번역은 황재문 교수가 맡아 수고하였음을 밝힌다.

4. 원문 일기의 표기법을 존중하여 수록하되, 띄어쓰기는 가독성을 고려하여 현재의 한글맞춤법과 표준어규정에 따르는 것을 원칙으로 하였다.
5. 국한혼용 일기의 한자어는 가독성을 위하여 '한글漢字' 형태로 표기하였다.(1923. 9. 12. ~ 1926. 6. 10. 한글일기의 한자어는 원문에 한글과 한자가 병기된 것이며, 이후 일기는 한자어로만 쓰인 국한혼용임.)
6. 날짜는 한문으로 쓰여 있으나 한글과 아라비아 숫자로 전부 표기하였다.
7. 원문에 없는 문장부호는 현대 어법에 맞게 붙였다.
8. 조사 '은'과 '는', '을'과 '를'이 뒤바뀌어 쓰인 경우가 많은데, 이 또한 가람의 글쓰기 습관을 나타내주는 징표라고 생각하여 그대로 표기하였다.
9. 가람일기의 권별 자료는 다음 표에 정리하였다.(원본 일기는 한문일기 1~3, 이후 일기 1~48로 표시되어 있으나 본 전집 권번호는 1~51의 일련번호로 표시함.)

가람일기 원본 정리표

구분		권	기간	치수	면수(면)	비고
한문일기		1	1909. 4. 13. ~ 1912. 12. 31.	16×23.5cm	228	
		2	1913. 1. 1. ~ 1915. 3. 24.	16×23.5cm	184	
		3	1915. 3. 25. ~ 1917. 3. 31.	17×24.5cm	134	
한글일기	순한글	4	1919. 8. 12. ~ 1919. 8. 31.	12.5×19cm	126	
		5	1919. 9. 1. ~ 1919. 9. 25.	.16×21cm	110	
		6	1919. 9. 27. ~ 1919. 10. 19.	16×20cm	76	
		7	1919. 10. 20. ~ 1919. 12. 6.	14×20cm	70	
		8	1919. 12. 7. ~ 1920. 5. 16.	14×20cm	76	
		9	1920. 5. 17. ~ 1920. 6. 14.	14×20cm	52	
		10	1920. 6. 15. ~ 1920. 7. 19.	14×20cm	58	
		11	1920. 7. 20. ~ 1920. 9. 12.	14×20cm	58	
		12	1920. 9. 13. ~ 1920. 11. 30.	14×20cm	52	
		13	1920. 12. 1. ~ 1921. 2. 9.	13.5×19cm	60	
		14	1921. 2. 10. ~ 1921. 5. 14.	14×20cm	62	
		15	결권(1921. 5. 15. ~ 1921. 12. 31.)			
		16	1922. 1. 1. ~ 1922. 7. 31.	15×20cm	72	
		17	1922. 8. 1. ~ 1922. 12. 31.	16×20cm	86	
		18	1923. 1. 1. ~ 1923. 7. 15.	14.5×20cm	80	
		19	1923. 7. 16. ~ 1923. 9. 11.	15×20cm	98	

한글일기	순한글	20	1923. 9. 12. ~ 1923. 10. 31.	14×19.5cm	90	
		21	1923. 11. 1. ~ 1924. 3. 25.	14×20cm	134	
		22	1924. 3. 26. ~ 1924. 6. 5.	14.5×20cm	78	
		23	1924. 6. 6. ~ 1924. 8. 17.	14×20cm	62	
		24	1924. 8. 18. ~ 1925. 10. 7.	14×20cm	124	
	국한혼용	25	1925. 10. 8. ~ 1926. 6. 30. (1926. 5. 1.부터 국한 혼용)	14×20cm	78	
		26	1926. 7. 1. ~ 1927. 7. 26.	14.5×20cm	106	
		27	1927. 7. 27. ~ 1928. 8. 13.	14.5×20cm	146	
		28	1928. 8. 14. ~ 1929. 7. 19.	14×20cm	82	
		29	1929. 7. 20. ~ 1930. 9. 21.	14×20cm	90	
		30	1930. 9. 22. ~ 1931. 7. 23.	14×20cm	68	
		31	1931. 7. 24. ~ 1931. 8. 27.	13.5×20cm	68	
		32	1931. 8. 28. ~ 1932. 4. 22.	14×20cm	98	
		33	1932. 4. 23. ~ 1933. 1. 22.	14×20cm	122	
		34	1933. 1. 23. ~ 1934. 7. 3.	14×20cm	130	
		35	1934. 7. 4. ~ 1935. 5. 16.	14×20cm	66	
		36	1935. 5. 17. ~ 1937. 2. 3.	14×20cm	130	
		37	1937. 2. 4. ~ 1938. 8. 31.	14×19.5cm	134	
		38	1938. 9. 1. ~ 1939. 12. 31.	14×19.5cm	114	
		39	1940. 1. 1. ~ 1941. 4. 19.	14×19cm	114	
		40	1941. 4. 20. ~ 1942. 4. 30.	14×19cm	94	
		41	1942. 5. 1. ~ 1942. 10. 22.	14×19cm	54	
		42	1943. 9. 19. ~ 1944. 4. 30.	14×19cm	74	
		43	1944. 5. 1. ~ 1946. 8. 31.	12.5×19.5cm	226	
		44	1946. 9. 1. ~ 1948. 3. 25.	15×21.5cm	96	
		45	1948. 3. 26. ~ 1949. 10. 8.	15×21cm	96	
		46	1949. 10. 9. ~ 1950. 10. 5.	14×20cm	95	
		47	1950. 10. 6. ~ 1951. 12. 21.	14×20cm	92	
		48	1951. 12. 22. ~ 1954. 8. 27.	15×21cm	158	
		49	1954. 8. 28. ~ 1957. 10. 5.	15×21.5cm	184	
		50	결권(1958. 2. 7. ~ 1964. 9. 30.)			
		51	1964. 10. 1. ~ 1966. 6. 20.	18.2×25.7cm	187	
			합계		5,072	

차례

일기

20권

1923. 9. 12. ~ 1923. 10. 31.

1923년(단기 4256년)

1923년(단기 4256년) 계해癸亥

9월

9월 12일. 비. 아츰을 재촉하여 먹고 역驛에 나와 한 시 반이나 기다리니 차가 온다. 차를 타고 강경역에 와 나렸다. 비는 좀 그친다. 미친 개를 피하야 황산 시가로 하야 보퉁이를 걸메고 우산을 받고 발이 쑥쑥 빠지는 길로 까치발을 지나다. 체부遞夫를 만나 서로 주거니 받거니 니악이 하며 앞서거니 뒤서거니 오노라니 꽤 심심치 않다. 불 같은 햇살은 잇다금 구름 사이로 나려 쪼이고 물 솟듯하는 땀은 얼굴에 등에 줄줄 흐른다. 독선거리 니르러 병주秉周 씨를 맞나보고 찬璨의 안부를 듣고 좀 시장한 것을 참고 제남교濟南橋를 건너 집으로 들다. 온 집안 사람, 동내ㅅ사람, 위문 온 사람이 백여 명 모였다. 명천할머니, 장골아주머니께서도 오셨다. 비는 또 온다. 밤에도. 잠이 잘 아니 와서 괴로웠었다. 빗소리, 버레ㅅ소리, 물소리 몯우가 마음을 어지럽게 한다.

9월 13일. 비. 한아버님 소상. 위문 오는 이가 뒤를 이어 든다. 병시秉始 씨, 경 군景君도 왔다. 금강산 시를 외어 듣겼더니 퍽 좋아하시고 적어까지 달라고. 저믈도록 술상, 밥상 보아 손님 대접하기가 큰일이다. 그러느라고 집안사람들이 눈코 뜰 겨를도 없다. 게다가 비는 와서 땅은 질고 날은 무더워 음식은 장만하는 대로 바로 쉬어 버린다. 방이 좁아서 편히 좀 앉을 데가 없어 안팎으로 들랑날랑 밤을 지내다.

9월 14일. 아마 네 시는 되었다. 얼마 아니면 날이 샐 듯. 동천에서 솟아오르는 별들이 점점 더 빛이 나고 사방에서 닭 울음소리가 요란하게 들린다. 복인들은 죄다 궤연방에 모였다. 진설陳設을 맞히고 통곡을 하다. 갑작이 할아버님 얼굴이 엄연儼然히 낱아나 보이시며 걷잡을 수 없이 뜨거운 눈물이 좔좔 쏟아진다. 그러다 곡을 그치고 복을 벗고 다시 의관을 정제하고 제사 지나다. 제사를 지나고는 음식을 낳아 먹이니 먹고는 모인 사람들이 각각 돌아갔다. 명천할머님께서도 가셨다. 비는 갰다.

9월 15일. 맑고 바람이 슬슬 분다. 장골아주머니께서는 병택秉擇이를 더불고 송전이집 마차를 타고 장골로 가셨다. 아주 쓸쓸한 가을빛이 낱아난다. 곡식은 무척 되었다. 아츰에 사직재 제수가 건곽란乾癨亂나서 매우 걱정되었다. 온 동내 사람 가운대 칠팔 인이나 곽란으로 욕본다. 제사 음식을 넘어 먹고 그런 모양模樣.

9월 16일. 아츰에 일즉 닐어나다. 처妻를 깨워 밥을 식이고 하던 버릇으로 앞 련못 가에도 거닐고 단이다. 바람 한 점, 구름 한 점을 구경할 수도 없고 뻙앟게 쏘는 햇발이 천호산天壺山 우로 솟는다. 명태를 뚜드려 넣고 닭발 섞어 끓인 국에다 새콩밥을 먹고 한아버님 궤연에 하직하고 떠났다. 새술막까지 이슬은 흠뻑 채고 와 줄곳 한길로 난 진터에 니르러 체부遞夫를 만나 동행하야 강경역에 니르러 오전午前 십일 시 반 차에 오르다. 태전 와서 세 시간을 기다려 특대급행特大急行에 오르다. 변취마다 거의 비어 있다. 웨 승객乘客이 이렇게 적은가. 동경 등지가 지진地震 난 때문인가. 나는 펺게 한 변취를 굺아 앉았다, 누었다 하며 경성에 니르다. 계동 권 군權君 집에 들어 태전서 사온 능금을 안으로 들여보내고 자다.

9월 17일. 맑음. 동광학교에 가서 수업授業 시간을 맞히고 김승렬金承烈 선생 집을 찾아보고 대관원大款園에 가 조 학감曺學監 학유學乳의 송별회를 하다. 오후午後 열 시에 돌아오다.

9월 18일. 흐리고 무덥다. 안국동에서 누님을 찾아보고 동광학교에 가보니 생도生徒 전부全部(二五○)가 명년 삼월 내로 고등보통으로 승격昇格한다는 인증서印證書를 교장校長과 설립자設立者가 하여 달라고 하며 동맹휴학同盟休學을 하였다. 림시직원회臨時職員會를 열고 래일 구 시에 생도 일동이 등교登校하라고 게시揭示를 써 붙였다. 불교회로 하여 돌아오다. 김상긔金庠基 군이 찾아왔기에 동광학교의 니약이를 하였다.

9월 19일. 비가 좀 오다. 학교에 나갔다가 늦게야 돌아왔다. 생도生徒들은 등교登校치 않는다. 또 게시揭示를 붙였다. 래일 구 시에 오라고. 저녁밥이 넘어 섬식었다. 찬 된장하고 생짐치하고 쌂은 새우젓에 밥 두어 술을 떠먹었더니 그것이 조화가 못 되어 갑작이 구역驛이 나 먹은 것이 죄다 거슬어오른다. 발우 수제를 지고 령신환靈神丸 한 개를 먹고 말았다. 그러나 그 일로 비위가 상하여 속이 누엿누엿하고 입안이 텁텁하고 잇다금 침이 가뜩가뜩 괸다. 밤에도 그 때문에 잠을 달게 못 잤다.

9월 20일. 구름이 끼였다 걷히다. 동광학교의 생도生徒는 오날도 등교登校치 아니하였다. 학교에서는 학부형學父兄과 생도生徒들에게 보낼 통지서通知書를 맨글다. 이달 이십팔 일 안으로 학교에 와 생각하라고. 만일 듣지 아니하면 상당한 처분處分을 한다고. 불교회 와서 한충韓冲 군을 더불고 동아식당東亞食堂에 가서 나이쓰칼로 저녁을 먹고 다시 재동齋洞으로 들어 로석 어른을 찾아 한가지 수당垂堂께 나가 이윽도록 놀았다. 편강片薑 한 봉지를 샀다. 비위가 지금도 좋지 못하다.

9월 21일. 맑음. 동광학교에 가보니 학부형學父兄에게 보내는 통지서通知書를 고쳐 쓰느라고 야단이다. 들으니 어제 저녁에 등ㅅ불을 켜놓고 김승렬金承烈이가 흥얼거리며 고쳤다 한다. 그래서 오날에야 겨우 발송發送하게 된다. 동아일보사東亞日報社에 가서 『동아일보』 륙 개월 분을 청구請求하여 집으로 붙이게 하고 누님을 찾아보고 불교회로 가서 월사금月謝金 삼 원 삼십 전을 내어주고 저녁 먹고 조룡해趙龍海 맹주천孟柱天 군을 찾아가다. 휘문의숙徽文義塾 앞에서 이런 것을 보다. —저편 좁은 골목에다 젊은 게집을 자빠터려 놓고 젊은 사나놈이 발질로 주먹으로 되는 대로 따린다. 게집은 아무 소리 없이 얻어맞고만 있다. 늙은 게집들은 사나와 게집의 손을 끌여 집으로 들어가자고 하며 애가 닳는다. 맞던 게집은 겨우 하는 말이 실컷 따립시오 하고는 만다. 그렇던 사나놈도 할 수 없이 묽어난다. 그제야 젊은 게집도 늙은 게집의 손에 끌려 그 안집으로 들어간다. 구경하던 사람들도 모두 다 흩어져 돌아간다. 나는 조룡해趙龍海 군께 가서 술도 얻어먹고 니악이도 하다 왔다.

9월 22일. 맑음. 김상긔金庠基를 찾아보고 동광학교로 단여 불교회에 갔더니 한충韓冲 군이 자긔 집에서 맞나자 한다. 곳 찾아가서 같이 나서 뚝섬을 가다. 모범장을 구경하고 돌아서 오다가 한 과원果園에 들어 능금과 배를 사먹고 서산에 넘어가는 해를 바라보며 안정사로 들어 저녁을 식여 먹고 이윽하여 달빛을 띠고 돌아오다. 집에 편지를 붙였다.

9월 23일. 맑음. 김영운金永運, 리창구李昶九 군을 찾았다. 못 보고 불교회로 가서 놀다가 석전石顚하고 나서 국수를 사 먹고 종로 네거리 옆 문광당文光堂 지점支店에 가서 고서古書를 뒤적여 보다. 책값은 퍽 높이 매었다. 듬뿍 돈만 벌랴고.

9월 24일. 맑음. 주인 권 군이 본집에 갔다. 진고개에 가서 책사로 돌아단였다. 조룡해 군이 찾아와 보다. 저녁에 김영운金永運 군을 찾아보고 놀다 술을 얻어먹고 돌아오다. 머리는 앓브고 비위는 좋지 못하다. 지난 십구 일 저녁붙어 이때껏 그렇다.

9월 25일. 맑고 구름도 끼었음. 한가위. 추석. 토련국에다 아츰밥을 놓아 먹고 누님을 찾아가 보고는 동광학교를 가 보고 점심을 얻어먹고 김승렬金承烈 선생 집에 가서 송편을 얻어먹고, 오세창吳世昌 씨를 찾아보고 란초꽃도 보고 불교회로 하여 오다.

9월 26일. 맑음. 학교에 갔다 와서는 인사동仁寺洞에서 리창구李昶求 군을 찾았다 못 보다. 저녁에 주인 권 군이 왔다.

9월 27일. 맑음. 학교 가서 점심을 사 먹다. 교직校直 허주성許柱成의 집에서 음식을 맛갈스럽게 한다. 등불을 켜 놓고 밤중까지 직원회의를 하았다. 헐여 오다가 허환 선생에게 청료리 대접을 받았다.

9월 28일. 맑음. 학교에 가다. 생도生徒더러 모이라 한 날이다. 생도生徒는 한 륙십 명 모이였다. 동맹 주모자主謀者를 조사하여 보고 돌려보내고 직원회의를 열어 밤중까지 나다.

9월 29일. 낮에는 흐리고 밤에는 비 좀 오다. 아츰밥도 아니 먹고 학교에 일즉 갔다. 생도生徒는 몇만 와서 자칭 철권단이라 하고 학교 문 앞에 몽둥이를 들고서, 위협威脅하고 서서 다른 생도들을 못 오게 한다. 어젯밤에 결의決意한 일은 소용이 없다 하여 서대정西大町 일오一五 번지番地 강대련姜大蓮 씨 집으로 가 직원회를 하다. 강 씨가 국수에 술을 주어 먹었다. 밤이 이슥하여서 파하여 오다가 관훈동寬訓洞 청료리집에서 료긔療飢를 하였다. 만두가 어찌 좋았던지 달게 먹었다.

9월 31일. 맑음. 아츰도 아니 먹고 학교에 갔다. 이번 동맹휴교의 주모자主謀者만 가지고 혹은 무긔정학無期停學, 혹은 일주일간一週日間 정학停學 처분을 하다. 생도들은 잘 복종服從한다. 점심을 사 먹고 불교회로 와서 놀다. 누님을 찾아보고 오다. 저녁에 최익한崔益翰, 곽종렬郭鍾烈 군이 찾아와 놀았다.

10월

10월 1일. 구름 끼었음. 인사동仁寺洞 (一六五) 가서 리창구李昶求 군을 찾아보다. 그 사람 말따나 동서간 처음 맛났다. 넓으데데한 검으스럼한 얼굴에 중키나 되는 몸이 겉으로 보기는 건강健剛한 듯하다. 그러나 십여 년 전붙어 신병이 있어 퍽 괴롭게 지난다 하고 그동안 혈담血痰도 뱉었고 지금은 가끔 배가 앓버서 견댈 수 없다 한다. 리 군의 삼촌三寸어른도 뵈았다. 그는 아즉도 망건網巾을 꼭 눌어 쓰고 호랑이 담배 먹던 니약이를 한다. 그러나 순박淳朴한 고인古人의 풍도風度가 많다. 그 점點에는 경애敬愛를 아니 할 수 없다. 불교회로 갔다. 맞힘 석전石顚이 와서 말하기를 어제ㅅ밤중에 동광학교에서 괴상怪常한 일이 생겼다고. 웬 놈이 학교 문패를 띄어놓고 곧 큰 돌로 중문을 막아놓고 사무실 앞에다 돌뭉이를 쌓아 놓았다고. 그래서 교장校長과 직원 몇이 모였더라고. 정광진鄭光震 군과 같이 학교에 나가다. 점심 료긔療飢를 하고 고등상업학교高等商業學校 앞에 지나서 허주성許柱成이를 맞나 들으니 선생들은 몰아 헐여 가고 학교는 비었으니 문패는 돌우 붙이고 돌은 다 치어 놓았다고 한다. 돌아오다가 장사동長沙洞에서 리정화定和 씨를 찾았다 못 보고 다시 불교회로 하여 오다. 병교 군이 찾아와 놀다 갔다.

10월 2일. 구름이 끼었고 북풍北風이 슬슬 불고 몹시 음산하다. 홋옷속으로 웃슥웃슥 침노하는 치위를 억지로 견디면서 걸어서 동광학교를 갔다. 선생들과 생도生徒들은 다 모여서 가르치고 배운다. 지난밤에 일어난 일은 아이들 작난이다. 다시 물어볼 필요도 없다. 벌서 셋재 시간 종을 친다. 나는 일본 력사책과 백묵白墨을 들고 제이 학년 을반乙班으로 들어갔다. 이 력사를 남에게 가르친다고 나오기는 처음 일이다. 갑작이 내가 가르치게 되어 어대서붙어 가르치는지도 모른다. 내가 모르는 것은 오히려 생도에게 배우게 되었다. 그러나 순실純實한 생도는 내가 과연 알고서도 모르는 체하는 양으로 생각하고 제가 나보다 아는 곧을 아는 체 아니한다. 나는 그것이 쉬우니라 하고 슬슬 보아가다가 그중에 정신 차리는 생도에게 모르던 걸 퉁기쳐 내고 말았다. 나는 이런 일을 당할 때마다 속크라데쓰의 말에 악惡을 알고 하는 것은 악을 모르고 하는 것보다 낫다 함을 긴절緊切하게 생각한다. 그 다음 시간에는 이 학년 갑반甲班으로 들어갔다. 좀 경험經驗이 있어 가르치기가 채 낫다. 몯은 일이 다 이럴 것이다. 아니하여 보고는 아니 될 것이다. 돌아오다. 유첨문逌瞻門 앞에서 대출大出 선생을 만났다. 그는 지금 경긔도京畿道 사범師範학교 교유教諭로 단인다. 아주 쭉을어지고 잔뜩 줄음 잡힌 얼굴에는 아즉 십여 년 전 한성사범漢城師範학교의 선생의 얼굴이 남아 있다. 문득 그때 일이 여러 가지로 생각히어 동행하면서 되는 대로 실컷 짓거렸다. 진고개를 향하여 가다가 록자목鹿子木을 맞났다. 그는 팔년 전 전주全州에서 갈이고는 인자야 맞났다. 그는 경희慶喜한

빛이 얼굴에 낱아나며 담북 내 손을 쥔다. 그러고는 밎어 한헌寒暄 못다 맞히어 그는 전차에 올라아 떠났다. 나는 그길로 문광당文光堂, 군서당群書堂, 몇몇 군대를 거쳐서 계동桂洞으로 오다. 저녁을 먹고 났다. 전등 알에서 혼자 앉아 조히를 펼쳐 놓고 무엇을 써보려 하였다. 맞힘, 주인을 찾아온 손이 있어 문을 열고 들어온다. 그를 보고 수작하는 동안에 나오려던 생각은 갑작이 없어지고 말았다. 나는 다시 책상 우에 쌓인 책을 손에 잡히는 대로 쑥 빼어들고 보고 있었다. 손은 어제 온 신문을 닑고 닑다가는 척 알에ㅅ묵에 들어눕는다. 그러면서 나더러도 누라고 한다. 나는 책 보는 자미에 밤 가는 줄도 모르겠다. 그는 눕던 길로 들들 코를 골며 발을 떨고 이렇게 한소곰 잘 잔다. 그러자 주인집 어린아이가 선잠을 깨어 우는 통에 손도 깨었다. 밤은 이슥하였다. 주인이 점심때 사다 쪘다는 고구마를 쟁반錚盤에 받혀 준다. 권 군權君이 들어왔다. 고구마 한쪽을 띄어 맛보고 책은 덮어두고 니악이를 끄어내다. 권 군은 손과 니악이를 듣다가 목침 비고 누며 곳 잠이 들었다. 또 손도 존다. 권 군을 깨워 안방으로 보내고 손과 같이 자다.

10월 3일. 구름 끼고 칩다. 어젯밤 같이 자던 손은 주인도 일어나 오기 전에 일어나서 춤춤하고 앉아서 입맛을 딱딱 다시더니 아츰도 아니 먹고 갔다. 나는 학교를 향하여 가다. 송동宋洞 어귀에 니르다. 한 오십 먹어 뵈는 상투장이가 동저고리 바람으로 눈방울을 휘둥글이며 방황하고 나오다 나를 보더니 "아이 업고 가는 계집을 못 보았오." 하고 또 저편에서 오는 사람에게도 뭇는다. 그러나 보았다 대답하는 이는 없다. 나는 잠간 발우 멈추고 그 연유緣由를 물었다. 그는 발우 말한다. 자긔 안해가 도망한 제 십여 일만에 어제야 겨우 찾아다 놓았다. 지금 또 도망하였오 하며 고개를 푹 쑥이고 왼편 다리를 건느어 저 골작 마을 속으로 들어간다. 나는 줄버드나무의 락엽落葉들을 밟으며 상학종치는 학교 문으로 들어갔다.

저녁에 누님이 찾아왔다. 내 옷을 만지며 "춥지나 아니한가." 한다. 한 고장에서 같이 커나고 같이 있을 때에는 그다지 귀엽은 줄을 모르러니 이 객지客地에서는 그렇지 않다. 사람의 정이 때와 곧을 딿아 과연 다르다. 이것이 자연 움즉이는 사람의 마음이다.

10월 4일. 흐리다. 쌀쌀하다. 한울 빛은 빙氷판에 자빠진 쇠눈깔 모양模樣이다. 아니 구름이 높이 떠서 그렇게 보인다. 정말 한울은 보이지 아니 하고 어찌다 구름이 얇어질 거긔서 혹 빈틈이 생기면 맞히 손바닥만한 파란 류리 쪽악 같은 것이 보인다. 해는 어데쯤 와 있는지 모르겠다. 점심때가 지난 듯도 하고 아니 지난 듯하며 아즉 시장ㅅ긔는 들지 않는다. 그러나 허주성이는 밥상을 내왔다. 음식이 입에 맞아서 학교에 오는 족족 사먹게 된다. 그래서 먹고 싶어 먹는 것은 탈도 잘 나지 아니한다.

불교회에다 리양산李梁山이 『례천명첩禮泉銘帖』을 가지고 와 판다. 썩 귀貴한 본本이다. 오히려 구양순洵의 필의筆意를 짐작하게 되었다. 자획字劃이 가는 것이 아마 마석磨石의 탁본拓本인가 보다. 마석의 탁본拓本은 원비문元碑文 자가 흐려지고 이글어져 잘 보이지 아니하면 그 비면碑面을 좀 갈아버리고 조히 대고 박아내는 것. 이걸 사가지고 석전石顚을 맞나 같이 가서 국시 한 그릇을 얻어먹고 게동 주인집에 들어앉으니 또 송편을 내와서 먹었고 얼마 아니 되어서 또 저녁밥을 먹고 또 얼마 아니 되어서 권 군이 청료리 두 그릇을 사가지고 와서 먹었다. 오날은 이래저래 배가 퍽 붏었다.

10월 5일. 종일 구름 끼고 음산하다. 아츰에 부업공진회副業共進會개회식開會式 례포禮砲소리가 굉장宏壯하게 들린다. 구경하러 온 시골 사람의 가슴이 울렁거렸겠다. 어데서 폭탄이나 아니 터졌나 하고. 나는 학교를 가노라고 종로로 나가니 오락가락하는 사람들이 어제보다 몇 갑절 더하고 전차마다 자동차마다 마차마다 가뜩가뜩 사람이 실엿다. 대개 공진회ㅅ바람에 서울 온 이다. 대번 그 얼굴만 보아도 알겠다. 원악 시골사람이 서울 구경하기를 간절히 바라던 데다가 공진회 구경 오라는 총독부의 명령이 있었다니 여북하랴. 그중에는 여러 가지 사정이 허락지 못하는 이도 있으련마는 할 수 없이 오게 되어 온 이도 있으렷다. 비행긔飛行機는 뚤뚤거리고 돌아단인다. 그것도 처음 구경하는 이가 많아졌다. 세상이 어떻게 된 줄 모르고 지나던 이는 갑작이 딴 세상에나 들어온 듯하렷다. 연극장演劇場, 음식점飮食店, 려관旅館, 상점들은 갓가지로 장식裝飾을 하여 놓고 돈벌이를 하려 한다. 그래서 온통 이 서울이 새단장을 차리고 시골 사람을 마지한다. 내가 몇일 전붙어 보고 들었거니와 어떤 이는 불세로 새로 방을 들이고 임시려관臨時旅館을 맨그는 이가 많아 일조에 천금을 얻을 듯하다. 과연 그럴는지는 모르되 시골 돈이 서울 와서 많이 떨어질 것 같다. 그러나 시골 소식을 들으면 전황錢荒이 하도 심하다니 꼭 그렇게 될는지도 모르겠다. 게다가 돈을 쓸 데는 많아져서 본래 가난한 백성이 더구나 살 수 없다는 칭성稱聲이 자꾸 높아간다. 서선 동포 수재구제西鮮同胞水災救濟니 동경 진재구제東京震災救濟니 무엇이니 무엇이니 하고 돈만 달라는 이뿐이고 쌀금은 지헐하니 여간 농사 마직이 하는 백성들이 돈 날 곧이 없으니 과연 그렇지 않으랴. 나는 이렇게 생각하면서 학교에 갔다. 최익한崔益翰 군을 찾아보고 주인집에 돌아드니 집에서 소포와 편지가 와 있다. 편지를 펴보다. 집안에 연고는 없는 듯. 가을바람 지는 닢에 웨 시름……………………………………

(일부 누락)

…다. 그 중 맨 앞에 선 이는 어느 군郡이라 쓴 긔ㅅ발을 들이고 그 남아지는 가슴 우에다 무슨 표票쪽을 다 각기 붙이고 혹은 상투장이, 혹은 단발한 이, 혹은 늙은이, 혹은 녀편네―그들은 참 구경할 만하다. ―검우투투한 얼굴, 푸시시한 옷, 게다가 걸음걸이, 말소리좇아 하나도 시골뚝이 아닌 것이 없다. 바돌처럼 닳아진 서울사람의 눈으로 보면 퍽 웃웁게 녀기고 퍽 없이녀김을 받게 되었다. 그러나 제 손으로 짓지 아니하면 먹지 아니하고 천진이 란만하여 대자연과 가장 근접한 생활生活을 하며 그다지 한울님의 뜻을 어긔지 아니하고 한울님의 시기시는 대로 하여 가는 이들이다. 진실로 경애敬愛하고 흠모欽慕하여야 할 것이다. 파탕巴湯에 들어 목욕沐浴을 하고 주인집에 오다. 저녁에 오철호吳徹浩 군(오 군은 어제붙어 주인집에서 조석을 먹는다.) 한충韓冲 군이 와서 놀다 가고 주인의 처남妻男 두 소년少年의 글 닑는 소리와 문간방 행랑 사람의 니악이책 보는 소리가 설우 어울어져 자못 적막치 않다.

고성리古城里 류柳 형에게 편지를 하여 그 조카 경석慶錫 군의 소식을 뭇다.

10월 7일. 한울이 썩 깨끗하고 맑다. 해가 따뜻하게 빛인다. 누님을 찾아가 보다. 니악이하고 있노라니까 누님의 시어머니 되는 부인이 들어온다. 파황천破荒天으로 인사를 하고 나는 나오다. 불교회에 가다. 오철호吳徹浩하고 양사골로 정인보鄭寅普 위당僞堂을 찾아갔다가 출타하여 못 보고 돌아오다. 시장ㅅ긔가 들기에 월병月餠 두 개를 사가지고 바꼬다 공원에 가서 번취에 앉아 둘이서 먹다 먹다 남겼다. 그래서 그것을 가지고 오다가 운현궁雲峴宮 옆에서 앉인방이 거지를 맞나 주다. 해는 서천에 걸렸다. 주인집에 돌아오다. 책상을 비켜 앉아 이렇게 생각하다. 오날은 무엇을 했나. 아츰에 일어 앉아 문학논文學論 삼십여 페지를 보았다. 그러면 거긔서 무엇을 얻었나. 또한 얻은 건 무엇이던가. 아무것도 얻은 것이 없다. 아까 종로로 지나다 보고 바끄다 공원에서도 보던 수없이 왔다갔다하는 사람들은 무슨 일로 그런가. 그중에 나와 같이 친구나 방문하러 단이는 이도 있을 것이오. 그 외에 대다수大多數는 부업공진회副業共進會에 구경 온 이오, 혹은 무슨 일로 혹은 아무 일도 없이 그런 이도 있으리라. 그러나 그들이 바끄다 공원에나 종로에 단이기는 나와도 같은 사실이지마는 그들의 가진 생각은 다 다르렸다. 그들 속에는 걱정도 있고 깃븜도 있고 무슨 희망도 있고 락망落望도 있고 고통苦痛, 싀긔猜忌, 질투嫉妬, 긔만欺瞞 — 이것저것이 다 있으렸다. 이것이 다만 그들의 속에만 있는 것이 아니다. 이제 내가 그렇게 생각하는 그것이 곳 그것이다. 이중에 어느 것은 선善이라, 어느 것은 악惡이라 하여 싫어하는 바 악을 버리고 좋아하는 바 선을 가지려 할 따름이다.

대문 밖에서 사람소리가 난다. 무슨 소리. "동냥왔습니다. 적선積善이 만복滿福이요 인심人心이 로적露積이랍니다. 주인댁 마나님, 아씨님 덕분에 살려주십시오. 쌀이나 돈이나 돈이나 쌀이나 줍시오." 한다. 하는 말이 매우 숙련熟練하였다. 한 번도 서슴잖고 줄줄 련하여 몇 번을 곱집어 한다. 그야말로 쌀이나 돈이나 주어야만 그치고 다른 데로 간다. 그래서 그 소리를 듣는 이는 불상한 생각이 나서 주는 것보다 그결성가스러서 주는 이가 많다. 이걸로 보더라도 한 번 습관에 젖으면 잘 그것을 분간하기가 어려운 것이다. 그럼으로 습관習慣이란 매우 주의치 아니하면 아니 될 것이다. 나는 이 속에서 좋은 교훈教訓을 얻었다.

"적선이 만복이오 인심이 로적이라."

오날 주인집에는 금포金捕 본집에서 조모와 그 숙부叔父가 왔다. 부업공진회副業共進會를 구경한다고. 그 조모는 춘추가 일흔아홉이라는데 근력筋力이 정정하여 금포에서 배를 타고 한강을 거스리어 오며 이틀 밤이나 배ㅅ속에 지났어도 아무 탈 없었고 그 자제(주인의 숙부)도 한 오십 남짓한 이지마는 오히려 배멀미를 하였다 하여 저녁상 물리고는 곳 알엣묵에 누어서 곤하게 잔다.

10월 8일. 따뜻하다. 저녁에는 구름이 끼고 비가 올 것 같다. 학교에서 직원회가 있었다. 오날은 새삼스럽게 수업료授業料를 독촉督促하고 수업료 체납자滯納者에게는 정학停學을 명하여 공부하다가 책을 싸가지고 돌아가는 생도가 많다. 그래서 출석생出席生 반半도 못 된다. 돈이 없으면 공부도 못할 세상이다. 한 학교만 그런 것이 아니라 학교마다 그러하여 수업료를 내지 아니하면 필경 퇴학까지 당하고 만다, 학교를 경영經營하는 이도 반듯이 돈이 아니면 아니 되겠지마는 의례히 이런 일은 이렇게 하고 조곰도 아처롭게 섭섭하게 생각지 아니한다. 그러면 그 생도는 선생은 돈만 아는 줄 알고 사랑웁게 고맙게는 녀기지는 아니할 뿐만 아니라 얼픗하면 선생에게 반감反感과 오해誤解를 가지고 역정逆情내고 미워하고 배척排斥한다. 이래서야 교육敎育이 참으로 될가. 매우 딱한 일이다. 걱정이다. 긔막힌 일이다. 어느 선생은 학교규칙學校規則만 뒤적이며 규칙대로 하자고 부산하게 떠들고 어느 선생은 그 규칙을 곧히어 더욱 혹독하게 하자고 한다. 그러나 이미 벌인 춤은 거둘 수 없어 지난 일은 그만 두고 오는 일이나 잘 생각하여 맞당하도록 하기로 하였다. 그리고 주인집으로 돌아오니 저녁상을 보아놓고 기다리던 차이더라. 북풍이 살살 불며 구름이 남으로 돌아가고 별들이 반작인다. 전과 같이 행랑방에서는 상투장이들이 모아 앉아 니악이 책을 본다. 간간히 웃는 소리가 들린다. 그중에 행랑어멈의 '칼칼'은 가장 자미가 있는 듯. 건넛집에서는 양금洋琴 치는 소리가 난다. 밤은 길다. 나는 잠을 못 들고 우둑한이 앉아 내가 모를 내일을 이리도 생각하고 저리도 생각하여 보다.

10월 9일. 맑다. 최익채益采 군의 편지가 오다. 병은 좀 낫아간다니 반갑다. 학교에 가다가는 김년수 군을 맞나고 돌아오다는 허흔許憲 씨를 맞났다. 그들은 다 반가워하며 잦우 맞나자고 말한다. 하나는 재산가財產家요 하나는 변호사辯護士다. 내가 돈을 꿔어 쓸 일이 있거나 무슨 소송訴訟을 할 일 있으면 오라는 말 아니하여도 그들을 찾아갈 것이되 그렇지 않으면 돌이어 그들의 폐만 될 것이다. 이건 나의 경험經驗으로 말이암어 잘 아는 바이다. 이 근래 교제交際로 하는 말은 실제實際와는 아주 딴판이다. 그렇다고 애적에 그런 말 따위를 입에도 담지 아니하는 이는 세상에서 교제交際를 모르는 이라고 일컷는다. 이는 그야말로 바보 아니면 쑥이요 쑥 아니면 뚝이다. 그러나 나는 찰아리 바보나 쑥이나 뚝이가 되더라도 그런 거짓은 하기가 싫다. 모처럼 친구를 맞나서 반가워함은 맞당한 일이다. 그러나 그 반가워함이 그 다음에도 맞나는 족족 다르지 아니 하리라고는 믿지 못한다. 인심人心이 아츰 저녁으로 변한다는 말과 같이 변하는 까닭이다. 더구나 생활난生活難이 심한 이때 이 땅에서 가난한 이들은 더욱 가난하여 갈스록 부자들은 더욱 부하려 하는지라 인정人情은 점점 각박하고 도덕은 점점 없어진다. 그래서 어떤 이는 무어라고 떠들지마는 아즉까지 고 모양模樣으로 있다. 아무커나 변할 것은 변하고 발우 자리나 잡혔으면 좋겠다.

10월 10일. 맑았다. 학교 시간을 오후 한 시 반에 다 맞히고 돌아오는 길로 부업공진회副業共進會 구경을 가다. 전차마다 승객乘客이 가득 가득하여 사람 하나 옮아설 데가 없다. 기다리다 기다리다가 맨 뒤에 오는 전차를 잡아타고 가서 화문석花紋席으로 장식裝飾한 광화문光化門 앞에서 나려 표를 사가지고 경복궁으로 들어가다. 새로 짓는 총독부는 역사役事가 많이 되었다. 이걸 빗겨놓고 동편으로 나아가니 이전 공진회 때 지었던 집들을 수리修理하여 휘황찬란輝煌燦爛하게 꾸며놓고 그 속에는 몯은 부업副業의 실험實驗도 하고 그 물품을 팔기도 하고 심사審査도 하는 중이다. 이 중에 조선식으로 실험하고 있는 이는 그래도 순박하고 근실한 것이 꼭 일군으로 보이지마는 소위所爲 신식이나 개량식으로 실험實驗하고 있는 이는 부박浮薄하고 화려華麗한 것이 압만 해도 일군 같아 보이지 아니한다. 나는 신식이나 개량식을 배척排斥함이 아니라 그걸 사용使用하는 사람이 실다운 그 사람이 아닌가 하노라. 그렇게 좋은 옷을 입고 좋은 향수ㅅ내가 나는 그 몸둥이가 어떻게 땀을 흘이고 견디어낼가 하는 의문疑問을 두게 한다. 구경군이 앞뒤를 련하야 물밀 듯한다. 시체時體 비단으로 썩 눈이 붓이게 차리고 온 서울 사람도 많지마는(서울 사람에도 녀자가 많다.) 한껏 하였다는 호사로 겨우 명주 것으로 차리고 온 시골 사람들이 더 많다. 그런데 그 화려한 것들을 보고 저의 터수는 헤알이지 않고 턱없이 남만 모방하여 사치한 마음이 더 날 것이다. 그네들이 돌아가서 더욱 부업副業을 힘쓸 것 같이면 만만 다행이다. 주인집에 돌아오니 고순험高順欽 군이 찾아왔다. 저녁에 팔판동 가서 김건수鍵洙 군을 찾아 보다. 그는 지금도 썩 호사하고 있다. 그러면서도 돈은 뀌어달라고. 있어도 주기가 싫은데 없으니 더구나 하는 수 없다. 참 딱한 사람이여. 말말하다가 돌아오니 진상덕秦相德 군과 병택秉擇이가 찾아와서 명함名銜을 두고 갔다. 발우 안국동 그

려관旅館으로 찾아가보다. 어제 밤새도록 차를 타고 오느라고 퍽 고달핀 모양模樣이다. 더불고 온 생도들이 몯아 졸고 앉았다. 얼른 한험寒暄만 맞히고 돌아오다.

10월 11일. 맑았다. 학교에 갔다가 생도들을 더불고 또 부업공진회副業共進會 구경을 갔다. 오날은 기생들이 활을 쏘는데 남녀로소老少가 그리만 많인다. 거긔는 발우 경회루慶會樓 련못가이다. 련못에서는 젊은 계집 사내가 짝을 지어 배를 타고 단이며 놀애를 부른다. 전일 리왕이 비빈妃嬪과 궁녀宮女를 더불고 놀으시던 일이 문득 생각힌다. 그때가 달밤이 아니면 오날같이 청명한 날일 것이다. "너희들은 그런 줄이나 알고서 애서 노느냐." 하고 우둑한이 서서 보다가 생도들을 헤쳐 보내고 영추문迎秋門으로 나가 전차를 타고 동대문東大門 밝에로 나갔다. 어느 음식집에서 오일영吳一泳 군의 득남得男례와 김승렬金承烈 선생 득배得配례를 받아먹었다. 나는 한 순배 돌린 뒤에 일어서 오다. 안국동으로 들어 병택秉擇이를 찾아보고 같이 누님한테 가서 잠간 앉아 니악이를 하고는 나서 별궁別宮 앞에서 전차를 타고 경성역 앞에 가서 나렸다. 두 시간을 지나 려산礪山학교 생도 일행이 떠나는 것을 보고 돌아오다. 김우현金宇鉉, 리일화李一和, 윤수중尹壽重 군 하고 동행하였다. 김과 리는 나 있는 데까지 와서 오래도록 니악이 하다가 갔다.

10월 12일. 맑았음. 림시직원회臨時職員회가 있어서 늦게야 나오다. 김승렬金承烈 선생은 해동서림海東書林으로 추사秋史 글시 구경을 온다고 같이 왔다. 저녁에 누님을 찾아보았다. 어제 저녁에 봉익동奉翊洞에서 제사음식을 가져왔다고 숫불을 피고 떡을 구어 준다. 이웃집에서는 웃음소리가 떠들석하게 나고 건너ㅅ방에서는 조선이 일본보다는 크니 작으니 하고 설우 위기는 녀자의 말소리가 자미있게 들린다. 나는 우리 집안일을 끄내어 말하고 또한 지난 일을 말하여 외로이 있는 누님의 마음을 얼마큼 위로하였다. 지난밤에도 잠을 못 들어 뜬눈으로 날을 샜다는 누님이야말로 남모르게 흘이는 눈물인들 여북하랴. 참아 나를 대하여 말도 못할 일이 있을 것이다. 옛날 도덕道德, 습관習慣, 제도制度의 그물을 벗어나지 못하고 아무 깃븜과 희망도 없이 억지로 모진 목숨을 끊지 못하여 그냥 살아지는 대로나 살아가는 양이다. 아아 불상도 하여라. 불상도 하여라. 이런 이가 하나뿐이랴마는 내가 곳 보는 바 그렇다.

10월 13일. 맑다가 구름 끼었고 빗방울도 몇 낮 떨어지다 말았다. 아츰 일곱 시에 청양리淸凉里를 나가다. 탑塔골공원 앞에서 전차를 타고 동광학교 생도生徒 서넛과 같이 가서 보니 다른 선생과 생도는 하나도 아니 나왔다. 나는 음식 파는 집에 들어가 밥을 찾았다. 외악눈 하나 궂고 얼굴이 추하게 생긴 로파老婆가 "어서 이 방으로 들어오시오. 추우신데." 하며 "애야 일어나거라. 손님 들어가신다." 한다. 나는 그 로파를 뚫아 그 방으로 들어가니 붉엉 저고리, 검정 치마 입은 젊은 녀자가 그 알엣방으로 나려가며 오동통통한 손으로 붓욱붓욱한 눈을 비비고 슬금언이 나를 돌아다보며 "밥은 국밥밖에 없습니다. 그걸로 차리오리까." 한다. 나도 "그럽시오." 하고는 우뚝한이 홀로 앉았다. 로파는 알에ㅅ방에 무엇을 하는지 붓을억붓을억 한다. 그런데 알에ㅅ방 미닫이 여는 소리가 나더니 "애 손이나 씻고 고기를 주무르지." 하는 말이 들리며 추한 생각이 갑작이 난다. "과연 그 손이 깨끗할까. 그 손톱에 때가 아니 끼었나. 그 게집이 추한 것 아닌가. 원악 이 집 음식이 깨끗지 못한가 보다." 하는 차에 상床이 들온다. 두어 숫갈 떠먹으니까 벌서 구역이 난다. 간신히 몇 수갈을 더 먹고 물렀다. 젊은 녀자는 내 옆에로 갓가이 와서 "음식이 변변치 못하나마 많이 잡수시오." 하고 알에ㅅ방에 나려가 앉았다. 나는 밥값을 내주고 나왔다. 정거장에 가 보니 생도들은 많이 와 있다. 여덜 시가 지나다. 선생들과 생도들이 다 모였다. 차표를 사가지고 원산가는 차에 올았다. 차 속에는 사방 모자 쓴 학생들이 가득하다. 보성전문학교 학생들도 소요산消遙山 가는 모양模樣이다. 또 한쪽에 가보니 양녀洋女 하나와 틀에머리 하고 단장短杖 하나씩 들은 녀자와 양복장들이 있다. 무슨 니악인지 하고는 깔깔 웃는다. 나는 머리 길게 하고 얼굴 넓적한 학생 옆에 앉았다. 그 학생은 다른 학생들과 말도 않고 노창밖을 내다보고 '가트'에 싹싹 끄적이 끄적인다. 저편에서는 김승렬 선생이 의정부議政府 래력를 말하느라고 크게 소리를 짊어 떠들고 그 곁의 박창화朴唱和 선생은 눈웃음만 살살 치고 앉았다. 벌서 창동倉洞, 의정부, 덕정德亭을 지나서 동두東豆내에 니르다. 우리 일행과 보성전문 일행과 여자 일행(동대문 안 이화梨花학교 분교실 교사)이 다 나려서 소요산을 향하여 앞서거니 뒤서거니 하며 간다. 동두내는 조고마한 상점, 음식점들이 있는 한 역촌驛村이다. 벌서 가을바람에 누렇게 물들인 포푸라숲 옆으로 지나 북으로 신작로新作路를 밟고 새파랗게 흐르는 내물을 거슬어 오리쯤 나가니 두어 집 주막이 있다. 여긔서 신작로를 버리고 동으로 산골작우니를 바라보며 줄줄 흐르는 시내물을 건느고 거슬어 오르노라니 향기로운 야국화野菊花는 옷자락에 부드치고 조양朝陽을 받은 령롱한 단풍丹楓닢들은 눈이 붓이게 밝았다. 내 앞에 가는 웃수염 길고 얼굴 좀 검은 학생(보성전문)이 손을 들어 가리치며 "저기 저 단풍이 그중 고웁네." 하니까 그 앞에서 가는 키가 홀이홀이한 학생이 "아닐세. 저 끝에 있는 단풍이 더 고웁지 아니한가." 한다. 그런데 내 뒤에서 오는 얼굴 고운 녀자가 이 말을 듣고 얼굴이 금시에 단풍빛과 같아지고 뒤에 오는 녀자들과 뭐라고 짓거린다. 또 어떤 이는 놀애도 부르고 어떤 이는 시詩도 읊조리고 어떤 이는 달음질도 하고 어떤 이는 우둑한이 서서 산머리를 처다본다. 이렇게 한참 들어가면 발우 길가에 빈터가 있으니 이는 원효元曉의 부인夫人 요석과공주瑤石寡公主의 궁터라 하기도 하고 혹은 리태조李太祖의 행궁터라기도 한다. 여긔를 지나서 또 한참 올아가니 골작은 더욱 좁고도 더욱 긔험崎險한데 시내ㅅ가에 봉을 등지고 한 주막이 있어 과자菓子도 판다. 이 주막 마당으로 하여 그 뒤로 오르니 두어 층層 석대石坮가 있다. 이 석대에서 그 앞에로 떨어지는 조고마한 폭포를 나려다 보며 앉아서 교장校長과 니악이도 하고 다리를 쉬어 조곰 있다가 그 앞 시내를 건느어 원효대元曉臺 있다는 골작이 빗겨놓운 바드로운 벼룻길로 조고마한 고개 같은 데를 넘어가서 다시 시내를 건느니 층암절벽層岩絶壁 밑에 또 한 집이 있다. 이 집을 지나 네댓 길 절벽을 나려다 보며 까파로운 산기슭을 돌고 돌아드니 먼저 뎔 뒷간이 보이고 그 다음 삼태미 같은 골작이을 온통 다 차지하고 기아집 두어 채가 서 있다. 이것이 소요산消遙山 자재사自在寺란다. 우리보다 먼저 온 보성普成학교 선생들은 벌서 뒷방에들 앉아 삐루방을 사 들이고 밥을 식여 중들은 심부림하느라고 매우 밧븐 모양이고 게다가 또 집을 지랴 재목材木을 쌓아놓고 한쪽에서는 지우들이 자구질, 톱질을 하느라고 야단이다. 우리 일행도 다 오고 다른이 축들도 다 왔다. 작고 좁은 뎔에 사람이 듬뿍 들어 혹 방에 혹은 마루에 앉았기도 하고 혹은 마당에 섰기도 하고 혹은 좌우 산으로 오르기, 뒷골작이로 찾아가기도 한다. 나는 그 뒤 바위ㅅ굴 속을 들어가서 약물이라는 것을 마시고 미친놈처럼 그 우 산으로 나무나 바위를 더위잡고 뻘뻘 오르고 올라 이 중에 제일 높다할 만한 봉우리에 서서 바라다보니 한 줄기 시내물은 작은 폭포나 여흘을 지어 골작이 한가운대로 흐르고 욹읏붉읏하게 단풍으로 단장한 니른바 상백운대上白雲臺, 중백운대中白雲臺, 하백운대下白雲臺들은 층층히 솟아 섰다. 다시 그 남쪽 기슭으로 나려서 자재사로 들어오니 선생들이 막걸이를 사다 놓고 나를 부른다. 나는 억지로 한 잔을 당하고 선생들하고 그 앞에 층암절벽層岩絶壁 밑 집으로 나려와 식어놓은 점심을 먹었다. 교장이 반찬을 해 가지고 왔다. 썩 맛있다. 배가 부를대로 붊었다. 한울은 컴컴해지고 빗방울이 듯는다. 선생들은 다 사진寫眞을 박히고 그리고 생도生徒 일동을 모아 더불고 돌아오다. 동두東豆내에 니르니 맞힘차가 온다. 오후 사 시四時. 우리 일행은 차에 싫였다. 아주 우리끼리만 차 두 칸을 차지하였음으로 편하기가 니를 데 없다. 주 선생(종의鍾宜)이 생도들게 여흥餘興으로 놀애를 식인다. 생도들은 긔탄忌憚없이 떠들고 논다. 어떤 놈은 꽤 익살을 부리고 어떤 놈은 륙자박을 잘 부른다. 이렇게 지나는 중에 어느덧 청양리역淸凉里驛에 니르다. 나리어 생도들은 다 헤치어 보내고 선생들은 맞웅나온 김일운 씨(教務院理事)를 땋아 청양리 승방僧房으로 들어가니 소담한 음식상이 나온다. 아까 점심을 먹어서 아직 배가 꺼지지 아니하였다. 나뿐 아니라 다른 선생들도 그렇다. 그래서 술이랑 밥이랑 오시란이 남았다. 그러나 선생들은 취흥이 도도하여 놀애를 부르고 떠들며 컴컴한 솔숲 속으로 갈팡질팡 걸어나와서 전차를 타고 돌아오다.

10월 14일. 한울에 구름은 끼었으나 비가 올 것도 같고 아니 올 것도 같다. 낮에는 빗방울이 듯는 듯 마는 듯하더니 밤에는 벼락을 치고 소낙비가 솓아졌다.

나는 이런 생각을 하여 보다. —

一. 불은 광光과 열熱과를 낳울 수 있을가. 만일 불의 광과 열과를 낳울 수 있다 하면 사람도 육체肉體와 정신精神과를 낳울 수 있다 하리라. 이것은 사람의 말로는 낳울 수 있어도 실상 그것은 낳울 수 없다. 그러면 이렇게 된 말이 이것뿐 아니라 퍽 많다. 이럼으로 말과 실상과는 아주 다른 것이 많은 줄을 알겠다. 그러나 이것은 사실은 각각 있는 것이되 다만 그것을 낳우고 못 낳움만 문제가 되지마는 아주 사실도 없는 것이 말로만 있는 것이 있다. 니를터면 개뿔, 게꼬리 같은 말이다.

二. 사람의 생장生長하는 년령에 딿아 사람의 삼대욕三代慾은 각각 닮아지나니 유년 소년少年 시절에는 식욕食慾이 제일 의第一義가 되고 청년 시절에는 색욕色慾이 제일 의가 되고 로년老年시절에는 명예욕名譽慾이 제일 의가 된다.

三. 사람의 심리상태는 외계外界 감촉感觸과 내계內界의 충동衝動으로 말미암아 시시각각으로 변한다. 만일 이걸 넘우 방임放任하면 그 폐단이 어느 지경에 니를는 지 모르겠고 그렇다고 이걸 넘우 억제抑制하면 한편에 치우쳐 고루하게 될 것이니 이걸 적당하게 조절操切할 수밝에 없다.

四. 미美와 추醜와는 관념觀念이 서로 다르게 인식認識이 되지마는 미美와 정精과는 서로 같이 인식認識이 된다. 그래서 대개 정한 것을 미로 녀기는 것이 많다. 아무리 미한 것일망정 정치 못하면 돌이어 추하게 녀기게 된다.

五. 게으름은 악惡에도 가장 큰 악惡이다. 우주만물宇宙萬物이 몯아 순간瞬間도 간단間斷없이 변화하며 가는 것인 까닭에도 활동하야 그 생명을 영원永遠히 끼치고 만다. 그런데 게으름은 이런 활동을 저지르게 하여 맞힘내 그 생명을 멸절케 한다. 그럼으로 악에도 가장 큰 악이라 함이다.

10월 15일. 구름이 끼었다가 저녁때에는 걷혔다. 동광학교도 휘문徽文학교 운동장運動場 정구대회庭球大會에 참여하였다. 하학 후 선생들은 거긔 구경을 갔다. 나도 같이 갔다가 다시 선생들과 태서관泰西館으로 가서 현玄 선생(창운彰運)이 내는 저녁밥을 먹었다. 전골이 썩 맛났다. 실컷 배를 불이고는 나와 종로로 하여 안 궁동으로 돌아오다. 밤에도 오락가락 하는 사람이 퍽 많다. 더구나 녀자가 많고 녀자에도 꽃 같은 젊은 녀자가 많다. 느실느실한 치마ㅅ자락을 섬섬옥수로 걷어 밥고 앞으로 살짝살짝 지나갈 때마다 이상한 향긔香氣는 코를 쏙쏙 찌른다. 키 조고만하고 몸맵시 있는 앞에 가는 한 녀자가 키 좀 크고 허리가 날신한 그 앞에 가는 여자더러 "사람의 목숨이란 깟댁하면 그만이여. 진옥이 동생이 어젯밤에 죽었대여. 진옥이 어머니는 오즉 원통하고 절통하리." 허리 가는 녀자 아이가 "그게 웬 말이여. 죽다니. 어젯저녁 천동에 죽은 이도 그날 저녁 죽기 전까진들 제가 그렇게 죽을 줄 알았으리." 하고 연에 말을 한다. 나는 굳하여 좇아가며 들은 것은 없기에 재동齋洞 네거리서 꼽으라져 울아 홍술해洪述海 고개를 넘어 들다. 집에 헌옷을 보내다.

10월 16일. 맑다. 진고개 가서 헌책을 사오다. 정충시鄭忠時 군의 편지를 보다. 안국동 이십구 번지에 찾어가서 조룡해 군을 보다. 감기가 들엇다고 맞힘 이불을 뒤집어쓰고 누었다. 주인은 륙십六十 늙은이 두 내외뿐이다. 매우 조용하다. 앉아서 이런 니악이 저런 니악이 하다가 오다.

10월 17일. 아츰에는 구름이 끼어 음침陰沈하더니 낮때붙어 구름이 다 벗어지고 따뜻한 햇발이 퍼졌다. 옷을 벗고 다시 홋옷을 입어도 맞당하겠다.

(일부 누락)

… 찾아 한충韓冲 군을 더불고 장충단奬忠壇을 가다. 진고개, 신마찌[1]로 하여. 오날은 일본 신 상제ㅅ날이고 경성신사京城神社의 제 지나는 날이라 하여 일인들은 새 옷으로 갈아입고 어린이, 늙은이, 게집, 사내 몯우 다 신사를 향하여 가고 그네들 사는 골목마다 초롱을 달아놓고 여러 가지로 수선을 떤다. 장충단奬忠壇은 매우 적적하다. 이리저리 찾아 맞힘내 한 구석에 청년회관青年會館의 운동회장運動會場을 발견發見하였다. 자긔네 생도生徒, 직원, 래빈來賓 몇밖에 온 이가 없다. 우리도 한편에 앉아 하잘 것 없는 구경이지마는 이미 온 길이니까 그나마 보고 있었다. 운동은 달음질 뿐이다. 차차 두세네씩 네대씩 사람들이 모여든다. 그러나 왔다 발우 가는 이도 있다. 다른 날 같으면 사람이 많겠지마는 오날은 구경거리가 많은 날이다. 공진회의 기생 춤추는 구경, 일인의 신사제 하는 구경은 많이 가고 여긔는 이렇게 되었다. 오종소리 듣고는 우리도 돌아오다. 불교회에 들렀다. 맹주천孟柱天 군을 찾아보다. 배와 능금을 사다 준다. 아까 시장하여 왜찰떡 댓 개를 사 먹었더니 그것이 체하였는지 뱃속이 거북하여 머리에 열熱이 독구어나던 차에 과일을 먹으니까 좀 낫다.

10월 18일. 구름이 한 점도 없다. 볕은 따뜻하다. 오날은 구월九月구일九日 국화菊花도 만발滿發함. 단풍丹楓도 한창이다. 시인詩人, 주객

1 현재 을지로

의 한 번 읊조리고 놀 만한 때이다. 겸하여 달도 밝고 밤도 길다. 낮에나 밤에나 둘우 좋다. 인생 백년의 그리 길다 할 수 없는 그동안 우환질고憂患疾苦와 생애生涯에 끌려 마음을 놓고 놀아 볼 겨를이 몇 번이나 될가. 사람마다 스스로 생각해보면 아무리 팔자八字가 좋다 하는 이라도 반듯이 한두 가지 걱정은 없지 않을 것이다. 그러나 이런 이도 세상에 퍽 드믈고 그렇지 않은 이가 퍽 많다. 과연 일평생을 눈물로만 보내는 이가 많다. 그야말로 아무 시름없이 놀아 볼 겨를이 어느 때나 있으랴. 이런 좋은 때를 맞나도 그의 시름은 시름대로 있을 뿐 아니라, 다른 때보다도 더한 시름이 있을 것이다. 그래서 국화나 단풍이나 달을 찰아리 아니 보고 싶을 것이다. 그리고 밤이 긴 것도 오히려 괴로울 것이다. 심하면 목숨이 긴 것도 괴로울 것이다. 그러기에 석가세존釋迦世尊은 생로병사生老病死의 사고四苦를 보고 현세現世의 무상無常을 깨닷고 중생을 닐깨우지 아니하였나. 이 무상한 리치를 밀우어 보면 무엇을 깃버하며 무엇을 슳버하랴. 그러나 이런 인생은 무상無常을 깨닷지 못하고 혹은 이것에 끌림 혹은 저것에 끌려 어느 때는 좋아하고 어느 때는 낮아한다. 또한 이 인생을 곰곰 생각해보면 웃웁기도 하다.

10월 19일. 저녁나잘은 구름이 끼고 좀 무더웠다. 누님을 찾아갔다가 못 보았다. 새삼스럽게 집 생각이 간절하게 난다. 집에서는 추수가 바야흐로 밧블 것이다. 올해는 풍년이라니 볏섬이나 앞뒤 뜰에 쌓아놓게 될는지.

10월 20일. 첫새벽붙어 비가 쏟아졌다. 선잠을 깨어 이런 생각 저런 생각을 하였다. 사람이 무엇하러 생겼나. 잠자고 밥 먹고 밥 먹고 잠자러 생겼나. 웨 죽기를 두려하며 오래 살기를 바라나. 또한 사람의 한다는 것은 무엇인가. 밥과 잠 밖에 또 무엇인가. 나는 어느 때까지 밥만 먹고 잠만 잘가. 아무리 생각하여도 모를 일. 빗소리는 베개 머리에 그치지 않는다. 아츰 밥을 먹고 나니 구름은 오락가락하고 해는 잇다금 구름 사이로 나왔다 들어갔다 하고 어스스한 건들바람은 나무닢을 높이 날리며 끊이잖고 분다. 누님을 찾아보다. 옷이 여러 번 해졌다. 이번에도 누님의 손을 빌어 겨우 호아 맸다. 하마터라면 밝안 살이 들어나서 수염이 한 치나 자란 것이 우세할 번하였다. 밥이나 옷은 내 손은 못하니까. 아무리 하여도 그런 걸 하여 주는 이를 갓가이 두고 싶다. 이런 군색한 일을 당할 때에는 더욱이 집을 생각하게 된다. 집에 있으면 편할 것을 웨 이 고생을 하나. 집에서 하라고 바라는 것도 아닌데. 생각할스록 딱한 일이다. 조 형의 편지가 오다. 공진회에 구경 온다고.

10월 21일. 맑다. 아츰에 조 형이 찾아왔다. 어젯밤은 차에서 지나고 아까 경성역京城驛에 나려서 오는 길이다. 서로 안부만 뭇고 나서 가회동嘉會洞 로석老石 어른 댁에다 숙소를 정하여 주고 아츰밥붙어 해달라 먹고 다시 주인집으로 와 권 군 아울어 세 사람이 부업공진회를 구경가다. 오날은 공일이라 구경 온 사람들이 더 많다. 제이 참고실第二參考室 안에서는 사람들이 어찌 많이 들어섰던지 그 틈에 끼어 오도 가도 못하고 몯은 사람의 몸과 몸이 서로 닿아 한 덩이같이 되어 그 덩이가 조곰씩 나가는 대로 나도 밀려갔다. 여긔서는 어린아이라고 하여 더 앗겨줄 수가 없고 남의 부인이라 하여 갓가이 아니할 수도 없다. 어떤 이는 더불고 온 아이를 높이 들고 가기도 하고 어떤 이는 몸을 비비고 간신히 빠져가기도 한다. 대개는 앞에 선 사람에게 가리어 아무것도 구경을 못하고 사람 틈에서 고생만 할 따름. 우리 일행은 이 곡경을 치르고 제이 실을 맞히고 나서 그 다음 진렬陳列장으로 들다. 휘휘 돌아서 박물관으로 하여 근정전勤政殿으로 들어 통계표전람회統計表展覽會를 보고 경천사탑敬天寺塔 쪽악들을 보다. 이 탑塔은 풍덕豊德에 있던 탑으로서 서울 탑공원에 있는 탑과 같은 탑인데 년 전에 일인이 가져갔다가 근자近者에 다시 갖다 놓았다. 경회루慶會樓에 니르러 연못을 굽어보고 그 앞을 돌아가서 아동관兒童館에 들렀다. 진고개 상인이 학교용學校用 물품을 팔기 위하여 벌여놓은 것이 실상 아이들을 위하여는 그 앞마당에다 유희긔구遊戲器具 두어 개 놓은 것 뿐이다. 다시 련못가 나서 서편西便 소나무 사이에 포장을 친 음식집에서 점심을 먹고 북편으로 나아가니 매우 넓은 마당이 있다. 여긔는 예전 님검이 놀으시던 후원後苑이다. 풀도 나고 나무도 있었지마는 그걸 다 비어버리고 이번 공진회의 경기장競技場을 맨들었다. 맞힘 기생들이 무대舞臺에 올아서 춤을 춘다. 사람들은 담뿍 모아든다. 우리는 다시 이전 교태전交泰殿ㅅ자리로 나가 춘향春香의 활동사진을 구경하다. 사진은 혹 그럴 상부르다마는 사진 설명說明을 잘하지 못한다. 그러나 우리 조선에 이 활동사진은 처음 된 것이다. 차차 잘하면 우리 민족民族성에 가장 적합適合할 것이다. 이렇게 오날 놀이를 다 맞히고 건춘문建春門을 나오다. 저녁에 리창구李昶求 군이 와서 놀다.

10월 22일. 맑다. 저녁에 조 형과 같이 정충시鄭忠時 군을 찾아갔다 못 보고 돌아오다. 달은 구름 사이로 가끔가끔 빛이고 구름은 연에 여러 모양模樣을 일운다. 수없는 크고 작은 말들을 깔아 놓은 듯하더니 문득 슬어지고는 몇 만 마리 오리 떼가 되어 둥둥 떠단이더니 또 문득 슬어지고는 수천 마리 양洋의 떼가 되어 나란이 벌여있어 두 마리가 합하야 한 마리도 되고 세 마리 네 마리도 합하야 한 마리도 되고 또한 한 마리가 낳이어 두 마리도 되고 세 마리도 되며 부얼부얼한 그 털빛은 눈보다도 더 히다. 나는 어째면 저런가 하고 우럴어 한참 보고 섰다가 같이 오는 조 형에게 끌리어 주인집으로 들다. 권 군과 조 형과 다시 달빛을 나서보고 내친걸음에 관훈동寬訓洞 중화원中華園에 니르러 놀앗다. 음식은 조 형이 사준다. 새로 두 점에야 돌아오다.

10월 23일. 구름 좀 끼었다. 저녁 때 정충시鄭忠時 군이 찾아왔다. 그야말로 오 년 만에 맞나본다. 내 얼굴을 자세히 보더니 오 년 전보다 퍽 닯아졌다고 하며 집일까지 뭇는다. 군의 얼굴은 훨썩 나졌다. 궁칩하던 긔운이 아니 보인다. 이런 말 저런 말 하고는 같이 나갔다. 교동보통학교로 하야 태서관泰西館으로 갔다. 서로 지난 일과 지날 일을 말하고 전골 한 틀에 밥 두 그릇을 청하여 먹었다. 내가 대접하려고 한 것이 돌이어 그의 대접을 내가 받았다. 그리고 나서 호해려관湖海旅館을 찾아 김영준永準 군을 보고 또 조 형도 여긔서 맞나서 좀 앉았다가 김, 조, 정과 같이 주인집에로 오니 최익한崔益翰 군이 와 기다려 있다. 그리고 조곰 있다 권 군도 와서 동서남북東西南北에 서로이 락락樂樂하게 있던 친구親舊들이 이렇게 잘 모이었다. 그런데 친구면 이 사 친구랴. 간담肝膽을 서로 빛이고 천하사事를 가히 의논할 만한 친구다. 그러나 갑작이 맞나고 보니까 넘우나 반가워 할 말이 돌이어 없다. 겨우 심심치나 아니할 많지 웃우운 니악이들을 끄내어 누가 시길 것 없이 저절로 웃깃 차례로 서로 다 입을 벌리게 되었다. 어느 입에서는 호랑이 니악이도 나오고 어느 입에서는 여우 니악이도 나오고 어느 입에서는 게집 니악이, 선머슴 니악이, 어린아이 니악이까지 나온다. 이리하여 밤은 벌서 깊었다. 온 이들은 다 돌아갔다. 나는 혼자 누어서 두어 시간이나 잠을 못 일웠다. 밤에 서리가 오다.

10월 24일. 맑다. 아츰에 조 형 려관旅館으로 가서 밥을 같이 먹고 종로까지 가서 작별을 하다. 나는 동대문 가는 전차에 옮아 창경원에서 나려 학교에 갔다. 저녁에 돌아와 집에 편지를 붙이다. 옷을 곳 아니 보낸다고 좀 성거스러운 말을 하였다. 이 편지를 보면 가슴이 좀 쓰릴 걸. 나는 나의 사랑하는 이게 아무쪼록 괴로움을 끼치지 아니하고 항상 그를 질거웁게 해주랴고 하지마는 그를 더욱 사랑하랴고 이렇게 굴기도 한다. 밤은 퍽 추웠다. 얼음도 얼었다.

10월 25일. 음침陰沈. 비도 좀 오다. 취롱翠弄 말 듣고 륙당六堂 집에 갔다. 밤은 어두운데 주인은 어데 가고 불교회 축만 십여 인이 벌서 모여 주인만 없다고 두덜거리고 있다. 나는 발우 돌아오다.

오날 집에서 옷이 왔다. 누님도 왔다가고.

10월 26일. 비가 좀 오다. 구름이 걷히고는 볕이 따뜻하게 빛였다. 아츰에 솜옷을 입었더니 더워서 못 견대겠다. 일긔가 하도 변화가 많아 갑작이 추웠다 갑작이 더웠다 하니 병나는 사람이 많다. 그래서 죽는 이도 있다. 아츰에 학교 가는 길에서도 상여喪輿를 둘이나 보았고 학교에 가서는 학부형學父兄의 부고를 셋이나 보았다. 대게 보면 흖이 환절換節할 물엽에 그렇다. 사람의 수명壽命은 로소불정老少不定하다는 석가세존釋迦世尊의 말과 같이 다 각각 제가 언제 죽을는지 모른다. 어려서 죽을는지, 젊어서 죽을는지, 늙어서 죽을는지. 오날 죽어가는 이며 오날 죽었다는 이들도 그 죽기 전에는 꼭 죽던 그날 죽을 줄은 몰았으리라. 이렇게 무상無常한 것을 왜 믿는고. 왜 믿고 사는고. 아마도 나는 거짓 사는 것 같고 지금 내가 살았나 죽었나 하는 꿈ㅅ속에 있는 것도 같다.

10월 27일. 맑다. 학교에 가다. 떨어진 버들닢이 발에 밟혀 바삭바삭 소리가 난다. 벌서 가을이 깊었구나. 길ㅅ가에는 배추밭이 있어 굽단지만한 배추 푸긔가 여긔저긔 빈틈없이 서 있고 한 늙은 청인이 뒤찜을 찌고 발골앙으로 어슬렁어슬렁 왔다갔다한다. 배추밭 한 구석에는 청인의 집 한 채가 잇고 그 집 가에는 천축天竺 모란과 국화菊花가 만발하였다. 힌 놈, 붉은 놈, 노랑 놈. 청인의 계집은 어린아이를 이끌고 그 꽃을 구경하고 섰다.

10월 28일. 구름 끼고 더웁다. 권 군하고 김성수金性洙 군과 장현식張玄軾 군을 찾아보다. 맞힘 아츰밥을 먹는다 하여 좀 밖에서 기다리다. 송운엽宋雲燁 군을 맞나 니악이 하고는 김 군의 방으로 들어가다. 고서화첩古書畫帖이 많이 있다. 낮낮이 펴보고 있노라니 장 군이 가지고 왔다는 술을 준다. 그러자 리광수李光洙 군도 오고 현상윤玄相允 군도 왔다. 돌아오는 차례로 두어 잔을 마시고 나니 벌서 취하였다. 술은 참 좋은 술이다. 니름은 백화주百花酒. 서로 웃고 서로 떠들고 점심때가 지난 줄도 몰았다. 장 군이 다시 영도사에 가서 놀자고 끈다. 몯아 딿아 나서 가다가 리광수 군만 다른 데로 갔다. 안감내 지나서 전차에 나려 영도사로 들다. 북편 수석水石 갓가이 있는 료리집에 밥을 시기고 혹은 앉고 혹은 누어 니악이를 번갈아 하다. 그 우 솔숲 속에는 웬 미인美人 한패가 있어 놀애를 부르고 그 알에 시내ㅅ가 반석에는 꽃 같은 젊은 아씨 둘이 앉아 빨래를 한다. 우리는 니악이도 하다가 놀애 소리, 빨래 소리도 듣고 밥도 먹고 놀다 놀다 돌아오다. 누님을 찾아보다. 집에서 편지가 왔다. 팔월붙어 밥맛이 없어 잘 못 먹는다. 마음을 도모지 안정할 수가 없다는 말이 있다. 어찌 관심이 되지 아니하랴. 할머님 병환은 점점 위중하여 회춘하실 가망이 없다니 복념伏念만만. 최익채益采 군에게 편지 붙이다.

밤에 잠을 잘 못 잤다. 밤새도록 무더운 것이 맞히 녀름에도 더운 날 저녁과 같다. 땀이 온몸에서 흐르고 때가 일어 손톱으로 한 번만 긁으면 손톱 안에 가득 찬다. 목욕한 지가 얼마 아니 되것마는 웬일인지 때만 생겨, 문득 녯날 일이 생각난다. 어머니가 나의 어렸을 때 나의 몸동이를 가끔 씻어 주시며 어찌다 팔공이나 발회목 같은데 낀 때가 아니 벗어지면 네가 맒아서 이렇게 때가 잘 끼었다고 하시며 잘 먹이지 못하고 잘 입히지 못함을 한탄하시던 일이 생각난다.

10월 29일. 비. 학교에 가기 전에는 동천이 번하고 별도 잇다금 빛이더니 학교를 막 들어서니까 구름은 온 한울을 빈틈없이 덮어버리고 부슬부슬 가랑비가 나리다가 련하여 굵은 비도 온다. 제일 학년第一學年 을반乙班 교실敎室은 불을 켜놓고야 교수敎授를 할많지 어둡다. 이 교실敎室은 원악 밝지는 못하지마는 오날은 퍽 음침陰沈하기도 하다. 칠판漆板에 써 주어 보일 것이라도 몯아 말로만 듣기게 할 수박에 없다. 그럭저럭 두어 시간을 칠우고 돌아오다. 학교 우산을 얻어가지고 리선생과 같이 받고 오느라고 비는 비대로 맞았으며 구두는 진흙투성이가 되었다. 옷에도 진흙이 뛰어 박히어 안해가 옆에 있으면 푸념 들을 많지 되었다.

10월 30일. 구름만 끼고 비는 아니 오다. 오날은 올 봄에 죽은 놈 생일이다. 음력으로 래일 곳 구월 이십이 일. 살아서 있더라면 오즉 좋으랴. 사람의 마음대로 못하는 그 일 그 원망을 한울님께 돌려보낼 수밖에 없다. 웨 그렇게 우리게 태어냈다가 웨 그렇게 짜른 동안만 살게 하시었고. 괜이 우리를 웃기고 울리어 주시었노. 나는 다시 웃지도 않고 울지도 아니하려 하지마는 또 한울님께서 웃기시면 아니 웃지 못하고 울리시면 아니 우지 못할 것이다. 도저히 한울님을 절우는 수는 없다. 다만 한울님의 시기시는 대로 할 따름이다.

10월 31일. 구름 끼었다. 학교에 가 보니 벌서 생도生徒들은 돌아간다. 석전石顚 선생을 찾아보고 요새 사왔다는 한관비첩漢款碑帖를 보이기에 장장이 넘기어 보고 또 설파화상雪波和尙의 비문碑文 수정修正한 것을 보고 앉았노라니 김승렬金承烈 선생이 붓 장사 하나를 더불고 들어온다. 그러고 또 일본日本 유학생留學生 하나가 들어와 석전石顚하고 썩 반갑게 인사를 한다. 나는 책상 우에 쌓아 놓은 책을 손에 잡히는 대로 쑥쑥 빼어보고 어렵운 귀절句節을 김승렬 하고 토의討議하였다. 그것도 꽤 자미가 있다. 그런데 석전石顚이 감 삼십 개, 배 네 개를 사서 준다. 나도 배와 감을 얻어먹고 먹은 김에 일어나 오다.

집을 생각하다. — 집에서는 아즉도 양력陽曆으로는 날자를 모르고 곳 음력陰曆으로만 안다. 오날은 구월 이십이 일. 이 이십이 일로만 알고 어제 삼십 일로는 모르렸다. 그래서 오날이 꼭 그놈 생일로 알고 그놈을 생각고 눈물을 흘이고 밥도 아니 먹고 잠도 못 자렸다. 과연 그놈의 령혼이 지금 어대 있다하면 그 부모가 이렇게 생각하는 줄을 알을가. 만일 있어도 알지 못한다 하면 하믈며 그놈의 령혼이 아무대도 없는데랴. 나는 그놈의 령혼이 다른 데 있는 것이 아니라, 그놈을 닞지 못하고 가장 골똘이 생각하는 우리의 머리 가운대에 있는가 하노라. 그놈은 벌서 흙도 되고 물도 되고 김도 되어 버리었으리라. 그리고 아무것도 남지 아니하였으리라. 다만 우리의 생각에 언제던지 슬어지지 않고 그놈의 몯은 것 눈에 보이고 귀에 들기리라. 그놈은 우리 생전에는 아니 죽었다.

일기

21권

1923. 11. 1. ~ 1924. 3. 25.

1923년(단기 4258년)

11월

11월 1일. 비. 객적은 비다. 농가에서는 추수가 한창인데 비가 오니 일을 할 수가 있나. 곡식을 잘 말리어야 할 것인데 비가 오니 될 수 있나. 농민들은 이래저래 걱정이다. 벼를 어서 작만하여야 세금도 받히고 도조도 받힐 것 아닌가.

11월 2일. 구름 끼다. 여러 날 결석하던 교장校長은 오날에야 학교에 나왔다. 월급을 주마는 날(二十一日)에 못 주었으니까 미안하여 그렀나. 그러나 오날도 빈손만 가지고 나왔다. 설립자設立者 교무원은 잠을 자나 꿈을 꾸나. 어떤 셈인지를 알 수 없다. 괜히 학교는 하여보겠다고 하여 아무 준비準備와 노력努力이 없으니 참 보기 딱하다.

11월 3일. 음침하고 음산하다. 오후午後에 주인主人하고 연희전문학교延禧全門學校 구경을 갔다. 그 집은 아즉 다 꾸미지 못하여 청인들이 일을 하고 있다. 다섯 층 돌집. 그 앞 좌우에는 삼층 돌집. 몯아 견확堅確하고도 원대遠大한 뜻이 보인다. 일본 사람의 하는 일과는 다르다. 돈도 들기는 삼사십만 원이라나. 사면에는 산이고 산에는 소나무 숲이 한껏 욱어졌다. 서울과는 딴 세상 같다. 그윽하고 고요하여 공부하기 좋은 곧이다. 원컨대 큰 학자, 큰 철인哲人, 큰 일군을 많이 내어 조선을 빛나게 하라.

그 앞으로 조곰 나와서 큰 운동장이 있다. 오날 맛힘 여러 중등中等학교 선수選手 운동회가 있다. 이 학교에서 주최하여 오전午前붙어 한다. 사람이 꽤 많이 모였다. 한참 서서 달음질하는 구경을 하다가 별로 자미가 없어 돌아오다. 중로中路에서 현소성玄小星을 맞나 동행하였다. 고개를 둘이나 넘고 잡목 사이로 소나무 사이로 락엽落葉을 밟으며 서로 니악이 하며 황혼黃昏을 무릅쓰고 돌아오다.

익한益翰 군이 찾아왔다.

11월 4일. 비가 올 뜻하여 우산을 가지고 나서 최익한崔益翰 군을 찾어 더불고 조룡해 군을 찾어 못 보고 그 길로 정인보寅普 위당爲堂을 찾아가 보다. 방두환方斗煥, 변영노卞榮魯가 와 있다. 주인主人이 변영만卞榮晩 문고서文藁序며 최남선崔南善 일람각서一覽覺書를 지었다고 보인다. 그리고 한문의 문장법을 말하고 있다. 그러자 또 오철호吳徹浩 군, 홍벽초碧初(命熹)가 왔다. 방에 볕이 듦으로 다른 방으로 옮아 앉아 요마적 니르는 조선문사朝鮮文士라는 것을 평하고 또한 문장文章을 평하다. 주인主人이 군밤을 사와서 그걸로 요긔하고 나종에는 생활난生活難의 궁설窮說을 듣다 오다. 오날은 이렇게 보냈다.

11월 5일. 맑다. 누님이 찾어왔다. 림상종林相鐘 해려海旅가 찾아왔다. 저녁에 수당을 가 보다. 정추인鄭秋人 장의 편지가 오다.

11월 6일. 맑다. 밤에는 비가 오다. 누님을 찾아보다. 누님은 혼자 앉아 바느질하고 있으며 어제ㅅ밤에 꿈자리가 사났다고 하니 집안에 무슨 연고나 없나 하고 걱정을 한다. 한 륙십 된 령감이 누님 있는 방 옆에 마루에서 모긔장을 치고 잔다. 건너방에서는 여러 사람의 웃음소리

섞어 니악이하는 소리가 야단스럽게 난다. 돌아와 열두 점에야 자다.

11월 7일. 구름이 끼다. 학교에서 저녁밥을 먹고 경주 고적환慶州古蹟幻 등을 구경하다. 볼 만한 것이 많은데 설명을 좀 더 잘했으면 좋겠다. 열두 점에 돌아오니 대문이 닫혔다. 여러 번 소리쳐 자는 이를 깨웠다.

11월 8일. 맑다. 아츰밥은 김병룡金秉龍 군의 집에 가서 먹었다. 오날은 김 군의 생일이라나. 내 배까지 불렸다. 정추인鄭秋人 장에게 편지며 『신임제요辛壬提要』를 사 보내고 집에도 편지를 붙였다. 작은 대할머님께며 어머님께며 병택이게까지 각각 편지를 하였다. 병중에 계신 할머님께서는 이 편지를 보시고 얼마나 깃버하실는지 모르겠다. 어머님께서도 보시고는 긔특하다고나 하실는지.

11월 9일. 구름 끼다. 익한益翰 군이 와서 놀다.

11월 10일. 구름 끼었다. 집에 헌옷을 붙이다. 아버님 편지, 병륙의 편지가 오다. 괜이 머리가 띵하다. 목욕을 하고 나니 좀 낫다. 림응순林應淳 군에게 답장答狀을 하다.

11월 11일. 구름끼었다. 시월十月 초삼일初三日 곳 상달 초사흘. 주인하고 락원동樂園洞 개천절開天節 경하식慶賀式에 갔다. 사람이 꽤 많이 모였다. 나는 몇 사람의 말을 넘우 거절할 수 없어 하는 수 없이 붓그럼은 무름쓰고 단壇에 나서 말하였다. 「절제생활節制生活」에 대하여 말했다. 그리고는 나종에 천병天餅 한 개를 얻어가지고 돌아오다. 익한益翰 군하고 리건방建芳 씨를 찾았다 못 보고 한충 군을 찾아보다. 떡국을 주어 잘 먹었다. 주인主人 집에 돌아와 보니 장현식張鉉軾 군이 찾어왔다 갔다. 저녁 먹고 나서 누님을 찾았다 못 보고 청진동淸進洞을 행하여 가다가 문일평文一平과 리광세李光世 군을 맞나서 한가지 김병료 군을 찾어보고 되는 대로 짓거리다가 돌아와 주인하고 정거장에 나갔다. 아즉 열 시밝에 아니 되었다. 대합실로 들랑날랑하여 오는 이 가는 이를 살펴보기도 하고 그 밖에 광장廣場에 나서 이리저리 거닐기도 하고 그 근처近處 상점商店과 음식점도 거쳐서 다시 정거장으로 드니 벌서 열한 점 반이고 장현식張鉉軾 군도 나왔다. 그는 집을 향하여 떠나간다. 차가 떠나는 것을 보고 우리는 돌아오다. 열두 시가 지나서 잤다.

11월 12일. 비 오다. 종일 오다. 저녁에는 우박이 쏟아진다. 길이 질컥벌컥하여 단이기 어렵다. 게다가 나는 해진 고무신을 신었더니 진흙이 배울아 양 발을 버렸다. 이런 때는 더욱이 저번에 잃은 고무신이 생각난다. 그 고무신이 있더라면 괜찮을 걸. 학교에 가니 난로煖爐가 놓여 괘 더웁다. 점심때가 되었다. 선생들은 전과 같이 각기 변또를 가지고 숙직실宿直室로 모였다. 그래서 내 밥상 가에로 에둘어 앉았다. 현玄 선생은 밥을 먹다가 수제를 지고 김 선생 귀에 대고 뭬라 하더니 갑작이 외마디 소리를 치고 나자빠져서 눈을 히번덕이고 입을 씰룩씰룩하며 피를 자꾸 쏟고 손과 발을 벌벌 떤다. 헌 선생은 두 눈이 똥글아져 곳 의사義師를 부르야 하겠다고. 김 선생은 괜찮다고 한다. 선생들은 다 밥을 먹다가 만다. 이 병은 간질이란 것이다. 우리말로는 질알이란 것이다. 흫이 이 병은 선천적先天的 유전성遺傳性으로 생긴다 하지만 혹은 주적중독酒積中毒으로 말미암아 생기기도 한다. 과연 이 현 선생先生은 유전성遺傳性인지. 아마 주적중독일 것 같다. 넘우 술을 먹었으니 중독이 되지 아니하였다 할 수 없다. 노상 술이라면 죽고 못 사는 이다. 가엾고도 딱한 일이다. 요새는 하학만 하고 나면 벌서 해가 저문다. 부즈런이 걸어서 주인집에 와 보니 전긔불이 들어왔고 과객過客이 있어 밥을 기다리고 앉았다. 지금도 홋것을 벗지 못하고 맑은 코를 흘이고 아무 말도 없이 있다. 조금 있다 밥상이 나오니까 마파람에 게 눈 감추듯 한 그릇 밥을 다 해버리고 일어나 간다. 밤새도록 바람이 몹시 불었다. 가끔 소낙비도 지났다.

11월 13일. 비는 그치다. 주인의 그 조모를 모시고 그 시골집에 갔다. 저녁에 누님을 찾았더니 어데 가고 없다. 조룡해 군을 찾어보다. 바람을 슬슬 불고 초생달은 밝게 빛이고 밤은 퍽 쌀쌀하다.

11월 14일. 비 섞어 우박이 오다. 곳불이 들어 야숙이 아니 나간다. 외약귀가 앓브고 노상 버레 우는 소리가 난다. 이건 작년 겨울붙어 촉랭하여 생긴 병인데 올 봄, 녀름, 가을 동안은 괜찮더니 요마적 와서 또 그렇다. 또한 목이 장겨 소리 내기가 거북하다.

11월 15일. 흐리다. 청진淸進동 병구秉矩집을 찾어가보다. 병구는 마루에서 놀고 누님은 어제붙어 여긔 와서 짐장을 하여주노라 하며 방에 앉아서 무수를 쓸고 있다. 몇일 서로 못 보다가 맞나보니 깜짝 반갑다. 무수 한 개를 곪아서 깎아준다. 어데 갔던 병구 누의도 웬 녀자를 하나 더불고 들어와서는 치마를 갈아입고 알엣묵에 앉아서들 웬 편지를 내놓고 보며 밑도 끝도 없는 니악이를 하며 자긔들끼리 걱정을 한다. 방은 퍽 더웁다. 고사떡을 찌느라고 불을 많이 뗐다나. 병구는 방으로 들어오더니 저의 누의에게 달겨들여 어리광도 치고 시름맞게 굴으며 이년 저년 욕지거리를 한다. 저의 누의는 얼굴빛을 변하여가지고 나무랜다. 그래도 조곰도 어렵게 녀기지 않고 더욱 못되게만 군다. 나는 모자를 곧혀 쓰고 일어나 오다. 누님은 떡을 먹고 가라고 만류한다. 그러나 병구 누의는 아무 말도 없다. 나는 대문 밖에 나서니 병구 어머니가 명태 세 마리를 손에 들고 온다. 나는 그동안 오래 못 보아서 굼굼하기에 찾어왔다 갑니다 하고 발우 돌쳐서 오다.

저녁에 익한益翰 군을 찾어보고 놀았다.

11월 16일. 구름 끼다. 주인이 왔다.

11월 17일. 맑다가 구름이 끼었다. 남풍이 슬슬 분다. 오철호吳徹浩 군하고 정인보鄭寅普 군을 찾아보다. 아즉 긔침起寢도 아니하였다. 우리가 들어가니까 이불 속에서 일어난다. 때는 벌서 오전午前 열 시나 지났다. 또 변영노卞榮魯가 와서 신시新詩를 지었다고 내놓고 자랑하며 자꾸 담배를 피운다. 담배 연긔가 방 안에 가득하여 내 머리가 꽤 앓브다. 또 전우田愚의 제재라는 이가 와서 정인보하고 리긔理氣를 토론討論한다. 그 끝없는 언론言論을 듣기에 내 머리는 더욱 앓브다. 그리고 점심때가 지나서 정鄭, 오吳를 딸아 란곡蘭谷 리건방建芳 씨를 찾어보다. 네댓 늙은이가 모아 앉아 바둑을 둔다. 우리는 인사를 하고 간신히 그 틈에 끼어 앉았다. 란곡蘭谷은 깨끗하게 늙은 늙은이다. 용모가 청수하고 언어言語가 관곡하다. 자못 순후한 풍도가 있어 지금에 남아 있는 고인古人의 표본일러라. 약간若干 하는 말이 동서고금東西古今에 및었다가 맞힘내 끝을 내지 못하고 일어나오다. 와 들으니 동광학교東光學校에서 나를 오라고 오전午前에 사람이 왔다 갔다고.

저녁에 오철호吳徹浩 군하고 최익한崔益翰 군을 찾어보았다.

11월 18일. 구름 끼다. 아츰에는 썩 따뜻하였다. 주인主人과 오철호吳徹浩 군과 같이 나서 수창동需昌洞(一一一)에 문일평文一平 군을 찾았다가 못보고 인하여 사직동社稷洞으로 나서서 서으로 가다가 인하천仁下泉 물을 마시고 그 우로 올아 헐어버린 성터를 넘어 그 전 독일공사관獨逸公使館 앞으로 해서 오다. 청진동淸進洞 병구秉矩 집을 잠간 찾아보고 안국동安國洞 누님을 찾아보다. 주종의朱鐘宜 군이 찾아왔다. 동양력사東洋歷史 교과서教科書 한 권을 손에 들고. 나더러 동양력사와

외국지리를 가르쳐 달라한다. 박창화朴昌和 선생이 가정불화家庭不和로 말이 말미암아 일전에 어대로 달아난 뒤에 동광학교東光學校에서는 그 대신 다른 선생은 닭이 구하고 구하여도 쉽사리 얻을 수 없음으로 맞힘내 나더러 하라는 것이다. 그래서 어제 나더러 오라는 것이다. 나는 학교 형편대로 하겠노라 하였다. 그러면 내가 다섯 과정科程을 맡아 한 주일 동안에 시므 시간을 가르치게 된다. 배우야 할 사람이 가르친다 하여 시간을 많이 쓰게 되니 내가 한가히 책을 보고 생각하여 볼 시간은 많지 못하겠다. 과연 시간이 귀한 것인 줄을 깨닷지 아니치 못하겠다. 리창구李昶求 군이 왔다. 저녁에 홍태식洪台植 군이 찾아왔다. 깜짝 반갑다. 전주 소식全州消息을 들으니 더욱 깃브다. 호영강습원湖英講習院이 자꾸 늘어간다 한다.

정충시鄭忠時 군과 조 형趙兄께 편지 붙이다.

11월 19일. 비 오다. 녀름비 오듯이 온다. 날씨도 무덥다. 직원회가 있어서 어두어 돌아오다. 비는 그치고 바람이 몹시 분다. 이렇게 생각하다. — 나는 무엇하러 사나. 과연 그동안은 무엇하고 살았나. 도모지 모를 일. 책을 보아도 그렇고 남의 말을 들어도 그렇고 또한 내가 생각해 보아도 그렇다. 몯은 문제가 다 그렇다. 그러나 어떤 때에는 무엇을 곳 알 듯도 하다. 그럴 때에는 무엇을 하러 사는 듯도 하다.

11월 20일. 비. 짐장이 한창이다. 무우, 배추ㅅ바리가 골목골목 널렸다. 날씨는 맞히 녀름날 같다. 천긔를 알 수 없다. 이러다가도 갑작이 칩어져 비가 눈이 되어 펑펑 쏟아질는지도 모르겠다.

11월 21일. 비. 누님을 찾아보다. 집 생각이 난다. 더구나 옷이 검으니 생각이 난다. 행랑 아이놈이 체하여가지고 몹시 보챈다. 그 어미는 성가스러워서 막우 따리고 야단이다. 밥을 먹을 때는 먹어라 먹어라 잔뜩 먹여 놓고 탈이 안 나기를 바랄 수 있을가. 량에 지나도록 먹은 아이나 그 어미나 똑같은 정도다. 다만 하나는 나이 적고 하나는 나이 많을 뿐이다. 밤에 책을 보다가 이 아이가 옆에 방에서 우는 설레에 정신을 모울 수 없다. 노 이렇다. 사람 사는 데는 다 이런가 보다.

11월 22일. 비. 몸이 좀 고달피다. 낮에 따뜻한 방에서 푹 누어 한소곰 자고 났으면 좋겠다.

11월 23일. 맑다. 구름 끼었다. 아츰밥을 먹고 나서 휘문학교徽文學校 운동장運動場에 가서 전조선축구대회全朝鮮 蹴球大會를 구경하다. 오날은 제삼일第三日채다. 어제까지는 비가 와서 구경ㅅ군이 그다지 많지 못 하얏다더니 오날은 과연 많이 모였다. 아마 수만 명 되겠다. 발서 오정포 소리가 난다. 중학생 템이 나서 축구를 한다. 서로 밀치락달치락 이리 닷고 저리 닷고 야숙이 끝이 아니 나더니 거의 한 시간 만에야 그친다. 그리고는 운동간부運動幹部와 운동선수選手가 잇따금 모아서서 수군거리다가 헐이고 헐였다가는 또 모아서서 수군거린다. 이렇듯 시간만 보낸다. 구경ㅅ군들은 참다 참다 못하여 소리를 웨치는 이도 있고 손바닥을 치는 이도 있어 어서 하기를 재촉한다. 그래도 한 모양이다. 한편에서는 기생이 담배를 먹는다고 녀학생이 시비를 하여 싸움이 일어나며 사람들이 몰려든다. 순사들은 손을 들어 좌우로 흔들며 사람들을 헐인다. 해는 자꾸 인왕산 너머로 들어간다. 운동간부는 아무 말도 없이 도망하였다. 어떤 이는 구경을 못하였으니 입장료入場料(삼십 전)를 돌우 찾어가지고 간다고 하여 그대로 섰는 이도 있다. 나는 여러 사람과 같이 나왔다. 주인집에 드니 아까 수당이 왔다 갔다고 한다. 리능화李能和 씨를 찾어 못 보고 종로로 돌아 공평동公平洞에 들어 리겸욱李謙旭 군을 찾어보았다. 밤은 벌서 열 시다. 젊은 녀자가 장자 혹은 틀에머리를 언진 녀자가 길에 널려 오락가락한다. 나는 게동桂洞으로 돌아오며 이 녀자들은 많이 보았다.

11월 24일. 진고개를 가서 서점書店을 더듬어 보고 우편소에 들어 대구 가는 편지와 돈을 붙이고 왜떡을 사가지고 한충韓冲 군을 찾어보고 같이 경성 도서관京城圖書館에 가서 보니 책 보는 이가 꽤 많다. 돌로 새로 진 뒤에는 보기는 오날 처음이다. 책 보는 방 들어가는 문 우에 돌에다 민영휘英徽 씨 긔부寄附라 사겼다. 일즉 들으니 이 집을 지려할 제 지금 이 도서관圖書館 관리자 리범승李範昇이가 더불고 사는 일녀日女의 아우가 맞힘 일본에서 어느 고등녀학교를 졸업하고 저의 형을 맞나보기 겸 조선을 나온지라 그걸 긔회로 하여 리범승李範昇은 민영휘英徽의 아들 민규식奎植에게 미인계美人計를 썼다. 그래서 그 조건으로 어찌할 수 없이 돈 만 원을 뺏기게 되었다더라. 그래서 그걸 도서관에 긔부하였다더라. 아뭏던가 이만한 도서관이나 되었으니 다행이다. 갑작이 바람이 불며 비가 온다. 한참 기다렸다. 비는 그친다. 불교회로 하여 돌아오다. 집에서 옷이 오다.

11월 25일. 맑다. 주인하고 나서 수창동需昌洞 가서 문일평文一平 군을 찾았다 못 보고 그 뒤로 고개를 넘어 독립문 앞에로 나아가 거닐다가 독립관을 들어가 보고 그 남쪽으로 좀 나려와서 천연정天然亭을 찾어보다. 앞에는 련못이 그제 있고 그 옆에는 요마적 향상회관向上會館이란 벽돌집이 솟아있다. 력사歷史 많은 땅이 한갓 소조蕭條하고 적막寂寞할 뿐이다. 련못가로 돌아서 다시 그 북쪽으로 좀 올아와 장지영張志映 군을 찾아보다. 지난 공일에 약조한 대로 집에 있어 기다리더라. 그 뒤 새로 지었다는 서재에 올아 서적書籍을 구경하고 다시 나려와 방으로 들다. 알뜰하게 살림하는 이다. 하나, 나무 쪽악 하나이라도 번연히 놓지 아니하였다. 그리고 국화분을 뜰에 마루에 벌여놓았다. 국화는 벌서 때가 지나서 보잘 것이 없다. 술을 내왔다. 니악이 하며 술을 마시며 하여 해를 지웠다. 밤에 돌아오다. 주인은 임경재璟宰 씨 집으로 들어갔다 오더니 다시 나가자 한다. 맞힘 서승효徐承孝 군이 왔다. 셋이 같이 동양식당東洋食堂으로 갔었다. 밤은 이슥하였다. 륙당도 그 곁에 방에 와 떠든다. 맛도 없는 쇠고기를 씹다가 돌아오니 자정은 되었다.

11월 26일. 구름 끼다. 집에서 편지가 오다. 아무 탈은 없다고. 듣기 다행이다. 취운정翠雲亭으로 하여 학교를 향해 가다. 늙은 나뭇가지에서 딱딱울이는 딱딱, 애소나무 속에서 뱁새는 삐삐, 다람이는 꼬리를 회회 흔들며 이 나무로 저 나무로 단이고 가마귀는 깍깍 하고 지나간다. 자동차 소리, 전차 소리 나는 서울과는 딴판이다. 나는 딴 세상을 지나가는 것 같다. 저녁에 누님을 찾았다가 못 보았다.

11월 27일. 구름 끼었다가 저녁에는 비가 오다. 아츰 먹고서는 발우 진고개로 달아갔다. 서점書店이란 서점은 거의 다 더듬어 보았다. 그러나 일전에 내가 보아놓고 돈이 없어 못 사던 책은 벌서 누가 사갔는지 보이지 아니한다. 내가 보랴는 책은 남도 보랴는 것 같다. 흖이 내가 보아놓고 및어 사지 못한 책을 발우 그 다음에 가보면 없고 없고 한다. 더욱이 이마적은 동경진재東京眞災 통에 책사冊肆도 많이 결단난 까닭에 볼 만한 책은 나오지 아니하고 그뿐더러 조곰 있으면 책금이 더 오르느니 하여 그전보다 책들을 더 사가는 것 같다. 황금정黃金町에서 전차를 타고 창경원昌慶苑 앞에 가 나렸다. 학교에 니르러 보니 벌서 두 시간 수업授業을 하였고 일학년 갑조에서는 허환許煥 선생先生의 자격資格이 맞당치 못하니 갈아달라고 동맹同盟하고 진정陳情서를 제출提出

하였다. 나는 오후에 두 시간만 교수教授를 하고 하학하여 돌아오는 생도生徒와 같이 성균관成均館 뒤ㅅ길로 하여 오다. 저녁에 오철호吳徹浩 군하고 수당께 나아가 보다.

11월 28일. 陰曆 一月 二十日. 꽤 칩다. 오날은 손돌이치위라나. 아츰에 학교를 가노라니 창경원昌?院 앞에서 전차電車에 나리는 늙은 녀인이 있다. 니가 다 빠지고 허리가 곱으라졌다. 나를 보더니 반가워하며 사범학교 가는 길을 뭇는다. 나는 그와 같이 박석고개를 지났다. 그는 여러 가지 니악이를 하여 들린다. 꽤 자미있다. 그는 자허골紫虛汨 사는 인데 이 길은 평생에 처음이고 지금 나이는 일흔둘이고 무슨 급한 일이 있어 그의 손자를 보러 간다고, 손자는 금년今年붙어 사범학교에 들었다고, 며누리며 손자도 여럿이 있다고, 자긔는 나이 많으되 퍽 건강하다고 아즉도 십년은 더 살겠다고 그런다. 저녁에 주인하고 가서 리명칠命七 군께 문상하고 돌아오다가 리능화李能和 씨를 찾아보았다.

11월 29일. 눈이 오다 발우 그친다.

저녁에 누님을 가 보다. 서로 화롯가에 앉아 고생하는 니악이를 하고보니 청승스럽기 니를 데 없다. 만일 한 말만 더하면 눈물이 괴일 듯하고 또 한 말만 더 하면 갑작이 웃음이 벌어질 듯도 하다. 과연 울리고 웃기고 할 수가 있으나 굳하여 울릴 까닭도 없고 웃길 까닭도 없다. 다만 되는 대로 짓거린 것이 이렇게 되었다.

11월 30일. 오날도 꽤 칩다. 교동 골목으로 나가노라니 학교들 가는 아가씨하며 도련님들이 몯아 입술이 새파랗고 코ㅅ등이 빩앟다. 이렇게 치위를 무릅쓰고 공부하러 가는 냥은 참 귀업기도 하고 안쓰럽기도 하다.

학교에서 돌아오다가 주朱 선생, 현玄 선생에게 음식을 얻어먹었다.

12월

12월 1일. 음랭하다. 진고개 책사冊肆를 가보다. 문광당文光堂 주인은 배가 붊어서 잘 것지도 못한다. 그래도 책값은 남보다 몇 곱절 더 받으려 한다. 알구 아니꼬아. 돈만 그렇게 모우고 사람은 도모지 대접할 줄 모르지. 어떻게 발이 실이던지 거긔 서서 책을 볼 수가 없다. 곳 발톱이 빠질 듯 피가 다 어는 듯 하길래 보고자 하던 책도 및어 찾어보지 못하고 발우 돌아서 왔다.

누님께 작은어머님 편지를 가지고 갔다. 무슨 말씀을 썼는지 편지를 다 보고는 "지금도 나를 못믿어." 하고 매우 서운이 안다.

최성우城愚 군이 술 두 병을 가지고 왔다. 딸아서 림청林青 군도 왔다. 저녁상 겸 술상을 벌여놓고 한 잔 먹고 두 잔 먹어 술이 술을 청하여 술을 또 받어다 긔어히 취토록 먹었다. 나는 대번 첫잔에 취하여 밥도 잘못 먹었다. 오날 저녁은 방바닥이 뜻밖에 더웁다. 아까 연통煙筒을 떨고 불을 전보다 많이 때었다 한다. 눈이 온다. 잠간 동안에 자옥 눈은 왔다. 주인하고 나서 산보散步를 하였다.

12월 2일. 맑다. 김영운永運 군을 찾어보고 놀았다. 리일화一和 군이 찾아와 본다. 어제 술 먹은 해가 오날에야 나타난다. 머리가 앓브고 정신이 흐릿하고 사지가 날연하다. 이런 걸 무엇이 좋다고 자꾸들 먹는고. 먹고 취하면 근심을 닞는다지마는 나의 경험經驗으로 그렇지 못하고 오히려 근심이 더하니 웬일인고. 나는 취한 때나 취하였다가 깬 때나 근심은 근심대로 게다가 술 해까지 더하여 근심이다.

12월 3일. 아츰에 좀 한울이 흐렸다 맑고 햇발이 빛여 그대지 칩지는 않다. 그래도 사람들은 "치워. 치워." 하고 몸을 웅숭크리고 단이는 이가 많다. 나는 학교를 갈 때에나 올 때에나 길에서 그런 이를 보았다. 오날은 삼한사온三寒四溫에 온溫에 들은 날인가 보다. 과연 엇그제는 퍽 치웠었다. 그날은 길에 녀학생 외에 나들이 하는 녀자女子는 퍽 드믈었다. 약한 녀자들이 치위를 못 니겨 그렇다. 여자 뿐 아니라 남자에도 괜이 어슬렁어슬렁 이리저리 구경이나 하고 단이는 이는 많이 보지 못하였다. 그러나 오날은 구경삼아 단이는 이들도 적지 않다.

미美란 무엇인고. 오관五官에 접해 보아서 마음에 드는 것이 곳 미美인가. 꽃을 보고 미美로 녀기고 음악音樂을 듣고 미로 녀기고 향수香水를 맡고 미로 녀기고 고기맛을 보고 미로 녀기지 안는가. 인생人生은 본능적本能的으로 미美를 감각하는 소질素質이 있길래 이렇게 외게外界에 대對하야 인식認識하는 것 아닌가. 그럼 미美는 그 대상對象인 추醜란 것을 떠나서는 있을 수 없다. 그럼으로 추醜도 그 대상對象인 미美를 떠나서는 있을 수 없을 것이다. 그러면 추란 무엇인고. 오관五官에 접해 보아서 곳 미감美感을 주지 못하는 것 아닌가. 그러나 눈으로 보아서 곳 미감이 있다고 코[鼻]로나 서[舌]로도 꼭 그런 것은 아니겠다. 그러니까 한 물건에 대하어서도 미로도 감각할 수 있고 추로도 감각할 수 있다. 다시 말하면 동일同一한 물건에 미도 있고 추도 있다.

12월 4일. 흐렸다. 그러나 과히 칩지는 안였다. 새벽에 한충韓冲 군이 왔다. 아츰에 재동 골목으로 나려가노라니 녀학생 한 떼가 주먹을 쥐고 달음질을 하여 옳아온다. 길 좌우에는 사람들이 모아서서 구경을 하며 어떤 늙은이는 소리를 짊어 "엇둘. 엇둘." 하고 어떤 아이는 저도 주먹을 쥐고 달음질하여 쫓아간다. 나는 붉은고개[1]를 넘어 안국동安國洞

1 종로구 화동 22번지 정독도서관 남쪽에 있던 고개로서, 붉은 흙이 많았던 데서 유래

전차정류소電車停留所를 향하여 가다. 종친부宗親府 뒤로 꼽으라져 가는 길ㅅ갓 싸전 가가집에 문이 닫히고 순사巡査, 형사刑事가 와 있고 사람들이 모아서서 서로 수군수군하기에 가만이 들으니 어제ㅅ밤에 강도强盜가 들어 그 집 주인 양주를 칼로 찔어서 하나는 죽게 되고 하나는 중상하였다고 한다.

저녁밥을 한충韓冲 군 집에서 먹었다. 취롱翠儂, 애류崖留도 벌서붙어 우리를 한끼 대접하려 하였으나 짐치가 닉지 안여서 못하였다 하여 술에 전골에 이것저것 반찬이 썩 많고도 맛갈스럽다. 되는 대로 먹은 것이 배가 넘우 불었다.

12월 5일. 흐렸다. 리도李燾의 편지를 보다. 그야 말따나 벌서 수년 만에 편지도 보게 된다. 그동안 공부는 어찌 되었던가 아무 탈없이 지났음만 다행이다. 반갑다. 요새는 해가 퍽 짜르다. 학교에서 하학하고 나면 벌서 어두워진다. 게다가 오날은 림시직원회職員會가 있어서 한참 동안 머리가 앓벘다. 교장이 어제 교무원敎務院에 리사회理事會한 보도報道를 하였는데 여러 선생들은 쓸데없이 리사회理事會에서 결의決意하였다는 것을 가지고 의논議論하고 있다. 정작 직원회에서 의논議論할 것을 문제問題도 끄내지 안였다. 그래서 벌서 다섯 시가 지났다. 그냥 직원회는 휘지부지 말았다. 나는 보성전문학교普成全門學校 앞으로 지나다 위태한 일을 보았다. 전문학교 문간께가 넘우 경사傾斜가 심하여 만일 눈이나 오던지, 얼음이나 얼던지 하면 주루루 밋글어지기가 쉽게 되었다. 그런데 예서 맞힘 그 밑에ㅅ길로는 늙은 녀인 하나가 어린 게집아이를 더불고 지나다가 전문학교로서 나오는 석탄石

된 이름이다.

炭 섬을 무겁게 싫은 술에가 겁잡을 수 없이 굴어나리는 바람에 갑작이 싸잡혀 넘어졌다. 그 옆에 있던 사람들과 같이 나도 소리를 웨치고 달라 들어 술에 채를 잡아 밀고 보니 다행이 사람은 상하지 안였다. 늙은 이는 옷에 묻은 흙을 떨며 일어나고 어린아이는 제ㅅ간에 퍽 놀라서 운다. 운명運命이란 알 수 없다. 이 사람들도 그만만하기에 망정이지, 하마트라면 이 세상을 이곧에서 떠날 번하였다.

12월 6일. 흐렸다. 하학下學 후後에 학교에 나오다가 정인보寅普, 홍긔문洪起文, 변영로卞榮魯를 맞났다. 정이 학교로 김승렬承烈 선생을 찾으러 오는 길이다. 맞힘 김도 나하고 같이 나가는 길이다. 그래서 같이들 김의 집으로 갔다. 정은 실상 김의 가지고 있는 『박연암집朴燕岩集』을 빌어 보랴고 온 것이다. 대번에 연암집을 얻었다. 나는 그들과 또 같이 종로 산정목까지 왔었다.

12월 7일. 비 오다. 맞히 봄날 봄비 같다. 부슬부슬 나리는 것이 언제 그칠는지 모르겠다. 도 군에게 편지를 붙였다. 집에서 편지가 왔다. 집안에 아무 탈은 없단다. 자긔 어머님 생신이 갓갑다고 은동隱洞으로 하인下人을 보내려도 집의 형편形便이 그렇지 못하다고 내게 그런 저런 하소연을 하였다. 내게는 빙모聘母 자긔에게는 친어머님, 금년今年이 륙순六旬이시다. 그 어른 평생에 아들 하나도 낳아보지 못하고 겨우 따님 셋만 나서 깊었다. 그럼 딸자식이란 긔껏 키워노면 남의 집으로 가버릴 따름이다. 우리나라 풍속風俗 제도制度가 이러하니까. 니른바 출가외인出嫁外人이란 말도 있거니와 녀자는 남의 자식과 같다고 한다. 그러나 어찌 사랑하는 부모의 마음에 아녀자일망정 저의 자식으로 아니 녀기랴.

오날은 신긔神氣가 불평하다. 웬 그런지? 어제밤에 밤새도록 되지 못한 어수선한 꿈만 뀌었다. 꿈이란 원악이 그렇지마는 아무 졸가리도 없고 아무 엉터리도 없이 무엇이 갑작이 나타났다 갑작이 슬어지고는 또 그 육체도 딸아서 꿈과 같은 동작動作을 하기도 한다. 혹은 주먹을 쥐고 붓적 손을 뻗히기도 하고 혹은 엉엉 울기도 하고 혹은 허허 웃기도 하고 혹은 소리를 웨치기도 하고 혹은 말도 한다. (이건 다 그래 보았다는 건 아니다.)

12월 8일. 흐렸다가 맑았다. 오날은 학교ㅅ시간을 맞후려 늦은 아츰밥을 아니 먹고 그냥 갔다. 은동隱洞 김동수金同修 군에게 절초切草 한 근, 건포도乾葡萄 두 각, 책력 네 벌을 사 보내고 편지도 하였다. 수당을 찾어보았다.

12월 9일. 맑다. 집에 헌옷과 편지를 붙였다. 누님을 찾어보고 최익한 군을 찾어보았다. 영어英語 공부를 독실篤實하게 한다. 저녁에 한충韓冲 군이 떡을 가지고 왔다. 또한 맹주천盟柱天 군도 찾어왔다. 같이 동요動搖, 동화童話를 니약이 하였다.

12월 10일. 비가 좀 오다. 아츰 학교에 가는 길에 전차에 탔었다. 한 다섯 살쯤 되어 보이는 아이가 한쪽 벤치에 앉아 이편 들어오는 문 우에 달린 한 쪽악 밝안 류리창을 바라보고는 아주 이상한 것이나 본 듯이 손을 들어 가리치며 짓거리다가 갑작이 머리를 돌이켜 전편 나가는 문우에 달린 그와 똑같은 밝안 류리창을 보고 또 가리치며 짓거린다. 이런 아이들도 하나를 보고는 둘을 아는구나. 만일 그 지혜가 자꾸 늘어간다면 나쌀이나 더 먹어갈스록 아는 부수도 몇십 배나 몇백 배가 될 듯한데 웨 나 많은 사람에 미욱한 이가 그처럼 많을가.

12월 11일. 흐렸다. 누님은 가 보고 학교로 갔다. 저녁때 돌아오다가 총독부 병원문 앞에서 조룡해趙龍海 군을 맞났다. 같이 니악이하며 왔다. 나는 청진동으로 들어 병구 집을 찾어보고 나오다가 숙명녀학교

우에 새로 난 고물상을 들렀다. 민충식閔忠植의 집 것이란데 문방제구文房諸具와 서적書籍이 꽤 많다. 적어도 하나에 몇 원, 몇십 원, 몇백 원을 달라고 하여 여간 우리 같은 가난한 사람은 사 가질 수 없다. 과연 부자 놈의 집에서 나온 것은 다시 부자 놈의 집으로 들어갈 것이다. 추사秋史ㅅ글시 병풍이며 석파란초石坡蘭草 병풍 따위는 가지고 싶다마는 무슨 돈으로 사랴. 한번 얻어 본 것만 하여도 다행이다.

12월 12일. 흐렸다. 오늘은 새삼스럽게 ××가 생각나니 그대로 적어나 보자.

이내 마음이나 괴롭게 아니하려
찰아리 잊어버리려 하여도
잊히기는커녕
그가 맞우막 이 세상을 떠나갈 때
번연이 내 눈으로 보았건마는
두고두고 생각나기를
그가 꼭 어데나 가서 살하있는 듯하여라.

12월 13일. 맑다. 사람은 제게 잘하면 좋다 하고 제게 잘못하면 낮다 한다. 그럼으로 좋은 사람 노릇하자면 남에게 좋게만 하면 된다. 세상에서 현인賢人이니, 성인聖人이니 닐컷는 것도 다수多數한 사람이 좋아하는 사람에 지나지 못한다. 그러나 현인이나 성인聖人이라고 사람마다 좋아함은 아니다. 비교적比較的 좋아하는 사람이 많을 따름이다.

12월 14일. 흐렸다. 황종규黃宗奎 군에게 편지 붙이다. 가회동嘉會洞 가서 김우현金宇鉉 군을 찾어보다. 거긔는 매 고학생苦學生만 있다.

여긔저긔에서 저녁밥들을 자취自炊하노라고 밧븐 모양이다. 우현 군도 밥을 짓다 말고 나를 마지한다. 밥은 화로 우 남비 속에서 북을북을 끌는다. 나는 고생을 하여 보는 것 무엇보다도 큰 공부라고 닐컷고 전긔ㅅ불이 들어오길래 발우 돌아오다.

12월 15일. 눈도 좀 오다. 음침하였다. 학교에서 나오다가 정신녀학교 수예품전람회手藝品展覽會를 구경 갔다. 때는 발서 오후 세 시다. 당초에 긔숙사寄宿舍 소용으로 지어 놓았다는 벽돌 삼층三層집을 혹은 교실敎室로 혹은 사무실事務室로 혹은 긔숙실로 혹은 고ㅅ간으로 지금 쓴다 하며 오날 전람회展覽會라는 것은 가운대 층에다 하였는데 어떤 방에는 도화圖畵, 잡긔장, 어떤 방에는 작문作文, 십자十字, 어떤 방에는 서양녓, 어떤 방에는 편물編物, 재봉품裁縫品 들을 벌여놓았다. 그리고 사고자 하는 이가 있으면 팔기도 한다. 구경 온 이가 계집 사내 퍽 많아 쉽사리 단일 수가 없다. 그뿐더러 그 속이 넘우 음침하여 옆에 사람 얼굴도 잘 몰아보겠다. 이미 간 길이길래 나는 한 박휘 휘돌아 나왔다. 조룡해趙龍海 군을 찾어보고 누님도 찾아보았다. 저녁은 한충 군에게 들렀다가 밥을 먹었다.

12월 16일. 구름 끼었다. 저녁에 눈이 오다. 외투外套 하나를 사 입다. 종로 양복점에서. 즉전으로 사십칠 원을 주었다. 겉은 모직毛織, 안은 비단이다. 가난한 서생書生이 넘우 과분過分한 일 아닐가. 저녁에 누님이 찾어와서 오라길래 갔더니 힌떡을 사다놓고 구어 준다.

12월 17일. 눈이 쌓였다. 아츰나잘에는 괜찮길래 우산도 아니 가지고 학교에 갔었다가 저녁나잘에 눈을 무릅쓰고 돌아왔다. 옷이 흠뻑 젖었다. 학교에선 시험試驗을 보았다.

12월 18일. 흐렸다. 그다지 칩지는 않다. 익한益翰 군을 찾어보다. 밤에 한울에 구름 한 점도 없고 달빛이 썩 밝다. 나는 한울을 우럴어 말할 수 없는 늣김에 움즉인다. 나는 매양 별이나 달을 볼 때에 이런 늣김이 있다. 어떤 때에는 밤 가는 줄도 모르고 서서 본 일도 있었다. 내가 한 일이지마는 나도 모를 일이다. 그러나 달이나 별을 몹시 사랑함은 사실이다. 그래서 늘 보고 보아도 보기 싫지가 않다. 보기 싫지가 아닐 뿐만 아니라 보기만 보면 퍽 깃브다. 퍽 사랑웁다. 그리고 퍽 이상하게도 생각난다. 퍽 의심이 난다.

12월 19일. 맑았다 흐렸다 하였다. 원산元山 가 있는 조룡해龍海 군께 편지 붙이다. 그야말로 련애혼인戀愛婚姻의 의식儀式을 거행擧行하러 가 있다. 얼마나 깃버할는지 문안 겸 치하하였다.

12월 20일. 흐렸다. 신문관新文館에 갔었다. 박익선翊善 군, 류년수柳年秀 군과 대관원大館園으로 와서 료긔를 하였다. 집에서 편지 오다.

12월 21일. 새벽에 비가 좀 오고는 발우 얼어붙어 길마다 빙판氷板이 되었다. 학교 일은 다 맞후었다. 저녁에 수당한테 갔었다. 오다가 안국동安國洞 누님을 찾어보았다. 전주 조 형에게 편지를 붙이었다.

12월 22일. 좀 흐렸다. 늦으감치 학교에 가서 여러 선생과 맞나보고 돌아오는 길에 진고개로 하여 왔다. 최익한崔益翰 군을 찾어 갔더니 없다. 게동桂同으로 들어오니 최 군이 와 있어 주인과 이악이를 한다. 저녁을 같이 먹었다. 내가 떠난다고 술도 받아오고 고기도 구어놓았다. 김우현金宇鉉 군이 왔길래 책 보통이 하나를 맡겨 보내고 나는 얼마ㅅ동안 놀다가 떠났다. 경성京城역에 니르니 여듧 시 반이다. 각 학교 학생들이 방학되어 집에 가노라고 정거장이 빈틈없이 들어섰다. 여긔서 저긔서 와와 소리만 나고 이편에서 저편을 꿰뚫고 갈 수가 없다. 간신히 차표를 사가지고 어느 틈에 끼어 섰다가 김우현金宇鉉 군을 맞나 책 보퉁이를 찾어가지고 아홉 시 이십 분에 차에 옮아 다행이 빈자리 하나를 얻어 앉았다. 뒤에 오는 사람들은 자리를 못 얻어 벤치 사이에 혹 서기도 하고 혹 앉기도 하였다. 밤이라 곤해서 그런지 하나 떠드는 이도 없이 온통 고요하고 다만 차만 헐떡거리며 나아간다. 경긔도京畿道를 지나서는 산에 들에 눈이 제법 쌓인 것 같이 보이고 달은 있으련마는 구름이 끼어 아니 보인다. 한밭을 오니 눈이 꽤 온다. 리현순李鉉珣 군을 맞났다. 깜작 반가하고 려관旅館으로 같이 가자 한다. 인因해 땂아가서 국밥 한 그릇을 얻어먹고 지난 니악이를 듣고 다시 정거장으로 나와 호남 차에 오르다. 오전午前 다섯 시에 떠났다.

12월 23일. 호남湖南 차에도 사람이 퍽 많이 탔다. 자리가 없어서 벤치 사이에 앉았는 이가 적지 않다. 도모지 통행通行할 수가 없어 애초 앉았던 자리에 꼭 앉았다가 강경이 와서야 간신히 나왔다. 일곱 시. 아즉 어둡다. 우현 군과 낡위어 리현주顯周, 김형채金炯采, 정삼섭鄭三燮하고 려산을 향하여 오다. 길은 꽁꽁 얼어서 구두 밑에서 대그락대그락 소리가 난다. 망성望城 면사무소面事務所를 지나니 햇발이 벌서 멀어졌다. 그러나 북풍이 슬슬 불어 옷깃을 날리며 치위가 몸을 침노한다. 려산 장터에 니르니 열엿새 장날이다. 일은 장ㅅ군 두세 사람이 와서 있을 뿐이고 장사들도 아즉 전廛을 벌여놓지 아니 하였다. 하도 시장하여 밥을 사 먹으려고 이리저리 단이며 보아도 맞당한 곧이 없다. 겨우 쇠전머리 어느 술집을 찾아들어 국밥을 시겼다. 방 안에는 몬지와 연긔가 가득하고 어린아이 두어 놈이 서로 작난을 하고 있다. 그 아이놈의 제 할미가 되는지 한 오십 남짓한 로파가 엉등이에다 널운 속곳만 걸치고 괜이 분주하게 돌아단이며 소리를 빽빽 지르고 어린놈들의 귀통이를 따린다. 제 며느린지 무엇인지 수건을 머리에 쓰고 부엌에서 불을 때는 젊은 계집은 어린놈을 따린다고 게두덜거린다. 그러노라고 두 시간이나 지나서야 국밥을 갓다준다. 국밥을 먹고 나서 보니 거의 점심때가 되었고 그 동안 장ㅅ군도 꽤 모였다. 집에 오니 작은댁 할머님께서 그냥 병석에 누우셨고 봉희鳳熙가 부증浮症이 나서 괴로워한다.

12월 24일. 흐렸다. 황종규黃宗奎 군이 와서 본다.

12월 25일. 종일 마파람이 불었다. 음달[陰山]에 쌓였던 눈이 다 녹았다. 모샛골 증조할아버지를 가 뵈었다.

12월 26일. 흐렸다. 남양南陽 병덕秉德 군에게 조장弔狀 편지를 보냈다. 려산학교에 가서 여러 선생들을 맞나보고 지동 가서 돈燉 군, 도燾 군을 맞나보고 그렁저렁 저물도록 있다가 저녁을 얻어먹었다. 저녁은 도 군 집에서 해내왔다는데 상수리묵에 가리찜에 배추짐치에 반찬이 꽤 좋다. 밥을 먹고 한참 있다가 돌아왔다.

12월 27일. 맑다. 좀 칩다. 황종규黃宗奎 군이 왔다.

12월 28일. 맑다. 『수호지水滸誌』를 보았다.

12월 29일. 맑다. 집에서 떡을 해 준다.

12월 30일. 맑다.

12월 31일. 흐렸다.

1924년(단기 4257년) 갑자(甲子)

1924년(단기 4257년) 갑자甲子

1월

1월 1일. 흐렸다. 리혼성李混性의 편지가 오고 지난 달 월급이 왔다.

1월 2일. 맑다. 봉희鳳熙의 병이 이내 낫지 않고 몹시 보챈다.

1월 3일. 흐렸다. 삿골 병석秉錫 군이 와 본다.

1월 4일. 맑고도 다숩다. 집을 떠나 전주全州를 가다. 삼례參禮에 니르니 점심때나 되었다. 맞힘 장이 서서 사람들이 많이 오고가고 한다. 뜻밖에 조용원趙鏞元 군을 맞나서 같이 신우영申寓永 씨 집에 들어 한참 니악이를 하다가 다시 장터로 나와서 점심을 사 먹고 오후 두시 반 차를 타고 전주에 니르러 조 형趙兄 집으로 들다. 누님도 보고 생질부 상면도 하였다. 며느리나 시어머니가 다 같이 젊으니까 그다지 젊잖게 보이지는 아니한다. 저녁에 조 형하고 하경렬河慶烈 선생을 찾어아보고 놀다가 밤이 깊은 뒤에 조 형趙兄 집으로 와 자다.

1월 5일. 맑다. 하경렬河慶烈 선생先生 댁에서 아츰을 해준다. 선생하고 김준희金俊熙 씨를 찾아보고 호영학원湖英學院을 가 보다. 일만오천원을 들여 지었다는데 단층 기와집으로 길기는 전주全州에서 제일가겠고 운동장運動場도 널웁고 위치位置도 적당하다. 작년 우리가 집이 없어 학생을 이리저리 끌고 단이던 일을 생각하매 놀랠 만하게 되었다.

변일섭邊日燮 군을 찾았다 못 보고 림천순林天淳 군, 송형식松炯植 군을 찾아보고 돌아와 하 선생 댁에서 밥을 먹었다.

1월 6일. 맑다. 리광렬李光烈, 리학근李學根 군을 찾어보고 신일상회信一商會에 가서 놀다가 하 선생을 찾아 같이 김준희金俊熙 씨 집에 가서 저녁대접을 받았다. 거긔서 백용희白龍熙 씨를 맞나보고 서로 반가웠다.

1월 7일. 흐리고 칩다. 일곱 시 사십오 분 차에 전주를 떠나다. 조 형과 병국炳國 형제와 하 선생이 정거장까지 나와 본다. 솝니를 지나다가 추인推人 정 선생을 찾아보고 병석秉錫 군을 찾아보고 태전太田 와서는 특급特急을 타고 서울을 왔다. 계동桂同 권 선생 집에 드니 권 군은 어대가 나갔고 사랑에 공부하는 학생만 있다.

1월 8일. 맑다. 동광학교에 가다. 일주일간 교수 시간이 이십사 시간이다. 림시 형편臨時形便으로 이리 되었다고. 괜이 밧브기만 하겠다. 저녁에 로석老石 어른을 찾아뵈옵고 최익한崔益翰 군을 찾아보고 누님을 찾아보다.

1월 9일. 아츰에 눈이 좀 오다 곳 그치었다. 한충韓冲 군이 찾아와본다.

1월 10일. 맑다. 저녁은 한충韓冲 군 집에서 먹었다. 특별이 우리를 대접하는 것이다. 취롱翠儂, 한별도 같이 먹었다. 수당을 찾아보았다. 조용주趙鏞周 군 편지가 오다.

1월 11일. 맑다. 조용주趙鏞周에게 편지를 붙이다.

1월 12일. 흐리다. 푹하다. 약간若干 음지陰地에 있던 얼음도 다 녹는다. 진고개를 갔었다. 책사冊肆에 새로 나온 책은 그다지 없다. 낡고 낡은 책들만 많다.

1월 13일. 흐리다. 김영운永運, 리창구李昶求 군을 찾았다 못 보고 송정식宋定植, 리겸욱謙旭 군은 찾어보았다. 저녁에 누님을 찾아보다. 또한 젊은 녀자와 같이 있다. 그도 룡산 고무공장工場에 단인다. 둘이 서로 벗삼아 심심치는 않겠다.

1월 14일. 맑다. 류년수柳年秀 군이 찾아왔다.

1월 15일. 맑다. 집에 편지를 보냈다.

1월 16일. 맑다. 류년수柳年秀 군이 찾아왔다.

1월 17일. 맑다. 집에서 편지가 왔다. 저녁에 류년수柳年秀 군과 주인과 김金과 오吳와 명월관에서 놀았다.

1월 18일. 맑다. 오전 열 시에 서울을 떠나 솝니를 가니 오후 여섯 시가 넘었다. 희嬉 군이 하는 려관旅館을 찾어드니 아번님께서 와 게신다. 좀 잇으니까 끝에아번님께서도 오셨다. 저녁밥을 달래 먹고 병석秉錫 군을 찾어보고 같이 김상긔祥基 려관旅館에 가서 백남진白南鎭, 리은영李殷永 군을 맞나보고 푸석한 그 니악이를 듣다가 돌아와 아번님 뫼시고 자다.

1월 19일. 맑다 흐렸다. 비도 뿌렸다 우박도 쏟아졌다 하였다. 우리집 뒤ㅅ산과 앞산과 음달에 당한 서류書類를 가지고 익산益山 군청郡廳으로 갔다. 전에 못 보던 그 복편에 새로 지은 집 한 채가 있다. 그 안으로 들어가 보니 한편에는 테블 하나이 놓였고 또 한편에는 의자椅子가 벌여 있고 의자 우에는 촌ㅅ사람들이 수십 명 와 앉었다. 그 가운데에는 김봉배金鳳培도 와 있다. 물을 것 없이 여긔가 림야사건林野事件을 조사調査하는 곧이다. 나도 의자 하나를 차지하고 앉었었다. 오전 열 시 반이나 되었다. 경성림야조사위원회京城林野調査委員會에서 왔다는 양복洋服장이 둘이 보통이 하나씩 옆에 끼고 들어오더니 테블을 앞에 놓은 의

자椅子에 걸어앉고 각기 보퉁이를 끄르고 또 한편 놓인 궤문을 열고 큼즉한 서류書類 한 뭉덩이를 내놓고 또 군청사무실로 가서 큼즉한 서류 한 뭉덩이를 가져오고는 그걸 다 테블 우에 벌여 놓고 양복장 하나이 우리말로 여긔 온 사람을 하나씩 하나씩 불러 각기 사실事實을 뭇는다. 그리고는 연에 그 곁에 앉은 양복장이게 일본말로 고告한다. 그러면 그 양복장이는 그 말을 듣는 대로 조히에 적고 적다가 모르면 물어 적는다. 나도 벌서 소환召喚ㅅ장狀과 위임委任ㅅ장狀을 내어주고 부르기만 기다리고 앉었더니 위임委任ㅅ장狀은 불충분不充分하다 하여 긔어히 본인本人을 출석出席 식히라고 한다. 그래서 다시 려관旅館을 나와 아번님을 뫼시고 오다. 또 끝에아번님께서도 오셨다. 맞힘 김봉배鳳培를 불어세고 뭇는다. 김봉배金鳳培는 하던 버릇으로 거짓말을 꿔미어대며 앞뒤가 닿지 않는 말을 하며 괜이 량반을 걸어 욕설만 한다. 양복장이는 눈을 부릅뜨고 소리를 높여 하는 말이 "네가 잘못이다. 네 아무리 수백 년 전은 네 산이기로손 그 뒤에 여러 번 변천變遷이 있어 이미 다른 사람의 소유所有가 되었는데 네 어찌 네 것이라고 하여 괜이 여러 사람을 걸어 불복신립不服申立을 하였느냐. 네가 가진 완문完文이란 것은 믿을 수가 없다. 사표四標가 써 있지 아니하니 무엇을 보고 경계境界를 알랴." 한즉 그러한 김봉배도 할일없이 긔가 죽어 고개를 탁 숙이고 우둑한이 앉어 아무 대답對答도 못하고 있다가 다만 그 간사한 말로 "하해河海 같으신 은혜恩惠 베풀으시어 제 산을 맨들어 주시기 바랍니다." 하고 빌붙는다. 이 뒤에 또한 산을 가지고 다투는 이들이 있어 두어 시간을 온 실내室內가 떠들석하게 싸웠다. 그런데 벌서 해는 다 갔다. 아번님께 뒤ㅅ산 일을 뭇고 적는다. 이렇게 한 시간만에 끝난 뒤에 아번님과 끝에아번님을 뫼시고 려관旅館으로 나왔다. 바람이 좀 불고 저녁이 좀 칩다. 정종

한 병을 사다 들이고 저녁을 먹은 뒤에 정추인鄭秋人 선생을 찾아가 뵈었다. 감긔들어 머리가 앓브더니만 갑작이 맞나보니 하도 반가워 머리가 앓브지 않다 하시며 자꾸 끊임없이 하시는 니악이를 듣기에 밤 가는 줄 모르겠다. 그래서 오래오래 앉았다가 그 자제 정건鄭建이 방에 가서 좀 놀고 돌아와 아번님 뫼시고 잤다.

1월 20일. 바람이 몹시 불고 꽤 칩다. 오날은 공일이지마는 아번님과 끝에아번님을 뫼시고 군청으로 갔다. 김봉배金鳳培는 오지 아니하였다. 오날은 발우 군청 사무실事務室에서 조사調査를 한다. 조사원調査員은 역시 어제 그 양복장이다. 하나는 일인日人, 하나는 조선 사람 박창희朴昌羲다. 일인은 각시같이 얌전하고 안살한 이요, 박창희는 소박素朴하고 쾌활한 이다. 박창희는 나를 흘끗 보며 오자순吳在瞬 군이 부탁하더란 말을 전하고 석남石南이서 온 홍남표洪南杓를 붉어 뭇는다. 이것도 김봉배金鳳培가 불복신립不服申立한 것이다. 그놈의 불복신립한 곧이 근 십처近十處 된다. 홍가의 대답하는 말을 들어본즉 "애초에 벌서 륙년 전에 김봉배金鳳培가 찾어와 하는 말이 저 진사동眞絲洞 산을 찾으면 좋을 도리가 있으니 네가 돈을 좀 대어다고 하기에 전후 사 년 동안에 준 것이 도합都合 이백칠십 원인데 차차 본즉 그 일이 시원치 않고 돈만 잃을 듯하여 다시는 주지 않고 또 어느 땐가 진사동 리씨하고 송사送事를 할 터이니 증인證人을 서 달라고 하는 것도 거절하였더니 그 뒤로는 와 보지도 않고 남모르게 불복신립不服申立을 하여 갑작이 소환召喚ㅅ장狀을 받게 하였고 제 산판으로 말하면 원악 수백 년간을 직히고 오던 성씨成氏에게 산 것이매 저 김봉배金鳳培 산과는 아무 관게도 없다."고 한다. 이 조사調査가 끝난 뒤에 아무리 김봉배가 오기를 기다리여도 오지는 아니하고 한나잘 지나서 겨우 한 놈이 와서 전하기를 "김봉배는 어제 밤붙어 병이 나서 려관旅館에 누었다." 하고 "그러면 업어가지고 오라고."까지 하는 모양이나 그놈도 "네." 하고 가서는 함흥차사差使다. 아번님께 또 앞산 일을 묻고 나종에는 내게 음달 일을 뭇고 적어 맞히고 말았다. 그러나 오날도 오전 열 시붙어 오후 다섯 시까지 되었다. 집에서 병륙秉陸이와 종형從兄이 들어왔다. 다 려관旅館으로 돌아오다. 나는 림중환林仲煥 군을 찾어보고 두어 시간에 많은 니약이를 대강대강 하고 다시 려관旅館으로 와 저녁을 먹고 있다가 아홉 시나 되어 떠나서 정거장으로 오다. 달은 퍽 밝다. 밤이 낮 같다. 병륙秉陸이, 종형從兄, 끝에아번님이 정거장에 와 나를 전송한다. 열 시에 차에 옮아 밤을 차에서 새우고 서울을 오다. 서울은 눈이 많이 와서 쌓여 있다.

1월 21일. 오전 여섯 시. 아즉도 어둡다. 정거장에서 한 시간을 지나고 계동桂同으로 오니 그때야 햇발이 펴지기 시작한다. 아츰을 얻어먹고는 동광학교를 가서 네 시간이나 수업授業을 하고 해가 다 진 뒤에 돌아오다. 누님을 찾았다가 못 보았다.

1월 22일. 날이 퍽 차다. 저녁에 누님을 찾어보다. 그 전에 말하더란 젊은 녀인네 하나와 같이 있다. 그는 누님보다 장정壯丁이다. 튼튼한 시골 머슴같이 생겼다. 얼굴도 검고 손도 굵살하고 몸집도 큼즉하다. 그는 그 서방님이 어대 가서 수년이 되어도 돌아오지 아니하고 딸자식 하나도 나아보지 못하였고 혼자 시집에서 외룹고 답답하여 견댈 수 없어 서울로 와 룡산 고무공장에 단인다더라.

1월 23일. 맑고 칩다. 신명희申明嬉 군이 찾어와 본다.

1월 24일. 흐렸다. 맹주천盟柱天 군이 찾어왔다.

1월 25일. 흐리고 푹은하였다. 저녁에는 눈이 왔다. 바람도 불었다.

류년수柳年秀 군이 찾어왔길래 같이 맹주천盟柱天 군을 찾어가 놀다가 같이 나서 설경雪景을 구경하며 종로鐘路로 장교長橋로 한 박휘 휘돌았다. 전주 변일섭邊日燮 군에게 조장弔狀을 보냈다.

1월 26일. 눈 우에로 찬바람이 불어온다. 한난게寒暖計는 령하零下 칠도를 가리친다. 길 것는 사람들은 치워 치워 하고 달음질을 친다. 나는 아츰을 먹고 나서 삼청동三清洞을 가는데 어찌 칩던지 몇 번 걸음을 멈추기도 하고 몇 번 그만두고 돌아서랴고 망사리기도 하면서 가고 간 것이 어느덧 김영운永運 군 집에 다닯았다. 대문간에 서서 "일 오너라." 부르니 행랑어멈이 바지만 입고 나와서 뱅긋 웃으며 "주인댁 나리는 어대 출장을 나갔서요." 한다. 나는 대답할 것도 없이 발우 돌아섰다. 경복궁 담을 휘돌아 중학동中學洞으로 해서 청진동清進洞에 니르러 병구秉矩 집을 들어갔다. 병구秉矩 누의가 문을 열고 자꾸 들어오라길래 마지못하여 방에 들어가 비어주는 따뜻한 그 알엣묵에 앉았다. 그 웃묵에서는 병구秉矩 누의가 아우라고 부르는 십칠팔 세 되어 뵈는 녀자가 경대鏡坮를 앞에 놓고 앉아서 머리를 빗고 틀에머리를 하려고 퍽으나 애를 쓰고 쓰다가는 맞힘내 하지 못하고 매우 속이 상하여 이마를 찡기고 옥수[玉婢女]를 슬슬 놀리어 되는 대로 휘휘 둘어 쪽을 찌고 만다. 그 건너 방에서는 낄낄 웃고 떠들어대는 사내 목소리가 나더니 밥을 달라고 한다. 웃묵에 앉았든 늙은 엄멈이 부엌으로서 밥그릇을 가져다가 미리 차려놓았던 상에다 옮어 놓고 주전자 술을 데어 밥상 아울어 건너방으로 들여간다. 병구秉矩는 내 앞에다 천자天子를 펴어 놓고 닑는다. "나물 채菜, 묵어울 중重, 겨자 개芥, 새양 강薑" 한 줄을 닑어주었다. 건너방에서 밥상을 물려다가는 병구秉矩 누의 형제가 맞우 앉아 먹고 병구秉矩는 제 어머니하고 겸상해 먹고 엄멈은 배가 앓브다고 하고는 화로만 끼고 앉았다. 갑작이 무슨 마음이 난는지 병구秉矩 어머니는 세 잔 술을 따뜻하게 데어 나를 먹인다. 술이 그다지 독하지는 않여도 자못 취한다. 밖에 나서도 자못 치운 줄을 모르겠다. 진고개로 가서 이리저리 책사冊肆마다 찾어보고 책 두어 가지를 사가지고 오다가 한충韓冲 군을 찾어보고 더불고 나와 박긔홍朴基鴻 집에 들어 상해서 온 책 몇 가지를 사가지고 대관원大館園에 니르러 백알 두어 잔을 붊어 먹었다.

전주 하경렬河慶烈 선생의 편지가 왔다. 호영학원湖英學院 교사를 얻어달라고.

1월 27일. 오날은 어제보다는 좀 눅었다. 바람이 없고 햇빛이 따뜻하다. 햇빛이 발우 빛이는 데는 눈과 얼음이 녹기 시작을 하였다.

전주 백용희白龍熙 씨에게 『금강삼매경론金剛三昧境論』, 『선학입문禪學入門』, 『만선동귀집萬善同貴集』을 각 한 책씩 보내고 편지도 붙이었다. 『선학입문』, 『만선동귀집』은 김병룡金秉龍 군에게 얻었다. 군이 일즉이 이 책들을 박히어 두고 여러 사람에게 주었는지라. 전주 백용희白龍熙 씨가 불서佛書를 좋아한단 말을 듣고 또한 깃버하고 준 것이다.

진고개를 가서 여러 서점書店을 뒤져보고 『심리학心理學』, 『론리학論理學』, 『신미사학新美辭學』, 『의역화엄경意譯華嚴經』, 『의역능가경意譯楞伽經』을 사왔다.

진고개 어느 골목을 지나다 보니 한 오십이나 먹어 뵈는 녀인女人네가 쓸에박이통을 뒤적거리어 조히 쪽악, 끈나풀, 사기토막 등을 취한다. 옷 닙은 모양을 보면 아주 거지는 아니고 매우 구차한 살림하는 사람인 것 같다. 날은 칩고 밤은 차고 나무는 없어 불도 못 때니 어찌 치워 견대랴. 남산에나 북악산에는 나무가 가득 깃었으나 가지 하나 꺾어 올 수 없고 나무전에 가서는 장적 한 가비 얻어 올 수 없는지라. 할

일없이 이런 짓이나 하는 게다. 숍니 병석秉錫 군에게 편지를 붙여 굴정등사판堀井謄寫版 일을 알려주다.

1월 28일. 오날도 그다지 칩든 않다.

학교에 가니 발우 첫 시간 하학종下學鐘을 친다. 대총大塚이는 출석出席하지 아니하여 이학년二學年 한 반이 한 시간을 그냥 놀았다. 교장校長과 교무주임敎務主任은 다른 선생들이 출근出勤 시간을 잘 직혀주지 않는다고 짜증을 내며 게두덜거린다. 나는 삼학년三學年 급級시간을 보충補充으로 동양력사東洋歷史 한 시간을 더 하였다. 저거번ㅅ시간에 잔소리를 좀 했더니 그런지 오날 첫 시간에는 그전보다는 좀 조용이 듣더니만 나종 시간에는 또 한 본증이 돋여 갑작이 곧힐 수 없다. 약간若干 구급救急으로 몇 가지 자격刺激을 주어 겨우겨우 지났다.

여러 시간을 다 맞히고 생도生徒들을 다 돌려보낸 뒤에 림시직원회臨時職員會가 있었다. 의ㅅ건議件의 하나는 생도의 훈련訓練이다. 혹은 근본적根本的으로 개혁改革하여야 하겠다 하고 혹은 가급적可及的으로 노력努力하여야 하겠다 하고 분운紛紜하게 떠들다가 결론은 가급적으로 노력하여 보자 하였으며 또 하나는 긔숙사寄宿舍를 폐지廢止하자 함을 고냥 결의決意되었으며 그 남아지는 더구나 되잖은 문제問題로 서로들 떠들고 있다가 아무 결말決末도 없이 말아버렸다.

어찌 그리 마음이 쾌하지 못한지 괜이 머리가 앓브다. 또한 저녁 먹은 것이 잘 소화消化되지 않아 더구나 머리가 찝부듯하다. 책도 보기가 싫고 글 생각하기도 싫고 다만 좋은 친구나 두엇 더불고 앉아 자미있는 니악이나 듣고 싶다.

1월 29일. 아츰에는 안개가 끼었었다.

진고개 서점書店에 가서 『실습신작문實習新作文』을 사가지고 재문 밖 교남동橋南洞을 가서 오재순吳在淳을 찾아보았다.

집에서 옷 보퉁이와 편지가 왔다. 아이들이 감긔를 앓는다니 념려된다. 변일섭邊日燮 군의 편지가 왔다.

1월 30일. 저녁나잘에는 양지 편에 눈이 퍽 녹았다.

설날이 갓가워 오니까 설 쇨 준비들을 하느라고 사람들이 야단이다. 거리거리 반찬가개에서는 온갓 과일과 채소菜蔬를 벌여놓고 자꾸자꾸 팔며 이 집 저 집에서는 떡방아 찧는 소리가 요란스럽다.

1월 31일. 맑다. 옷이 퍽 검었다. 더구나 둘우막이는 외투 안에서 검정이가 묻어 맞히 부엌 악우니에다 문질은 것 같다. 남들이 보고 "둘우막이가 먹장삼같이 되었다."고 하는 이도 적지 않다. 괜이 남의 앞에 나서기가 수줍기도 하다. 집에서 편지나 옷이 쉬 오련마는. 무슨 연고나 있나. 굼굼하다. 답답하다. 책을 보다가 닭을 울리고야 잤다.

2월

2월 1일. 맑다. 집에서 편지도 오고 옷도 왔다. 어린아이들이 감긔도 앓는다니 념녀가 된다.

오후 네 시붙어 휘문고등보통학교高等普通學校에서 훈민정음訓民正音 팔회갑八回甲 긔념회記念會를 하였다. 모인 이가 수십 명. 그 중에 다수多數는 조선어연구회원朝鮮語硏究會員이고 남아지 동지자同志者들이다. 동同 교장校長 임경재璟宰 씨의 사회로 개회사開會辭를 맟히고, 신명균申明均 군의 세종대왕世宗大王의 공적功績에 대對한 니악이가 있었고, 그 다음에는 내가 나서 훈민정음訓民正音에 대한 강화講話

가 있었고, 그 다음에는 장지영張志映 군의 주시경周時經 선생先生에 대한 강화가 있었고, 그 다음에는 권덕규 군의 정음正音의 류래에 대한 니악이가 있었고 그만 폐회閉會하였다. 때는 오후 일곱 시. 다시 총장실總長室로 모아서 과자菓子에 차茶를 먹었다. 그리고는 나는 권 군 하고 오다가 어느 음식집에 들러 료긔를 하였다.

2월 2일. 맑다. 진고개 책사에 갔었다. 저녁때 주인집에 들어오니 수당壽堂 집에서 사람이 왔다 갔다고. 저녁을 먹고는 수당을 가서 보았다. 매우 군색한 모양이다. 누구에게든지 내게든지 될 수 있는 대로 돈을 취하야 달라고. 그러나 내게 무슨 돈이 있으랴. 딱한 일이다. 여북하기에 내게다 이렇게 말하랴.

2월 3일. 맑다. 아츰을 먹기 전에 수당이 찾아왔다. 아츰을 몇 숫갈악 뜨는 둥 마는 둥 하고 발우 김성수金性洙에게 찾아갔다. 그 문 앞에 니르니 김이 어대를 가는지 막 나온다. 서로 맞우쳐 맞났다. 수당의 말을 끄어냈더니 채 듣지도 않고 아주 하는 수 없다고 잡아 뗀다. 그래서 다른 니악이만 하다가 돌아왔다.

집에 헌옷과 편지를 붙였다. 리창구李昶求를 찾았다가 못 맞났다. 누님이 찾어와 본다.

2월 4일. 흐렸다. 정충시鄭忠時 군에게 편지를 붙였다. 하경렬河慶烈 씨의 편지를 받아보다. 병국炳國의 말을 하였다. 서울 와 공부하려는데 학비가 부족不足하겠으니 어떻하면 좋을가 식비食費만 당해주면 되겠다고 하였다.

밤에 최익한崔益翰 군이 찾어왔다. 오래 니악이하고 놀았다. 신긔神氣가 매우 좋지 못하다.

가난

사흘세 아니 낸다 主人은 나가라고
설비음 해달라 아이는 보채노나.
이웃집 떡치는 소리는 밤을 연해 나는구야.

2월 5일. 맑다. 갑자甲子 원일元日 립춘立春. 저녁때에는 구름 끼었다. 떡국을 먹었다. 누님을 가 보니 아츰을 벌서 그 주인집에서 주어서 먹었고 내가 오기만 기다리어 점심 겸하여 해 먹으려고 하였었다 한다. 그러나 나는 이 길로 곳 학교에 나아갔었다. 신긔神氣가 매우 좋지 못하였다. 학생들은 오전만 상학 식히고 돌려보내었다. 나는 무거운 몸을 간신히 동작動作하여 그래도 상고한 것이 있어 진고개 책사 몇몇을 가 더듬어 보고 돌아왔다. 저녁은 먹는 둥 마는 둥 하고 말았다. 일즉암치 넙울을 펴고 누우랴니까 서승효徐承孝 군이 찾아왔다. 그러나 나는 몸이 매우 편치 못하여 그냥 알엣묵을 차지하고 누었었다. 잠도 잘 아니 온다. 주인과 서 군의 니악이 소리만 성가스럽게 들린다. 거의 밤중은 되어서 서 군도 가고 주인도 안으로 들어가고 공부하는 학생들도 전등電燈을 끄고 잔다. 그러나 나는 몹시 앓브다. 온 몸동이에 한 군데 성한 데 없이 쑤시고 절이고 가끔가끔 진땀이 난다. 그리고 꿈도 아니고 잠도 아니고 무슨 뒤숭숭한 생각이 엉킈엉킈 하여 이리저리 어즐업게 구는 통에 무척 괴롭기만 하여 밤을 새웠다. 이 감긔가 일전붙어 들었었다. 일전에 읻흘 밤을 겊어 주인이 어데 가서 취하여 손님을 더불고 와 닭이 울도록 떠들어대는데 방은 다 식어버리고 잠은 잘 자지 못하였다. 더구나 그때 나는 신긔神氣가 좋지 못하든 터이라. 마지못하여 수문수답隨問隨答을 하기는 하였으나 자못 괴로웁게 지났었다. 아마 그때에 이 감긔가 든 듯하다. 만일 그때에 조리條理만 잘 하였더라면 아무스렇지도 아니하였을걸. 괜이 이 고생을 한다.

밤에 비가 줄줄 쏟아졌다. 벌서 봄비다. 봄비라기보다 녀름ㅅ비, 장맛비라 하겠다.

2월 6일. 비는 그치고 하늘은 흐렸다. 하경렬河慶烈 씨게 편지했다. 아츰에 간신히 닐어나 밥을 대하어 도모지 먹을 용긔勇氣가 나지 아니한다. 아주 입맛이 없어 밥을 씹으니 맛히 모래와 같고 짐치를 씹으니 맛히 소태맛과 같다. 그래서 밥을 먹을 수도 없거니와 밥을 아니 먹어도 또한 배곮은 줄은 모르겠다. 그뿐 아니라 목이 꼭 잠기어 소리를 내지 못하겠다. 그래서 학교에 가서도 교수教授는 못하였고 다만 숙직실宿直室에 들어누었다가 왔다. 갈 제 올 제 전차에서도 몸이 매우 거북하였지마는 전차에 나려 것는 동안에는 갈 길이 천리나 같이 멀어보인다.

교장校長ㅅ집에서 설상 먹으러 오라고 하여 선생 둘이 하학 후에 다 몰리어 가는데 잠간 같이 들렀었다. 그러나 음식은 잘 먹지 못하고 발우 돌아서 왔다. 병륙秉陸이 편지가 왔다. 패독산敗毒散 두 첩을 지어다 다려 먹고 잤다. 밤에 비가 줄줄 나린다.

어젯밤 오든 비에 눈얼음 다 녹았다.
묵은 나뭇가지에도 새 움이 생길세라.
어대서 반가운 꽃이 먼저 필가 하노라.

2월 7일. 비가 줄줄 오다. 학교도 아니 가고 조리條理하였다.

2월 8일. 구름 끼었다. 학교에 갔다가 하학 후에 여러 선생들과 같이 오일영吳一英 군ㅅ집의 설상을 먹으러 갔다. 윷을 놀았다. 밤에 누님을 찾았다 못 보았다. 밤새도록 잠이 잘 아니 온다. 긔운이 약하여진 까닭이다. 한충韓冲 군이 찾아와 명함名銜을 두고 갔다.

2월 9일. 흐렸다. 신긔神氣가 좋지 못하였다. 학교 리 선생이 설상을 먹으러 오라는 걸 사절謝絶하였다. 진고개 책사를 거치어 교동으로 와서 리겸욱李謙旭 군을 찾아보고는 한충韓冲 군ㅅ집을 갔었다. 애류, 주재정朱宰晶 군은 먼저 와 있더라. 설상을 잘 얻어먹었다. 누님을 찾아보고 웃우운 니악이를 하여 그 산란한 심회를 잊히게 하였다. 같이 있는 부인도 참다못하여 소리를 내어 웃는다. 꽤 자미가 있었다. 아버님 편지를 보았다.

2월 10일. 흐렸다. 아츰을 먹고는 삼청동三淸洞으로 가서 김영운永運 군을 찾아보았다. 한참 앉았으니까 밥상이 나온다. 군은 인자사 아츰을 먹는다. 술을 사다준다. 또 손님 하나이 찾아왔다. 그는 림병은林炳殷이라 한다. 같이 니악이하고 있다가 나섰다. 청진동淸進洞으로 다방茶房골로 관철동貫鐵洞으로 이리저리 돌아단이며 놀았다. 잘 놀았다.

리능화李能和 씨께 세배歲拜를 하고 김병룡金秉龍 군을 찾았다 못 보고 최익한崔益翰 군을 찾어보고 시조時調를 말하였다.

2월 11일. 맑다. 리겸욱李謙旭 군을 더불고 창신동昌信洞 가서 송宋 군을 찾어보고 놀다가 돌아오는 길에 한충韓冲 군을 찾어뵈고 재동齋洞으로 와 로석老石 어른과 같이 서대문 밖에 나가서 수당을 보았다. 저녁은 꽤 칩다.

2월 12일. 맑다. 꽤 칩다. 바람이 슬슬 분다. 집에 편지를 붙였다. 학교에선 하학 후에 림시직원회臨時職員會가 있었다. 두어 시간을 허비하였다. 쓸데없는 말을 가지고 서로들 이러니저러니 하다가 말았다.

2월 13일. 맑다. 칩다. 박창희朴昌羲 군이 학교로 전화電話를 하였다. 전화가 잘 들리지 아니하여 말하다가 말었다. 오날은 학교에서 좀 일즉 나왔다. 김승렬承烈 선생하고 같이 로석老石 어른을 찾아 추사秋史 글시를 구경하였다.

로석老石 어른 댁에서 한 시간쯤 놀다가 나는 권농동勸農洞을 가서 백팔십칠百八十七 번지를 찾았다. 혹 칠七 번지로 붙어 이 골목 저 골목 한참 찾았다. 맛힘내 백팔십칠 번지를 찾으니 칠팔 세 된 아이가 나와서 박창희 씨는 아즉 아니 나왔다고 한다. 계동桂同으로 돌아오니 알맞우 저녁상이 나왔다. 요새는 좀 입맛이 생겻다. 밥을 먹고 나니 몹시 졸린다. 방은 찬데도.

2월 14일. 아츰나잘은 따뜻하였고 저녁나잘은 눈이 퍼붓는다. 퍼붓는 대로 슬슬 녹이고도 오히려 쌓인 눈이 반자 높이는 되겠고 아즉도 얼마가 올는지 알 수 없다. 학교에서 돌아오는데 사뭇 눈을 무릅쓰었다. 펄펄 날리는 눈송이가 모자 밑으로 모아들어 얼굴을 스쳐가니 두 눈을 발우 뜰 수가 없었고 또한 두 귀ㅅ속으로 모아들어 아무 소리도 들을 수 없게 한다. 그래서 두 손을 들어 눈을 비비고 귀를 문지르며 간신히 정신을 차리어 길을 걸었었다. 길에서 장지영張志映 군을 맞났었고 임경재任暻宰 씨는 맞나서 같이 왔었다. 새 학긔學期 붙어 휘문徽文의 작문作文시간을 보아달라고 이미 권權 군한테 말을 한지라, 새삼스럽게 말할 것도 없지마는 임교장校長이 직접直接 하는 말이기에 주고받고 몇 가지 분명한 말을 더 하였다.

저녁에 로석老石 어른을 찾어보고 함부루 짓거리었다. 누님을 찾아왔다. 지치뿌리를 가지고, 작은댁에서 온 편지를 주었다.

2월 15일. 맑았다 흐렸다 한다. 그리고 있다금 바람도 불고 치웁기는 치워도 그다지 힘은 없었다. 아마도 봄철이라 다르다. 겨울이고 이렇게 눈이 쌓였으면 과연 퍽 치워서 좀처로 밖에 나아단일 수가 없을 것이다.

요마적 천긔는 도모지 알 수가 없다. 맞히 주책없는 사람의 일같이 이랬다저랬다 한다. 갑작이 누었다 갑작이 치웠다 한다. 덤불 속에 묻혓든 풀움과 나무 끝에 매달린 꽃봉오리들이 하마 봄인가 하고 막 머리를 들고 부시시 닐어나려 하면 갑작이 무서운 치위가 달겨들어 꽉 누르고 만다. 꼭 이 모양이다. 사람들까지도 이 괴로움을 받는다. 내내 건강하든 이도 갑작이 병이 나 심하면 이 세상을 아주 떠나기도 하고 그러하지는 아니하더라도 무척 고생을 하는 이가 꽤 많다. 매우 조심하지 아니하면 아니 될 때다.

웬일인지 저거번 감긔瘖氣 여독餘毒인지 입가이 불으트고 눈두덩이에 종긔가 나고 속이 뉘엿뉘엿하다. 그리고 낮이면 그렁저렁 푸접없이 지나고 밤이면 괜이 쓸데없는 생각만 하고 잠을 일우지 못한다. 속담에 마음이 편한 이가 병도 그다지 없고 살도 흖이 지고 마음이 편치 못하면 딸아서 먹는 것도 살로 가지 아니한다더니 과연 그래 그런지 모르겠다.

2월 16일. 조곰 바람이 불어 치운 듯하기는 하여도 눈은 슬슬 녹는다. 해는 있다금 구름ㅅ사이로 나왔다 들어갔다 하고 만다.

아츰에 학교에 가다가 전차에서 조룡해趙龍海 군을 맞났다. 그는 새로 장가간 뒤로는 이 서울에 있으면서도 맞나기도 어려웠다. 내가 혹 찾아가야 맞날 수가 없고 그는 도모지 한 번도 찾아오지 아니하였다.

그는 노상 생각하든 생각대로 맞당한 안애를 얻어 아즉 신정이 미흡한 처지라 잠시라도 서로 될 수 있는 대로는 서로 떠날 수가 없을 터이다. 아마 그래서 친구親舊 심방尋訪은 할 겨를이 없을 것이다. 그러나 이에 우연이 맞났으니 반갑기는 반갑다. 그동안 신문新聞, 잡지 雜誌에서 본 자미있는 니악이를 자미있게 한다. 나는 그 니악이에 취醉하여 창경원 昌慶苑까지 가는 줄 모르게 갔었다.

학교에 가서 차 한 잔을 마시고 막 앉았노라니까 허흔許憲 씨가 찾아 왔다. 의자椅子를 비어주고 난로ㅅ가에 서서 연에 수작을 하였다. 이렇게 한 삼십 분을 지나니 각 교실에서 선생들이 교수를 맞히고 나온다. 여러 선생에게 소개紹介하여 주고 있는 동안에 벌서 십 분이 지나고 삼 학종을 친다. 나는 허에게 실례失禮를 말하고 교실教室로 들어갔다. 한 시간 맞히고 나와 보니 허는 벌서 갔다. 들으니 그는 보성전문학교普成 全門學校 졸업생 취직운동就職運動을 하러 온 셈이다.

저녁때 학교에서 나오다가 진고개로 들어 책사들을 한 번씩 더듬어 보고 장교에 니르러 설렁탕 한 그릇을 사 먹고 어슬렁어슬렁 사동골목 으로 들오다 보니 한 거지 게집이 미억줄기 같은 옷을 몸에다 휘휘 걸 치고 기웃둥기웃둥 하며 걸어가는데 한 아이놈이 눈을 쥐어가지고 그 뒤로 가만이 가서 냅데 그 목덜이를 따리고 휘달아난다. 거지는 깜짝 놀래어 발을 멈추고 돌아다보며 실컷 욕을 해자킨다.

밤에 서승호序承孝 군이 와 놀다 갔다. 밤은 낮보다 더 칩다. 그러나 구름 한 점도 없는 새파란 한울에 달빛이 조요하다. 그리고 밤은 깊고 사방이 고요한데 이내 마음은 웨 이리 산란한고.

2월 17일. 맑았다가 흐렸다. 오날도 눈은 꽤 녹았다.

아츰은 공일날 아츰이라. 오날도 점심 겸하여 먹었다. 아츰을 먹던 길로 불이낳게 권농동勸農洞을 가서 박창희朴昌羲 군을 찾았다. 그는 벌서 출타出他하였다고 오후네 시쯤 하여 다시 오면 맞나보리라 한다. 나는 발우 돌아서 파조교罷朝橋에 니르니 맞힘 긔구 있는 상예喪轝 하나이 지나간다. '숙부인람포리씨지구淑夫人藍浦李氏之柩 남무아미타불南無阿彌陀佛 대성인로왕보살大聖引路王菩薩'이란 긔旗ㅅ발이 공중에 번적이고 가사袈裟 입고 인력거人力車에 실린 로장老長 둘이 상예 뒤에 딸으며 념불念佛을 하고 그 뒤에는 소교素轎가 세넷 채 딸으고 상복喪服 입은 하인이 수십 명 딸아가는데 이것도 구경이라고 그 좌우에는 사람들이 잔뜩 늘어서서 본다. 나는 그 길로 발우 관수교觀水橋를 지나서 진고개로 하여 한충韓冲 군을 찾아보고 이런 니악이 저런 니악이를 하다가 더불고 대관원大館園에 와서 만두를 사 먹고 나는 다시 권농동勸農洞에 가서 박창희 군을 찾았다. 때는 벌서 네 시가 지났다. 먼저 듣던 목소리 같은 늙은이 목소리가 방안에서 나며 박창희는 있다는지 없다는지 알 수 없게 우물우물 하고 만다. 다시 소리를 높여 물은 즉 그제아 "박창희는 어디 가서 아즉 아니 왔소." 하며 언제 올는지도 모른다니 게서 기다릴 수도 없다. 도모지 오날은 맞날 수가 없고나. 그냥 돌아올 수 밖에.

저녁에 김병룡金秉龍 군이 찾아오고 누님도 찾아왔다.

2월 18일. 아츰나잘에는 흐렸다가 점심때에는 밝았다가 저녁나잘에는 또 흐렸었다. 그리고 매우 푹은하였다.

외투外套를 입고 학교까지 가는데 속옷이 땀에 젖었다. 오날 이렇게 푹은할 줄은 몰랐다. 찬 방에서 자고 닐어나서 방바닥이 찬 것만 생각하고 밖에 푹한지 않은 지는 깨닷지 못하고 그냥 학교를 간 것이다. 학교에 가서 외투를 벗어 놓고 앉으니까 퍽 시원하다. 박창희朴昌羲 군께 전화電話를 걸었다. 오날은 말소리가 잘 들린다. 오후 네 시 반에 권농동勸農洞에서 맞나기로 하고 말았다. 빵 한 개를 사서 점심을 하고 두어 시간 그럭저럭 교수教授를 맞혔다. 그리고 『당시선唐詩選』을 뒤적거리다가 돌아오다. 권농동勸農洞을 들렀었다. 오날은 과연 박창희 군이 집에 있어 기다린다. 그는 앉아서 맞힘 골패를 가지고 논다. 그 옆에는 장성長城 산다는 송규락이라는 이가 앉았다. 겨우 서로 한헌寒暄을 맞힌 뒤에 그는 그냥 골패를 가지고 놀며 "잠간 실레합니다." 하고 골패짝을 이리 띄어 저리 붙이고 저리 띄어 이리 붙이더니 나종에는 골패짝을 몯아 엎어놓고 연에 니악이를 끄내어 하였다. 숍니에서 떠나올 때 우리 아버지와 삼촌을 맞나 뵈었다는동 전주全州 도청道廳에서 김봉배를 맞나 간신히 그 도장을 받았다는 동 김봉배金鳳培 놈의 흉물스러운 것과 그동안 전혀 협잡한 것을 알았다는 동 우리 일은 사필귀정 하리라는 동 하고 그 아들을 불리어 인사를 식히고 술을 사오고 밥을 내오고 하여 같이 먹었다. 그는 나와 같이 술을 잘 먹지 못한다. 옆에 있는 송씨가 술은 잘 먹는다. 송 씨는 한 오십 살 갓가워 뵌다. 그리고 얼치기 개화開化한 완고頑固이다. 자긔 딴은 로자老子, 장자莊子의 도道도 잘 아는 냥으로 말을 하길래 정주程朱의 학學를 좀 건들여 말하였더니 구구히 옹호擁護하느라고 야단이다. 인자 생각하니 먼젓번에 내가 예를 찾았을 때에 이 방안에서 내다보지도 않고 우물우물 하든 늙은이 목소리 하든 이가 이이다. 나는 이를 더불고 길게 론난論難할 것도 없어 말을 중지하고 닐어나 오다.

오날 저녁은 갑자 정월 열나흔날 저녁이다. 주인집에서는 호도, 잣, 밤, 왜감, 왜콩 섞어 한 대접을 준다. 이것은 예전 풍속으로 이날 밤이면 붓으럼을 깨물라는 게다. 문 밖에서는 아이놈들이 몰려 단이며 "제

물이나 조롱을 주십시오." 하고 떠든다.

2월 19일. 흐렸었다.

학교에 갔더니 교무주임教務主任 주종의朱鐘宜 군이 이런 말을 한다. ─ 새 학년붙어는 조선어朝鮮語를 이학년二學年에 다 띌 수가 없느냐고 하길래 그 까닭을 물은즉 원악 총독부 규정에 삼학년 이상에는 조선어朝鮮語 시간이 없다고 한다. 나는 다시 교육령教育令을 찾아보고 삼학년 이상에도 조선어 급 한문이라는 과목科目에 일주간一週間 두 시간씩 배정配定되지 아니하였느냐고 한즉 그건 한문漢文에 끼어 가르치는 것이고 딸우 시간을 정하여 가르치든 아니하는 것이라고. 그러면 우리 학교에서도 딸우 시간을 정하여 가르치였느냐. 정말 이것이 우리 학교에 특색特色이 아니냐. 일본 사람들이 가르치는 학교 같으면 조선어문법朝鮮語文法이니 무엇이니 하고 주의注意하여 가르치지는 아니하지만 우리끼리 하는 학교에 그 규정에 어그지 않는 바에야 아니 가르칠 것이 무엇이냐 하고 머리ㅅ속이 어즐어서 다시는 말을 하지 아니하였다.

오철회 군이 왔다. 저녁에 같이 홍명희洪命喜 군을 찾았다. 그는 어대 갔는지 없고 그 아들 긔문起文 군만 있다. 사랑방은 페하여 쓰지 아니한다. 잠ㅅ간 대문 밖에 섰다가 돌아왔다. 달빛은 밝다. 나는 재동 네거리로 하여 안국동安國洞 누님 있는 데를 갔었다. 안ㅅ손님이 잔뜩 와 앉았다. 방에는 들어가지도 못하고 누님만 불러내서 보고 발우 돌아서 오다. 저녁은 갑자甲子 정월 보름날 저녁이라 하여 달구경 겸 다리 밟으러 나온 이들이 퍽 많다. 그중에도 녀자가 많고 녀자에도 젊은 녀자가 많다. 어떤 이는 세넷씩 짝을 지어가기도 하고, 어떤 이 혼자 해오족 해오족 하며 가기도 하고, 어떤 이는 사내와 나란이 서기도 하고 아이들을 다리고 가기도 하고, 어떤 이는 가다가 가끔가끔 머리를 돌이켜 뒤를 바라보기도 하고, 어떤 이는 누구를 기다리는 지 길ㅅ가에 서서 연에 지나가는 이를 유심하게 쳐다보고 있기도 한다. 나는 괜이 별궁別宮 옆에까지 갔었다가 다시 돌아서 왔다.

2월 20일. 눈꽃이 좀 나리다 말았다. 종일 볕은 나보지 못하였다.

학교에 갔다 오는 길에 교장校長ㅅ 집을 잠간暫間 들렀었다. 맛힘 교장校長이 집에 있어서 맞나보고 래학긔學期붙어 휘문徽文학교에 작문作文시간을 맡아보기로 하였다 하고 인하여 동광학교東光學校에 대한 일을 말하였다.

집에서 옷 보통이와 편지가 왔다. 저거번 편지에 내가 좀 앓았다고 하였더니 집에서는 퍽 놀랜 모양이다. 어머님 편지에도 "네가 저번 편지에 앓았다고까지 하였으니 몹시 앓았는가보다." 하셨다. 대단히 걱정하시는 듯하다. 괜이 그런 말은 하여 집안이 편치 못하였구나.

밤 열한 시에붙어 월식月蝕을 한다. 뜰에 나서 우럴어보니 구름은 한 점도 없고 한울은 팔안데 중천中天에 솟은 달이 동편 가장자리로 붙어 조곰씩 조곰씩 먹어 들어간다. 이렇게 한 시 반이나 거운 되어 다 없어지고 만다. 그리고는 캄캄한 한울에 별들만 수없이 나타나 반작반작 한다.

2월 21일. 구름이 끼었다. 볕은 나다 말다 하였다.

요마적 학생의 풍긔風紀가 넘어 문란紊亂하다. 남학생 녀학생이 길에 가면서 서로 롱락하는 걸 덜어 보았다. 이 모양으로 가다는 장래 어떻게 될는지도 모르겠다.

2월 22일. 맑다. 꽤 칩다. 밤에 누님을 찾아보았다. 퍽 곤한 모양이다. 자꾸 졸고 있다. 밤에는 더욱 칩다.

2월 23일. 맑다. 목욕을 하고 수건을 손에 들고 오는데 꽁꽁 얼어버렸다.

진고개를 가서 책사를 더듬어 보고 박긔홍朴基鴻 집을 들러서 『선영주宣穎註 남화경南華經』 한 질을 사가지고 진동 병구秉矩의 집을 찾아보고 왔다.

2월 24일. 눈이 좀 왔다. 아츰에 병국炳國이가 왔다. 래일來日붙어 량일간兩日間 경성사범학교京城師範學校 시험試驗을 보러 왔다. 아즉 로석老石 어른 댁에 있게 하였다. 조 형의 편지도 왔다.

락원동樂園洞 중앙교당에를 갔다. 리필근弼根 군을 만났다. 그는 어제 몽고지방蒙古地方으로붙어 왔다. 벌서 일해만이라 한다. 자미스러운 몽고 니약이를 많이 들었다. 우리말이나 력사歷史를 연구하는데 참고參考될 것이 적지 않다. 차차 사람들이 많이 모여든다. 때는 열한 시가 되었다. 중광절重光節 경하식慶賀式을 한다. 나더러 설교說教를 하라고 하기에 마지못하여 하였다. 「내 생각으로 살라.」는 말이였다. 이 식式을 맞히고는 천병天餠을 얻어먹었다.

불교회佛教會를 들렀다. 여전히 한편에서는 바둑을 두고 한편에서는 고담枯淡을 하고 한편에서는 책을 보고.— 이 모양으로 사람들이 잔뜩 앉었다.

목이 잠기고 머리가 앓브다. 수일數日 밤을 차게 잤더니 그런가. 오날 밤에는 방바닥이 퍽 더웁다. 오날은 장작 한 술에를 사들였다. 불은 많이 땐 모양.

2월 25일. 맑다.

집에 편지를 붙이었다. 괜이 마음이 불쾌不快하다.

2월 26일. 흐렸다.

주종의朱鐘宜 군에게 새 학긔學期붙어는 조선어朝鮮語 시간만 보기로 말을 하였다. 그러나 주朱의 말에는 조선력사歷史까지 긔어히 맡아 보아야 하겠다고 한다. 그건 그때 형편形便을 딸아 하자고 하였다.

저녁에 국일관國一館에서 중앙교당中央敎堂 교우交友들이 몯우 몯여 놀았다. 여흥與興으로 옷깃 차례로 놀애들을 부르고 혹은 춤도 추고 혹은 익살도 부렸다.

백구白鷗야 훨훨 나지를 마라.
너 잡을 내가 아니로다.
이 강산江山이 좋닿거늘
나도 와서 놀잫고나.

2월 27일. 흐렸다가 맑았다. 바람이 몹시 분다.

청진동淸進洞 가서 중흥려관中興旅館을 찾았다. 정긔용鄭機用 씨는 어대 나갔다 한다.

저녁에 병국炳國이를 더불고 안국동安國洞 가서 누님을 찾아보았다.

저녁은 꽤 춥다.

2월 28일. 맑다. 저녁은 매우 칩다.

불을 잘 때지 아니하여서 방바닥이 퍽 차다. 누가 번번이 신칙申飭하야만 좀 낫게 때는 걸 그냥 내버려두니까 행랑行廊이 때는 둥 마는 둥 하고 말아버린다. 그뿐만 아니라 때려는 나무까지 몯아 훔쳐다 제 부억 아구니에 넣는다. 이루 성가스럽게 말할 수도 없고 그럴 때마다 마음만 불편하다.

2월 29일. 아츰에는 운무雲霧가 잔뜩 끼었더니 한나잘쯤 되어 다 벗어지고 해ㅅ발이 빛이고 따듯한 바람이 분다. 저녁때 청진淸進동 중홍려관旅館에 가서 정긔용鄭機用 씨를 찾어보고 김사형金思螢 군도 맞나보고 여러 해포 쌓였던 니악이를 들었다.

금산錦山 보석사寶石寺 정법인鄭法忍의 편지가 왔다. 그는 그동안 나 있는 곧을 몲았다가 누구에게 들어서 요새야 알았다고 하고 퍽 간절히 말을 하였다.

3월

3월 1일. 아츰에는 바람이 불어 몬지가 날리어 길에 가는 사람들이 눈을 뜨지 못한다. 나도 전차電車에 나려서는 손으로 연에 눈을 가리고 학교學校에 갔었다.

송정식宋定植, 김상긔祥基 군이 찾아왔었다.

도야지나 개 따위는 그 욕심慾心이 단순單純하여 먹는 것에 한때 배만 채우면 그만이오, 색色에는 한때 자식만 배면 그만이되 사람은 욕심慾心이 한정 없어 식食에나 색色에 항상 만족滿足치 못하여 여러 가지 죄악罪惡을 짓는다. 과연 개나 도야지만이나 한가. 괜이 만물萬物의 령장靈長이라고 닐컷는 사람은 스스로 개 도야지를 보기가 붓그럽지 않을가.

3월 2일. 맑다. 차다.

누님을 찾어가 놀다 왜떡을 사다가 점심을 하고 락원동樂園洞 불교회佛教會로 가서 놀았다.

석전石顚, 국여菊如가 찾어왓다. 국여菊如는 총독부에서 모집한 창가

唱歌를 가지고 왔다. 밤이 이윽하도록 서로 고치어 겨우 말을 만들었다.

조 형의 편지가 왔다. 병국이를 속히 나려보내라고 하였다. 병국炳國이는 저녁에 떠났다.

3월 3일. 맑다.

누님이 새벽에 찾어와서 가자고 한다. 일전붙어 오날 아츰은 내게 와서 먹으라고 하길래 그만 두라고 하였더니 긔어히 또 찾어와 가잔다. 새 옷을 갈아 닙고 딸아갔었다. 아즉 겹둘우막이는 넘우 일다. 남들이 내 옷 닙은 것을 보고 대번 시골 사람으로 안다. 아닌 건 아니라 시골 사람은 시골 사람이지마는 옷 모양 때문에 더구나 시골 사람인 줄 알게 한다. 누님까지도 흉을 보며 "어느 새 겹둘우막이가 무엇이어." 하고 집사람을 나무랜다. 아츰은 벌서 하여 놓았다. 나물도 해놓고 고기도 해놓고 국도 끓여 놓았다. 배가 부르도록 먹었다. 오랜만에 객지에서 생일날 아츰이라고 얻어먹어 보았다. 정긔용機用 씨가 찾아왔다. 병구 집을 가 보았다. 성화같이 오기를 바란다고 하길래 갔더니 병구秉矩의 보통학교 입학을 주선하여 달라는 것이다.

3월 4일. 흐렸다.

학교에서는 금명간今明間 시학관視學官이 조사調査하러 나온다고 불세로 대소제大掃除를 한다. 변소便所에 회를 사다 뿌린다, 스리빠를 사다 놓는다, 문부文簿를 정리整理한다, 생도生徒를 단속한다 하며 야단북새를 일운다.

3월 5일. 눈이 오다. 밤에는 퍽 왔다. 퍽 쌓였다. 정법인鄭法忍 군에게 편지를 하였다.

3월 6일. 맑다 흐렸다 하였다. 좀 칩다.

오날 아츰은 좀 늦었다. 학교에 가니까 상학종上學鐘을 막 친다. 교장실校長室에는 시학관視學官이 와 앉았다. 오전午前 이학년二學年 조선력사 시간과 오후午後 일학년一學年 조선어 시간에 시학관이 와 본다. 한참씩 우둑언이 서서 보다가는 간다. 나종에 들은 즉 교수敎授에 대해 비평批評은 아니하더라고 한다.

3월 7일. 맑다.

락원동樂園洞 불교회佛敎會에 가서 『전당시집全唐詩集』을 보았다. 글자는 작어도 꽤 공력 들여 박혔다. 책 수가 삼십여 책 되는 호대浩大한 책이다.

누님이 찾어와서 청진동淸進洞 병구秉矩 자당慈堂이 곳 좀 오라고 하더라는 걸 맞힘 국여菊如(梁建植)가 찾어와 놀애를 고쳐달라고 늘어지는 통에 가지도 못하여 그냥 밤이 깊도록 앉어서 부대끼었다.

3월 8일. 맑다. 음지陰地에 쌓인 눈은 그대로 있다.

병구秉矩 집에 갔더니 그 모녀 모자母女母子는 다 나들이 가고 그 집에 단이던 늙은이 하나만 있어 집을 직힌다. 대체大體 서울 녀편네들은 잘도 쏘단이지 하루도 한 때도 가만이 집에 있는 날이 별로 없는 모양. 알뜰히 살림을 하고 주장하는 어른이 있는 집이면 그렇지 못하겠지마는 그렇지 않은 집은 거의 다 이 모양. 그렇게 나들을 잘 단이기 위하여 아무리 가난방이라도 나들이 옷 한 벌은 좋은 비단 걸로 작만하여 둔다. 그럼으로 서울 사람은 옷 입고 단이는 것만 보고는 그가 부잔지 간난한인지 잘 모른다. 과연 사치奢侈하고 음미淫靡한 풍속風俗은 이를 데 없거니와 딸아서 게으르고 또한 아무 직업職業 없는 이가 날로 헤알일 수 없이 생긴다. 그래서 약간 돈량兩 있던 것, 의복 벌, 그릇 개 있던 것, 집간 있던 것, 이것저것을 다 잡혀먹거나 팔아먹거나 하고 만다. 그러나 그나마나 우리 조선 사람에는 그걸 잡거나 사거나 하지 못하고 혹간 그런 이가 있더라도 오래 진이지 못하고 맞흠내 일본 사람에게로 넘어가고 만다. 이와 같이 하여 진고개가 다 일본 사람만 살게 되었다. 지금은 진고개뿐 아니요 장래는 온 서울이 다 그렇게 될는지도 모르겠다.

주인집에서 떡을 하였다. 저녁을 먹고 한참 있다가 또 떡을 먹고 한참 있노라니 휘문학교 임任교장 집에서 오라고 한다. 가보니까 휘문학교 선생들만 모아 앉어 혹은 신문도 보고 혹은 바독 혹은 장기도 둔다. 서로 한 동내 있으면서도 오날 저녁때야 처음 인사를 하였다. 자정은 거의 되었다. 임교장은 안에서 축문을 읽고 곡을 하더니 한참 있다 음식상을 가지고 나왔다.

3월 9일. 맑다. 칩다.

조룡해 군을 찾어보다. 그는 남의 집 건너방을 차지하고 부처夫妻가 한테 있다. 그 부인이 어대 갔다 들어오니까 내게 인사를 식힌다. 한참 앉아 니악이 하다 왔다. 저녁에 수당을 찾아보다. 웬 늙은이하고 같이 있다. 차차 그가 하는 말을 들은 즉 점도 하고 상도 보고 의원 노릇도 하는 술객이다. 수당이 연에 금년 신수가 어떠한가 뭇고 있다. 늙은이는 주역周易 리치를 말하며 미래사를 자긔가 다 아는 체하고 무어라고 짓거리고 있다. 사토리 쓰는 걸 본즉 경상도ㅅ사람이다. 나는 전주 조 형에게 가는 편지만 써 수당께 주고 돌아왔다. 누님을 찾아보았다.

3월 10일. 맑다. 아주 따뜻한 볕이 벌서 사람을 취하게 하다. 학교에 가서 일학년 갑·을 반을 한 교실教室에다 모아 앉히고 조선력사朝鮮歷史 시험試驗을 보았다. 그리고 오후에는 생도生徒가 몯아 룡산龍山에서 일본륙군日本陸軍 긔념식記念式하는 데를 가기에 나도 그 뒤를 딸아 갔다. 룡산 가는 사람들이 어떻게나 많은지 간신히 전차를 타고 줄곳 그 속에 끼어 서서 가아 련병장練兵場 지나서 한 정류장停留場에서 나렸다.

긔병旗兵, 보병들은 자긔네 처소自己處所로 다 돌아오고 구경ㅅ군들도 꿔역꿔역 떼를 지어 돌아온다. 그들이 짓거리는 니악이를 들어도 벌서 파하였다 한다. 나는 가다가 길ㅅ가에 서서 병정들과 구경ㅅ군들이 지나가는 걸 보고 있다가 최인순崔仁淳을 맞나서 같이 돌아오다. 전차를 기다리고 선 사람들이 길가에 담을 일웠다. 좀처로 전차는 탈 수 없다. 할일없이 그냥 걸어서 올 수 밝에. 오면서 보니까 길 좌우로 맨 일본 사람의 집뿐이고 집마다 다복다복 물화物貨가 쌓여 있고 부태富態가 난다. 어째면 그들은 그렇게 잘 사나. 남대문 안에 쑥 들어서야 비롯오 우리네의 사는 집 그나마나 일본인 상점商店 사이에 듬은듬은 끼어 있는 한두 집, 지금도 제 소유所有인지 모르거니와 장래 어떻게 될는지 모르는 집들을 보았다. 이런 건 아니 보아도 이미 아는 바이지마는 그래도 본즉 선 마음이 더 편치 못하여 견댈 수 없다. 신문관新文館에 들러서 다리를 좀 쉬어가지고 전동으로 해서 붉은고개로 오다가 맹주천桂天군을 맞나 늪尹희구 소실ㅅ집으로 들어갔다. 건너방에서는 벌서 어느 한 축이 와서 술상을 벌이고 떠들고 야단이다. 우리는 한참 있다가 또 어느 한 축이 들어온다기에 나와버렸다.

3월 11일. 맑다.

저녁에 홍긔문洪起文 군을 취롱翠儂하고 찾어 더불고 민중식閔重植 군을 찾아보고 이것저것 니악이하다가 왔다. 홍 군은 래일來日 상해上海를 간다고 한다. 누가 돈을 대어 주어 공부工夫하러 감이다. 잘 되었다. 한창 공부할 때니 힘써 공부할 줄로 믿고 바란다.

3월 12일. 맑다. 바람이 좀 불었다.

금산錦山 보석사寶石寺 임정환任正桓이게서 편지가 오다.

3월 13일. 흐렸다 맑았다 하였다. 바람은 몹시 불었다.

칩기도 꽤 치웠다.

불교회佛敎會에 가서 『남화경南華經』을 보앗다. 이 책은 류경종柳京鐘 씨의 책인데 세상에 듬은 본本이다. 누가 벗겻는지 정금미옥精金美玉같고 한자도 오자락서誤字落書가 없는 듯하다. 그가 이 책을 남에게 좀처롬 아니 빌린다는데 그의 문하에 단이는 오철호吳徹浩 군이 어제 얻어왔다. 나는 오 군께 청하여 내가 가진 『남화경』을 이 책에 준하여 교정校正해 달라고 하였다.

3월 14일. 맑다. 바람은 사납다.

저녁때 학교로서 와 보니 집에서 전보電報가 왔다. 띄어 보니 작은댁 할머님께서 돌아가시었다. 오랫동안 병석病席에 누우시어 신음呻吟하시다가 이내 세상을 떠나시단말가. 작년 겨을 집에 갔다가 올 때에 이 번이 영결永訣이다 하시더니 과연 그렇게 되신 줄을 뉘 알았으랴. 그래도 래년에는 회춘回春하시어 다시 뵐 줄로 바랐더니라. 천명이 무상하구나. 믿을 수 없도다. 누님을 찾어보고 병구秉矩 집도 찾어보았다. 익한益翰 군이 찾어왔다.

3월 15일. 맑다. 아츰에 일즉 닐어나서 동소문東小門 안에 가다. 허환許煥을 찾어보고 긔차할인汽車割引권을 얻어가지고 발우 경성역京城驛으로 가서 특대급행特大急行차를 타고 집에를 가다. 강경江景이에 가서 나려 고산리高山里에 니르니 해는 다 지고 달빛이 차차 밝어진다. 새술막으로 하여 오다가 작은댁에 들어 곡을 하고 저녁을 얻어먹고 인희仁熙네 집에 와 어머님을 뵈옵고 우ㅅ사랑으로 와서 아버님을 뵈옵다. 밤은 벌서 깊었다.

3월 16일. 맑다. 아츰붙어 작은댁에 가서 할머님 렴하는 절차며 성복하는 절차를 살피어 보고 오후에는 상예喪輿를 뫼시고 이안二雁이골 공동묘지로 가서 장사를 지났다. 해는 저믈었다. 한곁에 풀이 욱어진

곧에 룡희 묻엄이 있다. 그걸 보니 눈물이 핑그르 돈다. 우둑한이 서서 보다가는 다시 묻엄 가에로 빙빙 돌아단이다가 돌아왔다.

아버지 돌아오기 날마다 기달이고
병들어 누어서도 공부 못해 한일러니
오늘날 네 묻엄 우에 풀이 벌서 욱었도다.

저녁에 우제를 지나고 집에 돌아와 잤다.

3월 17일. 맑다. 재우再虞를 지났다.

3월 18일. 맑다. 삼우三虞를 지났다. 한양 말리ㅅ 집이 근친覲親 왔다.

3월 19일. 구름 끼었다. 종형從兄 댁에 가서 술을 먹었다. 아버님께서 병환이 나셨다.

3월 20일. 구름이 끼었다. 아버님 병환은 좀 낫으시었다. 일즉 닐어나서 밥을 죄촉해 먹고 작은댁에 가서 보름차례를 지나고 발우 떠나오다. 그럭저럭 하는 동안는 벌서 두어 발이나 떠 옲아왔다. 밧븨 걸어 황산黃山에 니르니 오전 십시 반이다. 한 사십여 분을 기달이어 차를 타고 경성京城을 행하여 오다. 차 속은 퍽 무덥다. 경부선京釜線 차에는 더욱 심하다. 서울을 오니까 해는 지고 찬바람이 분다. 안국동 누님을 찾었더니 저녁을 하여 준다. 니악이 하다가 게동 주인主人 집으로 와서 자다.

3월 21일. 맑다. 시험試驗지를 곤아 가지고 학교에 가서 종일 시험 성적成績을 조사調査하였다. 김락순金洛淳 군과 병국炳國이를 찾아보았다.

3월 22일. 눈비가 섞어 온다. 산머리에는 눈이 하얗게 쌓였다. 길이 어찌 진지 학교에 가는 데 퍽 고생하였다. 나는 내가 맨 나종에 학교에 가는 줄 알았더니 학교에 가본즉 아무도 아니 왔다. 혼자 사무실事務室에 앉어서 두어 시간이 지나니까 다른 선생들이 하나씩 둘씩 모혀든다. 오전 열 시붙어 오후 다섯 시까지 쉴 겨를도 없이 일을 하였다. 남의 일까지 하여 주노라고 괜히 밧벘었다. 주임主任선생들은 성적표成績表를 꾸미느라고 야단이다. 비가 저녁때에는 개었다. 돌아오다보니 길ㅅ가에 언덕에 울 밑에 풀빛이 제법 펄엉고 새로워졌다. 병국이를 찾아보았다.

3월 23일. 아츰나잘은 비도 뿌리고 바람도 부더니 저녁나잘은 맑았다. 병국이가 와 본다. 누님을 찾았다가 못 보고 안국동 ㅅ길로 돌오나서 돌아오다 어느 반찬 가개를 지나다 보니 온갓 채소가 새로 다 놓였다. 젊은 안악네 사오 인이 모혀서서 벌서 새 나물들이 난 것을 놀래는 듯이 보고 그네 가운데 어떤 이 입에서는 "다른 건 어쨋던지 저 쑥갓 좀 보아." 하고 매우 자미스럽게 짓거린다. 그러나 나는 그 곁에 우둑한이 서서 들을 체면이 아님으로 한 발도 멈추지 아니하고 왔다. 와 보니 주인의 아들 차옥이가 이웃집에 가서 놀다가 그 집 똥통 문을 열고 들어가 똥통에 빠어서 건져냈다 하고 그 아이 자친은 눈이 둥글어 하며 일변으로 약을 사다 먹이고 일변으로 문복問卜을 하더니 저녁 내로 떡을 하여 고사를 한다. 그 때문에 떡은 얻어먹었다.

3월 24일. 흐렸다. 학교에 가서 보결시험생을 감독하였다. 병구 자당을 찾어보고 돌아오다. 누님도 찾어보았다.

3월 25일. 종일. 음침하였다. 아츰에 학교에 가는데 성균관成均館 앞에를 지나다 이런 걸 보았다. 한 륙순 넘어 보이는 학자 한 분이 행의 소매를 흔들고 갈지ㅅ자 걸음으로 그야말로 학자의 걸음으로 잔뜩 족용중足容重을 하여 성균관成均館을 행하여 가는 데 웬 주정ㅅ군 하나이 그 뒤로 딸아오며 "앞에 가는 학자놈아. 여봐라 이놈아. 과연 학자의 걸음이로구나. 이 네 머리를 붙을 놈아. 세상을 꺽우로 가느냐." 하고 소리를 벌억벌억 지른다. 그래도 학자는 아무 말도 없이 그냥 천천히 걸어간다. 아마 이전 세상 같으면 주정ㅅ군이 그러지도 못하려니와 혹시 그런 일이 있다 하면 학교가 성균관 하인을 식히어 잡아다 엉덩이를 부셨으리라.

저녁때에 애오개에 나아가서 박창호朴昌浩전에서 대야 두 벌, 식기食器 두 벌, 주발 두 벌, 시저 두 벌, 사랑 요강 하나를 사서 바로 경성역京城譯에다 붙이였다. 양백화梁白華가 찾어왔다. 총독부總督府 학무국學務局 모집募集 창가唱歌에 대한 비평批評을 써달라고 해서 괜히 한참 부대끼었다. 집에 편지를 붙이었다.

일기

22권

1924. 3. 26. ~ 1924. 6. 5.

1924년(단기 4257년)

3월

3월 26일. 흐리고 비도 뿌리었다.

학교에 가서 놀다가 오후 세 시 경에 련지동蓮池洞 례배당禮拜堂에 가서 김원근金瑗根 씨의 작은 자제 신혼례식新婚禮式을 구경하였다. 그가 예수교인敎人임으로 그의 교인 친구가 퍽 많이 모였다. 잠간暫間 그 례식을 맞히고는 신랑 신부는 자동차를 타고 어대로 갔버린다. 나는 진고개로 돌아오다 종로 영흥덕상점永興德商店에서 요전에 맞후였던 원삼圓衫을 찾고 진신, 마른신, 분, 바늘 나부랑이를 사가지고 왔다. 병국炳國이가 집에 간다고 보러왔다. 그편에 조 형께며, 하경렬河慶烈 씨게 편지를 붙이었다. 황종규黃宗奎 군과 김우현金宇鉉 군이 저녁에 찾어왔다.

3월 27일. 맑다. 따뜻하다. 저녁때에는 바람이 좀 불었다. 누님과 같이 안동 모퉁이 드팀전에 가서 옷감을 바꾸고 종로 상점으로 단이며 수젓집도 사고 고무신도 사고하여 원삼과 진신 마른신 붙이와 서렁이에 넣어 관훈동 우편소에 가서 집으로 붙였다. 이번에 집에 사 보낸 물건은 이러하다. — 대야 둘에 십오 원 칠십오 전인데 한 량중에 십이 전 오리식, 밥그릇, 국그릇, 내외 것으로 각 한 벌과 사랑 요강 하나에 팔

원 이십 전인데 한 량중에 십전식, 시제 각 한 벌식에 통 팔십 전, 대화문 자주색 모본단 한 자에 이 원 사십 전, 분홍 양관사, 옥색 양관새 각 세 자 다섯 치에 통 삼 원 오십 전, 람색 태선단 열한 자에 사 원 구십오 전, 초록색 양라사 열한 자에 이 원 팔십 전, 당기 한 감 홍국사 한 족악에 삼십 전, 마른신 한 꺼리에 이 원, 진신 한 꺼리에 이 원 사십 전, 고무신 두 꺼리에 이 원 십 전, 원삼 한 벌에 이십팔 원, 백국사 네 자에 오 원 륙십 전, 백삼팔 한 필에 구 원 오십 전, 수젓집 하나에 일 원 팔십 전, 분 열각에 칠십 전, 바늘 일곱 쌈에 륙십삼 전, 비누 세 개에 오십 전, 밀 두 장에 십륙 전, 주지 세 축에 이십칠 전, 붓 두 자루에 이십 전, 연상 한 개에 삼십오 전, 모사 두 자에 일 원 륙십 전, 가마뚜껑의 하나에 륙 원. 집에 편지를 부쳤다. 김우현宇鉉 군, 리경李炅 군, 황종규黃宗奎 군이 저녁에 찾어와서 놀다가 밤중에야 갔다. 그들이 몯아 직업을 구하는 중이나 도모지 맞당한 데를 얻을 수 없다고 탄식만 한다. 시골 청년들이 자꾸 서울로만 모아드니 가뜩이 생활난에 쫓기는 서울에 무슨 직업을 쉬이 얻으랴. 진실로 딱한 일이다. 애닯은 일이다.

3월 28일. 맑다. 바람이 불다.

물건 산 것 어제 붙이고 나머지를 오늘 또 집으로 붙였고 또 편지도 하였다. 오후午後에 학교에 가다 김승렬金承烈 선생을 찾어보았다. 그는 방장 청결을 하느라고 책들을 마루에 모다 내놓고 먼지를 떨고 쓸고 하며 방으로 들랑날랑하다가 내가 가니까 하던 일을 중지하고 나와 마지며 학교 니악이도 자애내며 한다. 나는 그 마장에 놓인 낡은 의자椅子에 걸어 앉어 수문수답을 하다는 학교로 가 보니 사무실에는 허許하고 주朱하고만 앉어서 무엇을 쓰느라고 골몰하다. 나는 난로ㅅ가에 앉어 신문을 보고 있다가 허한테 찾을 것을 찾은 뒤에 돌아오다. 진고개 가서 책전을 가보앗다. 요마적은 좀 오래ㅅ만에 진고개 책전에 처음 갓길래 아마 그동안에는 그전에 못 보던 좋은 책이 많이 낫으리라 하고 매우 흥미興味있게 책전을 하나식 둘식 더듬어보니 오히려 그전에 보던 좋은 책들도 없어지고 다만 잘 팔리지 안는 낡은 책들과 몇몇 가지 요마적 류행流行하는 잡지雜誌며 소설이며 새 학긔學期에 쓸 교과서들만 쌓엿다.

한충韓沖 군을 찾엇더니 어대 가고 잇지 아니하며 그 아우들만 잇다. 방에 들어가 좀 기다리고 앉앗노라니 잠이 물 퍼붓듯이 온다. 그래서 목침을 베고 들어누워서 한잠을 자고 나니 그제야 한충 군이 돌아왓다. 그동안 봉천奉天서 사왓다는 책도 내보이고 이런 니악이 저런 니악이도 하며 듣긴다.

최익한 군께 편지를 하엿다. 그가 요새는 집에 가 잇다.

3월 29일. 흐렷다. 아침에 조용주趙鏞周 군이 찾어왓다. 서로 주거니 받거니 한참 니악이를 하엿다. 그리고 같이 나서 나는 동아일보사東亞日報社에 가서 일보日報 선금先金으로 반년半年치를 주엇다. 그리고 락원동樂園洞 불교회를 거쳐서 한충沖 군 집에 가서 두어 시간時間을 기다리고 잇노라니까 취롱翠儂과 증곡曾谷이 왓다. 벌써 오후 세 시다. 넷이 작반하여 안정사로 나아갓다. 안정사에 다른 놀러 나온 이는 하나도 없고 사방이 조용하다. 서편 언덕 밥 파는 집에 들아앉어 니악이 니악이하고 놀다가 저녁을 식여 먹고는 날이 어둠침침하여서야 돌아오다. 나는 오던 길로 수당께 나아가 보고 밤이 이윽하여 왓다.

3월 30일. 맑다 흐렷다.

책상머리에서 책을 뒤적거리다가 보니 교직校直 리상렬李相烈이가 어제 와서 무어라고 적어 놓은 조히 쪽악이 잇다. 나는 아침 먹던 길로 학교에 나아갓다. 여러 선생이 다 모엿다. 교장이 자긔 방으로 선생

한 분식 불러서 무슨 말을 속은속은 하더니 맛힘내 나보고도 불러 말한다. 학교가 새 학긔붙어 변경變更이 많이 됨으로 나보고는 조선어 네 시간식만 맡아 달라 함이다. 그 우에 다른 말은 없다. 불교회를 가서 놀다가 조용주鏞周 군하고 같이 진고개로 가서 책전을 적간하여 보고 다 저물게야 돌아왔다.

3월 31일. 따뜻하다. 몸이 녹읏녹읏하고 마음이 심숭생숭 하여진다. 사람도 어찌할 수 없이 긔후氣候의 관계를 말미암게 된다. 나쁜 아니다. 다른 사람들도 꼭 같은 모양으로 일없이 거리에 나서 어슬렁어슬렁 하는 이가 퍽 많다. 이렇게 좋은 날에 병든 이나 일 있는 이 아닌 담이야 누가 가만히 방안에 들어있으랴. 불교회에 들렀더니 『시대일보時代日報』 창간호創刊號가 와 있다. 아무리 뒤적거려보아도 남닭이 새뜻한 맛은 얻을 수 없다. 그러나 스스로 자랑하기는 굉장한 모양이다. 두고 보자. 어찌 될 것인가. 리광세光世 군이 찾어오고 권덕규權悳奎 군이 찾어왔다. 오후에는 권權하고 취롱하고 문일평文一平 군을 찾어가 보았다. 오랜만에 서로들 맛난 판이라. 잔뜩 쌓였던 니악이 끝이 연에 풀이기 시작하여 날이 저믈도록 끝낼 줄을 모르다가 저녁까지 얻어먹고는 그래도 남아지 니악이는 이 뒷날로 밀어두고 몹시 만류하는 것을 물리치고 돌아왔다.

4월

4월 1일. 비가 온다. 아마 이 비 끝에는 꽃이 다 피겠다. 오래 가믈다가 오는 비라. 매우 고마운 비다.

아츰을 먹고 대문 밖에 나섰더니 장응진張膺振 선생이 웨 학교는 한번도 아니 오시냐고 한다. 휘문徽文학교를 가 보았다. 선생은 서넛 밖에 없다. 거긔서 김사영思瑩 군을 만나보고 니악이하다, 전농동 박창희昌義 군 있는 데를 가서 삼촌을 뵈었다. 어제 아침에 무슨 일로 말미암아 오셨단다. 한충沖 군을 찾어 더불고 구룡산舊龍山 원정元町을 나아가 도장 사기는 대시大柴를 찾았다 못 보고 돌아오다 불교회에 들렀다. 비에 막히어 두어 시간 있었다.

4월 2일. 비. 오후午後에 누님을 찾어보고는 불교회로 갔었다. 마침 륙당六堂이 와서 자긔가 하는 신문, 『시대일보』에다 낸 자긔가 진 시조時調를 가지고 설명說明을 하며 떠들어댄다. 여러 사람들의 비평批評도 많이 있으나 그건 수긍치 아니하고 다만 자긔의 말만 한다. 그럭저럭 심심치는 아니하였다. 저녁에 리겸욱謙旭 군이 찾아왔다.

4월 3일. 바람. 봉익동鳳翼洞 가서 삼촌을 뵈옵고는 발우 락원동 불교회로 왔었다. 거긔서 석전石顚과 애류崖溜를 맞나서 한가지 중추원中樞院에 조선사편집위원회朝鮮史編輯委員會 사료전람회史料展覽會를 가 구경하였다. 임진壬辰년부터 무술戊戌년까지 칠 년 동안 그때 령의정領議政 류성룡柳成龍이 친히 책력에 전중戰中 사실을 적은 것과, 『징비록懲毖錄』 초본草本과, 『리퇴계李退溪집』 재산분여긔財産分與記와, 명종明宗 십년十年에 대마도對馬島족인 편송차平松次에게 준 직첩職帖과, 광해조光海朝 시대時代의 세초洗草 아니한 실록實錄과, 명성황후明成皇后의 친필親筆과 조선고지도朝鮮古地圖 등 수십數十 점點이 벌여있고, 력사에 취미趣味를 둔 조선 사람, 일본 사람, 지나 사람들이 많이 와 있다. 우리는 한참 동안 구경하고 나오다가 금곡원金谷園으로 들어가서 점심를 먹었다. 바람이 어찌 부든지 사뭇 눈을 뜰 수가 없어 한길에서 가다는 멈추고 가다는 멈추고 이렇게 몇 번을 하였다. 그리고 바람 끝이 매우 칩다. 북北쪽에서 오는 바람이다. 맞히 겨울날 같은 생각나게 한다. 저녁에는 눈이 와 쌓였다.

4월 4일. 칩다. 눈이 종일 남아 있다.

동광東光학교를 나갔더니 보성학교普成學校장 정대현鄭大鉉 씨가 나와서 직원회職員會를 하고 있다. 나도 잠간 참석하고 있다가 점심을 얻어먹고 돌아와 휘문徽文학교에 갔었다. 두어 시간을 기다리어 직원회에 참석參席하였다. 일학년 병반丙班을 내게다 밀어 맡긴다. 오날은 여기서 해를 넘기었다.

4월 5일. 맑다. 따뜻하다. 청명淸明.

휘문학교에 가서 오전午前 열 시 개학식開學式에 참예하였다. 그리고 신입생新入生을 점명點名하여 보고 나는 동광학교에 나가 보았다. 아니 동광학교는 벌서 없어졌고 거긔는 보성普成학교 분교실分敎室이 되었다. 방금 입학년생入學年生 시험을 보노라고 보성학교 직원들이 와서 야단이다. 나는 그전 내 책상에서 보든 책이며 쓰든 원고原稿를 수십하여 가지고 돌아왔다. 저녁때 삼촌을 가 뵈옵고 누님도 가 보고 저녁에는 종로까지 나아가 조용주趙鏞周 군을 작별하였다.

4월 6일. 맑고도 따뜻하다. 한식寒食.

아츰에 백남규白南奎 군도 찾아오고 지수만池水滿 군도 찾아왔다. 거의 점심때나 되아서 주인하고 휘문학교를 거쳐서 불교회로 가아 오철호吳徹浩 군을 더불고 경성역京城驛에 이르러 차를 타고 수색역水色驛에 나리어 바로 안양安養골로 들어가니 권명규明奎 군이 와서 자긔 산소山所에서 벌써 시제時祭는 다 지나고 맞힘 음복飮福을 하는 판이다. 우리는 나려 쏘는 따뜻한 볕에 폭은폭은한 잔디을 깔고 앉아서 술도 얻어먹고 떡도 얻어먹고 한참 거긔서 팔을 베고 누었다가 그 산山으로 옮아섰다. 먼 산들은 몯아 바람꽃에 가리어 아몰아몰 하게 보이고 행주幸州나루는 번번하게 나려다 보인다. 이 산등을 타고 동북東北 편으로 한참 가다가는 발우 고태리高泰里 뒤ㅅ산으로 나려가니 토피土皮는 다 벗어지고 붓을붓을한 흙만 남은 산ㅅ줄기에 옳은손 편으로 바위 하나가 솟아 있다. 이 바위를 지나서 어린애 묻엄 같은 조고만한 무덤 네댓이 있는 곳을 저쳐 놓고 조곰 더 가아보니 거기 있는 서너 묻엄 가운대에는 가장 큰 무덤 하나이 그중 맨 위에 있다. 이 무덤이 주시경周時經 선생先生님의 묻엄인가. 표목標木도 없시 알 수 없다. 한별의 긔억記憶에는 그런 듯하다고. 우리 일행은 그 무덤 옆에 이윽고 앉아서 녯날 니악이를 하다가 점점 엷어가는 석양夕陽을 안고 안양골로 돌아와 권 군權君의 산직山直이 집에서 밥까지 얻어먹고 나섰다. 수색역水色驛에 이르니 아직도 차 시간時間이 두어 시간 남았다. 예서 서북西北 편으로 한 오 리五里는 나가서 새장터란 데가 있는데 오날붙어 난장판을 세우고 시름을 한다고, 사람들이 많이 오락가락한다. 우리도 가 보았다. 인가人家는 여닐곱에 지나지 못하는 산山마을인데 거의 다 음식점飮食店이란 문패門牌를 붙이고 그 안에는 술상을 벌여놓고 시골서는 미인이라 할 만한 계집들이 앉았고 상토장이, 머리깎이들이 가뜩 들어서서 무어라고 지껄이며 권커니 작커니 야단이다. 그리고 한쪽에서는 시름을 하는데 그 주위에 사람들이 담같이 서서 구경을 한다. 벌서 해는 지고 은銀갈고리 같은 달이 서천西天에 걸려 있고 별들은 여긔저긔서 낮낮이 돋아나며 반작반작한다. 오늘 시름은 그냥 휘지부지하고 말았다. 우리는 돌오 정거장으로 와서 좀 기다리다가 차를 타고 돌아왔다.

4월 7일. 구름이 끼었다.

휘문학교에 가서 일학년一學年생들을 낲우어 반을 짜고 교실敎室에 들여앉히고 몬은 주의注意ㅅ건件을 설명說明하여 들리고는 돌려보내고 다른 반에 들어가 작문作文에 대한 니악이를 하였다. 하학 후에 삼촌을 찾아갔다가 박창희朴昌羲 군만 맞나보고 불교회로 거쳐 돌아왔다.

조용주鏞周 군에게 편지를 하였다. 김웅각雄珏 군이 전주로 가겠다기에 그걸 알려 주었다.

저녁에 지수만池水滿 군하며 한충韓冲 군이 찾어왔다. 삼촌께서는 잔뜩 취하여 오셨다. 뵈옵기 민망하다.

4월 8일. 맑았다. 저녁때 곽법경郭法鏡을 찾아보았다. 동광학교東光學校 없어진 데 대하여 니악이가 났다. 그의 우물쭈물하는 소리를 듣고 듣다가 또 어떤 이가 찾아왔길래 닐어서 돌아왔다. 저녁에 장응진張膺振 선생이 청하길래 갔더니 음식상을 차려놓았다. 이 동내 사는 휘문학교 선생님은 다 모였다. 요마적 소문 들은 니악이들도 하고 녯니악이도 하고 가끔가끔 웃우개 소리도 하며 음식을 먹는 줄 모르게 다들 먹었다.

4월 9일. 맑았다. 오늘은 삼학년 병조丙組 작문시간作文時間에 들어가서 이런 것으로 말하였다.

(ㄱ) 글은 사람의 생각을 글씨로 적어 나타낸 것.

(ㄴ) 문文은 인人이다.

(ㄷ) 지식知識을 넒힐 일.

수당도 가 보고 누님도 가 보았다. 조용주趙鏞周 군 편지가 왔다. 함상훈咸尙勳 군이 일본 가는 길에 찾아왔다. 퍽 반가웠다.

4월 10일. 흐렸다. 밤에는 이슬비가 좀 왔다. 봉익동鳳翼洞 가서 삼촌을 찾아뵈았다. 김성수金性洙 군을 찾았다가 못 보고 그의 아버지 김긔중金基中 씨만 뵈았다.

4월 11일. 맑고 더웁다. 조병국趙炳國의 편지가 왔다. 한충沖 군을 찾아보았다.

4월 12일. 꽤 더웁다. 저녁에 장석륜張錫倫 선생 댁에서 음식을 얻어 먹고 발우 떠나서 안국동安國洞 누님을 잠간 찾어보고 경성역京城驛에 나아가 차를 타고 집을 향向하여 가다. 병국炳國이가 와 있다.

4월 13일. 더웁다. 오전 한 시간쯤 해서 한밭에서 나려 려관旅館에 들어누었다가 밥을 식여 먹고 다섯 시에 호남차湖南車에 옳았다. 련산역連山驛에 이르니 날은 벌서 샌 듯하되 곧 안개가 잔뜩 끼어 사방四方을 분간할 수가 없다. 론산역論山驛에 다다르매 양복洋服한 일본사람 둘이 내 옆에 와 앉는다. 하나는 나이 오십이나 되어 뵈고 하나는 나이 삼십쯤 되어 뵈는데 서로 받고 치기로 꾸준하게 하는 니악이가 제법 들을 만한 것도 있다. 나는 그 때문에 심심치 아니하였다. 그런데 늙은 일인이 내 옷을 가리치며 조선옷의 빛이 히게 되어온 까닭을 말하며 과연 그렇지 아니하냐고 묻는다. 그러길래 나는 다시 오랜 력사를 들어 말하였다. 두 일인日人은 내 말을 듣고는 갑자긔 태도態度를 변하여 공손恭遜스럽게 굴며 실례失禮이오나 무엇을 하시냐고 뭇고 나서 하는 말이 우리가 조선 사람을 천대賤待하거나 멸시蔑視하는 것이 아니라 조선인朝鮮人 자긔가 스스로 그렇게 함이다 하거늘 대답하기를 그야 조선인뿐 아니라 일본인도 그런 사람이 있느니라 하였다. 이 말이 끝나자 차는 벌서 강경역에 니르렀다. 나는 나리든 길로 려산礪山으로 가다. 집에 드니 점심때는 아직 멀었더라. 집에서는 래일이 신랑新郎 들어오는 날이라고 하여 집안사람, 동내洞內 사람들이 몯아 모혀 야단법석이다.

4월 14일. 좀 흐렸다. 못가에 당앵도꽃, 산수유꽃, 살구꽃, 진달레꽃, 매화꽃 들이 한창 무르녹았다. 나는 뒤짐을 찌고 이리저리 거닐었다. 고기들은 못 속에서 뛰놀고 꾸꿍이 울음은 뒤ㅅ산에서 나려온다. 해는 저녁나잘이다. 가마 둘, 말 하나, 일행日行 십오 인十五人이 들어왔다. 작은댁 사랑에다 사처를 하였다. 상객은 처음 보는 이다. 인사를 맞히고 니악이를 끄내어 한참 떠들었다. 신랑은 작년昨年 간선 갔을 때보다 더 큰 줄 모르겠다. 저녁상을 내다가 같이 먹었다.

4월 15일. 맑다. 사시巳時에 대례大禮를 지냈다. 사람들이 사위를 잘 보았다 닐컫는다. 신랑만 남어 있고 상객과 하인들은 점심 전에 떠나갔다.

4월 16일. 맑다. 아침에 약藥밥 한 덩이를 먹고 떠나서 서울로 왔다. 요마적 해가 퍽 길었다. 서울 오니까 해가 진다. 휘문학교에 이력서履歷書를 써냈다.

4월 17일. 맑다. 아침저녁에는 좀 칩다. 학교에 가서 시간을 마치고 돌아와 곤하길래 누어 잤다.

4월 18일. 맑다. 저녁은 동아식당東亞食堂에서 뉸병섭尹炳燮 선생先生 초대招待를 받았다. 양식洋食에 배가 불었다. 달이 밝다. 회선시교당會善施教堂으로 가서 한배임의 어천긔념축하御天記念祝賀식을 보았다. 맹주천孟柱天 군이 찾어와 놀았다.

4월 19일. 맑다. 누님을 찾어보았다. 삼촌은 찾었다 못 보고. 저녁에 수당을 가보다. 조형에게 편지를 부치고 기삼이 한 근을 삼 원 오십 전에 사서 보냈다. 이것이 요마적 상초上草란다. 조 형의 어르신네 환갑還甲이 갓갑다기에 애오라지 이걸로써 경하慶賀의 뜻을 표하였다. 조 형의 편지도 왔다.

4월 20일. 흐리다가 비가 좀 왔다. 나는 비원秘苑 구경을 갔다. 뜻밖에 중앙학교中央學校의 장 선생, 박 선생, 백 선생이 와서 가자고 하기에 딸아나섰더니 종묘宗廟를 돌아 총독부 의원 앞으로 빠져나서 창경원昌慶苑으로 들어갔다. 오날은 공일이요 겸하여 꽃이 피는 때다. 내외국인內外國人 로소남녀老小男女가 떼를 지어 끊임없이 구경하러 들어온다. 우리 일행은 발우 식물관植物館 옆에로 가서 잔디밭에 앉았었다. 때는 열한 시나 되었다. 문직門直이가 와서 표票들을 검사檢査한다. 우리 일행은 무사無事히 통과通過하였다. 영화정暎花亭과 부용정芙蓉亭을 빗겨놓고 장락長樂문, 장양문長陽門으로 들어가서 연경정演慶亭에 올아 보고 나려서 옆문으로 빠져나와 희운정喜雲亭 고개를 넘어 만천명월주인옹萬川明月主人翁이란 정자에 이르러 일행一行이 사진을 박고 연해 늙은 소나무 사이로 나아가 조곰마한 고개를 넘어가니 매우 그윽한데 진달레꽃, 개나리꽃은 한창 무르녹아 서로 어울여 빛이고 그 가운대에 취한정翠寒亭, 소요정逍遙亭, 태극정太極亭, 롱산정籠山亭은 우뚝 서있고 태극정 옆에서 솟아나는 맑은 물은 반월형半月形을 지어 반석盤石 위에서 흐르다가 여닐곱자[尺]ㅅ길이 되는 절벽絶壁에 떨어진다. 그런데 그 반석盤石에는 이러한 글귀를 새겼다. — 飛流三百尺 遙落九天來 看是白虹起 飜成萬壑雷[1]. 그러고 그 밑에는 옥류천玉流川이라 사

---

1 흘러 버리나니 물줄기는 삼백척에 이르고, 아득히 먼 하늘에서 떨어진다. 이를 보니 흰 무지개 일어나고, 만 골짜기에 우레가 가득하다.

이 일대의 경치를 읊은 숙종의 오언절구시이다. '옥류천玉流川'은 인조의 어필로 둘다 소요암에 새겨져 있다. 창덕궁 후원의 옥류천 주변은 후원에서 가장 아름다운 경치를 간직한 곳으로 임금들이 좋아한 곳이었다. 창덕궁이 세계문화유산으로 등록

겨 있다. 우리는 이 물을 떠 마시고 태극정에 앉어서 놀다가 구경ㅅ군이 잔뜩 밀려오는걸 보고 돌아서 나왔다. 창경원昌慶苑에는 아까보다도 사람이 몇 곱절 더 불었다. 동물원動物園으로 한 바퀴 돌아 나오다. 한충韓冲 군을 찾어보고 놀다가 국수를 얻어먹었다. 비는 오다가 곧 그친다. 인사동仁寺洞 와서 최익한崔益翰 군을 찾어보았다.

4월 21일. 맑았다. 집에 편지를 붙였다. 삼촌을 찾어가 뵈었다. 휘문학교徽文學校에 첫 월급月給도 받고 교원校院 소임ㅅ장所任狀도 받었다.

4월 22일. 맑았다. 작문作文을 꼲기에 머리가 앓벘다. 저녁에 야학부夜學部에 조선어朝鮮語 한문漢文 교수敎授를 시작하였다. 밤에는 퍽 곤하게 잤다.

4월 23일. 맑다. 좀 더웁다.

4월 24일. 좀 흐렸다. 삼촌을 찾어갔드니 아니 계시다. 불교회로 가서 놀다가 돌아오다. 누님을 찾었다가 못 보았다. 저녁에 종로鐘路 야시夜市를 구경을 갔다. 야시는 작년보다 성盛하지 못하다. 조선 사람의 경영經營하는 일은 몯우가 쇠퇴衰退하여 간다. 단체적團體的 사업事業으로도 그러하려니와 개인個人의 일로도 그렇다. 과연 한심閑心한 일이다.

4월 25일. 바람이 좀 불었다. 래일來日 야학부夜學部 시간時間을 오날 앞당겨 하였다.

4월 26일. 맑다. 바람이 슬슬 분다. 학교學校 시간時間은 오전午前에 맞후고 나왔다. 바로 누님한테 가서 두루마기를 갈아입고 불교회에 가서 오철호吳徹浩 군을 더불고 경성역京城驛으로 나아갔다. 역驛에 이

되는데 큰 일로를 한 곳이기도 하다.

르니 때는 벌서 오후 한 시 십 분이다. 한충韓冲 군은 삼십 분三十分 전前에 와서 기다렸다 한다. 차 타러 오는 이, 전송하러 오는 이들이 자꾸 모여들고 출찰구出札口에서는 차표를 팔기 시작한다. 벌서 십 분은 지났다. 우리는 밖에 서서 나오는 전차電車마다 눈녀겨보았다. 나리는 사람마다 딴 사람이다. 우리는 서로 돌아보며 애류崖溜는 아마 아니 오는 게다 하고 돌쳐오려 하니까 그제야 전차 속에서 애류가 나타난다. 차 시간은 일 분一分 밖에 아니 남았다. 갑작이 돈을 끄내어 개성開成 왕복往復표 네 장을 샀다. 하도 급해서 할인권割引券은 가지고도 못 썼다. 우리 일행은 달음질하여 가서 차에 오르다. 오르자 차는 떠난다. 이건 완차緩車라. 과연 가는 속력速力도 늘이려니와 더구나 정거장에서 정거停車할 때마다 한참씩 된다. 나는 차창車窓에 비겨 가끔 밖에도 내다보고 또한 녚에 사람들의 떠드는 니악이도 듣고 덜어 졸기도 하였다. 차는 어느듯 덕눌산을 지나서 새로 되었다는 봉동역鳳東驛에서 잠간 정거를 하고 앞으로 나아간다. 여긔저긔 인가人家가 질비櫛比하고 앞뒤엔 삼포蔘圃가 련해 있다. 벌서 개성開成을 왔다. 우리 일행一行은 차에 나리는 길로 철도공원鐵道公園을 거쳐서 남본정南本町으로 들어 어느 음식점飮食店에서 비빔밥을 사 먹고는 남대문南大門으로 들어가서 고려정古麗町으로 나서 송도고등보통학교松都高等普通學校를 찾어가보니 선생들은 하나도 없다. 교직校直이게 길을 물어 리상춘李常春 선생을 찾어보고 같이 김진목金鎭穆 선생을 찾어보고 같이 남대문 녚 중앙여관中央旅館으로 와 니악이를 하였다. 저녁은 아홉 시나 되어서 먹었다. 아까 찻속에서 떠들든 패가 또 같이 이웃 방에 들었다. 우리보다 저녁을 먼저 달라 먹고 나가드니 밤중쯤 하여 들어와서는 남이 잠도 못 자게 떠들어댄다. 한충韓冲 군은 툴툴거리며 밤이 새도록 잠을 못 잤다고 한다.

4월 27일. 맑다. 아홉 시가 되었다. 려관을 떠나서 자남산子男山으로 올아 관덕정觀德亭을 보고 만월대滿월臺를 바라다보고 온 시가市街를 나려다보고 이 산허리를 밟고 돌며 숭양서원崧陽書院도 나려다보고 호정虎亭에 니르러 다리를 잠간 쉬고 다시 한 골작이를 지나어 모포정慕圃亭에 올아서 선죽교善竹橋를 굽어보고 발우 나려서 선죽교에 니르다. 다리는 거의 다 문어졌다. 과연 다리에는 피 흔적痕迹이라고 닐컬을 만한 돌문의紋義가 남아 있다. 다리ㅅ가에서는 녀자女子 사오四五인人이 앉어서 빨래를 하며 우리들을 보고 자긔自己네끼리 뭬라고 속은속은 한다. 여기서 목청전穆淸殿으로 가는 녯길이 있었드라는데 지금은 논두둑으로만 남았을 뿐이다. 발우 이 길가에 록사錄事 김경조金慶祚의 비각碑閣이 있고 그 안에 선 비碑ㅅ돌은 늘 축축하여 보이므로 이걸 '우[泣]는 비碑'라고 사람들이 닐컨는다. 우리는 이 다리 알에로 흘어나리는 시내ㅅ물을 거슬어 올아가다가는 감옥소監獄所 앞으로 돌아서 채하동彩霞洞을 향하여 가다. 길ㅅ알에는 요리 졸졸 흐르는 맑은 물이 있고 물ㅅ가에는 곳곳에 빨래하는 젊은 녀자女子들이 앉어서 그 녚에 바야흐로 피는 복송아꽃들하고 서로 빛이는 얼굴이 서로 그 어엿븜을 자랑하는 듯하다. 점점 들어갈스록 골짝이는 더욱 그윽하고 그 가운대는 맑은 물이 여흘을 지어 흐르고 량兩쪽 언덕에는 바위가 케케이 쌓여있고 그 틈석이에는 소나무들이 서서 어욹여 있다. 우리 일행一行은 채하동彩霞洞 문門을 지나서 오르고 오르매 일인日人들이 갓다 심은 벗지나무가 맞힘 꽃이 피어 한창이다. 여긔를 지나니 좌편 석벽石壁에 채하동彩霞洞 세 자가 사겨 있고 골짝이가 좀 넓은데 못도 있고 웅덩이도 있고 다리도 있고 괴석怪石도 있고 정자도 있고 어느 부호富豪의 별장別莊도 있다. 우리는 이 길이 끝난 데까지 나아가 본즉 높드란 절벽絶壁이 막히어 있고 그 위에서는 폭포수가 흩어나리고 좌우에는 로송老松나무들이 누어 있어 그 그늘이 깊고도 서늘하다. 우리는 두루막이 벗어 소나무ㅅ가지에 걸고 바위에 걸어앉어 한참 쉬었다. 보통학교 단인다는 아이 사오四五 인人이 우리 녚에 와서 벌서 가저온 점심을 다 먹고 폭포수를 가지고 장난도 하고 사생첩寫生帖을 끄내어 그림도 그리며 매우 자미스럽게 논다. 우리 일행은 옷을 고쳐 입고 다시 오든 길로 나서 얼마큼 나오다가 새로 서편 길을 얻어 송도고등보통학교松都高等普通學校를 돌아 바로 송악松嶽산을 향하고 나아가 맞힘내 만월대滿月臺에 이르다. 이 대臺의 앞이며 좌우는 어느 일본인日本人의 과원果園이 되었고 정문正門터로 올아가는 높은 층게層階가 있는데 거의 다 문어졌고 그 층게를 밟고 올아가니 남북으로 장방형長方形으로 된 터에 여긔저긔 주추ㅅ돌이 놓여 있고 무심無心한 춘초春草만 푸르렀다. 나는 이윽고 이리저리 거닐며 갓가이 송악松嶽을 쳐다보고 멀리 남산南山을 바라보았다. 벌서 점심때는 지났다. 우리 일행은 다시 남대문南大門 밨에로 나와 어느 음식점飮食店에서 떡을 사 먹고 구남문舊南門거리를 향하여 갔다. 한 오 리는 나갔다. 여긔는 인가人家도 드물다. 손우물[孫井]을 지나, 상장촌上莊村을 지나, 하가河哥ㅅ골 동東편에 이르니 맞히 등잔 모양 같은 등잔바위란 바위가 논두둑 우에 놓여 있는데 이건 고려말高麗末 충신忠臣 손등孫登, 하경河擎의 유적이 있다고 표목標木을 해 세웠다. 당시 송도 판사判事 손등孫登과 헌납獻納 하경河擎이 려조麗朝가 혁명革命하는 날 머리를 이 바위에다 부드쳐 죽었고 그 뒤로 지금까지 혈흔血痕이 있다고 한다. 과연 그 혈흔인지는 모르되 바위ㅅ가에는 군데군데 붉은 문의가 완연하게 있다. 또한 손우물이라 하는 것은 손등孫登이가 먹든 물이고 하가ㅅ골이라 하는 것은 하경河擎이가 사든 곳이라고 한다. 우리는 예를 떠나 오든 길을 버리고 논틀로 들어서 동쪽으로 수백 보數百步를 나아가 조고마한 산기슭에 서향西向한 다 문어진 기아집 하나를 찾어보았다. 이건 리조李朝 태종太宗 배우配偶인 원경왕후元敬王后(민제녀閔霽女)의 탄생誕生한 터이다. 우리는 예서 야다리蠹駝橋(萬夫橋)를 나려다보며 다시 중앙여관中央旅館으로 들어와 잠간 다리를 쉬어 정거장으로 나오다. 아직 차ㅅ시간은 멀었다. 우리는 철도공원鐵道公園으로 들어가 꽃 구경도 하고 사람 구경도 하고 안회재安晦齋의 비각碑閣 구경도 하였다. 여긔는 본래本來 량온동良縕洞이었는데 강감찬姜邯贊, 리색李穡, 한수韓修, 안유安裕 선생들이 사시든 곧이라고 허미수眉叟 선생의 찬撰하고 전각篆刻을 사긴 비석碑石이 서 있다. 해는 어느듯 다 졌다. 바람끝은 제법 차다. 정거장에는 사람들이 퍽 모아들었다. 부산행 차釜山行車는 와 닿았다. 우리 일행은 여러 사람 틈에 끼어 분주히 차를 타느라고 서로 각각 낡위었다. 차 속에는 들어앉을 자리가 없이 사람들이 꽉 들어찼다. 나는 그냥 서서 있다가 한 정거장 지나서야 겨우 빈 자리를 하나를 얻어 앉었다. 또 한 정거장을 지나노라니까 썩 어슬궂은 로인老人 한 분이 추썩 나 넢에 끼어 앉는다. 그러고는 자꾸 기침 소리를 굉장하게 지른다. 그러고는 온통 자긔 세상으로 떠들어댄다. 나는 그 늙은이 때문에 몸을 움직일 수 없이 끼어 앉었다가 경성京城역에 나려서야 사지四肢를 마음대로 펴보았다. 차에 나려 전차에 옮아오다가 한충韓冲 군, 오철호吳徹浩 군은 종로에서 작별하고 나하고 주인만 계동으로 돌아왔다. 조 형의 편지가 왔다.

4월 28일. 맑다가 흐렸다. 좀 곤하다. 누님을 찾어보았다.

4월 29일. 흐렸고 저녁에는 비가 줄줄 왔다. 로석老石 어른을 찾어뵈었다.

4월 30일. 맑다. 비 오고 갠 뒤에라 퍽 깨끗하다. 어데 산보散步라도 나갔으면 좋겠다. 전주全州 조용주趙鏞周 군께서 편지가 왔다. 답장은 아침에도 하고 저녁에도 하였다. 이건 호영학교湖英學校 교사教師를 구하는데 알려준 것이다. 리상춘李常春 군의 편지가 왔다.

5월

5월 1일. 맑다. 아침밥을 일찍 먹고 학교에 갔다. 해는 뜨기 시작한다. 생도生徒들은 다 각기 변또 하나씩 가지고 학교 마당으로 모아드는 족족 렬列을 지어 세우고 출석조사調査를 하였다. 그중中 사학년四學年이 제일 적게 왔고 전부全部 결석이 삼분三分의 일은 된다. 교장校長의 훈화訓話, 교무주임教務主任의 말이 있은 뒤에 대隊를 지어 라팔喇叭을 불고 백련사白蓮寺를 향向하여 떠났다. 학교 뒤ㅅ문으로 나서 안국동安國洞을 하여 전동ㅅ길로 쑥 빠져 종로鐘路를 거쳐서 대문턱을 넘어서 독립문獨立門 옆으로 지나 무학無學재를 넘어 홍제원弘濟院 가서 내ㅅ가에서 한참 쉬었다. 그 근처 논밤이에는 떼를 지어 우는 개굴이 소리가 온통 산ㅅ골을 울리고 논에 걸음을 내는 농부農夫들은 붉은 복사꽃, 푸른 버들가지가 서로 어울인 마을 사이로 어슬렁어슬렁 나오다가 우리 일행을 보고 걸음짐을 받혀놓고 우두하니 앉어서 구경만하고 내ㅅ가에서 빨래하는 부녀婦女들도 잇다금 방망이를 멈추고 돌아다보고 왜떡장사, 송피떡장사, 과자장사, 나무에, 사이다장사들은 혹은 질머지고 혹은 술에를 끌고 긔쓰고 우리를 따라온다. 우리 일행은 예서 내 하나를 건너 다시 그 내를 똶아 조고마한 길로 나아갔다. 좌우에는 큰 석벽石壁도 있고 석벽 우에는 긔암奇巖과 괴석怪石도 있고 이런 데를 지나서는 깊은 소나무 숲도 있고 숲속에는 큰 기아집도 있고 이런 데를 지나서는 연에 산ㅅ길로만 가게 되어 바야흐로 무르녹는 록음綠陰 속으로 가고 가다가 조고마한 고개를 넘고 녯 우물 하나를 지나서 소나무 사이로 들어가니 기아집들이 있고 현판懸板에는 백련사白蓮寺 석 자字가 써 있다. 이 뎔은 리조李朝 세조世祖 시時에 의숙공주懿淑公主의 묻엄이 이 백련산白蓮山 알에 있었음으로 이를 위하여 이 뎔을 지었다는데 뒤에는 뾰족한 봉오리가 있고 앞에는 한강漢江이 바라다 보인다. 주지住持를 찾어보고 물을 끓여달라고 하고 법당法堂 뒤로 돌아가 본즉 벗지꽃들은 펄펄 날어 떨어지고 한 떨기 복사꽃은 한창 피었는데 어엿분 젊은 녀자 둘이 손을 잡고 그 알에로 거닐며 목을 어울어 놀애를 부른다. 아직 생도들과 다른 선생들은 하나토 아니 왔다. 나는 가만히 듣고 섰었다. 그러나 얼마 아니 있어 생도들이 들어오니까 그 녀자는 그만 그 놀애를 뚝 끊지고 말았다. 더욱 그 놀애를 듣지 못함은 섭섭한 일이지마는 도모지 못 들은 선생들보다는 오히려 다행인가 하고 혼자 퍽 홍미興味가 있었다. 예서 점심을 먹었다. 선생들 가운대에는 변또를 아니 가지고 온 이가 많다. 그 대신 학교로서 빵을 많이 사서 보냈다. 나도 변또는 없다. 빵만 얻어먹게 되었다. 그러나 변또를 가진 이도 빵만 먹으려 한다. 한데 나는 익살스럽게 한다는 말이 "변또 게신 이는 빵은 잡수지 마시요." 하였다. 이 말이 한 화두話頭가 되여서 선생들이 빈정거리기 시작한다. 나는 다시 "변또 밑에 '를 가지고' 네 자를 가입加入하기를 청請합니다." 하고 같이 떠들어댔다. 어찌하였든지 심심ㅎ지는 아니하였다. 해는 중천中天을 좀 빗겨 서쪽으로 향하였다. 우리 일행은 이 뎔을 떠나서 그 골짜기로 빠져

널운 세모래 강변으로 나와 한 시간이나 쉬었다. 그동안에 생도들께 씰음도 식히고 류희遊戱도 식혔다. 나는 괜히 오학년 생도들에게 붙잡혀 니악이를 하느라고 힘이 들었다. 우리 일행은 인원人員 수효數爻를 다시 조사調査하고 거긔서 발우 고개 하나를 넘으니 연희궁延禧宮 터이 나섰다. 또한 고개를 넘어 큰 솔밭 속으로 그전 연희전문학교延禧專門學校 집을 지나 지금 연희전문학교 마당에 들어가 잠간 쉬어가지고 그 알에 큰 솔밭 속으로 나와서 준비해 놓았든 인절미를 생도들께 나눠주었다. 그리고는 한참 거긔서 놀다가 고개 둘을 넘어 숲속 길로 하여 둥글재[圓嶠] 밑에 니르러 해산解散을 식혔다. 오날은 휘문학교 창립 긔념일임으로 긔념을 위하여 이 원족을 한 것이다. 해는 다 졌다. 학교에서 인절미를 얻어가지고 돌아왔다. 저녁에 목욕沐浴하였다. 곤하게 잤다.

5월 2일. 흐렸다. 바람도 좀 불었다. 학교를 가보았다. 교장이 마침 조용주趙鏞周 군에게 보낼 편지를 쓰고 있으며 조용주 군께서 온 편지를 내게 보이고 휘문徽文의 금년今年 졸업생卒業生 하나를 전주 호영학교全州湖英學校로 천거薦擧하겠다고 그 학교 사정事情을 묻는다. 그 학교 사정을 대강 말하고 사람이 맞당하면 천거하여도 좋겠다고 하였다. 불교회를 잠간 거쳐서 청년회관青年會館 식도원食道園에 가서 취롱翠儂하고 보리죽 한 그릇씩 사먹고 나는 박기홍朴基鴻 책사冊肆에 가서 『사림辭林』 값 십 원十圓을 주고 매헌梅軒 집에 가서 누어 놀다 왔다. 집에서 겹옷이 왔다. 최익한崔益翰 군이 찾어왔다.

5월 3일. 맑다. 오늘은 음력으로는 삼월 삼십 일이다. 봄이 다 가는 날이다. 꽃들은 다 지고 록음綠陰이 무르녹게 된다. 저녁에 조남승趙南丞 씨가 찾어왔다. 이는 경북慶北 상주尙州에 사는 이인데 그의 조카가 휘문徽文학교에 다닌다. 그 관게關係로 저거번에도 학교에 와서 보드니 또 이번 찾어왔다. 이는 생김새가 이사 사람과는 아주 다르게 되었다. 귀도 퍽 크려니와 얼굴이며 몸 부피가 이사 사람의 두 갑절은 되고 얼굴빛은 껌읏하고 눈ㅅ방울이 뚜리뚜리하다. 처음에 보는 이는 놀래지 안할 이가 없을 것이다. 나는 이를 작년昨年붙어 재동ㅅ길거리에서 가끔 맛나보았다. 볼 때마다 그가 어떤 인가 하고 의심을 두었었다. 아직도 이의 속은 모르겠다.

5월 4일. 맑고 더웁다. 바람이 제법 불었다. 음력陰曆 사월 초하루. 오철호吳徹浩 군이 내일은 자긔 집으로 돌아가겠단다. 매우 섭섭하다. 친형제 같이 지나다가 떠나간다니 매우 섭섭하다. 점심때 불교회로 가서 오吳 군을 더불고 매헌梅軒을 더불고 안정사靑蓮菴로 나아갔다. 이전 단골집으로 찾어드니 사람들이 벌서 듬뿍 찼다. 자리때기 하나를 얻어가지고 그 뒤ㅅ산으로 옮아가 소나무 밑에 펴고 앉었었다. 나려다보니 집집마다 사람들이 꽉 들어찻다. 그리고 웃고 짓거리는 소리가 떠들석하고 어떤 집에서는 피리ㅅ소리, 장구ㅅ소리, 게집 사내 놀애ㅅ소리가 한데 어울여 옮아온다. 그리고 또 게집들을 앞세고 뒤세고 여긔를 향하여 오는 이들이 연에 끊이지 아니한다. 우리는 밥만 식혀먹고 서로 니악이만 하다 왔다. 훈련원訓練院까지 와서는 도모지 전차는 탈 수 없다. 오날은 장충단奬忠壇에서 엄복동嚴福童이의 자전차경주自轉車競走회가 있대서 내외국인內外國人 남녀로소男女老少가 많이 구경을 나갔다 돌아옴으로 전차마다 만원滿員이다. 우리는 하는 수 없이 그냥 걸어서 왔다. 서풍西風이 불어 먼지가 부옇게 날린다. 심할 때에는 숨이 칵칵 막혀 단이지를 못하겠다.

5월 5일. 맑고 더웁다. 오철호徹浩 군이 자긔 집으로 철귀撤歸하였다. 조선불교회는 조곰도 될 가망이 없다. 워낙 중들도 이 회를 도아 생각도 아니하고 속인俗人으로 유지有志하다는 이도 무관심無關心하게 지나니 지금도 이 회를 유지도 할 수가 없다. 그동안 그럭저럭 그 니름이라도 지니어 오기는 전혀 오吳 군의 힘이었다. 오 군은 이 회를 위하여 무척 고생하였었다. 어떤 때에는 편지 붙일 돈도 없어 동서남북東西南北으로 취대하러 단이기도 하였고 어떤 때에는 옷을 해 입지 못하여 거지부장처럼 하고 있기도 하였고 어떤 때에 차데찬 방에 자긔도 하였고 한두어 끠 굶어 보기도 하였고 그런데도 빗장이한데 졸이어 견댈 수 없음으로 몸을 피해보기도 하였다. 이 모양으로 지나올제 그렇게 얌전하고 착한 사람이 량심상良心上 고통苦痛을 얼마나 겪었으랴. 내가 넢에서 보기도 퍽 딱할 때가 많았다. 과연 오철호 군이길래 그 모양으로라도 참고 견대어 왔다. 그러나 지금 와서는 도저히 참고 견댈 수가 없다. 오 군의 그러하든 근로勤勞가 오늘날 아무 효력效力이 없게 된 것이 매우 앗갑지마는 오 군 자체自體로나 오 군과 친한 내나 다 이 회를 버리고 아니 가지 못하겠고 아니 가지 못하게 할 수도 없다.

저녁에 조남승趙南 씨의 편지가 왔다. 요전에 나를 두 번이나 찾어왔었고 또 편지를 하였고. ― 이렇게 나를 사귀려드니 고맙기도 하고 두렵기도 하다.

5월 6일. 맑다. 집에며 전주 조용주 군께며 다 편지를 부쳤다. 수당을 찾어갔다가 못 맛났었다.

5월 7일. 흐리다가 저녁나잘붙어는 비가 부슬부슬 왔다. 주인主人권 군權君은 어제 그 조모상을 당하여 오날 그 시골집으로 갔다. 집에서 편지도 오고 돈도 왔다. 리윤주李潤柱 선생께 팔백 원을 주었다. 그리고 김도태金道泰 선생의 집은 내가 사았다. 이 집은 계동桂洞 칠십구七十九 번지番地의 십사十四에 있다. 휘문학교徽文學校 선생先生 몇 분이 한일은행韓一銀

行에서 빗을 내어 그 원금元金과 리자利子는 팔십八十 회回 월부月賦로 갚어주기로 하고 재작년再昨年에 이곧에다 기아집 열 채를 지었었다. 김도태 선생도 그때 이 집을 작만하여 그동안 리윤주 선생에게 천원千圓의 전세前貰를 주었다. 그런데 지금 내가 이 집을 사고 전세前貰를 갚아주고 월부月賦를 물어주기로 하였다. 동경東京 찬燦 군에게 편지를 부쳤다.

5월 8일. 비는 그쳤다. 그러나 한울은 종일 흐렸다. 수성水星이 지구地球와 태양太陽 사이를 통과通過하는 날이라 그런가.

5월 9일. 맑다. 저녁에 조남승趙南丞 씨를 찾어보고 리병택李秉宅 가정방문家庭訪問도 하였고 매헌梅軒(韓冲)도 찾어보고 놀다가 조기국을 끓였다고 저녁을 주어서 먹었다. 경景 군이 찾어왔다.

5월 10일. 맑다. 북풍北風이 불었다. 득윤得尹이 윤尹서방이 찾어왔다. 같이 안국동安國洞으로 가서 누님을 찾었다 못 보았다. 김병룡金秉龍 군을 찾었다 못 보았다. 취룡이 왔다.

5월 11일. 맑다가 흐렸다가 맑았다. 집에 헌옷과 인삼 한 봉, 권연卷煙 한 상자를 소포小包로 보냈다. 그리고 편지도 붙였다. 전주全州 김영준金永準, 변일섭邊일燮, 청주淸州 리중갑李重甲, 춘천春川 정충시鄭忠時 군께 편지를 붙였다. 림상종林商鍾 군을 찾어보았다. 절골 막다른 집이다. 괜히 다른 데로 찾노라고 한참 고생을 하였다. 『동인시화東人時話』며 『동국서간첩東國書簡帖』만 뒤적거리다 왔다. 불교에 가서 수당을 맞나 놀다가 상현 선생하고 대관원에 가서 료긔를 하고 같이 종로 사정목四丁目에 가 산두山頭도감놀이를 구경하다. 구경ㅅ군들은 많지 않다. 오늘은 음력으로는 사월 팔일이고 겸하여 공일이다. 훈련원訓練院에서 륙상경긔운동대회陸上競技運動大會가 있고 남관왕묘南關王廟, 동관왕묘東關王廟에서도 무슨 놀이가 있다. 대개 사람들은 그런 데로 구경을 가는 모양이다. 우리같이 녯것을 좋아하는 이나 산두도감을 구경 온 것이다. 거적자리에 앉어서 보았다. 한편 장막 속에서 두 놈이 다 탈을 쓰고 나와 한 놈은 량반兩班 노릇을 하고 한 놈은 하인 노릇을 하며 서로 재담을 하고 놀다가 들어가고는 처녀 둘이 나와 섰고 그 다음에 늙은 중이 나와서 같이 춤을 추고 노는데 추라[2]가 나와서 중을 호통하여 쫓아버리고 그 처녀들을 앗어 놀다가 만다. 이것이 산두도감이라 하고 그 다음에 꼭둑각시가 노는데 이것은 높이 푸장을 쳐 놓고 그 넘어서 갓갓으로 놀이를 벌인다. 박첨지가 나와 재담도 하고 들어가고 홍동지가 나와 익살도 부리고 들어가고는 박첨지의 마누라가 나와 박첨지하고 롱담도 하다가 들어가고 그 다음에는 박첨지 아들들이 나와 놀다가 큰 배암한테 다 먹혀 죽고 그 마누라 초상까지 나서 상두 놀이를 하다는 만다. 그 다음에는 무동舞童이 나와 이층, 삼층, 사층까지 꽃나비를 세우고 놀다가 만다. 그리고 파하였다. 다시 불교회로 석전石顚하고 오세창世昌 씨를 가 보았다. 저녁에는 임교장任校長 댁 제사음식을 먹었다.

5월 12일. 맑았다. 병륙이 편지가 왔다. 신원증명서身元證明書도 왔다. 문우회文友會에서 현상문懸賞文 피선자被選者를 사진寫眞 박는다는데 그걸 끓아준 선생까지 참여하여 달라기에 마지못하여 사진을 박혔다.

5월 13일. 맑다. 조 형의 편지며 리중갑李重甲 군 편지가 왔다. 경炅군이 와서 돈 오 원을 달란다. 지갑을 톨톨 털어 삼 원을 주었다. 그 사람도 이내껏 집에서 손찔이 곱게 놀다가 집의 형편은 점점 전만 못해가고 집에 있기는 갑갑하여 서울을 와 있으니 또한 할 일이 있나. 이 세상

2 '취발이'의 오기인 듯.

에 소용되는 학식學識도 없고 긔술技術도 없으니 괜히 세월만 보낼 수 밖에 없다. 지금 그런 사람이 우리 조선에 하나 둘이 아니다. 참 걱정이다. 주인 권 군이 왔다.

5월 14일. 어제ㅅ밤붙어 비가 오다. 점심때쯤 하여 그치었다. 안국동 가서 리발理髮을 하고 누님을 찾어보았다. 누님은 누비 바느질을 하고 있다. 괜히 득윤得尹이 윤 서방의 걱정을 하고 얼굴을 찌푸리며 나더러 윤 서방의 직업職業을 구해주라고 한다. 누님은 아무 까닭을 모르고 막 조른다. 내가 힘만 쓰면 그만 일은 될 줄 아는 모양이다. 정말 이런 일이 딱한 일이다. 못 해주겠다도 할 수 없고 하여주겠다도 할 수가 없다.

5월 15일. 맑았다. 작문作文을 꿇기에 밤이 늦도록 잠을 못 자았다.

5월 16일. 맑았다. 불교회에 가서 놀았다. 찬燦 군君의 편지가 왔다. 글이 이전보다 좀 늘었다. 그리고 친절親切하게 하였다. 저녁에 주인하고 나서 사동寺同 골목을 돌아왔다. 달이 퍽 밝다. 괜히 집 생각도 난다.

5월 17일. 맑다. 휘문학교에서도 전선야구대회全鮮野球大會에 참가參加하였다. 그래서 오전에 첫 시간만 하고 생도生徒 일동一同이 배재학교培材學校 운동장運動場으로 갔었다. 나는 그 뒤에 딸아가다가 리윤주李潤柱 선생先生하고 보성普成학교로 가서 그 학교 운동회運動會를 구경하고 주종의朱鍾宜 군, 김승렬金承烈 군, 김지헌金知憲 군, 김지태金知泰 군도 만나보고는 김형배金亨培, 리한복李漢福 선생과 같이 배재학교로 갔다. 사람은 꽤 몯였다. 날은 무던이 더웁다. 민광식 선생한테 점심표를 얻어 가지고 음식가게에 들어가서 국밥 한 그릇을 먹고 이러저리 단이며 구경하다, 휘문하고 배재하고 시작함을 보고 왔다. 오후 두 시가 지났다. 오후午後ㅅ반班에 교수시간이 있다. 그 시간을 다 맞히고 나니까 배재에 갔든 선생이며 생도生徒가 다 돌아왔다. 휘문徽文은 이십이二十二 대對 이二로 참패慘敗를 당하였다. 오전午前 십 시경十時頃에 려산본제礪山本第에서 만희萬熙가 나다. (甲子 四月 十四日 巳時)

5월 18일. 맑다. 휘문학교 운동장에 가서 축구대회蹴球大會를 구경하다. 매일신보每日申報 주최主催로 하는 것이다. 처음에 휘문徽文 대對 중앙中央으로 출전出戰함을 보다가 가회동 대종교당으로 가서 놀고 돌아와 점심을 먹고는 불교회로 가서 놀았다.

5월 19일. 흐렸다. 조용주鏞周 군의 편지가 오다. 저녁에 수당壽堂을 찾아보았다. 비가 올 듯하다.

5월 20일. 맑기도 하고 구름도 끼었다. 오늘은 음력으론 사월四月 십칠일十七日. 아버님 생신이다. 년래年來 객지客地에 있어 자식의 도리를 못한다. 괜히 별나게 하는 일도 없으며. 저녁에 누님을 찾어갔드니 어데 나갔다. 최익채益采 군의 편지를 보았다.

5월 21일. 구름이 끼었다. 집 월부금月賦金과 그 집에 대한 지세地稅, 전등료電燈料 합하여 사십사 원四十四円 구십칠九十七 전錢을 월급月給에서 제하였다. 하학下學 후後에 주인主人집으로 돌아와 보니 책상冊床에 조 형趙兄의 명함名銜과 병륙이 편지가 놓였다. 조 형은 무슨 일로 어제 서울 왔다는데 찾어왔다가 발우 갔었고 병륙이 편지는 보니까 지난 십칠十七 일日 오전午前 십十 시時쯤 하여 집에서 순산順産 생남生男하였고 산후로도 무탈하다고 하였다. 저녁에 조 형이 온다고 하기에 기다리었드니 아니 온다. 차차 빈대가 성해진다. 그 때문에 잠을 잘 못 자겠다. 밤에도 잠을 자다가 몇 번을 깨었는지 모르겠다.

5월 22일. 맑다. 강습생講習生에게 한문漢文을 가르치는데 교재教材는 륜리倫理다. 륜리에는 오륜을 말한 것이다. 지금 사조思潮에는 틀리는 것이 있다. 아무쪼록 리해理解하도록 설명說明하려니까 마음대로 되지 않는다. 그래도 강습생의 대다수大多數는 잘 듣는 모양이다. 그런데 그중에 하나가 내내 맞당치 못하게 여기드니 그만 두고 다른 과정課程을 배우자고 한다. 다시 설명을 하여 듣겼다. 그는 자꾸 배워나가자는 생각을 그리 말하였다고 한다. 그러나 워낙 마음은 그렇지 아니하다. 넘우 준례를 들어 한 말이 듣기가 싫었든지, 제가 딴 생각이 있어 듣기가 싫었든지 하여 그런 것일 것이다. 억지로 그들로 하여곰 복종을 식이려하지는 않는다. 억지로 식인다고 되지도 않을 것이다. 그들의 생각은 어데까지든지 자유自由롭게 하고 싶다.

집에 편지를 부쳤다. 십칠 일에 난 놈은 '만희萬熙'라고 니름을 지었다. '만전萬全의 광명光明'이라는 뜻이다. 하나 아버지께서 지으신 이름 동희東熙로써 신고申告하였다 한다. 저녁에 조 형을 더불고 대관원大觀園에 갔었다. 그리고 불교회로 하여 돌아와 조 형을 작별하였다.

5월 23일. 구름이 끼었다. 아침에 학교에 갈 때에 우산을 가지고 갔드니 과연 점심때붙어 비가 오기 시작하여 점심 먹으러 나오는데 긴요緊要하게 썼다. 오늘은 삼학년 갑조 한 시간만 교수敎授 식이었다. 사학년 갑조 한 시간 있든 것은 리치규治奎 선생이 대ㅅ수 시험 본다고 하여 주어버렸다. 오후 두 시경時頃에 중앙中央학교 운동회運動會 구경을 갔다. 비는 점점 더 온다. 그래도 운동은 꾸준히 한다. 장壯하다. 쾌快하다. 두어 시간 구경을 하다가 돌아오다. 김성수金性洙가 나와서 인사를 한다. 안국동 가서 누님을 찾어보고 오다. 술을 붙어 주인하고 한 잔 먹었다. 비는 더 온다.

5월 24일. 구름이 끼었다가 점심때붙어 졌다.

누님을 찾어보고 래일來日 생일生日에 쓰라고 돈 일 원을 주었다.

5월 25일. 비가 붓을붓을 나린다. 불교회로 거쳐 매헌梅軒을 찾어보고 진고개에 가서 맥고모자麥藁帽子 하나를 샀다. 저녁때 나는 계동桂洞 칠십구七十九 번지의 십사十四로 옮겼다. 이건 내 집이다. 몇 달 동안 서재학徐在學 군에게 사흘세로 주고 나는 그 사랑방 하나만 차지하고 있다. 집 뒤에는 절벽絶壁이 있어 위험危險한 듯하나 석비레땅이라 곳 문어질 념려念慮는 없다. 그리고 이 집은 이 동내洞內에서 가장 구석져서 좀 궁벽窮僻은 하지마는 그 대신 퍽 한결지고 조용하다. 그리고 녀름에는 퍽 시원하겠다. 남북이 통하여 바람이 잘 들이는 까닭이다. 넓은 간반 방에서 홀로 누워 잤다. 빈대가 없어 좋다.

5월 26일. 맑다. 저녁 때 불교회에 갔다. 리사회理事會가 있다. 몇 사람이 이러니저러니 지껄이다가 말았다. 그럭저럭 시간은 네 시간이나 걸렸다. 오철호吳徹浩 군은 오날 자긔 집으로 가버렸다. 천안군天安郡 성환역전成歡驛前 수향리水鄕里로. 최익채崔益采, 리중갑李中甲 군에게 편지 답장을 하였다.

5월 27일. 북풍北風이 분다. 꽤 춥다. 아츰저녁으로는. 감긔가 들었다. 신기神氣가 좀 불평하다. 매헌梅軒이 찾어왔다. 오래 놀다 갔다. 밤이 이슥하도록 작문作文을 꿇았다.

5월 28일. 아침에는 솜것이 생각날 만콤 치웠다. 해ㅅ살이 퍼지기 시작하며 따뜻한 긔운이 돈다. 종로鐘路 삼정목三丁目 동남려관東南旅館에 가서 정긔용鄭機用 씨를 찾아보았다. 전주全州 소산所産이라고 부채 하나를 준다.

5월 29일. 맑다. 하경렬河慶烈 씨의 편지가 왔다.

5월 30일. 아침에는 칩드니 저녁에는 푹은하다. 학교에서는 래일來日 운동회運動會를 연다고 오후午後에는 공부를 식히지 아니하였다. 그리고 운동련습運動演習만 하였다. 나는 소위所謂 보도게報道係 위원

委員이 되었다. 문우회도서관文支會圖書館에 가서 생도生徒 서넛을 더불고 『휘문시보徽文時報』 편집編輯에 대하야 의논議論을 하였다. 누님이 찾어오고 양건식梁建植 군이 찾어오고 권찬규權贊奎 군이 찾어왔다. 권權 군하고 백용희白庸熙 씨를 수양려관首陽旅館으로 찾았다 못 맞났다.

5월 31일. 맑다. 아침 여듧 시붙어 휘문학교徽文學校 운동장運動場에서 휘문학교徽文學校 전 반全般 생도生徒가 륙상경기운동회陸上競技運動會를 열었다. 나는 보도계報道係 생도生徒 서넛을 더불고 사무실事務室에서 『휘문시보徽文時報』를 편집編輯하여 바로 등사謄寫하여 운동회장運動會場에 전포傳布를 하였다. 조간朝刊, 호외號外, 오간午刊, 호외號外, 석간夕刊 그러게 다섯 번을 하였다. 운동회運動會는 오후午後 다섯 시에 맞혔다. 그리고 나는 돌아와 저녁을 먹고 다시 학교에 가서 생도들을 더불고 제등을 하고 조선총독부總督府 앞을 돌아왔다. 황태자 혼례잔치 축하라나. 오날, 래일, 모레까지. 진고개 일판에서는 굉장宏壯한 놀음놀이가 있다. 제등提燈을 하고 가장행렬假裝行列을 하는 축이 있고 악긔樂器를 가지고 단이며 두드리는 축도 있고 제등하고 놀애 부르고 단이는 축도 있다. 이것이 구경이라도 사람들이 량兩 길ㅅ가에 몇 겹을 일워섰고 그리고 진고개로 행하여 가는 이가 조수潮水 물밀듯한다. 그중에도 남자보다 녀자女子들이 더 많다.

6월

6월 1일. 맑다. 아침에 백용희白庸熙 씨를 찾어왔다. 이런 니악이 저런 니악이 하다 아침을 같이 먹었다. 학교에서 당직當直이라고 기별이 왔다. 백 선생白先生과 작별作別하고 나는 학교로 갔다. 학교學校 사무실事務室에서 혼자 종終일 있었다.

6월 2일. 맑다. 집에 편지를 붙였다. 흰 모시 시무 자와 개량改良 항라 열두 자를 사서 집에 보냈다. 어머님 회갑 때 입으실 옷을 만들라고. 소세루 열두 자와 련광목 열두 자와 흰 모시 시므 자를 떠 왔다. 이건 내 둘우막이와 입울감으로. 저녁에 누님이 찾어왔다. 그 시사촌 시숙이 죽었다고 래일 광주廣州 바당이로 나려간다 한다. 권 군하고 백용희白庸熙 씨 있는 데를 찾어갔다 못 만났다. 한충沖 군도 찾았다가 못 맛났다.

6월 3일. 맑다. 누님이 그 시사촌 시숙 상을 당하여 광주廣州 바당이를 갔다고 사촌형에게 편지를 하였다.

저녁에 백용희白庸熙 씨가 찾어왔다. 더불고 니악이를 하다가 권 군을 다리고 수양려관首陽旅館으로 갔었다. 술을 사다가 자꾸 권하는 바람에 취하는 줄 모르고 취하였다. 자정子正이 지나서 권 군과 같이 돌아오다.

6월 4일. 흐리고 무덥다가 점심때붙어 바람이 슬슬 불고 구름이 벗어지며 볕이 뜨겁게 빛인다. 머리ㅅ속이 흐리멍텅하고 괜히 졸음만 온다. 학교 사무실에서 졸다가 간신히 학적부學籍簿를 정리整理하였다. 리발理髮하고 목욕沐浴하고 나니까 좀 정신精神이 난다. 저녁 김우현金禹鉉 군이 찾어와서 놀다 갔다.

6월 5일. 흐렸다 맑었다. 집에서 소포小包가 왔다. 홋옷 한 벌. 행랑行廊은 오날 나가고 나는 건너방으로 옮기고 학생學生 둘이 사랑방에 있다.

일기 23권

1924. 6. 6. ~ 1924. 8. 17.

1924년 (단기 4256년)

6월

6월 6일. 흐렸다. 단오端午ㅅ날. 삼갑三甲, 사갑四甲 작문 시간作文時間에 단오端午에 대한 니악이를 하여달라고 야단이기에 단오와 조선명절名節에 대한 니악이를 하였다. 권權 선생은 오늘 딸을 났는데 나 있는 집 서재학徐在學 부인夫人이 가서 해산바라지를 했다고 나보고 말한다. 저녁때 민형식閔衡植 씨 집에 가서 음식을 얻어먹었다. 술에 밥에 배가 불었다. 갑작이 비가 쏟아져 비를 맞고 돌아왔다. 석전石顚이 찾어와서 명함名銜만 놓고 갔다.

6월 7일. 맑다. 오후 네 시서붙어 여섯 시까지 학교 교무회校務會에 참예하였다. 별別일은 없었고 다만 규칙規則만 개정改定하기로 작정하고 그리고 두 주일 후에 다시 총회總會를 열기로 하고 말었다. 로석老石 어른의 손님이 밀려와서 내 방에서 같이 잤다.

6월 8일. 맑다. 가회동嘉會洞 대종교당大倧教堂에 가보았다. 돌아와 점심을 먹고는 나서서 박창희朴昌羲 군을 찾었다 못 보고 한충韓冲 군을 찾어보고 놀았다. 돌아오다 김사영金思瑩 군이며 석전을 찾았다 못 보았다. 최익한崔益翰 군이며, 서승효徐承孝 군이 찾어왔다.

6월 9일. 비가 온다. 집에서 편지가 왔다.

6월 10일. 맑다. 눈기중尹基重 군의 편지가 왔다. 김우현金禹鉉 군이 찾어왔다.

6월 11일. 소낙비가 왔다. 번개가 번적번적하고 울에가 우루룽우루룽 하였다. 하학 후下學後에 발우 직원회職員會를 열었다. 사건은 여럿을 제의提議하였어도 하나도 결정決定된 것은 없었다. 그러나 시간時間은 세 시간이나 걸렸다. 저녁에 군양 씨가 찾어왔다. 천만의외千萬意外다. 왜 갑작이 올아왔느냐 물은즉 리 후작李侯爵을 보러왔드니 리 후작이 칭병불견稱病不見하느니 하고 모도지 요령부득要領不得하게 말하고 그리고는 로자路資 이 원二圓만 변통하여 달라고 한다. 하는 수 없이 이 원을 변통하여 주었다. 누님이 와서 내 둘우막이를 했다.

6월 12일. 서풍西風이 종일終日 불었다. 싸늘한 것이 맞히 가을날 같다.

6월 13일. 맑다. 학교에서는 제사학년第四學年 중심中心으로 제삼학년第三學年까지 생도生徒 일동一同이 동맹하여 교장校長과 학감學監의 사직권고서辭職勸告書를 제출提出하고 둘째 시간붙어 휘학休學을 하였다. 오후午後 네 시로부터 여섯 시까지 직원회職員會를 하였다. 래주 월요일月曜日에 학부형회學父兄會를 열자고. 그리고 생도의 동정을 보자고 할 뿐이었다.

6월 14일. 맑다. 낮에는 더웁드니 저녁에는 제법 선선하다. 점심때붙어 휘문학교徽文學校 운동장運動場에서 조선체육회朝鮮體育會 주최主催로 제일회第一會 륙상경기대회陸上競技大會를 열었다. 학교에 갔다가 하학한 뒤에 좀 구경을 하였다. 처음이라 그런지 그다지 자미가 없다. 오철호吳徹浩 군이 찾어왔다. 무슨 일로 서울 왔다가 발우 가는 길이라고. 겨우 한헌을 묻고는 작별하였다. 저녁에 김사영金思瑩 군을 찾왔다가 못 보고 수당을 찾어보고 말말하다 왔다. 정충시鄭忠時 군에게 편지를 하였다.

6월 15일. 해가 구름 속으로 들어갔다 나왔다 하고 빗방울이 뚝뚝 떨어지기도 하였다. 휘문 운동장에 가서 륙상경기대회를 구경하다가 돌이어 심심해서 돌아왔다. 정충시 군께 편지를 또 붙였다.

6월 16일. 맑았다. 하학 후 발우 직원회가 있었고 직원회가 끝나자 생도부형회生徒父兄會가 있어 나도 참여하였다. 동맹同盟한 생도에게 대하여는 단호斷乎한 처리處理를 하겠다고 학교 편에서는 생도부형에게 말하였다.

6월 17일. 아츰에 비 오다 말었고 바람이 좀 불고 구름은 종일 벗어지질 아니하였다. 리태영李台榮 군하고 경성부청京成府廳에 가서 계동桂洞 칠십구七十九 번지의 십사十四, 십삼十三, 일一의 지적도등본地籍圖謄本 신청申請을 하였다. 학교에서는 이학년二學年 전부全部가 또 동맹同盟휴학하였다. 리일화李一和 군, 경炅 군이 찾어와 보고 리태영李台榮 군이 와 놀았다. 태영 군은 놀다 가고 밤은 퍽 깊었다. 밝은 달이 창에 빛이고 귀똘암이는 벽에서 운다. 나는 괜히 잠도 아니 오고 아무 생각도 아니 난다.

6월 18일. 맑었다. 일학년생一年生도 첫 시간時間만 상학上學하고 맹휴盟休하였다. 그중에 사십여四十餘 인人은 맹휴盟休에 참가參加하지 아니하고 공부工夫하겠다고 하나 맞힘내 견디지 못하여 휘학休學을 시켜버렸다. 임시직원회의臨時職員會議를 열고 선후책先後策을 강구講究하였다. 첫재 생도生徒를 소집召集해 볼 일. 둘재 학부형學父兄에게 통지通知를 하여 각기 자제子弟를 신칙하여 등교登校하도록 할 일.

6월 19일. 맑었다. 변일섭邊日燮 군의 편지가 왔다.

6월 20일. 맑었다. 더웠다. 경성부청京城府廳에 가보았다. 지적도등본地籍圖謄本은 아즉 아니했다고 래일 또 오라고 한다. 장응진張膺振 선생하고 취운정翠雲亭으로 산보散步를 갔다. 기생妓生들이 녹음綠陰 속에서 활을 쏜다. 사람들이 꽤 모여서 구경한다. 저녁에 학교에 가서 숙직宿直을 하였다. 교내校內를 돌아다니며 보고 열한 시쯤 하여 잤다. 자다가는 갑작이 깨었다. 문이 열리는 소리가 나기에 발우 나아가보니 교직校直이가 변소便所로 향向하여 간다. 사방은 고요하고 첫새벽 달빛은 맑게 빛인다. 교정校庭에서 거닐다가 다시 방에 들어 잠을 일우지 못하였다.

6월 21일. 맑고 퍽 더웁다. 지적도地籍圖는 찾어왔다. 김사영金思瑩 군을 찾어갔다가 못 맞나보았다. 내내 맞나기로 어제 상약相約하고 어데로 갔다. 시간은 오후午後 여섯 시. 틀림이 없이 갔었다. 저녁에는 퍽 무더웁다. 매헌梅軒이 찾어왔다.

6월 22일. 비가 온다. 밤에도 온다. 북창北窓에는 비가 뿌려 흠뻑 젖었다. 그리고 문ㅅ지방 밑으로 비ㅅ물 수미어들어 방ㅅ바닥까지 비ㅅ물이 흔건하게 흐른다. 나는 걸레 집어다 그걸 닦기가 일이었다. 저녁때 비를 무릅쓰고 학교學校에 갔드니 생도生徒들이 잔뜩 모여 무엇을 의논議論하고 헐여가는 모양이다. 나는 사무실事務室에서 류길상劉吉相 군하고 놀다가 같이 돌아와 장석륜張錫倫 선생을 찾어보고 놀았다. 하지夏至ㅅ날.

6월 23일. 맑었다. 학교에 생도生徒는 온 이가 몇몇밖에 아니 된다. 그러나 그것도 맹휴盟休생이 위협威脅함으로 학교에 있을 수가 없어 발우 돌아갔다. 직원회職員會를 열었다. 주모자主謀者는 퇴학退學식히고 그 다음 각 급장各級長은 무긔정학無期停學을 시키고 일반생도一般

生徒에게는 림시휘학臨時休學을 식혔다. 집에 소포를 보냈다. 헌옷과 모시 한 필과 황게포 적삼을 한데 싸서 편지도 붙였다.

6월 24일. 맑었다. 아츰에 학교에 가니 다른 선생先生들은 아직 아니 왔다. 맹휴생盟休生들은 많이 모였다. 두어 시간 지난 뒤에 선생들도 다 모였다. 맹휴생盟休生들은 운동장運動場에 모여 정렬整列하여 가지고 사무실事務室 앞으로 가서 교장校長에게 질문質問을 하고 학교를 공격하고 마침내 예비豫備하였든 퇴학원서退學願書를 내놓고 간다. 직원회를 열었다. 주모자主謀者 몇을 퇴학식히고 혹或은 정학停學식혔다.

6월 25일. 맑었다. 학교에 가서 일을 퍽 했다. 학부형에게 편지도 수정修正하고 봉투지에다 보증인保證人들의 주소住所도 썼다. 새로 입울 요를 작만하였다. 감을 떠다가 누님 식여 만들었다. 김건영金建榮 군이 찾어왔다.

6월 26일. 맑었다. 맹휴생盟休生들이 학교에 또 모였다. 사무실 앞에 모여서서 학교를 또 공격하고 저의 맹휴에 반대反對하였다는 생도生徒를 잡아다 구타毆打하여 강제强制로 그 자백서自白書를 받었다는 것을 랑독朗讀하였다. 그리고는 헐였다.

변일섭邊日燮 군, 김영준金永準 군께 편지를 하였다.

저녁에 수당을 찾어보았다.

6월 27일. 맑었다. 맹휴생盟休生들은 학교에 또 모였다. 저 소위所謂 대표代表만 남고 그 나머지는 다 시골로 헐어간다 한다. 학부형들에게 보내는 편지를 썼다.

6월 28일. 맑었다. 학교에 갔었다. 림시직원회臨時職員會가 있어 몇 생도生徒를 혹은 퇴학退學, 혹은 정학停學으로 처벌處罰하였다. — 이번 맹휴盟休에 주모자主謀者로 인정認定한 자를.

6월 29일. 맑었다. 가회동嘉會洞 대종교당大倧教堂에 갔었다. 여러 사람이 모여 있다. 괜이 휘문학교徽文學校 말이 나서 이러니저러니 떠들고 있다. 이렇게 두 시간이나 보내고 서로 헤졌다. 도燾 군과 황종규黃宗奎 군이 찾어왔드라는데 못 맞났다. 저녁 진고개에 갔었다. 게집 사내 퍽 나와서 돌아단인다. 유가다 입고 게다를 끌고 서로들 지껄이며 매우 자미있게 보인다.

6월 30일. 맑었다. 학교學校로 해서 김병룡金秉龍 군 집을 거쳐서 불교회에 가 놀았다. 종로鐘路 양철점洋鐵店에 가서 채양ㅅ감을 말하고 왔드니 양철점洋鐵店 주인主人이 찾어왔다. 채양할 곧을 재어 보이고 선금先金 오 원을 주었다. 권 선생 집에서 저녁상에 술 한 잔을 같이 먹으며 생각나는 대로 서로 짓거렸다.

7월

7월 1일. 비가 온다. 밤에는 무더웠다. 모기가 몹시 문다.

7월 2일. 비가 온다. 강습회講習會 제이부第二部에 조한과朝漢科 시험試驗을 보았다. 오후午後 세 시붙어 총장실總長室에서 직원職員과 리사理事와 한가지 다화회茶話會를 열었다. 간단簡單한 양료리洋料理를 먹으며 서로 학교에 대한 감상感想들을 말하다가 일곱 시경에야 헐였다. 진천 리봉로李鳳魯의 편지가 왔다.

7월 3일. 비가 온다. 장마ㅅ비다. 강습회講習會 제일부第一部 갑을조甲乙組에 조한과 시험朝漢科試驗을 보았다.

7월 4일. 비가 온다. 석전石顚이 찾어왔다. 국수를 사다가 점심點心을 먹고 서첩書帖과 시집詩集을 내놓고 서書와 시詩에 대하여 의론議論

하였다. 시험試驗 답안答案을 꼲어 김건영建榮 군을 주었다. 저녁에 대판옥大阪屋에 가서 『실습신작문實習新作文』을 바꾸어왔다. 벌써 이 책을 샀었는데 책장 하나이 떨어져 볼 수가 없었다. 부채 네 자루, 비누 한 갑을 사다 주인을 주었다.

7월 5일. 비가 온다. 학교에 갔다 왔다. 다른 선생先生들은 와서 바독 장긔만 두고 있다. 로석老石 어른과 석전石顚과 한별과 점심을 먹었다. 집에서는 국수를 해내오고 석전石顚은 맥주麥酒 한 병을 사가지고 오고 한별은 살구와 모과수를 사왔다. 일화一和 군이 찾어왔다.

오후 열 시에 경성京城을 떠나 목포행木浦行 렬차列車를 탔다. 차ㅅ속은 몹시 더웁다. 나는 발우 졸음이 와서 차창車窓을 비기고 졸았다. 몇 시간을 졸았는지 모르겠다. 옆에서 사람들이 하도 떠들석하게 짓거리기에 잠을 깨어보니 어느 역驛에서 올았는지 나이 사십 남짓한 상투장이 하나이 여러 사람과 말다툼을 하고 있다. 그건 다른 일이 아니라 지금 우리가 탄 찻간이 목포행木浦行이 아니고 부산행釜山行이라 함이다. 여러 사람들은 자세仔細히 설명說明한다. — 이 차가 대체 부산행이지마는 우리가 탄 이 차ㅅ간만은 목포행木浦行이요. 지난 오월五月 일일一日붙어 경성京城서 목포木浦까지 직통直通하는 차ㅅ간이 생겨 이것이 한밭[太田] 가서는 부산행釜山行하고 낧위어 두어 시간 지체하였다가 목포로 행하여 가는 것이라고. 이렇게 설명을 하건마는 그 상투장이는 혼자 부득부득 위긴다. 그래서 말다툼이다. 그러다가 맞힘내 차부車夫가 와서 부산행釜山行으로 가는 이는 다른 차ㅅ간으로 가 타시오 하고 조사調査하는 바람에 그 상투장이도 하는 수없이 차부車夫에게 끌리어 다른 차ㅅ간으로 갔다. 새로 두 시는 되어서 태전太田에 이르렀다. 밖에 나서 세수洗手도 하고 빵도 사먹었다.

7월 6일. 구름만 끼고 비는 안 오고 날은 몹시 무더웁다. 오전 네 시경에 한밭을 떠나 여섯 시 반 좀 지나 강경江景이 와 나렸다. 나리든 길로 려산礪山을 행하여 오다. 강경이 근처近處붙어 려산礪山까지 사뭇 백답白畓이다. 모는 삼분三分의 일一도 못냈다. 모를 낸 것도 물이 맑었다. 집에 드니 집안은 무고無故하다.

7월 7일. 아츰에 안개가 끼드니 한나잘 지내서 안개는 벗어지고 불같은 별이 나려 쪼인다. 앞 내를 가보니 내ㅅ바닥이 보얗게 맑었다. 과연 퍽 가물었다.

7월 8일. 아츰에 안개가 끼었다. 한낮의 때는 구름 한 점 바람 한 점도 없이 퍽 더웠다. 복당골로 가서 찬물로 목욕沐浴을 하였다. 어떻게나 서원한지 몰았다. 저녁에 병국炳国이 하고 누님이 왔다. 삼례 와서 갑작이 가마를 구해 타느라고 매우 고생한 모양이다. 오히려 괴로운 빛이 얼굴에 남어있다.

7월 9일. 구름만 끼었다. 한충韓冲 군에게 편지 답장을 하였다. 일전에 그가 사탕砂糖과 과자菓子를 사 보냈다. 그가 먼데 있으면서 퍽 근념勤念을 하였다. 맹석孟錫이가 왔다.

7월 10일. 맑다. 병륙秉陸이와 학봉이를 강경江景장에 보냈다. 통 이십오二十五 원円어치 홍정을 하였다. ─ 어물魚物과 채소菜蔬 등等. 숲말과 남신대에서 하인이 왔다 갔다.

7월 11일. 맑다. 몹시 더웁다. 한난게寒暖計 구십팔九十八 도度. 저녁 때에는 남천에서 구름이 떠와 서천西天으로 몰려간다. 행혀나 비가 올가 하고 바랐드니 그냥 말아버린다. 북당골에 가서 목욕을 하였다. 고성리 류柳 형이 왔다. 밤에는 서풍西風이 불었다. 하늘은 맑었다.

7월 12일. 구름 끼고 비ㅅ방울이 뚝뚝 떨어지다 말고 동부東北새만 밤새도록 불었다.

오날은 음력으론 갑자甲子 륙월六月 십일十一 일日, 어머님 회갑回甲 날이다. 때가 몹시 더운 때요, 더구나 올해는 긔막힌 가뭄인지라, 비록 넉넉한 긔구가 있드라도 도저히 잔치 같은 것은 할 수 없는 때요, 더구나 할아버님 삼년상을 맞히지 못한 때라, 헌수獻壽를 받지 아니하신다 함으로 약간 준비하였든 음식을 가지고 집안 사람들과 동근동同近洞 사람들을 모아 먹였다. 전주 조 형은 축하전보祝賀電報를 하였다. 창들 병무秉武가 왔다.

7월 13일. 비는 좀 듯다가 말고 동부새만 종일 불었다. 저녁이면 이 마을 저 마을에서 나무를 모아가지고 그 근처近處 산봉오리에 올아가서 불을 놓고 기우제祈雨祭들을 지나노라고 야단들이다. 이 모양으로 비를 줍시사고 한울님께 비는 백성百姓이 있는데 한울보고 욕을 하고 긔운제祈雨祭 지나는 것을 저주咀呪하는 백성百姓도 있다. 우리집 모정에 저녁마다 마을 사람들이 많이 모여 논다. 요마적 가뭄에 괜히 한울을 가지고 이러니저러니 말다툼을 한다.

7월 14일. 비는 올 듯 말 듯하고 남풍만 종일토록 몹시 불어 여간 구름 쪽악 있든 것도 몯아 북쪽으로 몰아가고 한울은 씻은 듯이 밝어 달과 별들만 빛어 있다. 류 형柳兄과 병무秉武 군은 갔다.

7월 15일. 맑다. 몹시 더웁다. 변일섭邊日燮 군의 편지 왔다. 못에 물을 대어 넣고 대ㅅ들보를 품어 좀 깨끗이 만드노라고 한나잘 불 같은 볕을 무릅썼드니 팔뚝과 엇개와 등이 데어 벍었고 씰아리다. 이런 로동勞動을 하여 살자면 이렇게 육신肉身붙어 먼저 단련鍛鍊을 식혀야 하겠다. 로성魯城 윤석범尹錫範 군과 고모姑母에게 편지를 붙였다.

7월 16일. 맑다가 구름 끼고 몹시 더웁다. 오날은 류월六月 류두流頭ㅅ날이다. 만일 우수雨水가 흡족洽足하여 롱사들을 잘 짓게 된 때 같으면 오늘도 명절名節이라 마을 사람들이 서로 음식을 작만하여 낳어 먹고 깃브게 지나련마는 이렇게 가믈고 보니 아무 정황情況들이 없다. 병국炳國이, 맹석孟錫이가 갔다.

7월 17일. 구름이 끼고 비ㅅ방울이 몇 낮 듯다 말고 몹시 무더웁다. 정충시鄭忠時 군의 편지가 왔다. 임경재任璟宰 씨며 류길상劉吉相 군이며 서재학徐在學 군에게 편지를 붙였다.

7월 18일. 맑았다 흐렸다 하고 무척 더웠다. 려산 읍내礪山邑內를 갔었다. 사국이 리발소理髮所에서 리발을 하고 우편소郵便所 재등宰藤이도 찾어보고 면사무소事務所도 찾어보고 보통학교도 찾어보고 놀다가 왔다. 밤에 어린 놈(東熙)이 앓는다. 내가 만희萬熙라고 지였드니 이건 쓰지 않고 아버지께서 동희東熙라고 지어 출생신고出生申告 하셨다. 몹시 머리가 더웁다. 밤중 비가 온다. 어떻게나 반가운지 잠을 다시 일우지 못하였다. 그러나 비는 겨우 땅만 축이게 왔다.

7월 19일. 김종수金綜洙 군이 찾어왔다. 비가 왔다. 부실부실 나리다가는 바람이 스르르 불며 좀 줄줄 나리기도 하고 그러다가는 또 부실부실 나리다 그쳤다 또 온다. — 이 모양으로 종일 온 것이 똘 물도 붓지 아니하였다. 겨우 초목草木들이 해갈解渴할 만큼 왔다.

7월 20일. 초복初伏날. 종일 서남풍이 불고 구름은 북으로 몰려갔다. 김종수 군이 화정을 갔다. 밤에 어린놈이 몹시 보챘다. 어대가 앏버서 그런지 모르겠다. 첫닭이 운 뒤에야 비롯오 잠을 자기 시작하였다.

7월 21일. 비가 왔다. 밤에는 큰비가 왔다. 이 골 저 골에서 물 흐르는 소리가 굉장하게 들린다. 하도 깃버서 잠을 못 잤다. 석전石顚이 서울서 제주濟州를 가자고 편지를 부쳤다.

7월 22일. 종일終日 비가 왔다. 논마다 번번하게 물이 괴었고 내마다 북덕물이 굼실굼실 흐른다. 이 마을 저 마을에서 사람들이 들에 나와 비를 무릅쓰고 모들을 내느라고 야단이다.

7월 23일. 비가 왔다. 서재학徐在學 군의 편지가 왔다. 석전石顚에게 답장答狀을 하였다.

7월 24일. 비가 온다. 저녁나잘에는 남풍이 몹시 불고 가끔 소낙비도 왔다. 참외장사가 왔길래 도거리로 흥정하여 큰집 작은집에 낞었다. 참외를 두어 개 먹었드니 배가 좀 앏브다.

7월 25일. 비가 왔다. 가끔 소낙비로도 왔다. 류길상劉吉相 군의 편지며 환전換錢이 왔다.

7월 26일. 아츰나잘는 맑았었고 저녁나잘에는 비가 왔다.

7월 27일. 맑았다. 병륙이를 려산礪山 읍내에 보내어 환전換錢을 찾고 옷감을 바꾸어 왔다.

7월 28일. 맑았다. 요전 비가 온 덕德에 대ㅅ들보 수석水石이 퍽 좋아졌다. 아츰저녁으로 가서 세수洗手도 하고 목욕沐浴도 하고 우둑한이 앉어 물소리도 듣고 놀았다.

7월 29일. 맑었다. 일립신단一粒神丹을 지었다. 석전石顚의 편지가 왔다.

7월 30일. 오전午前 일곱 시경에 집을 떠나다. 려산금융조합소礪山金融組合所 앞에서 마차馬車를 타고 강경江景이까지 가는데 말이 늙은 말이어서 잘 가지 않고 맨 꾀만 부리는 통에 퍽 시간을 허비하였다. 흖이 두 시간 반이면 가는 걸 꼭 다섯 시간이나 걸렸다. 그래서 오전午前 차車는 타지 못하고 오후午後 다섯 시 차를 타게 되었다. 날은 몹시 무덥다. 중복中伏날이라 더 그런지. 김인수仁洙 군을 맞나 빙수점氷水店에 들어가서 두어 시간을 보냈다. 해가 서산西山에 기우는 걸 보고 강경江景이를 떠났다. 애류崖溜는 차중車中에서 석전石顚은 신태인新泰仁에서 맞나가지고 해가 저물어서 정읍井邑에 나렸다. 곧 백양사白羊寺 포교당布敎堂을 찾어 초산楚山 밑으로 갔다. 정읍井邑 시가市街가 발우 바라다 보이는데 새로 놓았다는 전기등電氣燈들이 썩 좋게 보인다. 석전은 커드란 수박 한 통을 사가지고 와서 통으로 먹고서는 배탈이 났다.

7월 31일. 아츰에 일어나보니 북쪽에서 구름이 일어 온 한울을 덮었다. 아츰에 정읍을 떠나가다가 보천교주普天敎主 차車경석이 사는 대흥리大興里를 지나 신흥리新興里 신대원申大元의 집을 찾어 점심點心을 먹고 다시 신흥리新興里를 떠나 저녁에야 목포木浦에 이르렀다. 남교동南橋洞 불갑사佛甲寺 포교당布敎堂으로 들어가 잤다. 발우 승달산僧達山 알에인데 그 산이 매우 묘하게 보인다.

영산강榮山江 물을 딸어 서해西海에 다다르니
승달산僧達山 유달산儒達山은 반공半空에 솟아 있고
벽파碧波에 서로 빛외는 선루船樓와 여각旅閣일러라.

8월

8월 1일. 맑다. 오정午正에 경흥환京興丸을 타고 목포木浦를 떠나서 다도해多島海를 지나다.

창파蒼波를 스쳐 오는 서늘바람 마지하고
백범白帆을 홋날리어 이리저리 돌아들 제
흉중胸中에 이는 청흥淸興을 내 못 니겨 하노라.

바다란 강江이요 섬이란 내이로다.
강江 있고 산山 있으니 청풍명월淸風明月 없을소냐.
일생一生을 청풍명월淸風明月 벗삼고 이 중에서 놀과저.

가도록 청산靑山이요 가도록 유수流水로다.
청산유수靑山流水가 가도록 좋단말가.
이 아니 봉래방장蓬萊方丈이면 영주瀛洲인가 하노라.

연해 진도珍島와 해남海南 사이로 들어가 우수영右水營 울돌목[鳴梁]을 지나다.

이곧이 어데맨지 아는다 저 사공沙工아.
수군水軍 싯고 드날치든 거복선 어이가고
무심無心한 어주자魚舟子들만 오락가락 하더라.

옥매산玉梅山 고운 돌에 석양夕陽이 빛외이고
우수영右水營 낡은 성城에 가마귀 날어들제
어데서 어적수성漁笛數聲은 구슯브게 들리는고.

물ㅅ결은 출렁출렁 뱃머리 빙빙 돌제
이 장군李將軍 큰 칼 두르고 적군敵軍을 호령號令함이
눈앞에 번적거리어 보이는 듯하여라.

바다로만 알었드니 山이 또한 막어있다.
적선敵船이 어인 일로 이곧에 드단 말가.
하믈며 구선龜船에 쫓겼으니 달어날 길 없어라.

옳은편으로는 벽파진碧波津과 멀리 진도 읍내珍島邑內 뒤 광대산이 보이고 왼편으로는 옥매산玉梅山이 보인다. 해는 다 졌는데 소안도所安島에 이틀어 잠간 지체하고 발우 떠나 큰 바다를 건너 밤 열두 시에 제주濟州 산지포山地浦에 나려서 전주려관全州旅館으로 들어 자다.

8월 2일. 맑고 오후午後에 좀 바람이 불고 잠간 안개가 끼었다. 아츰에 산지포山地浦에 나아가 해녀海女들의 전복 따는 광경光景을 구경하였다.

성산城山에 해가 돋고 산포山浦에 조수潮水 들 제
어엿븐 海女들이 풍덩실 몸을 던져
창파滄波를 휘밀고감도 적이 볼만하여라.

오후午後에 삼성사三聖祠를 찾어갔다. 마침 전제축구대회全濟蹴球大會가 그 옆에 있었는데 청년남녀靑年男女가 수천 명數千名 모여서 굉장히 떠든다. 여기서 아는 학생學生 몇을 맞나 같이 삼성사를 들어가 보았다. 이 삼성사를 유지維持하기 위하여 이 지방 인사地方人士들이 재단법인財團法人을 만들어 놓고 유급有給 임원任員 몇을 두었다는데 그 임원의 하나인 고高 씨 한 분이 열쇠를 가지고 문을 열며 인도引導를 하여준다. 여긔는 녹나무(용목榕木, 장목樟木, 장뇌樟腦 만드는 나무)가 많이 욱어져있다. 이 나무 그늘로 돌아드니 지질펀펀한 풀밭 한가운대에 좀 옴옥하게 들어간 데가 세 군데 있는데 이걸 고부량高夫梁 삼성三姓이 나온 구녁 곧 삼성혈三姓穴 또는 모흥혈毛興穴이라고 일컷는다. 다시 나와 삼성의 위패位牌를 위하는 사당祠堂이란 데를 보고 나와서 고씨를 뫒어 그 사무소事務所에 들어가 한참ㅅ동안 담화談話를 하여 제주의 풍속언어風俗言語를 들었다.

녹나무[榕木, 樟腦樹], 반두어리나무[厚朴], 별도別刀, 포리[禾北浦], 황바돌이[缸波城], 구럭[보구니, 상자], 아이구럭[아이가 난지 5점수五點數만 넣어서 키는 것], 潛女[潛水 海女], 갈바람[西南間風], 허벅[물장병], 사옥[櫻], 실어미―, 長男[下人], 보작이[捕鮓于], 소중의[해녀海女 중의重依], 인록人祿[下人], 독괭이[石尤風], 멸[멸치], 멍갓[벙거지], 정등벌립[淨父笠].

제주십경瀛州十景

사봉낙조紗峯落照 제주濟州, 고수목마古藪牧馬 선의旋義[1],
귤림추색橘林秋色 제주濟州, 용연야범龍淵夜泛 제주濟州,
영실기암靈室奇巖 한라산 서북漢拏山 西北, 녹담만설鹿潭晚雪 한라산漢拏山,

1 현재 남제주군 동반부가 선의현(旋義縣)이었음.

성산일출城山日出 선의旋義, 정방폭포正方瀑布 한라산남漢拏山南 선의旋義, 산포조어山浦釣魚 산저포山底浦, 영구춘화瀛丘春花 제주濟州,

다시 축구蹴球장으로 가서 좀 구경하다가 가든 길로 돌우 와 제주시가濟州市街로 들어 서문西門께로 나가 길을 잘못 들어 바닷가로 나갔다가 어떤 로인老人을 맞나 그의 인도引導로 다시 남쪽으로 꺾어들어 룡연龍淵을 찾어보다. 룡연은 발우 바닷가에 있는 깊숙한 골작인데 한나산漢拏山에서 나려오는 물이 여긔서 바닷물과 비롯오 섞이게 된다. 우리 일행은 옷을 벗고 대들어 목욕을 하였다. 바닥 물은 어찌 찬지 들어가 이삼二三 분分 동안을 섰을 수 없다. 간신히 물을 떠 씻고 나왔다. 량편兩便 언덕에는 이상한 나무며 넝쿨이 잔뜩 어울여 엉켰고, 긔암괴석奇巖怪石들이 여긔저긔 벌여 있다. 과연 승지勝地라 할 만한 곧이다. 해는 벌서 저믈었는데 멀리서 오는 처량한 말 모는 소리를 들으며 려관旅館에 돌아왔다. 저녁에 좀 오한惡寒 두통頭痛이 생기고 사지四肢가 날연무긔苶然無氣하다.

8월 3일. 오전에 맑다가 구름이 끼드니 오후에는 비가 온다. 산지山池 우물에 가서 구경하고 다시 바다ㅅ가로 나가 바다를 보았다. 오후에는 량홍기梁洪基, 고성주高性柱, 동아일보東亞日報 지국장支局長 김택수金宅洙 군들이 찾어와서 꽤 심심치 않게 이야기를 하여준다. 고성주씨는 점심과 술을 사준다. 또 오늘 들은 제주濟州ㅅ말이나 적어보자.

오름[峯], 삼양봉三陽峯[오름], 형제봉兄弟峯[오름], 차도[전대], 오래[門], 지새(기아), 비발이[二十歲 以上 處女], 이문[大門], 구들[房], 굴거리[萬病草 나무], 먹귀실[苦楝根 나무], 지각[只殼, 唐柚子 幼時割乳], 마

디나무[陳皮, 濟州山橘 山物], 신다루꽃[映山紅?], 안즌박이꽃[杜鵑花 一種], 구진九鎭[禾北鎭, 朝天鎭, 別防鎭, 水山鎭, 西歸鎭, 摹瑟鎭, 遮恂鎭, 明月鎭, 涯月鎭].

8월 4일. 바람이 좀 불고 비도 좀 오다 그쳤다. 거의 점심때는 되어서 짐ㅅ군 하나를 붙어 짐을 지이고 우리 일행은 떠났다. 을나乙那 제일도리第一徒里를 돌아 제이도리第二徒里로 들어 고성주高性柱 군를 찾었드니 문어文魚를 싸주고 김충암金沖庵의 제주풍토ㅅ긔를 빌려준다. 우리는 고 군과 발우 작별하고 귤림서원橘林書院을 찾어보았다. 서원은 벌서 없어진지가 오래되고 지금 그 자리에 롱업학교農業學校가 되었고 그 앞에 귤림도 거의 다 없어지고 몇 주만 남아 있을 뿐이다. 다시 가든 길로 돌오 오다가 좌左로 꺾여 남문南門턱을 지나 각시당閣氏堂터로 하여 밭 사이ㅅ길로 나서 구남동九男洞, 박영효朴泳孝 적거소謫居所 아라리阿羅里를 거쳐 연해 산비탈로 오르며 산천당山川堂, 삼양봉三陽峯을 바라보고 인가人家를 찾어 물을 얻어먹고 가다가 가다가 굴치窟峙에 이르러 폭포수瀑布水도 보고 그 근처에 놓아먹이는 마소들도 보고 얼마ㅅ동안을 들어가니 나무가 무성한 산밑에 곧 관음사觀音寺가 나선다. 이 뎔은 생긴 지가 삼십 년쯤 되는데 산저포山底浦에 사든 녀인女人 니름을 봉려관蓬廬觀이라 하는 이가 창건創建하였고 그는 그 뒤로 이 뎔에 와 있으며 그의 따님까지 둘 다 승을 만들어 다니고 그의 령감 되는 선 처사宣處士는 요마적 소박을 맞고 이 절 초막에서 외롭게 지난다고. 이 뎔 주지住持 안도월安道月은 나와 인사를 하고 차茶를 주며 이야기를 한다.

오라리 아라리로 관음사觀音寺 찾어드니

봉려관 보살蓬廬觀菩薩님 염불念佛만 하옵시고

청풍각淸風閣 주인옹主人翁은 졸음만 졸고 있다.

두어라 세상만사世上萬事를 나무아미타불南無阿彌陀佛 관세음보살觀世音菩薩.

8월 5일. 오전에는 좀 비바람. 오후에 바람만. 석양에 지로승指路僧 하나를 다리고 영구춘화瀛丘春花란 데를 찾어갔다. 이 뎔에서 먼 십 리十里는 된다. 길도 없는 데를 찾어가노라고 띄밭, 콩밭으로 헤매다가 맞흠내 가파로운 언덕으로 나무ㅅ가지를 잡고 나려가니 량쪽은 절벽이고 바닥에는 돌들만 솟아 있고 돌 사이는 잔잔하게 흐르는 물도 있고 군데군데 웅덩이도 되어 있는데 량쪽 절벽에 늘어진 신달루나무와 이름 모를 나무 넝쿨들이 잇다금 지나가는 바람에 나부끼며 그 그림자를 던진다.

그러고 한편에도 이쪽에서 저쪽으로 통한 굴窟이 있고 굴 속에는 사오四五 인人이 앉아 놀 만한 반석磐石도 있고 볼 만한 괴석怪石도 있다. 여긔는 녯날 제주목사牧使나 판관判官이 봄꽃이 만발한 때면 기생을 다리고 와 노는 데라 한다. 우리는 돌에 앉저 발도 씻고 놀애도 부르고 하다가는 다시 뎔로 돌아왔다.

모람이 영구瀛丘에 있다. 넝쿨나무니 꽃은 없이 맺는 그 열매는 뻐만하며 가을이면 껌엏게 익는데 맛이 달다 함.

영주여자瀛州女子가 매갈며 방아찌며 하는 놀애에도 "먹으라고 쓰라고 하면 가지나마도(가지는 아녀도) 모람이 연다."

밤에는 몹시 서늘하다. 방에다 불을 때고야 잤다. 나는 『제주풍토ㅅ긔』를 벗기노라고 늦게야 잤다.

8월 6일. 동북쪽은 맑고 서남쪽은 구름이 끼었고 조곰 바람기운이 있다. 아츰 다섯 시에 일어나서 여섯 시에 관음사를 떠나다. 지로승 둘 ― 하나는 오吳 처사라는 사십 된 남자男子, 하나는 선심아라는 륙십 된 녀자 ― 을 다리고 우리 일행의 짐도 이 두 사람에게 낞이어 지이고 메ㅅ기슭을 돌어 오른다. 돌담을 넘고 덤불을 뚫고 조약돌을 밟고 가끔가끔 쇠똥 무덕이, 말똥 무덕이도 밟으며 십 리쯤 가면 좁고도 깊숙한 골작우니가 있고 그 바닥에는 큰 돌뭉이들이 총총이 솟아 있으니 이는 한내의 상류上流인데 니름을 독내[石川]라 한다. 과연 독내다. 물은 한 방울도 없고 독(전라도에서는 돌을 독이라 함) 뿐이다.

이 내를 지나서 나무뿌리를 잡고 바람벽 같은 데를 한참 기어오르면 기다란 등척이가 있는데 이 등척이에는 잡목雜木이 빽빽하게 서있어 매우 음침하다. 그런데 어떤 이는 이런 데다도 묘墓를 쓰고 울이를 하여 놓았다. 우리는 이 묘 앞에 앉어서 다리를 쉬고 있노라니 어데서 소의 영각소리가 울영차게 난다. 이 깊은 산중山中에 이 아니 긔이奇異한 일일까. 처음 오는 우리로는 아니 놀랠 수 없다. 여기를 지나가면 더 넓고도 더 긴 등척이가 있다. 이곳은 개목등이라고 일컷는다. 여긔저긔 듬은듬은 고목古木이 서있고 바닥에는 산ㅅ대[山竹]와 잡초雜草가 어울려 있는데 누렁 소, 힌 말들이 떼를 지어 이리 닷고 저리 닷는다. 벌서 이십 리는 왔다고 하며 오 처사는 지게를 받혀놓고 수건을 꺼내어 땀을 씻는다. 일행의 알앳둘이는 흠뻑 이슬에 젓었고 신발은 점점 무거워진다. 여긔를 다 지나서 좌左편으로 돌아오르니 구름이 자욱하여 지척咫尺을 분간할 수 없다. 다복다복 깃은 신다루 꽃나무들 사이로 요리조리 나아가 연신 동東벼로 서벼로로 돌을 제 치어다보아도 절벽 나려다보아도 절벽인데 거기서 구름이 뭉게뭉게 흩어나리기도 하고 오르기도 하며 잇다금 바위와 소나무들은 그 속에서 머리를 쳐들고 나오기도 하며 졸졸 잘잘 시내ㅅ소리도 줄곳 발밑에서 나는 듯도 하다. 얼마를 더 가서 시내를 건너고 또 얼마를 더 가다 시내를 건너서 좌편 비탈로 시내를 거슬어 오르면 로향老香나무가 서로 결어 있고 틈틈이 엉겅퀴, 수국화水菊花가 솟아 있고 길바닥은 있다가 없기도 하고 없다가 있기도 한데 말의 발자옥만 남아 있다. 우리는 되는 대로 높은 데로만 올아갔드니 맞흠내 메ㅅ등이 나서고 갑자기 왜바람이 불어 옷깃을 펄펄 날린다. 우리는 손으로 모자를 꼭 잡고 또 로향老香나무ㅅ속으로 들어서 올아가다. 산山딸기도 따먹고 멀리서 나는 말 울음소리도 듣고 우뚝한이 섰기도 하였다가는 다시 로향나무ㅅ가지를 밀치며 가기도 하고 이리저리 돌아가기도 하여 바위로만 되어 있는 한 봉오리 밑에 니를어 우右편으로 돌아 바람ㅅ결을 피하여 큰 바위를 등지고 짐에서 자리 하나를 내 펴고 뎔에서 얻어온 짜케트를 겹처 입고도 오히려 추워서 서로들 웅숭그리고 앉어 점심밥을 끄내어 먹고 실어미를 따먹고 한참 있다가 바위ㅅ너들이를 잡고 기어나려 백록담白鹿潭에 니를었다. 이 못은 주위가 십 리나 되고 깊이는 얼마나 되는지 알 수 없다는데 물은 퍽으나 맑어 있다. 그 물을 떠 손을 씻고 이윽고 서서 사면四面을 바라보니 구름이 잔뜩 끼어 어떻게 된 줄을 모르겠다. 다시 올아와 그 산을 넘어 바위ㅅ너덜로 풀 속으로 헤매고 나려오다. 바람은 몹시 불고 산山 우에서 울에 같은 소리가 자꾸 들린다. 그리고 여긔저긔 모여 섰는 소들만 보인다. 우리는 얼마를 왔는지 모르되 산山ㅅ비탈을 지나 한 벌판에 나섰다. 갑작이 비바람이 소리쳐 몰아온다. 우리는 정신을 차릴 수 없다. 그런데 웬 사람 하나이 저쪽으로서 히

끗히끗 보인다. 우리는 깜짝 반기고 좇아가서 길을 물었다. 그는 소를 찾으러 다니는 사람이로라 하고 그도 우리를 보고 놀래고 길을 낲어주며 발우 나려가라고 한다. 우리는 그의 말을 듣고 령실靈室 찾기는 아주 단념斷念하고 얼마를 바위ㅅ사이로 풀 속으로 나려가는데 련한 사나운 바람이 불고 큰 빗방울이 쏟아진다. 우리는 사뭇 그 비바람을 무릅쓰고 십 리나 되는 벌판을 지나서 깊은 숲속으로 들었다. 몇 아름드리 되는 나무들이 총총들이 들어섰고 그 사이에는 작은 나무들이 빈틈없이 깃었는지라, 어둠침침하여 지척咫尺도 잘 보이지 아니하고 게다가 또 비바람ㅅ소리가 요란하니 우리 일행一行은 그 고생이 어떠하랴. 짐을 진 이는 나무ㅅ사이에서 몸을 못 빠져나가서 곳 죽는다고 야단이요, 석전石顚은 모자를 잃고 야단이요, 애류崖溜는 다른 데로 가서 찾노라고 야단이었다. 그런데 해는 거의 저물었고 가고 갈수록 깊은 숲속이다. 우리 일행은 서로 고함을 질러 한데 모여 가지고 맞흠내 한 표고밭에 니를어 이리 돌고 저리 돌다가 비롯오 길을 얻어 골작우니를 셋을 지나고 고개 하나를 넘어 한 봉오리를 돌아가니 그 건너 산비탈에 조고마한 마을이 보이는데 바야흐로 저녁밥 짓는 연긔도 일어나고 한라산漢拏山에서는 웅웅하는 소리가 굉장하게 들린다. 우리는 피곤한 다리를 억지로 움즉이어 얼마를 더 가니 홍로烘爐라 하는 큰 마을이 있다. 이 마을은 제주에서 제일 다수운 곳이라. 겨울에도 홋것을 닙고 지나며 토지도 비옥하고 초목도 무성하다고 한다. 오 처사며 선심아는 어떻게 피곤하였든지 촌보寸步를 더할 수 없어 이 마을에서 떨어져 자고 우리 세 사람만 서귀포西歸浦로 가다. 비바람은 그치고 날은 벌서 어두웠다. 돌담사이ㅅ길로 요리 굽고 조리 꺾여 힘없는 다리를 간신ㅎ이 띄어놓아 오후 아홉시에야 서귀포 리태종려관李台宗旅館에 들었다. 주인主人에게 옷을 얻어 닙고 우리가 벗은 옷은 줄을 매고 걸었다. 저녁밥들은 잘 먹지 못하고 퍽 곤하게 잠들을 잤다.

뭇노라 저 선사禪師야 영주瀛州가 여긔라니.
삼신산三神山 불로초不老草에 늙지 아니하련마는
귀 밑에 백발白髮 났으니 넨들 아니 늙을소냐.

가시나무 덤불 헤쳐 돌담불 길을 찾고
오르고 오르도록 바드롭고 바드론데
잇다금 부룩소 영각 소리만 어데로서 들리오네.

높은 봉 깊은 골에 구름이 잦었는데
東벼로 西벼로로 휘돌고 감돌으니
소리쳐 맑은 시내만 굽이굽이 흐르더라.

수국화水菊花 엉겅퀴를 다복이 만져보고
山딸기 실어미를 한움큼 따아 들어
이윽고 노향목老香木 알애에서 말 울음을 들었노라.

봉 우에 부는 바람 옷깃을 날리는데
바위 잡고 기어나려 백록담白鹿潭 다다르니
사면四面에 구름이 자옥하여 어드런 줄 모를러라.

백록담白鹿潭 저 언덕에 백록白鹿은 어데가고

백록담白鹿潭 깊은 물만 저절로 맑어있다.
아마 영주선경瀛州仙境은 이곧인가 하노라.

군선群仙을 찾으랴고 영실靈室을 향向하다가
사나운 비바람에 서귀포西歸浦로 돌아가니
하마도 영주선연瀛州仙緣은 바이 없는가 하노라.

한라산漢拏山 우는 소리 한해瀚海에 나는 소리
맞우쳐 웅웅거려 속객俗客을 놀래이니
선경仙境을 드레일가바 신선神仙이 노怒함인 듯하여라.

8월 7일. 오전午前에 조곰 비, 오후午後는 맑다.

아츰에 세수하기 겸, 빨래하기 겸, 폭포 구경하기 겸 천지연天地淵으로 갔다. 려관에 나서 서쪽으로 깊숙한 굴엉을 끼고 한참 동안 가다가 좌左로 꺾여 밭틀로 들어 절벽絶壁을 기어나려서 조그마한 똘 물을 어슬어 가면 큰 소가 있고 그 가ㅅ으로는 삼십여 척 높이 되는 석벽이 빙 둘어있고 석벽 우에는 늙은 나무가 두어 개 서 있고 나무 알애로는 폭포수가 나려 지른다. 어제 비가 많이 온 까닭에 누르스럼한 큰물이 벅차서 꽤 볼만하다. 우리는 그 구정물에다 빨래를 몇 가지 하고 돌아왔다. 오후에는 시가市街을 돌아 선창船艙을 가보고 정방폭포正房瀑布를 가보고 더 나아가 작은 정방폭포라는 걸 보고 나는 목욕을 하고 돌아왔다. 저녁에 선표船票를 사두었다. 김돈金墩이란 이가 찾어왔다. 오 처사, 선심아는 아츰에 왔길래 발우 돌려보냈다. 순사가 와 조사를 하고 갔다. 오늘은 칠월七月 칠석七夕. 달빛은 밝다. 바닷가에 나가서 거닐며 절소리(波濤聲)를 들었다. 밤새도록 잠을 사로 자며 기다려도 배는 아니 온다.

범섬에 안개 걷고 천지天地에 해 빛외니
홍로烘爐가 쪼이는 듯 날이 몹시 더웁거늘
해변海邊에 나서 거닐으니 서늘바람 일더라.

8월 8일. 맑다. 한나산을 바라보니 온통 구름 속에 묻혔다. 자오라물에 가선 세수를 하고 천지연 상류上流에 가선 목욕을 하였다. 오후에 배—경흥환慶興丸이 왔다. 똥섬에서 종선을 타고 경흥환에 옮았다. 한나산은 비롯오 보인다. 분명히 보인다. 좀 바람이 분다. 배가 흔들린다. 석전石顚은 수질이 났다. 모살포摹瑟浦, 한림포翰林浦를 지나서 밤중은 겨우 애월포涯月浦를 지나다. 나는 남극로인성南極老人星을 보노라고 배 위에 오르랑나리랑 잠을 잘못 잤다.

한해瀚海

어드런게 한울이고 어드런게 바달느뇨.
이 중에 해와 달은 밤낮에 떠 있도다.
호을로 배우에 올아 갈 바 몰라 하노라.

애월포涯月浦

한 조각 밝은 달은 바다로 들어가고

남극노인성南極老人星은 천애天涯에 들웠는데

어느덧 애월涯月 지나감이 꿈결인 듯하여라.

8월 9일. 오전 두 시에 산저포山羝浦에 이르러 잠시 머물렀다가 다시 떠나 새벽에 추자도楸子島에 도착到着하고 다시 발우 떠나 해남海南 진도珍島ㅅ사이로 들어 울돌목[鳴梁], 다도해多島海를 거쳐 목포항木浦港에 들다. 오날은 바람 한 점도 없고 몹시 더웠다. 여섯 시에 남교동南橋洞 불갑사佛甲寺 포교당布敎堂으로 드니 참외, 수박, 냉면冷麪을 사다준다. 오날은 말복末伏날.

8월 10일. 맑다. 오후 다섯 시에 우리는 승달사僧達寺를 찾어갔다. 이 뎔은 곧 유달산儒達山 위에 있다. 여긔서 조금만 올라가면 발우 유달산 꼭대기다. 서쪽으로 바라다보고 맞흠 락조落照가 보이고, 다도해多島海가 보이고 머리를 돌이켜 나려다보면 온 목포시가木浦市街가 눈 안에 든다. 한참 있다가 나려오니 승달사에서 저녁밥을 준다. 우리는 밥을 먹고는 불갑사 포교당으로 나려왔다. 또 생각히는 제주ㅅ말이 적어두자.

독[鷄], 모을[村], 고운밥[쌀밥], 고운쌀[쌀], 고운물[좋은 샘물]

둘음박, 퇴아, 망아리, 망시리— 해녀海女 전복 따는데 소용所用

'마쓰'는 동형사動形詞의 붙은 연접사連接詞 밑에 쓰거나 명사名詞 밑에 씀.

例: 있어마쓰, 서울마쓰, 깊어마쓰, 제주濟州마쓰

8월 11일. 맑다. 아츰 아홉 시에 해남海南 가는 석전石顚을 작별하고, 오후 여섯 시에 나랑 애류崖溜는 떠나서 태전행大田行 열차列車 속 사람이 되었다. 열 시는 되어서 나는 곤하게 자는 애류를 깨워 작별하고 와리역(咸悅驛)에 나렸다. 와리 장터 어느 주막酒幕에 들었다. 이 장터에서는 그 중 낫다는 주막인 모양인데도 집은 납작하고 방은 추하다. 더구나 소낙비가 갑자기 쏟아져 몹시 군적군적하다. 나는 마루에 나앉았드니 모기들이 모여들어 견디지를 못하게 한다. 나는 다시 방으로 들어가 문을 닫고 방에서 나는 퀴퀴한 냄새를 맡으며 밤새도록 진땀을 흘리고 뜬눈으로 지났다.

8월 12일. 몹시 무덥다. 첫새벽에 와리를 떠나 명천鳴川을 가다. 중간에서 참외ㅅ막을 맞나 참외를 두어 개 사 먹고 논두렁길로 들어 명천 대고모大姑母댁을 찾어들다. 끝에삼촌께서 와 계신다. 대고모께서 퍽 반기시며 닭을 잡아주고 사탕과 참외도 사다주며 자꾸 먹으라고 하신다. 점심때는 되어서 삼촌을 모시고 떠났다. 불덩이가 나려지르는 듯한 볕에 땅바닥이 닳어져서 더운 기운이 푹푹 치닫는다. 숨이 칵칵 막힌다. 땀을 퍽 흘리고 내산內山동으로 중상골으로 하여 집으로 들어왔다.

8월 13일. 맑고 퍽 더웁다.

8월 14일. 맑고 덥다. 오전 칠 시에 집을 떠나 십일 시에 강경江景이와서 차를 타고 태전太田서 바꾸어 타고 경성으로 왔다. 계동桂洞집으로 들다. 누님도 맞나봤다.

8월 15일. 맑다. 동부새가 불어 좀 서늘했다. 학교로 하여 불교회에 가서 조용주趙鏞周 군을 맞나봤다.

8월 16일. 맑다. 동부새가 분다. 한충韓冲 군이 찾어왔다.

8월 17일. 맑다. 바람. 오전 아홉 시부터 삼청동三淸洞 가서 불교회우佛教會友의 탁족회濯足會를 열었다. 소나무 숲속에서 점심을 해 낳어먹고 시詩도 짓고 술도 먹고 놀다. 해가 다 진 뒤에야 돌아왔다. 홍우기洪

友夔는 어떻게 취하였든지 불성인사不省人事하고 누웠다.

此日三淸會, 對酌淸邊石
好是切人情, 停盃請水聲

삼청동三淸洞 솔 그늘에 바람이 서늘커늘
집방석 펼쳐놓고 바둑 장기 벌여 있다.
하믈며 술 있고 벗 있으니 날 가는 줄 몰라라.

두 서넛 벗을 딸어 삼청동三淸洞 찾어드니
송풍松風이 맑으온데 청석淸石도 맑을시고.
두어라 오늘날 우리 놀음도 이 아니 맑으오랴.

일기

24권

1924. 8. 18. ~ 1925. 10. 7.

1924년(단기 4257년)

8월

8월 18일. 맑고도 무덥다. 불교회에 가 놀다가 위관韋觀에게 『자산어보玆山魚譜』와 『우도어보牛島魚譜』를 빌어왔다.

8월 19일. 조곰 비가 오다. 학교로, 불교회로, 책사로 돌아단였다.

8월 20일. 구름 끼었다. 아츰에 애류가 왔다. 불교회에 갔다가 조용주趙鏞周 군을 더불고 대관원大觀園으로 갔었다.

8월 21일. 맑다. 김사영金思潒 군을 찾어갔드니 저녁밥을 준다. 함께 한성려관漢城旅館에 정긔용鄭機用 소석素石을 찾어보았다.

8월 22일. 맑다. 동아식당東亞食堂에서 애류와 최영목崔永穆, 소석을 맞나 놀았다.

8월 23일. 처서處暑. 직원회가 있었다. 누님과 같이 가서 리호림李鎬林 씨를 찾어보고 송정식宋廷植 군도 보았다. 김병룡金秉龍 군도 찾어보았다. 오날 맑었다.

8월 24일. 맑다. 최익한崔益翰 군을 찾었다 못 맞나고 돌아왔드니 익한 군이 저녁에 찾어왔다.

8월 25일. 맑다. 학교에 가서 보니 생도生徒는 통 오지 아니하였다.

불교회에 갔다오는 길에 김사영金思濚 군을 만나 같이 그 집으로 가서 저녁밥을 얻어먹었다. 경炅이를 찾었다 못 보았다.

8월 27일. 구름 끼었다. 오날도 학교에 생도 출석은 몇 못 된다.

8월 28일. 아츰에 비오다 그치고 점심때 또 비가 왔다. 직원회가 있었다. 임 교장任校長을 찾어보았다.

8월 28일. 구름 끼었다. 직원회가 있었다. 불교회로 하여서 병구秉矩네 집을 찾어보았다. 밤 열 시에 누님과 같이 남행南行하는 열차列車를 타고 경성역驛을 떠낫다. 서재학徐在學 군이 와서 전송한다. 차ㅅ속에 대종교大倧教 축 삼사 인을 맞나고 리중건李重乾, 조룡해趙龍海 군을 맞나 동행하였다.

8월 29일. 구름 끼다. 오전 두 시에 태전太田서 나려서 기다려 가지고 여섯 시에 호남행 렬차에 옮아 여달 시쯤 하여 강경에서 나렸다. 주막에 들어 조반을 사 먹고는 걸어가다, 망성 면사무소望城面事務所를 지나서 참외ㅅ막을 맞나 수박 한 개를 사 가지고 누님과 서로 먹다 먹다 못 다 먹고 말었다. 값은 이십 전. 그리고 고산古山리 앞에 오다가 종從형과 병륙이를 맞나(강경장 보러간다) 집 소식을 듣고 여긔서붙어 붓을붓을 나리는 비를 줄곳 무릅쓰고 집에까지 갔다. 숲말 김랑金郞도 와 있고 로성 아주머니도 와 게신다.

8월 30일. 음침하다. 대ㅅ들 보에 가서 목욕하였다.

8월 31일. 음침하다. 김랑은 떠낫다. 찬燦, 돈燉, 김용순金用淳, 변일섭邊日燮, 송석희宋奭熙, 김효직金孝直, 리완옥李完玉 군들이 찾어왔다. 점심들을 먹고는 갔다.

9월

9월 1일. 구름 끼었다. 무덥다. 팔월 초삼일. 우리 할아버님 대긔ㅅ날이다. 로성 아자씨도 오시고 석범錫範이도 오고 동내ㅅ사람, 근처ㅅ사람 아울어 수백 명은 모였다. 밤에는 비가 온다.

9월 2일. 구름 끼었다. 첫새벽에 행사行祀를 하였다. 조반 후에는 모였든 사람들이 다 각기 돌아갔다. 석범 군도 떠났다.

9월 3일. 맑다. 첫새벽에 걸어서 강경이를 왔다. 열한 시 차를 타고 한 시간쯤 지나 두게豆溪서 나려 발우 막은골로 들어갔다. 알애ㅅ말에서 저녁을 먹고 우ㅅ집에서 또 저녁을 먹고 열 시는 되어 떠났다. 차는 열두 시가 지나서 탔다.

9월 4일. 맑다. 아츰에 서울을 왔다. 학교에 가니 직원회가 있다. 조 형의 편지가 와 있다.

9월 5일. 맑다. 직원職員과 이사理事와 한데 회를 열었다. 그리고 의견意見들을 말한다. 밤에 숙직. 임 교장과 장학감은 사직.

9월 6일. 흐렸다가 맑었다. 직원회가 있었다. 불교회에 가서 석전石顚을 맞났다.

9월 7일. 소낙비가 지났다. 학교에 특근. 김용순金用淳, 리중갑李重甲 군께 편지하다.

9월 8일. 밤에 비오다. 학교에서는 보결시험補缺試驗을 보았다. 석전이 찾어왔다. 김용순 군의 편지가 왔다.

9월 9일. 맑다. 조 형의 편지가 왔다.

9월 10일. 맑다. 학교에서는 보결시험을 맞후었다. 수당을 찾어가서 못 보았다. 직원회가 있었다.

9월 11일. 맑다. 도燾, 경炅, 리종하李鍾河 군이 찾어와 본다. 야학夜學을 시작하였다. 두어 시간을 가서 가르쳤다. 직원회.

9월 12일. 맑다. 학교의 맹휴생盟休生들은 재입학을 하여 자꾸 들어온다. 직원회. 집에 편지 붙이고 김성수金性洙 군에게 가서 문상을 하였다.

9월 13일. 맑다. 추석秋夕. 조천절朝天節. 학교의 맹휴생盟休生들은 거의 다 복교를 하였다. 직원회. 회선시교당會善施教堂에 가서 조천절朝天節 축하식祝賀式에 참여하였다. 김용순金用淳이 찾어왔다. 불교회에 가서 조용주 군을 맞나 같이 김준희金駿熙를 찾어갔다가 못 맞났다. 익한 군이 찾어왔는데 밤이 깊도록 니약이 하였다.

9월 14일. 맑다. 학교에 특근. 직원회. 밤에 구룡산舊龍山 대시인포大柴印鋪에 가서 수정水晶 인장 하나를 맡기고 왔다.

9월 15일. 맑다. 학교에는 생도들이 몯아 와서 공부들을 한다. 한충 군을 더불고 진고개를 갔었다. 김용순金用淳 군이 찾어왔다.

9월 16일. 맑다. 정충시鄭忠時 군에게 편지를 하였다.

9월 17일. 맑다. 불교회를 가서 놀았다.

9월 18일. 맑다. 관훈동寬勳同 고책사에서 『동국여지승람東國輿地勝覽』 전질全帙을 구 원 주고 사왔다.

9월 19일. 맑다. 한충韓冲 군과 같이 리한복李漢福 무호無号ㅅ 집을 찾었다. 글시쪽, 그림쪽을 보인다. 돌아오다 대관원에 저녁을 먹었다.

9월 20일. 맑다. 김용순金用淳 군이 찾어왔다.

9월 21일. 아츰에도 소낙비, 저녁에도 소낙비. 문일평文一平, 권찬규權贊奎. 최익한 군이 찾어와서 종일 담화하였다.

9월 22일. 맑다. 직원회. 학교에서는 김형배金亨培 신임교장 新任校

長 츄임식就任式이 있었다. 정충시 군의 편지가 왔다.

9월 23일. 맑다. 전주 산다는 최성렬崔成烈이 찾어왔다. 저녁에 명월관明月館에 가서 전교장 임경재任璟宰 씨 송별送別회를 열었었다. 밤이 깊어서 파하였다.

9월 24일. 소낙비가 오고 울에가 울고 번개가 번적거리고 우박이 쏟아졌다. 이 모양을 육칠六七 시간時間 게속하였다. 병륙이 편지를 보았다.

9월 25일. 맑다. 제주濟州 고성주高性柱의 편지를 보았다. 김성수金性洙 군을 찾어가서 송진우宋鎭禹 군도 맛낫다. 송은 전보다 매우 친절하게 군다. 서재학徐在學 군을 다리고 진고개를 가서 그릇을 사왔다.

9월 26일. 맑다. 서재학徐在學 군을 다리고 야시夜市에 갔었다.

9월 27일. 맑다. 신임 교장 김형배 씨가 식도원食道園에서 석찬회夕餐會를 열었다. 가 얻어먹었다.

9월 28일. 맑다. 아츰 여달 시에 경성역京城驛에 가서 가권家眷 일행一行을 마지하였다. 다리고 갔든 서재학徐在學 군에게는 짐을 찾어가지고 오라 하고, 순덕 아범에게는 나의 처와 아기를 인력거人力車에 태워 보내고 나는 병륙이와 바당이 누님과 영희와 태전이를 더불고 전차로 하여 게동桂洞ㅅ집을 들어왔다. 먼저 있든 재학在學 군의 가권은 가회동嘉會洞으로 이사移徙를 하였다. 저녁에 야시夜市에 갔다오니 김영운金永運 군이 찾어와 있다.

9월 29일. 맑다. 매헌(韓冲君 号)이 찾어왔다. 광성운송부廣成運送部에서 짐을 가져왔다. 몯아 열두 덩이. 강경이에서 서울까지 오기에 십여 원이 먹혔다. 김용순 군이 찾어왔다. 병륙이와 재학 군을 식여 문짝을 발었다.

9월 30일. 맑다. 병륙이가 영희를 다리고 수송壽松동 보통학교에 입학 식이러 갔드니 자리가 없다고 핑게를 하고 그냥 돌려보냈다. 김영운金永運 군이 미리 여긔다 부탁까지 하였다는 것이 이 모양이다.

10월

10월 1일. 맑다. 오날은 논다. 시정 긔념날이라고. 오문호吳文浩 군이 찾어왔다. 같이 아츰밥을 먹었다. 오재순在淳을 찾어갔다 못 맞나고 돌아오다. 불교회에 들었드니 리홍규弘圭 군이 상고를 하였다기에 부의 일 원을 하였다. 김사영金思潁 군도 찾어보고 김용순金用淳도 찾어 보았다. 병륙이는 제 처가에 가서 아니 온다.

10월 2일. 맑다. 병륙이가 돌아왔다. 박창희朴昌羲 군께 전화.

10월 3일. 맑다. 밤에 비. 오후 네 시에 창희 군을 찾어가서 못 맞났다. 김용순金用淳 군도 오고 석전도 왔다.

10월 4일. 맑다. 오후에 창희 군을 찾어가서 못 맞났다. 리중건重乾 군을 찾어보고 담화하였다. 병륙이는 오후 열 시 차에 떠났다. 밤은 꽤 차다.

10월 5일. 맑다. 학교에 일직. 교동보통학교 학교운동장에 와서 운동회를 하노라고 종일 떠든다.

10월 6일. 맑다. 오후 네 시에 박창희를 찾어보고 산판山坂일을 물어보았다. 목포木浦 사는 김종환金鍾桓이가 동향 지인으로 지금 학무국에 있는 남궁영南宮營에게 청을 하여 수단을 부리는 모양. 그려서 재결裁決이 곳 못 되는 모양이라고 한다.

밤에 병구 자당이 찾어와 본다. 병륙에게 편지하였다.

10월 7일. 맑다. 애류와 같이 최익한崔益翰 군을 찾어갔다. 거긔서 리영선李英善 군을 맞나 발우 작별하고 정인보鄭寅普 군을 맞나서 같이들 락원동樂園洞으로 가 리능화李能和 씨를 더불고 청련사青蓮寺로 나갔다. 저녁밥을 식여먹고 담화하다가 밤이 깊어서 돌아왔다. 오날은 구월 구일이고, 최 군의 출옥 만긔일이라고 최 군이 이 몯임을 한 것이다. 동희가 감긔로 중통重痛한다.

10월 8일. 맑다. 동희가 좀 낫다.

10월 9일. 맑다. 음랭. 김영운 군이 밤에 왔다.

10월 10일. 맑다. 신명균申明均 군을 찾었다 못 보았다.

10월 11일. 맑다.

10월 12일. 맑다. 회선교당에 갔었다. 영운 군의 부인이 와서 놀다갔다. 막은골로 편지를 붙였다. 조 형께도 편지를 붙였다.

10월 13일. 맑다. 밤에 최익한崔益翰 군을 더불고 정인보鄭寅普 군을 찾어갔다. 거긔서 벽초碧初(홍명희洪命熹)도 맞나 니악이를 하다가 밤이 이윽하여 돌아왔다. 석전이 장안사長安寺에서 편지하였다.

10월 14일. 맑다. 따뜻하다. 아츰에 로석老石 어른이 추사 필첩秋史筆帖을 가지고 와 보인다. 추사의 글시인 듯하나 그다지 잘 썼다고는 할 것이 없다.

10월 15일. 비가 왔다. 종형의 편지가 왔다.

10월 16일. 오전 세 시에 일어나서 다섯 시에 밥을 먹고 여섯 시에 경성역京城驛에 갔었다. 모처럼 양복을 닙고 갔드니 나를 아는 이들은 보고 이상하게 녀긴다. 정거장에 한참ㅅ동안 기다리니까, 생도들이며 선생님네가 모여든다. 서상란徐相鸞 선생, 강전姜筌 선생, 장석륜張錫倫 선생과 일학년생 일백칠십 명과 같이 일곱 시 십오 분 남행차南行車를 타다. 한 시간쯤 지나서 수원水原역에서 나렸다. 우리 일행은 발우 가서 잠업시험장蠶業試驗場, 고등농림학교高等農林學校, 권업모범장勸業模範場, 서호西湖를 구경하고, 돌우 정거장 근처 영창永昌, 수매화산려관水梅華山旅館에서 점심을 먹고 오후에는 팔달문八達門, 화홍문華虹門터, 방화수류정訪花隨柳亭, 장안문長安門, 운한각雲漢閣을 가보고 점심 먹든 려관旅館으로 돌아와 버렸다. 밤이 좀 깊어서 생도가 들어 자는 방마다 돌아단기며 보았다. 잠을 아니 자고 떠드는 생도가 많다. 오날은 그다지 피곤하지 아니하였고, 여럿이 한 방에 모였음으로 그러나 부다.

10월 17일. 맑다. 오전 팔 시에 떠나, 상류천上柳川, 하류천下柳川, 황교皇橋, 대황교大皇橋를 지나, 화산花山에 니르다. 이 산은 높지는 아녀도 매우 그윽하여 주위周圍가 사십 리는 되는데 백여 년百餘年 묵은 소나무들이 총총들이 들어섰다. 우리 일행은 그 소나무 사이ㅅ길을 들어이리 굽을, 저리 굽을 하여 룡주사龍珠寺를 지나, 륙릉隆陵을 찾어보았다. 이 릉은 사도세자思悼世子의 릉. 릉 우에는 이운 풀만 있다. 나는 생도生徒 일동에게 세자世子의 사적을 말하고 혼자 그 근처 건릉健陵(정종대왕릉正宗大王陵)을 찾어보고는 용주사龍珠寺로 오니 일행은 점심을 먹는다. 오후에 발우 떠나 수원 정거장 앞에 와서 능금을 사서 생도들에게 낞어 주고 네 시 오십 분 차를 타고 서울로 왔다.

십리장제十里長堤

상류천上柳川 하류천下柳川, 황교皇橋 지나 대황교大皇橋
이 길로 단이시든 님은 어데 가셨는고.
지금에 여러 사람만 오락가락하더라.

육릉隆陵(사도세자思悼世子 장헌대왕릉莊獻大王陵)

화산花山의 꽃나무도 좋은 시절時節 다 보내고

쓸쓸한 가을바람에 낙엽落葉만 흣날린다.

이 중에 왕王의 묻엄도 풀만 욱어 있더라.

10월 18일. 맑다. 태전太田이가 몹시 앓는다. 약을 지어다 먹였다.

10월 19일. 맑다. 신명균申明均 군을 찾어보고 영희英熙 입학入學의 힘쓴 일을 치사致謝하였다. 구룡산舊龍山 대시인포大是印鋪를 가 보고 돌아오다가 매헌梅軒을 찾어보고 같이 나서 익한益翰 군을 찾어 못 보고 집을 돌아왔다.

10월 20일. 맑다. 갑작이 춥다. 애류가 밤에 와 놀다 갔다.

10월 21일. 맑다. 로석 어른을 찾어보다.

10월 22일. 맑다. 재학在學 군의 부인이 찾어왔다. 『신소년新少年』 원고를 썼다.

10월 23일. 맑다. 림종상林鍾尙 군이 찾어왔다. 같이 저녁을 먹고 나는 야학夜學에 갔다.

10월 24일. 맑다. 생도生徒의 가정방문家庭訪問을 하였다. 매헌을 더불고 대시인포大柴印鋪에 갔다 못 맞나 보았다. 정충시 군, 리한주 군의 편지가 왔다.

10월 25일. 맑다. 불교회로 하여 청년회관靑年會館 고려미술전람회高麗美術展覽會를 가 보았다. 저녁에는 천도교당天道敎堂에 가서 중학생中學生 웅변대회雄辯大會의 변논辯論을 들어보다. 사회문제社會問題, 교육문제敎育問題를 가지고 떠든다. 열 시에 파하여 왔다.

10월 26일. 맑다. 로석 어른하고 락원동樂園洞 가서 독 하나를 사놓았다. 찬燦 군의 편지가 오다.

10월 27일. 구름 끼었다. 밤에는 비. 밤에 림상종林常鍾 군을 찾어가 놀다가 비를 무릅쓰고 돌아왔다.

10월 28일. 맑다. 바람이 불었다. 아츰에 영희英熙를 다리고 녀자보통학교에 가서 입학을 식혔다. 대시인포大柴印鋪에 가서 수정인水晶印을 찾어왔다. 오후 네 시 반에 래청각來青閣(경성일보사京城日報社)에 가서 관야정關野貞 박사博士[1]의 고구려高句麗의 평양平壤 급及 장안성長安城에 대한 니악이를 들었다.

10월 29일. 맑다. 생도 가정방문. 병륙 군의 편지, 룡해龍海 군의 편지가 왔다. 집에 편지를 붙였다. 일 원을 대종교大倧教에 긔부.

10월 30일. 맑다. 상달 초사흘[十月三日]. 개천절開天節. 직원회. 야학을 맞히고 회선교당會善教堂에 가서 천병天餅을 얻어먹었다. 『문예강좌文藝講座』를 주문하였다.

10월 31일. 맑다. 애류崖溜랑 같이 정신여학교貞信女學校에 가서 자선시慈善市를 구경하고 훈련원訓練院으로 돌아오다.

11월

11월 1일. 비. 오후엔 맑었다. 일본서 소택비행긔所澤飛行機가 와서 한

---

1 관야정(關野貞 세키노 다다시 1967~1935). 일본의 동양건축가이자 미술사학자. 동경제대 교수를 지냈으며, 1902년 이후 한국에서 미술과 건축을 연구하였다. 조선고적 도보 간행으로 프랑스 학사원상 수상.

강ㅅ가에서 폭탄 나려 터치는 구경이 있다하여 생도들을 다리고 갈 양으로 오전 다섯 시에 일어나 닐곱 시에 학교에 가서 보니 소택비행긔가 오다가 중간에서 탈이 나서 못 온다는 기별이 있다. 오후에 매헌을 찾었드니 매헌은 없거늘 그 제씨를 더불고 봉원사奉元寺로 나갔다. 부호富豪의 아들 정방해鄭邦海가 그 다리고 사든 조홍매趙紅梅를 위하여 칠칠七七재를 지내준다는데 중들이 많이 모였고 구경ㅅ군도 많고 림상종林尙鍾 군, 김승렬金承烈 군도 와 있다. 발우 돌아오려다가 림, 김에게 붙들리어 자다. 저녁에는 박일병朴一秉 군이 조홍매의 제문祭文을 지어 가지고 와서 몸소 꿇어앉어 제문을 읽는다. 그 제문이 어떻게 긴지 한 시간 반을 읽는다. 이 사실은 들어본즉 대개 이러하다. — 정방해鄭邦海가 삼년 전에 진주晉州 기생 조홍매를 보고 친하여 그 뒤로 서로 죽자 살자 하다가 올 녀름에 홍매가 서울을 와서 같이 노닐고 한 달포 만에 돌우 진주를 행하여 가는데 경성역에서 영별永別한다는 홍매의 주는 술ㅅ잔을 받고 리별한 뒤에 정은 그 정을 못 니겨 한강에 가서 죽으려 하거늘 그 가인家人이 다시 진주 가서 홍매를 다려다주어 따로 치가를 하고 곳잘 지나는데 진주에는 홍매의 어미가 있어 서울 살림을 반대反對하는지라, 홍매는 진퇴량난進退兩難하여 갑작이 양재ㅅ물을 사먹고 죽었다. 정이 그걸 퍽 불상하게 녀기고 논을 팔어다 홍매의 비각碑閣을 지어주고 제위답을 사 주고 재를 지난다고. 동경으로 『문예강좌文藝講座』를 주문했다.

11월 2일. 맑다. 아츰밥 먹고는 떠나오다, 둥글재[円嶠]에 올아 잠ㅅ간 쉬고 나려오다는 오상순吳相淳을 찾었다. 못 보고 불교회로 와서 검은고를 들었다.

11월 3일. 맑다. 조 형의 편지 왔다. 오후 네 시에 애류하고 영도사永導寺로 나아갔다. 우리말연구회硏究會의 담화회談話會를 열었는데 모인 이가 몯아 열하나. 저녁을 식여먹고 아홉 시에 돌아왔다.

11월 4일. 맑다. 리한주李漢周 군의 편지가 오다.

11월 5일. 맑다. 생도生徒의 가정방문.

11월 6일. 저녁때에는 구름 끼었다. 조룡해趙龍海 군께 답장.

11월 7일. 오전에는 맑다가 오후午後에는 갑작이 바람이 일어나고 소낙비가 오고 우박이 쏟어진다.

11월 8일. 맑고 차다. 익한 군을 찾어보고, 석탄石炭 때는 틀을 만들고 무연탄無煙炭 오십 덩이를 사오다. 일 원 이십오 전. 조 형께며 찬燦 군君께 편지를 붙였다. 밤에는 천도교天道教당(낙원동樂園洞)에 가서 휘문학교 문우회(생도끼리 하는 회)에서 하는 음악회音樂會의 음악音樂을 들었다.

11월 9일. 맑다. 퍽 춥다. 아츰에 수도水道도 꽁꽁 얼었다. 김용순金用淳 군을 찾어보고, 박창희朴昌羲 군은 찾었다 못 맞나고, 불교회에 가서 참선參禪도 하고, 검은고도 들었다. 저녁에 김영운金永運 군을 찾었다 못 보았다.

11월 10일. 맑다. 좀 눅었다. 조룡해 군께서 편지 왔다.

11월 11일. 맑다. 바람이 분다. 배추 이백륙십 통에 십이 원十二円. 고명ㅅ감 일 원一円 오십 전五十錢을 주고 사오다. 전동典洞 공설시장公設市場에서.

11월 12일. 맑다. 오후엔 구름 끼었다. 소곰 한 통(九斗, 小斗)에 삼 원 주고 사오다. 오철호吳徹浩 군께 편지하고 수당을 찾어보다.

11월 13일. 맑다. 광화문光化門 우편국에 가서 저금 이 원二円을 찾어오다.

11월 14일. 맑다. 전동 공설시장에서 무 이백오십 개를 이 원 팔십 전에 사오다.

11월 15일. 맑다. 조룡해 군께 편지 붙였다. 『문예강좌文藝講座』가 오다.

11월 16일. 맑다. 애류崖溜랑 권찬규權贊奎 군이랑 같이 진고개를 가서 책사를 더듬어보고 왔다. 익한 군도 오고, 병구의 자당도 오다.

11월 17일. 맑다. 장현식張鉉軾 군이 찾어왔길래 저녁을 같이 먹고 니악이 했다.

11월 18일. 맑기도 하고 구름도 끼었다. 아츰 아홉 시에 룡산역龍山驛 앞에로 가서 여러 생도들을 더불고 동작銅雀이 나루 근처로 가서 소택비행긔의 폭탄 나려 터침을 보았다. 서울 안 중등中等 남녀학교에서 거의 다 나왔다. 비행긔는 높이 떠서 돌아단이드니 폭탄을 널운 사장沙場에다 나려 던진다. 갑작이 쾅 소리가 나며 먹구름 같은 연긔가 푹 솟아오른다. 그리고는 비행긔는 돌아단이며 색지色紙ㅅ도막을 던져 날리고 남산을 넘어갔다. 우리는 그 옆의 련병장練兵場에 와서 헐어졌다. 나는 한순현韓恂鉉 군하고 오다, 남대문안 시장을 구경하고 오후午後 세 시에 집에 왔다.

11월 19일. 구름 끼었다. 안국동安國洞 시장柴場에서 장적 시므다발(한 다발에 열닐곱 가비)을 들여오다. 값은 십오 원. 월급이 나면 주기로 하고.

11월 20일. 비가 오다. 저믈도록 날이 궂었다.

11월 21일. 비가 오후에는 그치었다. 바라보니 북악산北漢山 꼭대기에는 눈이 하얗게 쌓였다. 저녁에는 바람이 분다. 쌀 한 가마니를 들여왔다. 가회동嘉會洞 싸전에서. 값은 십구 원. 장적을 패어 건너방 아궁지에다 한 아궁지를 피었드니 매우 더웁다. 그러나 건너방은 워낙 외풍이 많아 방바닥 외에는 더운 줄을 모르겠다. 김락순金洛淳 군이 모레

장가간다는데 가리 한 작[三円]을 부조하였다.

11월 22일. 맑었다 흐렸다 한다. 직원회. 락순 군의 집에서 약藥밥 한 그릇을 가져와서 잘 먹었다. 집에서 편지가 왔다. 송촌 종수從嫂가 아들을 나 놓고 굿기었다. 아아 저 일은 어찌하나? 굿기는 이는 굿겼으려니와 그 아들을 어떻게 기를가? 더구나 어려운 가세에 더구나 이 치운 겨울을 어이 날가? 큰 걱정이다. 큰 걱정이다. 밤에는 눈이 와 쌓였다.

11월 23일. 흐렸다. 최익한崔益翰 군을 찾어보고 락순 군을 찾어보고 불교회佛教會로, 회선시교당會善施教堂으로 하여 돌아오다.

11월 24일. 흐렸다. 박창희朴昌羲 군을 찾어보고 끝에삼촌의 편지를 전했다. 집에 편지를 붙였다. 무연탄 일천이백 개 사오다.

11월 25일. 비. 밤에는 눈. 은동隱洞서며 집에서 편지가 오다.

11월 26일. 맑다. 저녁에 로석 어른 찾어보고 니악이도 듣고 술도 얻어먹었다.

11월 27일. 맑다 흐리다 하였다. 은동隱洞이며 하경렬河慶烈 씨게 편지하다.

11월 28일. 흐렸다. 퍽 눅었다. 눈이 많이 녹었다. 저녁에 회선시교당會善施教堂에 가서 놀았다. 리중건李重乾, 신명균申明均 군을 맞나보고.

11월 29일. 흐렸다. 저녁에는 비가 온다. 불교회로 하여 수당한테 나아가 보고 한시漢詩를 의논議論하다 오다. 조룡해趙龍海 군의 편지며 찬燦 군의 편지가 왔다.

11월 30일. 맑었다. 바람이 몹시 불었다. 밤에도 그치지 아녔다. 조룡해 군께 답장했다. 김용순用淳 군을 찾어가 보고 같이 장현식張鉉軾 군을 찾었다가 못 보고 진고개로 하여 오다가 나는 매헌梅軒을 찾어보고 불교회를 왔드니 문일평一平, 안확安廓 군이 리능화李能和 씨하고 조선력사朝鮮歷史에 대하여 니악이를 하고 있다. 니악이를 끝내지 못하고 같이들 리능화 씨 집에 가서 그의 사료史料 초고草稿를 보고 니악이 니악이 하다 돌아왔다. 와룡동臥龍洞에 가서 누님을 찾었다 못 맞났다.

12월

12월 1일. 흐렸다. 동수同洙 군 편지가 왔다. 숙직宿直.

12월 2일. 흐렸다. 저녁때 장적을 한참 패었드니 허리가 앓브다.

12월 3일. 맑었다. 김창진金昌鎭, 김용순金用淳 군이 찾어왔길래 저녁을 같이 먹었다. 김영운金永運 군이 찾어왔다.

12월 4일. 흐렸다. 하경렬河慶烈 씨의 편지가 왔다. 로석 어른이 오셨다.

12월 5일. 맑다. 절초切草 한 근斤을 샀다. 은동을 가지고 가려고.

12월 6일. 맑다. 오전午前 네 시에 일어나 다섯 시 반에 떠나다. 동희東熙 모자는 인력거人力車를 타고 나는 걸어서, 경성역京城驛에 가니 여섯 시 이십 분二十分은 넘었다. 사십 분四十分을 더 기다리어 차를 탔다. 룡산을 지날 제 날은 다 샜다. 점심때는 되어서 한발 가 나려 발우 전주全州려관으로 들어 밥을 사 먹고 네 시간을 지나 호남행 차湖南行車를 타고 거의 다섯 시는 되어 두게豆溪역에서 나렸다. 은동隱洞서 나온 하인들에게 동희東熙는 업히고 짐은 지이고 우리는 앞뒤 서서 은동으로 들어갔다. 안팕에 사람들이 많이 모여 있다. 안에서는 음식을 만드노라고 썩 부산하다.

12월 7일. 눈이 오다가 맑었다. 날은 푹하였다. 오날은 음력陰曆 십일 월十一月 십일 일十一日. 장모의 환갑還甲날. 대청마루에다 음식상

飮食床을 버려 놓고 헌수獻壽를 한다. 먼저 진사어른 내외분에게 그 자손子孫들이 헌수를 맞히니 진사어른 내외분은 다른 데로 가고 장모 내외분이 헌수를 받는다. 처음에 동수 군 내외, 그 다음에 그 따님들, 그 다음에 나와 리창구李昶求 군, 그 다음에 손자며 종손들, 질부들이 나서 헌수를 하였다. 사람들은 어제보다 더 많이 모였다. 이 사람ㅅ속에서 술도 먹고 떠들고 하다가는 하루를 보내는 줄 모르게 보냈다.

12월 8일. 맑다. 다수운 봄날 같다. 동희가 감긔로 좀 앓는다. 아츰밥을 오전午前 열한 시쯤 얻어먹고 안에 들어가 재촉을 하여 동희 모자와 리춘세李春世(처의 외숙) 씨와 같이 떠나 불이낳게 두계역에 차를 타고 한밭 와서 두어 시간 기다리어 특대급행特大急行 차를 타고 오후午後 닐곱 시쯤 하여 경성으로 돌아왔다.

12월 9일. 바람도 불고 눈도 온다. 박창희朴昌羲 군이 전화電話하고 맞나자고 하였기에 하학한 후 발우 가보니 돈 이십 원을 변통해 달라고 한다. 동희 약을 지어다 먹였다. 애류가 당귤唐橘 하나를 준다. 누가 제주濟州서 가져온 것이라고.

12월 10일. 바람이 좀 불고 눈도 좀 뿌렸다. 매우 칩다. 누님께 이십 원을 얻어 박창희 니름으로 전신 위체로 하여 영천군청永川郡廳에 가 있는 림병억林炳億이란 이게 보내주었다. 학교에서 쓰는 열쇠를 잃었다.

12월 11일. 맑다. 무첩 치웁다. 저녁에 민규식閔奎植 씨 집에 가서 음식을 먹었다. 득남得男한 턱이라고.

12월 12일. 맑다. 은동서 편지가 오다. 권상로權相老 퇴경退耕이 찾어와 『불교佛敎』의 원고原稿를 재촉한다. 량백화梁白華 군이 『국지관걸작집菊池寬傑作集』을 가져왔다.

12월 13일. 맑다. 은동ㅅ편지 답장을 하였다. 김용순金用淳 군이 찾어와서 돈 오 원을 꿔어 달라서 주었다.

12월 14일. 맑다. 리창구李昶求 군이 찾어왔다. 익한 군이 찾어왔다. 저녁에 대종교 진흥회大倧教振興會의 초대招待를 받어 대관원大觀園에 갔었다. 그 회장會長 박룡태朴龍泰가 계선시교당桂善施教堂과 회선시교당會善施教堂이 화합和合하라는 말을 하다가 신명균申明均 군한테 강경强硬한 론박論駁을 받었다. 청료리를 얻어먹고 돌아오다가 다시 락원동樂園洞에 있는 그 회 사무소에 들어가서 놀다가 술을 얻어먹고 자정子正은 되어서 돌아왔다.

12월 15일. 맑다. 학교에서는 제이학긔 시험第二學期試驗을 보았다.

12월 16일. 맑다. 김용순金用淳 군이 돈 오 원을 보냈다.

12월 17일. 흐리다가 저녁때 맑었다. 가회동嘉會洞 큰 싸점에서 쌀 한 가마니 가져왔다. 외상으로.

12월 18일. 흐리고 푹하다. 얼음이 많이 녹는다. 진산珍山 진준팔陳俊八이란 학생이 김정상金正祥의 편지를 가지고 와 본다. 휘문徽文학교 이학년二學年에 넣어 달라고.

12월 19일. 맑다.

12월 20일. 맑다. 학교에서 시험試驗은 끝났다.

12월 21일. 맑다. 피혁주식회사皮革株式會社에서 단화短靴 한 커리를 사 원 구십 전 에 사왔다. 숙직宿直.

12월 22일. 흐리고 저녁에는 눈이 왔다. 휘문 야학부夜學部에서 복해원福海園 지점支店에서 음식을 사 준다.

12월 23일. 맑다. 학교의 시험성적 고사하기에 매우 밧브다.

12월 24일. 맑다. 학교의 시험성적고사試驗成績考査를 맞혔다. 학교에서 저녁에 식도원食道園에서 망년회忘年會를 하였다. 나는 애류崖溜하고 밥만 먹고는 오다가 매헌梅軒을 찾어보고 로석老石어른을 찾어보았다.

12월 25일. 맑다. 학교에서는 시험성적 발표發表를 하였다. 로성魯城 아자머님께서 편지가 왔다.

12월 26일. 맑다. 밤에 김사영金思濼 군을 찾어보았다.

12월 27일. 흐렸다. 동희가 밤ㅅ새 감기로 대통하였다. 약을 지어다 먹였다. 저녁에 박창희朴唱羲 군을 찾어보았고 송정식宋廷植 군을 찾어보았다. 동희는 신身열이 대단하고 가끔 놀래기도 한다. 익한 군이 찾어오다.

12월 28일. 흐렸다. 동희가 좀 낫었다. 익한 군을 찾어 더불고 조선일보사에 가서 조용주趙鏞周 군을 보고 교육협회로 하여 진고개로 하여 매헌梅軒을 찾어 못 보고 불교회로 와서 리능화李能和 씨를 맞나 어느 술집에로 가서 술을 얻어먹고 오다가 애류崖溜를 맞나 림상종林尙鍾ㅅ 집을 찾어갔다가 못 맞나고 성균관成均館 앞에까지 가서 장현식張鉉軾 군을 찾었다 못 보고 말었다.

12월 29일. 맑었다. 로성魯城 아자머님, 화평花坪 류 형柳兄, 동경東京 찬燦 군께 편지를 붙이다. 밤 열 시에 전주全州를 향하여 떠나다.

12월 30일. 음침하다. 저녁때에는 비가 오다.

아츰에 전주全州 하경렬河慶烈 씨 댁에 찾어가 보고 놀다가 저녁때에 조 형趙兄댁으로 찾어가니 맞힘 조 형과 누님은 그 백부 상을 당하여 태전太田을 갔다가 온다. 여긔서 저녁에 김병직炳稙을 맞나 같이 잤다.

12월 31일. 음산하다. 오후午後에 리광렬李光烈 군과 김준희金駿熙씨를 찾어갔다가 못 맞나보았다. 저녁은 하경렬 씨 댁에서 먹고 밤이 깊도록 놀다가 조 형 댁에 와 잤다.

1925년(단기 4258년)

1925년(단기 4258년) 을축乙丑

1월

1월 1일. 바람 불고 눈도 오다.

아츰에 백용희白庸熙 씨가 찾어왔다. 열 시 차에 떠나다. 하 선생은 정거장까지 나와 본다. 저녁때에 집에 들다.

1월 2일. 맑다. 작은댁이며 종조부댁에 가보았다.

1월 3일. 맑다. 아츰 열 시에 려산 읍내邑內에서 자동차自動車를 타고 와리 가서 긔차汽車를 타고 론메論山가 나려 남신대南新垈 가서 누이를 찾어보고 점심을 먹고는 숲말로 가서 무현武鉉의 집에서 잤다.

1월 4일. 맑다. 무현이를 다리고 고앙이 다리에 니르어 김유현裕鉉 군을 찾었다. 못 보고 그 삼촌 재엽在燁 군을 맞나보고 발우 떠나 련산역連山驛에서 차를 타고 해 질 물엽에 성환成歡 와 나려 눈ㅅ속으로 솔밭으로 헤메어 한우물[大井里], 무내[水川]를 거쳐 지질캉이[知足鄕]에 니르어 오철호吳徹浩 군의 집을 찾었드니 형제가 다 평택 가있다고 한다. 돌아서 오려다가 그 안사랑斜廊에 들어가서 그의 부친父親을 보고 있으니 오문호吳文浩 군이 맞힘 들어온다. 같이 저녁을 먹고 잤다.

1월 5일. 맑다. 그 당질堂姪을 다리고 육상궁교를 지나서 평택平澤에 니를어 어느 매갈이 하는 집에서 오철호 군을 찾어보고 이악이 하다가 정거장 근처에서 점심을 먹고 오후 세 시 반 차에 서울로 돌아오다.

1월 6일. 맑다. 학교에 갔었다. 륜석현尹錫玄이 찾어와서 로성 아자머니 편지를 전한다.

1월 7일. 맑다. 김병룡金秉龍 군과 매헌梅軒을 찾어보았다.

1월 8일. 맑다. 개학식開學式만 하였다. 최익한崔益翰 군을 찾어보다.

1월 9일. 맑다. 여랑 씨가 와 잤다. 조용주趙鏞周 군이 찾어왔는데 저녁을 같이 먹었다. 국여菊如가 찾어왔다.

1월 10일. 구름 끼었다. 밤에 눈이 오다. 정구태鄭求太가 찾어왔다.

1월 11일. 맑었다. 여랑 씨에게 돈 이 원을 꿔어주었다.

1월 12일. 맑다. 명천鳴天 할머님의 편지가 오다. 저녁에 로석 어른과 애류와 같이 장지영張志暎 군의 집을 찾었다.

1월 13일. 맑다. 박창희 군을 찾어 못 맞나다.

1월 14일. 흐리다. 송정식宋廷植 군의 집을 찾어 누님을 못보다.

1월 15일. 흐리고 눈 비도 오다. 누님이 왔길래 작은어머님의 편지며 돈을 전하였다.

1월 16일. 흐리고 푹하다. 전혀 봄날 같다. 하학 후에는 직원회 한다고 전긔ㅅ불이 들어온 뒤에야 돌아왔다. 저녁을 먹고 최익한崔益翰 군을 찾어보고 놀았다.

1월 17일. 맑다. 불교회에 갔었다. 밤ㅅ중에 애류가 찾는다. 애류ㅅ집에 가서 두어 시간 놀았다.

1월 18일. 맑다. 오후에 임경재任璟宰 씨하고 애류하고 와룡동臥龍洞

을 가서 리기창李基昌 군을 찾어보았다.

1월 19일. 맑다. 주재정朱在晶 군의 전화를 받고 하학하고 나오는 길에 불교회에 갔었다. 별로 상의할 일도 없는데 오라고 하였다. 머리가 앓브고 신긔가 좋지 못하다. 밤에도 잠을 잘못 잤다.

1월 20일. 맑다. 감기가 들었다. 종일토록 신기가 좋지 못하고 머리가 앓브니 밤에는 좀 낫다. 숙직.

1월 21일. 맑다. 새벽에 땀을 흘이고 나서는 온몸이 가뜬하고 정신이 상쾌하다. 박창희朴昌羲 군을 찾었다. 못 보다. 리대권李大權 군에게 편지를 하였다.

1월 22일. 맑다. 아츰에 아버님께서 오셨다. 학교 가서 박창희朴昌羲에게 전화하였드니 점심때 찾어왔다. 오후에 한강 스케트회에 갔었다.

1월 23일. 맑다. 갑자년甲子年 제석除夕. 최익한崔益翰 군과 애류崖溜가 찾어와서 밤이 깊도록 놀았다.

1월 24일. 맑다. 을축년乙丑年 정월正月 초初하루ㅅ날. 학교에서는 공부를 한 시간도 덜 식이지 아니하였다. 그러나 생도들은 공부에 마음이 없다. 설날이라고. 저녁에 김기중琪中 씨를 가 뵈았다. 그리고 김성수金性洙 군도 찾어보았다. 맹주천柱天 군의 집에 가서 설상을 받었다.

1월 25일. 맑다. 아츰에 김락순金洛淳 군, 한충韓冲 군이 찾어왔다. 통동通洞 가서 리호성李鎬成 씨를 찾어보고, 청진동淸進洞 가서 병구秉矩를 찾어보고, 장교정長橋町 가서 한세진韓世鎭 씨를 찾어보고, 김병룡金秉龍 군은 찾었다 못 보고 리능화李能和 씨도 찾었다 못 보고 불교회로 가서 박한영朴漢永 씨를 맞나 같이 오세창吳世昌 씨를 찾어보고는 왔다. 김병룡金秉龍 군이 찾어왔다.

1월 26일. 눈이 오다. 리호성 씨가 찾어왔다.

1월 27일. 눈이 좀 오다 말었다. 백우용白寓鎔 군의 집에 가서 설상을 받았다.

1월 28일. 맑다. 꽤 칩다. 매헌梅軒을 찾어보고 상현尙玄ㅅ댁에 같이 가서 설상을 받었다.

1월 29일. 눈이 좀 오고 칩다. 병륙이 편지가 왔다.

1월 30일. 흐리고 칩다. 괜이 신긔가 좋지 못하다.

1월 31일. 맑다. 아버님께서 밤 열 시 목포행차木浦行車에 떠나셨다. 경성역에 나갔었다.

2월

2월 1일. 맑다. 불교회에 갔었다. 석전石顚만 있다.

2월 2일. 맑고 좀 푹하다. 대판옥大阪屋에 가서 보았다. 새로 볼 만한 책은 나지 아니 하였다. 장현식張鉉軾 군을 맞났다. 저녁에 최익한崔益翰 군하고 한충韓冲 군이 찾어왔다.

2월 3일. 맑다. 감긔가 좀 들었다.

2월 4일. 맑다. 추인秋人 어른의 편지가 왔다.

2월 5일. 흐리다. 신긔神氣가 좋지 못하다. 동희東熙가 감긔로 보챈다.

2월 6일. 흐리고 비도 오다. 동희 약 한 첩을 지어다 다려 먹였다. 피상덕皮相德 약방에서. 애들이 불엄을 깨문다 하여 밤과 잣을 수십 전 어치 사왔다. 오날은 을축 정월 열나흔 날. 밤에 눈이 오다.

2월 7일. 눈이 온다. 눈이 오면 곳 녹아버린다. 만일 녹지만 아니면 퍽 많이 쌓일 번하였다. 아츰에 찰밥을 하여 먹였다. 저녁에는 회선시교당會善施教堂에 갔었다. 중광절 경축식重光節慶祝式을 하였다. 오날 오후午後 세 시로 다섯 시까지 애류, 리규방李奎昉, 리원규李原圭 군과 같이 휘문학교에 모여서 우리말 문법文法을 정해 보자고 말하였다. 각기 문법을 초하여 오는 륙월 말末일 안으로 다 만들어 서로 돌려보고 버릴 건 버리고 뽑을 건 뽑아 정하자고.

2월 8일. 맑고 따뜻하였다. 가서 매헌梅軒을 다리고 돌아오니 김영운永運 군이 와서 기다린다. 백우용白禹鎔, 손준모孫俊模 군은 찾어왔다 발우 갔다. 남었든 찰밥과 술을 같이 먹었다. 그리고 김영운 군을 다리고 장석륜張錫倫 군의 집을 보여주었다. 저녁에 최익한崔益翰 군이 찾어와 수일 후 동경류학東京留學을 간다고 한다. 같이 저녁을 먹었다. 동희의 약을 지어왔다. 밤에도 두 차례나 몹시 보채고 운다.

2월 9일. 흐리고 저녁에는 바람이 불고 눈이 펑펑 쏟아진다. 김경중金暻中 씨를 찾어보았다. 저녁에 정인보鄭寅普 군이 찾어왔다.

2월 10일. 칩다. 맑었다. 저녁에 최익한崔益翰 군이 『하정집荷亭集』 한 권卷을 갖다 주며 보라고 한다. 숙직宿直. 밤새도록 북풍이 몹시 불었다.

2월 11일. 일본 긔원절ㅅ날. 아츰에 최익한崔益翰 군을 찾어보고 작별하였다. 오날 떠나 동경東京을 간다. 대단 섭섭하다. 그동안 갓가이 있어 잣우 맞나보드니 인제붙어는 그러지 못하겠다. 그러나 예 있어 그렁저렁 지나는이보다 동경을 가서 공부도 더 잘하는 것이 돌이혀 깃버할 일이다.

열 시에 학교에선 긔원절식을 한다. 나는 종로鐘路로 돌아서 김병룡金秉龍 군을 찾었다 못 보고 오다가 불교회를 들렀드니 아무도 없다.

날은 맑었다. 바람도 좀 불었고 꽤 치웠다. 머리가 좀 묵어운 듯하고 신긔가 좋지 못하다.

2월 12일. 맑다. 동경 찬燦 군의 편지가 왔다. 발우 답장하다. 병택秉澤의 편지가 오다.

2월 13일. 맑다. 병택에게 편지하다.

2월 14일. 맑다. 김병룡 군을 찾어보다. 병택에게 편지하다.

2월 15일. 맑다. 병국炳國이가 왔다. 경성사범師範학교와 대학 예비과시험 보러. 애류하고 김병룡 군하고 숭사동崇四洞을 가서 홍명희洪命熹 군을 찾었다 못 보고 장현식張鉉軾 군을 찾었다 못 보았다.

2월 16일. 맑다. 골안개 끼고 볕은 따뜻하다. 아버님의 하서下書를 받어보았다. 돈 오백 원五百円을 보내셨다. 집값을 주라고.

2월 17일. 맑다.

2월 18일. 맑다. 요마적은 해가 꽤 길었다. 여섯 시에아 전긔ㅅ불이 들어온다.

2월 19일. 맑다. 와룡동 누님이 와서 잤다. 밤은 몹시 치웠다. 쌀 한 가마니를 들여왔다. 십팔 원 륙십 전.

2월 20일. 맑다. 음력으로는 정월 시므여들애 날. 나의 생일. 처妻가 고기도 사고 술도 사고 하여 권 선생을 청하여 같이 아츰을 먹었다.

오후 첫 시간에 2학년二學年 을반乙班 교실教室에 들어가니 여러 생도生徒가 뛰고 닷고 치고받고 야단이다. 한참 규률規律을 가지고 설명說明하여 들겼다.

2월 21일. 음침하다. 아츰에도 날이 샌 줄을 몰았다. 그리고 꽤 치웁다. 아츰 새때붙어 눈이 오기 시작하여 저녁까지 왔다. 오는 대로 쌓여 대 여섯 치나 된다. 길에 가는 늙은이가 "쓸데없는 눈이 오니 쓸데없는 비가 와 사람을 괴롭게 하겠다."고 게두덜거린다. 나는 우산도 아니 가지고 학교에 갔다가 오는 길에 눈을 온통 모릅썼다.

최익한崔益翰 군의 편지가 왔다. 동경은 무사히 간 줄 알었다. 꿈에도 나를 맞나 보았다고 시조를 지어 보냈다. 나는 이렇게 답장을 해 보냈다.

온 밤이 다 새도록 눈보라 치나이다.
강호江戶에 부드치는 무장야武藏野 바람ㅅ소리
님께서 날 찾는 꿈을 깨우는가 하나이다.

2월 22일. 맑다. 회선시교당會善施教堂에 갔었다. 박기홍朴基鴻ㅅ집도 찾어보고 매헌梅軒도 찾어보고는 대판옥으로 하여 왔다.

2월 23일. 흐렸다. 정충시鄭忠時 군께 편지하였다. 오백 원을 류劉길상 군께 주었다. 집값 속으로. 위선 이것만.

2월 24일. 눈이 오다. 세 치는 쌓였다. 아버님께 상서하다.

2월 25일. 눈이 좀 오다. 정충시 군의 편지를 보다. 학교에서 제삼학긔 시험을 본다. 장적 시므 다발을 십사 원에 사다.

2월 26일. 흐리다. 야학부의 조한시험朝漢試驗을 보았다.

2월 27일. 흐리다.

2월 28일. 흐리다. 회선시교당會善施教堂을 가 보았다.

3월

3월 1일. 눈이 온다. 림보환林普桓에게 편지하였다. 「그날」이라는 놀애를 지었다.

3월 2일. 맑다. 숙직.

3월 3일. 흐리다. 조룡해 군께 편지하였다.

3월 4일. 흐리고 맑다. 리호성李鎬成 씨게 편지를 하여 병국炳國에게 보냈다. 저녁에 최익채崔益采 군이 찾어왔다.

3월 5일. 맑다. 바람 끝이 매우 차다. 아츰에 맹석孟錫이가 찾어왔다. 한 일 년一年 강습소講習所를 단이겠다고. 그러나 못될 줄을 말하고 돌아가 마음을 잡어 살림을 하라 닐었다. 리영란李永蘭, 곽병진郭昞鎭이가 찾어왔다. 배가 좀 앓브고 설사가 난다. 아버님 편지를 보았다.

3월 6일. 눈이 와 쌓였다. 밤에 휘문강습소徽文講習所 학생들의 사은회謝恩會가 있었다. 거긔 갔다가 열한 점에야 돌아왔다.

3월 7일. 맑다. 학교에는 오후午後 졸업식이 있었고, 졸업생의 사은회가 있었다. 익채 군이 찾어왔다.

3월 8일. 흐리고 맑었다. 일직. 숙직. 륜석주尹錫疇가 오고 병주秉冑가 왔다. 고등보통학교 입학시험을 보러.

3월 9일. 맑다. 바람 좀 불었다. 조룡해 군의 편지를 받어보았다. 저녁에 회선시교당에 가서 놀다 오다.

3월 10일. 흐리다. 입학시험 문제를 내다. 조선어ㅅ과朝鮮語科.

3월 11일. 흐리다. 매헌梅軒이 찾어오고 조남승趙南承 씨가 찾어왔다.

3월 12일. 맑다. 병구秉矩 집을 가 보았다. 조 형의 편지가 오다.

3월 13일. 눈이 온다. 쌀 한 가마니를 외상으로 재동 싸전에서 들이어 오다. 한 달에 한 가마니를 가지면 먹든 것을 벌서 보름도 못 되어 다 먹었다. 이 모양으로는 월급만 가지고는 도저히 살어갈 수 없다.

3월 14일. 흐리다. 직원회가 있다. 오날도 전등ㅅ불이 들어온 뒤에야 파하였다. 병륙의 편지가 오다. 메주를 보낸다고. 정희政熙 군이 찾어오다.

3월 15일. 맑다. 아츰에 오재순吳在淳을 찾어갔다가 못 맞나보았다. 병주는 제일고보第一高普에 락제落第를 하였다.

3월 16일. 맑다. 륜석주는 중앙학교中央學校에 입학이 되었다. 오날붙어 학교에서는 입학시험을 본다. 저녁때 김도태金道泰 군과 김영건金永建 군과 성북동城北洞을 나아갔다. 수석水石이 꽤 좋다. 바위에 앉어 물ㅅ소리를 듣다가는 창경원昌慶苑 솔숲 속으로 하여 돌아오다. 병주는 밤차에 집으로 돌아갔다. 집에 편지를 했다.

3월 17일. 맑다. 감긔가 좀 들어 머리가 앓브다.

3월 18일. 맑다. 휘문강습소생들이 찾어오다. 본과本科에 진급 편입進級編入이 못된다고 불평을 말한다. 그 사정을 듣고 보면 그도 그럴 듯하다.

3월 19일. 맑다. 첫새벽에 석주는 떠나 제 집으로 갔다. 학교에서는 입학시험ㅅ방을 내었다.

3월 20일. 맑다. 맹석이가 첫새벽에 떠나 제 집으로 갔다. 로자까지 주어 보냈다. 자긔 처지들은 생각지 않고 겨우 서울 올 로비만 있으면 옭아온다. 병주나 맹석이뿐 아니라 서울 온 학생 가운대 대다수가 그렇다. 맹석이도 몸은 튼튼하니 집에 가서 정 할 일이 없으면 지게 하나를 작만하여 가지고 날마다 나무 장사를 하여 넉넉이 살을 것이다. 그래서 밑천을 얻어가지고 규모있이 살어가면 여간 중등학교나 졸업하고 관청이든지 회사에 가서 월급 푼 받는 것보다 더 나을 것이다. 그러나 적으나 하여 중등학교라도 단일 만하면 단이는 것도 괜찮지만 사뭇 엉털이 없는 이들이 고학苦學을 한다고 하니 될 수 있나? 동아일보東亞日報 호외號外가 돌았다. 미주米州에는 엇그제 큰 회리바람이 불어 사람이 천여 명 날려가고 전신電信, 전화電話, 건물建物 등等이 몹시 파괴하였다고. 밤에 아서원雅敍園에서 안등安藤, 좌등佐藤, 장석륜張錫倫 선생들의 송별회가 있었다. 거긔를 갔다가 돌아오다 보니 둥등 네거리ㅅ게로 기마순사騎馬巡査가 오락가락하고 남녀 학생들이 경운동慶雲洞게서 다수히 몰려온다. 천도교당天道教堂에서 동아일보東亞日報 주최主催로 전조선녀자웅변대회全朝鮮女子雄辯大會가 있었는대 발우 만원滿員이 되어 추후追後하여 온 이들이 몹시 야료를 하여 순사巡査가 와도 금지부득하고 필경 웅변회는 흩이고 말었단다. 사람들이 이렇게 수군수군하고 간다. 익채益采 군이 찾어오다. 처가 감기 겸 체증으로 앓는다.

3월 21일. 맑다. 최익채 군이 찾어오다. 학교에 가서 강 선생하고 일학년 석차席次를 정하였다.

3월 22일. 종일 비가 오다. 해토ㅅ비다. 봄ㅅ비다. 비에 가쳐서 김사영金思潫 군이 오라는 걸 못 갔다. 조 형의 편지를 보았다. 객식구가 넘어 많아 퍽 곤난하겠다고 하였다. 자긔도 그런 경우를 더러 당해보았었다고.

3월 23일. 맑다. 직원회가 있다. 여러 가지 의견들을 말한다. 대개 형식形式에만 그치고 만다.

3월 24일. 눈이 좀 오다. 직원회. 김형배 교장이 나더러 삼사학년 조선어를 맡어 가르치라고 한다.

3월 25일. 눈이 오고 바람이 불다. 눈은 땅에 떨어지며 곳 녹아 버린다. 학교에서 제삼학긔와 학년 성적을 발표하였다. 저녁에 식도원食道園에 가서 밥을 먹었다. 학교에서 학년말이라고 먹이는 것이란다.

매헌을 찾었다 못 맞나고 집으로 돌아오니 매헌이 와 기다리고 있다. 조용주趙鏞周 군도 찾어왔다. 전주로 가는 학생편이 있어 조 형에게 편지를 붙였다.

3월 26일. 맑다. 처의 둘재 삼촌이 와 잤다. 맹주천孟柱天 군을 찾어 보았다. 영희英熙가 앓는다.

3월 27일. 맑다. 집에서 끝에삼촌의 부고가 왔다. 지난 이십사일(음 삼월 일일)에 돌아가셨다고. 그동안 병환이 있단 말은 들었으나 이에 니르실 줄이야 꿈엔들 생각하였으랴. 평소에 넘우나 술을 잡수시고 긔벽을 부리시더니, 아마 그런 것이 다 병환이 되어 돌아가셨는가 보다. 전주서 하경렬河慶烈 선생의 편지가 오다. 송정식 군을 찾어보고 거긔서 송완상宋完相 군도 맞나보다. 휘문학교에 가서 조용주 군, 박창희 군께 전화를 하였다. 하경렬河慶烈, 백용희白庸熙 선생이 찾어왔다. 조용주 군도 왔다. 저녁을 하여 대접하였다. 류석주가 왔다. 삼십 원을 량식 값이라고 로성 아자씨가 보냈다.

3월 28일. 맑고 흐리다. 최익채 군이 오다. 같이 매헌을 찾었다 못 보다. 전동춘全東春이 와서 입학을 식여달라고 조른다. 마지못하여 리윤주李潤柱 선생께 편지를 하였다. 청진동 김영천永天 집에 가서 처삼촌하고, 밤 열 시에 부산행을 타고 떠나다. 차ㅅ속에는 사람이 넘우 많아 자리가 매우 비좁다. 한밭 가서는 목포木浦로 가는 차ㅅ간은 띄어놓는 바람에 더욱 혼잡混雜하게 된다. 지리산 가는 최남선南善, 박한영漢永 량씨를 여긔서 맞나다. 자리를 못 얻고 한 구석에 서 있다 한 시간쯤 지나 다행이 빈자리를 얻어 같이 앉어 니악이를 하다가 밤을 새었다.

3월 29일. 비가 온다. 새벽이다. 함열역咸悅驛에 나려서 한참 있다가 상점ㅅ문商店門이 열리는걸 보고 려산 가는 자동차自動車 시간을 묻고 김인수金仁洙 군을 맞나 주막으로 들어가 니악이를 하다 나오니 자동차는 벌써 떠나갔다. 다시 인수 군을 더불고 주막에 들어 술과 밥을 사 먹고 누어 있다가 오후午後에야 자동차를 타고 려산으로 왔다. 비는 개었다. 끝에삼촌에 궤연에 일장 통곡을 하였다.

새벽에 바람 자고 비는 줄줄 나리는데
머잖은 고향ㅅ길을 아니 못가 하올러니
벗 맞나 주막에 들어 해지는 줄 몲아라.

오든 비 개이거늘 저녁 볕에 길을 나니
바람은 솔솔 불고 흰 구름 걷히는 곧에
낯낯이 솟아난 봉오리 눈에 닉어 보이노나.

3월 30일. 맑고 따뜻하다. 모새ㅅ골 종조할아버지를 가 뵈었다. 밤에 꿈자리가 사납다.

3월 31일. 흐리다. 자동차로 와리로 와서 차를 타고 한밭서는 특대급행차特大急行車로 경성을 왔다. 영희英熙가 홍역을 한다. 몹시 괴로워한다. 권 선생이 찾어와 본다.

4월

4월 1일. 맑다. 학교에 갔었다. 시업식始業式이 있었다. 나는 이학년二學年 병조丙組 담임이라 한다. 영희英熙가 퍽 괴로워한다. 연에 승갈

소독음升葛消毒飮을 쓰다.

4월 2일. 맑다. 오날은 모조리 여섯 시간을 짓거리었드니 목이 앓브다.

4월 3일. 구름이 끼었다. 찬燦 군이 찾어왔다. 오래ㅅ만이다. 니악이를 하다가 같이 저녁을 먹었다.

4월 4일. 맑고 바람이 불었다. 오후에 직원회가 있어 사무 분담事務分擔을 하였다. 나는 서무게를 그만두었다. 직원실職員室에는 책상冊床들을 바꾸어 놓노라고 야단이었다. 영희英熙는 좀 낫고 동희가 앓는다. 숙직.

4월 5일. 맑다. 찬燦 군君하고 걸어서 창덕궁昌德宮 뒤로 하여 장현식張鉉軾 군을 찾었다. 오후에 진고개로 하여 돌아오다. 동희가 몹시 앓는다. 밤ㅅ잠을 못 잔다. 약을 지어다 썼다. 인길탕忍吉湯, 시갈탕柴葛湯. 한순현韓恂鉉 군이 떠나는데 경성역까지 가 보았다. 밤 열한 시다.

4월 6일. 맑다. 동희도 홍역을 한다. 승갈소독음을 지어다 썼다. 밤새도록 보채고 잠을 못 잔다. 꽃이 솟는다.

4월 7일. 흐리다. 족숙族叔 영俠 씨가 찾어와 잤다. 동희가 퍽 보챈다. 오날 밤에도 한잠을 못 잤다. 조 형의 편지를 보다.

4월 8일. 흐리다. 영 씨는 떠났다. 처가 또 앓는다. 종희는 얼굴로붙어 온 몸동이에 꽃이 솟아 몹시 괴로워한다. 밤에도 잠을 못 잔다. 처는 죽은 사람으로 정신없이 누었다. 가미대보탕加味大補湯을 지어다 썼다.

4월 9일. 맑다. 처는 좀 낫었다. 김동복金同福을 가 보았다. 저녁에 한충韓冲 군을 찾어보았다.

4월 10일. 맑다. 오후에 찬燦 군을 더불고 장현식張鉉軾 군을 찾어보고 놀다가 저녁을 얻어먹었다. 정렬모鄭烈模 군을 맞났다. 한충 군이 찾어왔다.

4월 11일. 맑다. 백우용伯禹鏞 군이 찾어왔다. 동희는 좀 낫다. 집에 편지를 하였다.

4월 12일. 맑다. 동희는 긔침으로 괴로워한다. 낮에는 그다기 심하지 아니하나 밤에는 심하다. 가끔 한열寒熱이 왕래하고 긔신이 없고 짬을짬을 한다. 약을 사다 쓰다. 정렬모 군, 찬燦 군君이 찾어왔길래 같이 회선시교당會善施教堂에 갔었다. 불교회를 가보았다.

4월 13일. 맑다. 누님이 왔다. 또 전세ㅅ집을 얻어 이사하겠다고. 지난 팔 일에 정추인鄭秋人 선생이 돌아갔다는 부고를 『동아일보東亞日報』에서 보았다.

4월 14일. 맑다. 양건식梁建植 군에게 전화를 하였다. 추인 선생을 신문新聞에 좀 소개紹介하여 보자고. 솝니 정건鄭建 군에게 조장을 붙이고 추인 선생의 력사를 적어 보내라고 하였다. 부의 오 원을 하였다.

4월 15일. 맑다. 박주영朴疇泳 군을 찾어보다. 조선어연구회朝鮮語研究會의 림시회臨時會 통지서通知書를 회원에게 써 보냈다. 찬燦 군君을 찾어보다.

4월 16일. 맑다. 오후에 박주영朴疇泳 군하고 다방茶坊ㅅ골 가서 하규일河圭一 씨를 찾었다 못 보다. 최익채 군이 찾어왔다.

4월 17일. 맑다. 임경재任璟宰 씨를 찾어보았다. 리긔창基昌을 찾어보다. 박창희 군을 찾었다 못 맞나다. 김병룡金秉龍 군도 찾어 못 보았다.

4월 18일. 맑다. 오후에 임경재 씨한테 조선어연구회ㅅ돈 삼십 원을 맡어가지고 아세아亞細亞 두 병을 사 가지고 안정사安靜寺로 나아갔다. 벌서 네 시는 지났다. 두어 시간 지난 뒤에야 조선어연구회원들이 거의 다 모였다. 문법을 긔초基礎하자 의론하고, 저녁밥을 식여먹고는 흩여 왔다.

4월 19일. 맑다. 량건식梁建植 군이 찾어오기를 기다리다가 열 시 반이나 되어 회선시교당을 갔었다. 김병룡秉龍 군이 찾어오다. 류년수柳年秀한테 끌려가서 술을 먹었다. 병국이가 제 외숙모를 다리고 경복궁景福宮에 가더니 병아리 두 마리를 사가지고 왔다. 기를 데도 없는데 사 가지고 왔다고 나물했다.

4월 20일. 맑다. 동희가 기침을 또 몹시 한다. 밤새도록 잠을 못 잔다. 조룡해龍海 군의 편지가 오다.

4월 21일. 비 오다. 가믐비다. 반가운 비다. 저녁 먹고 취운정翠雲亭으로 산보를 갔다. 이 나무 저 나무 닢도 피고 꽃도 피어 붉읏붉읏, 누릇누릇, 푸릇푸릇하여 한창 보기 좋게 되었다. 이리저리 한참 거닐다가 다 어두워서 돌아왔다.

4월 22일. 맑다. 중앙中央학교 옆으로 산보를 갔다가 찬燦 군君은 찾었다. 못 보고 김성수金性洙 군을 맞나 같이 그 집으로 들어가 놀다가 왔다.

4월 23일. 맑다. 림보환林普桓 군의 편지가 왔다. 저녁 먹고 관훈동寬勳洞 가서 림보환 군을 찾어보다. 시조 창법時調唱法 책을 맨들었다고 보이며 교정校正해 달란다. 부르는 시조도 듣고 그 책에 대하여 의론도 하다가 왔다.

4월 24일. 맑고도 흐렸다. 정건鄭建 군도 찾어오고 량건식梁建拭 군도 찾어왔다. 추인秋人 어른 이악이도 하고 시조 이악이도 하다가 저녁을 같이 먹었다. 건식 군은 나의 시조원고原稿를 가져갔다. 『시대일보時代日報』 문예란文藝欄에 내보겠다고. 장지영張志暎 군의 전화電話가 왔다. 래일 맞나자고.

4월 25일. 비가 오다. 오후午後 세 시에 옥천동玉川洞 장지영 군의 집을 찾어갔다. 개성開城 리춘常春 군, 보성普成학교 리규방奎昉 군, 학무국 리원규李源奎 군도 찾어왔다. 우리 문법文法 긔초基礎를 의론하였다. 그리고 그 후원後園에 올아 꽃들을 구경하고 저녁까지 얻어먹었다. 병택秉澤이 편지를 보았다. 집안 걱정이 이러니저러니 하였다.

4월 26일. 흐렸다. 아츰에 애류崖溜가 왔다. 같이 아츰을 먹고 이약이 장단을 하였다. 매헌梅軒을 찾어보았다.

4월 27일. 맑다. 회선시교당會善施教堂을 가보았다. 『신소년新少年』 편집編輯에 부산하다.

4월 28일. 맑다. 영희英熙, 동희東熙가 우두牛痘를 넣었다. 림시 직원회.

4월 29일. 맑다. 정건鄭建 군의 편지를 오다.

4월 30일. 맑다. 학교에서는 아츰 여달 시에 떠나 우이동牛耳洞으로 원족遠足을 가다. 삼선평三仙坪, 되넘이, 미아리彌阿里, 무넘이[水踰里]를 지나 우이동을 니르니 여긔저긔 성긋하게 있는 벗지나무에 꽃은 아즉 다 피지 아니하였고 그 우 깊은 골, 바위 틈에서 얼음이 녹아 시내ㅅ물은 꽤 많이 흐른다. 우리 일행보다도 먼저 온 일인의 중학교 축이며 신사紳士축들은 군데군데 모여 앉어 음식을 낳어 먹으며 떠든다. 우리도 시내ㅅ가에 자리를 잡고, 점심을 먹고 나는 이리저리 거닐며 단이다가 손병희孫秉熙 씨 묻엄도 찾어보고, 산에 올아 사면을 바라보다는 돌아오다. 인절미를 낳어 먹이고 오후 다섯 시 반 삼선평三仙坪에 와서 흩이었다. 숙직.

5월

5월 1일. 맑다. 병륙이 편지가 오다. 어머님이 오신다고. 중앙학교에 가보았다.

5월 2일. 비가 온다. 영희英熙가 할머니께서 못 오실가 바, 비오지 말라고 솟뚜에를 쓰고, 마당으로 돌아 단인다. 최익채崔益采 군의 편지며 장지영張志暎 군의 편지가 왔다.

5월 3일. 비가 개었다. 아츰 닐곱 시에 영희英熙와, 병국炳國이와, 석주錫疇와 누님과 같이 경성역京城驛에 어머님 마중을 나갔다. 한 사십분十分ㅅ동안을 기다리고 있으니 봉천행奉天行 차가 오고, 여러 승객乘客이 여긔저긔서 나리는데 병륙秉陸이도 어머님을 모시고 나린다. 모시고 정거장을 나서 어머님은 인력거人力車를 타시고 우리는 전차電車를 타고 왔다. 백화白華, 묵재默齋, 신상우申相雨, 류년수柳秊秀, 애류崖溜가 찾어왔길래 집에 가지고 온 약소주藥燒酒 한 병을 다 기울어 먹였다.

5월 4일. 맑다. 저믈녁에 애류와 같이 류년수에게 끌려 안국동安國洞 륜尹ㅅ집에 가서 초요긔를 하고는 또 서승효徐承孝 군을 맞나 청진동淸進洞을 거쳐 다방茶坊ㅅ골을 지나 오산홍山紅이를 찾어보고 같이 광교식당廣橋食堂에 와 맥주麥酒를 먹다가, 년수 군은 잔뜩 취하여 주정을 몹시 하는데 서승효 군은 누어 자다가 일어나 가고 세 사람은 있어 졸경만 치다가 우연히 애류崖溜 동창생同窓生이란 사람이 나서 년수를 갈어 맡는 바람에 우리는 돌아왔다.

5월 5일. 맑다. 동희 우두牛痘는 잘 되었다.

5월 6일. 맑다. 을축乙丑 사월 십사일. 동희 첫돌이다. 떡을 좀 하여 돌았다.

5월 7일. 흐리다. 매헌梅軒을 더불고 무호無號(이한복李漢福)를 찾어 진란眞蘭과 서화書畫들을 보고, 집으로 와 같이 저녁을 먹었다.

5월 8일. 비오다. 저녁에는 개었다. 병륙이는 밤 열 시 차에 솝니를 행하여 떠났다.

5월 9일. 맑다. 동희가 아츰에 설사泄瀉를 하더니 줄곳 그치지 아니 한다. 약을 먹어도 아무 동정이 없다. 그리고 신열身熱, 두통頭痛이 심하다. 최익한崔益翰 군의 편지가 오다.

5월 10일. 맑다. 일본 천황의 은혼銀婚 축하식祝賀을 학교學校에서 하였다. 동희는 여전히 약藥을 써도 아무 동정이 없다. 젓이나 약은 먹으면 먹는 대로 사瀉하고 또 토吐하기까지 한다. 그리고 아무 긔신氣神이 없고, 몸이 파리해지고, 눈언덕이 꺼진다. 아마 일전 제 돌날 하였든 떡 낮을 먹고 체증滯症이 생겨가지고, 이렇게 된 모양이다.

5월 11일. 맑다. 오날은 논다. 천황의 은혼 축하로 휴업休業을 하였다. 동희는 홍제의원洪濟醫院 류홍종劉洪鍾에게 더불고 가 보이었다. 그리고 오날붙어는 양약을 쓰기 시작하였다.

5월 12일. 맑다. 양약도 별양 효험이 없다. 넘우나 원긔元氣가 깔아져 보이기에 류홍종이 하고 의론하여 인삼人蔘 한 전중을 오미자五味子하고 다려 먹였다. 그래서 그런지, 번열이 난 듯, 다른 날보다 더 보챈다. 림보환林普桓 군의 편지가 오다.

5월 13일. 동희는 몸부림을 하며 보채기를 오전 한 시붙어 여섯시까지 하였다. 어머님께서도 놀래서 울으시고 처妻도 놀래서 울고 있다. 나는 머리ㅅ속이 흐릿하여지며 금방 천하天下를 얻는다도 깃븐 생각이 아니 날 것 같다. 종일 머리 앓브다. 저녁에 선무당을 붉어 비선을 한다고 하기에 야단을 하였으나, 어머님께서 식여보시겠다니 어찌 막으랴.

홍제의원洪濟醫院에 더불고 가 보이고 양약을 사다 먹였다. 오날 저녁에 덜 보채고 잠을 좀 잔다. 선무당이 와서 경을 낡는다. 임경재任璟宰 씨며, 리능화能和 씨를 찾어보았다. 밤에 애류가 와 놀다 갔다. 무당의 짓거리는 소리에 자정子正까지 잠을 못 잤다. 비는 줄줄 온다.

5월 14일. 비가 오후午後에야 그쳤다. 동희는 좀 낫다.

5월 15일. 맑다. 동희가 또 자정子正붙어 아츰까지 신열身熱이 끓고 울고 보채고 서대었다. 류홍종에게 다리고 가 보이었다. 그리고 양약洋藥을 갖다 썼다.

5월 16일. 맑다. 동희는 덜 보채고 밤에 잠도 잘 잤다. 정렬모鄭烈模 군, 찬燦 군이 찾어왔다.

5월 17일. 맑다. 조운曺雲 군이 찾어왔다. 벌서 칠 년七年 만에 처음 본다. 훨썩 몸도 크고 확실하여졌다. 시조時調, 신시新詩에 대한 이약이를 하다가 해지는 줄도 몰았다. 림보환林普桓, 병륙에게 편지를 보내다. 저녁에 조운曺雲 군이 최학송崔學松을 더불고 와서 지은 시조時調든지 한시漢詩 번역한 것을 『조선문단朝鮮文壇』에 내라고 몹시 조른다. 마지못하여 한시 번역한 것만 여섯 수를 주었다.

5월 18일. 맑다. 매헌梅軒이 인주印朱 한 각을 갖다 주며 동경東京서 주문注文해 온 것이라고 한다.

5월 19일. 울에가 울고 소낙비가 오다. 저녁때 김도태道泰 군하고 중추원中樞院에 가서 채방사료전관採訪史料展觀 한 것을 보고 그 목록目錄 두 책(第一回, 第二回)을 얻었다. 오다 소낙비를 맞나, 어느 상점商店에 들어 있다가 고책사들을 더듬어 보았다. 내가 구하는 책은 하나도 없다. 밤에도 천둥소리가 야단스럽게 나고 소낙비가 오고 번개ㅅ불도 번쩍거렸다.

5월 20일. 비. 밤에는 울에가 울고, 소낙비가 오다. 병륙의 편지가 오다. 림보환 군의 편지도 오다.

5월 21일. 맑고 흐리다. 최익채 군에게 편지를 붙이다.

5월 22일. 흐리다. 래일은 학교 운동휜데 비가 올가 념려를 한다.

5월 23일. 맑다. 학교 운동장에 제이회第二回 륙상경기대회陸上競技大會를 열었다. 오전 여듧 시 반붙어 오후 여섯 시까지 하였다. 나는 신문게新聞係를 맡어 가지고 종일 교실 안에 있었다.

5월 24일. 맑다. 더웁다. 오날은 학교 당직當直, 숙직宿直.

5월 25일. 비 좀 오다. 「청평조사淸平調詞」 삼장三章을 시조로 번역하였다.

5월 26일. 비 오다. 조룡해趙龍海 군에게 편지하다.

5월 27일. 오후午後에아 비가 그쳤다. 숙직.

5월 28일. 맑다. 밤에 비가 오다. 「비파행琵琶行」을 번역했다.

5월 29일. 종일 천둥 번개 하고 비가 왔다. 찬燦 군君이 찾어왔다.

5월 30일. 아츰에 비가 듯다가 말었다. 아버님 하서를 받어보고 곳 상서를 하였다. 오후午後에 림상종林尙鍾 군이 찾어왔다. 매헌을 찾어 보았다.

5월 31일. 맑다. 회선시교당會善施教堂에 가다.

6월

6월 1일. 맑다. 학교를 가 보니 심부림하는 아이 리운룡雲龍이가 그동안 생도에게 환전 오는 것을 횡령하고 엇그제 발각이 되매 량심良心의 가책苛責으로 어제 새벽에 쥐 잡는 약을 사다 먹고 죽었다 한다. 불상하다. 운동 비평회, 직원회가 있었다.

6월 2일. 맑다. 「장한가」를 번역하였다.

6월 3일. 맑다. 찬燦 군君을 찾었다. 못 맛낫다. 김억 군이 한시漢詩 번역한 것을 보여 달라고 리일李一 군을 새에 놓고 말한다.

6월 4일. 비가 좀 오다. 김억金億 군이 또 김도태金道泰 군을 새에 놓고 「비파행琵琶行」 번역을 달라고 한다. 써 보냈다. 불교회를 가서 상현尙玄 어른과 조용주趙鏞周 군을 맛낫다. 조 군의 집에 가서 저녁을 얻어먹고 자미있는 이악이를 많이 들었다.

6월 5일. 맑다. 소낙비가 지나갔다. 찬燦 군君을 찾어보다.

6월 6일. 맑다. 정동貞洞 제일녀보학교第一女普學校로 녀자정구대회女子廷球大會를 구경 갔다. 동아일보 주최다. 인산인해人山人海다. 좀 서서 보다가 돌아왔다. 조룡해趙龍海 군에게서 편지가 오다.

6월 7일. 맑다. 회선시교당會善施教堂에 갔었다. 오후에는 애류하고 놀았다. 오날은 서늘하다.

6월 8일. 맑다. 서늘바람이 불고 가을날 같다. 림상종林尙鍾 군을 찾어보다.

6월 9일. 맑다. 매헌을 찾어보고 놀다가 저녁을 얻어먹다.

6월 10일 맑다. 생도生徒를 더불고 창덕궁昌德宮 비원秘苑을 구경 갔었다.

6월 11일. 흐리다 맑다. 가정방문家庭訪問을 했다. 최익한益翰 군이 친상親喪을 윤사월閏四月 초구일初九日에 당했다고 부고訃告하였다. 매헌이 찾어왔다. 같이 저녁을 먹고 담화를 하였다.

6월 12일. 아츰 나잘에는 비가 올 듯하드니 말었다.

6월 13일. 맑다. 교내 야구대회校內 野球大會를 구경하였다. 저녁 먹고 종로를 한 박휘 돌아오니 최학송崔學松 군이 찾어와 명함名啣을 두고 갔다. 밤붙어 비오기 시작한다.

6월 14일. 오든 비가 점심때에야 겨우 개었다. 저녁때 림상종 군이 찾어왔다. 애류랑 같이 나서 취하여 돌아왔다.

6월 15일. 맑다. 조선미술전람회朝鮮美術展覽會를 구경하다. 매헌梅軒하고 같이 갔었다. 오다가 매헌ㅅ집에 저녁을 먹었다. 노루목 산직이 류석연이가 왔다. 태전이를 다려가랴고.

6월 16일. 맑다. 류석연이가 저녁에 떠나갔다. 로자路資 팔 원八円을 주었다. 가정 방문.

6월 17일. 맑다. 김영관金永瓘, 김건수建洙 군이 찾어왔다.

6월 18일. 흐리고 비도 좀 오다. 찬燦 군君을 찾어보았다.

6월 19일. 맑다. 방인근方仁根, 김억金億 군이 찾어왔다.

6월 20일. 맑다. 김도태道泰 군하고 동아일보東亞日報에 가서 김억億 군을 보았다. 최학송崔學松 군이 찾어왔다. 김영관, 건수 군이 와 잤다. 배재培材 운동장에 가서 중앙 대 배재中央對培材의 야구전野球戰을 구경하였다. 익한益翰 군에게 조장弔狀하고 리대권李大權 군께 편지하다.

6월 21일. 맑다. 회선시교당會善施教堂에 갔었다. 교당 한 축이 산보를 가다. 취운정翠雲亭으로 하여 숙청문肅淸門을 나서 성북동城北洞 웃골로 들어 청룡암靑龍菴을 보고 송동에서 앵도도 사먹고 돌아오다. 저녁에 김재엽金在燁 군이 왔길래 같이 팔판동八判洞 김영운金永運을 찾어보고 놀다 오다.

6월 22일. 맑다. 김영관永瓘 군이 와서 십오 원을 꿔어 가지고 떠났다. 숙직. 조운曺雲 군이 찾어왔다.

6월 23일. 비오다. 부슬부슬 나리다. 휘문운동장에 휘문 대 배재의 야구전野球戰을 하였다. 구경하다 왔다.

6월 24일. 맑다. 찬燦 군君이 찾어왔다.

6월 25일. 맑다. 더웁다. 단오ㅅ날.

6월 26일. 맑다. 매헌을 찾어보고 놀다오다.

6월 27일. 비가 좀 오다. 김병룡金秉龍 군, 오문호文浩 군이 찾어오다.

6월 28일. 지대생池大生(水淸)이가 찾어오다. 량백화梁白華 군이 찾어오다.

6월 29일. 맑다. 리대권李大權 군의 편지며 시조時調가 오다.

6월 30일. 맑다. 밤에는 소낙비가 지나다. 김영운永運 군을 찾었다. 못 보았다.

7월

7월 1일. 맑다. 새술막 송 생원 어른이 찾어오셨다. 집 소식도 들었다. 찬燦 군도 왔었다. 밤에 애류가 와 놀었다.

7월 2일. 비가 좀 오다. 안등유건安藤幽乾 군에게 편지를 붙였다. 김영관金永瓘 군에게서 편지와 환전이 왔다.

7월 3일. 맑다. 림시직원회. 김억金億 군이 찾어오다.

7월 4일. 흐리고 비도 좀 뿌리다 말었다. 매헌을 찾어보다.

7월 5일. 맑다. 김영운金永運, 김재엽金在燁, 정구평鄭求平 군에게 끌려 영도사永導寺에 가서 밥을 식여 먹고 놀았다.

7월 6일. 비가 오다. 저녁에 민대식閔大植 씨 집에서 밥을 먹인다. 어제가 그 얼신네 생일이란다.

7월 7일. 맑다. 정충시鄭忠時 군, 조룡해趙龍海 군에게 편지와 시조를 지어 보냈다.

7월 8일. 맑다. 찬燦 군이 찾어오다.

7월 9일. 비오다. 밤에도 그치지 아니하였다. 한경렬韓京烈 씨의 편지가 오다.

7월 10일. 비가 온다. 큰물이 진다. 학교에서는 제일학긔 시험을 본다. 밤에 새도록 비가 온다.

7월 11일. 비가 온다. 줄줄 쏟아진다. 안등유건安藤幽乾의 편지가 오다. 밤에도 비가 온다.

7월 12일. 비가 그쳤다. 볕이 나다. 찬燦 군과 매헌梅軒을 더불고 남산에 올랐었다. 번번한 물이 바다를 일우고, 푸르른 들빛은 보이지 아니한다. 뚝섬纛島은 참으로 섬이 되었다. 이번 비에 한강 증수增水가 삼십륙 척三十六尺.

7월 13일. 맑다. 바람이 불다. 저녁에는 제법 차다. 매헌이 왔다가 감긔가 든 듯하다고 발우 갔다.

7월 14일. 맑다. 곽종렬郭宗烈 군이 찾어오다. 애류崖溜가 동래청년회東萊青年會에서 온 전보電報를 가지고 와서 김해金海에서 주최主催한다는 조선어강습소 일을 뭇는다. 벌서 팔구 일 전에 리규방李奎昉 군이 나더러 말하기를 김해에서 이달 이십삼 일에 조선어강습소를 열겠는데 강사講師 한 사람을 더 다리고 오라 하였으니 같이 가자고 하길래 허락을 한지라. 또 일전에 리 군이 금강산려행金剛山旅行을 가면서 전화로 자긔에게 편지가 두 장이나 왔다 하며 꼭 이 달 이십일 일에 먼저 떠나달라고 신신당부하였다. 그런데 지난 십일 일 『조선일보』 조간朝刊에 김해金海 조선어강습소講習所 광고廣告가 나기를 강사에는 리규방李奎昉, 권덕규權悳奎라 하였다. 그러나 권 군은 모르는 일이라 한다. 오날 전보는 동래청년회에서 그 광고만 보고 김해 강습을 끝맞히고 와 달라는 것이다. 리규방 군에게 긔별寄別이나 하려 하여도 려행旅行 중이라 할 도리가 없다. 그러나 그냥 두면 김해 강습은 랑패다. 서류書留로 하여 김해 로백용盧百容에게 이 연유緣由로 편지하였다. 오문호吳文浩 군이 작별하러 왔었다. 정충시鄭忠時 군의 편지가 오다.

7월 15일. 흐리고 저녁에는 비가 오다. 초복날. 무덥다. 울에ㅅ소리도 나고, 번개ㅅ불도 번적거린다. 잇다금 소낙비 한 줄금이 지난다. 김영운金永運 군이 그 부친상을 당하였다. 부고가 왔다. 담양 있는 그 백시 영근永近 군에게 조전弔電을 붙였다.

7월 16일. 비가 오다. 김해金海에서 전보電報가 오다. — 수재水災 때문에 조선어강습회를 팔월 이십일일로 연긔延期하겠다고. 밤새도록 비가 오다.

7월 17일. 비가 오다. 살ㅅ대 같은 비ㅅ발이 끊임없이 나린다. 한강漢江 물이 또 창일漲溢하였다. 밤에는 비가 더 쏟아진다. 전긔電氣가 끊어졌다. 온 서울이 캄캄한데 경종警鐘ㅅ소리만 구슳브게 들린다. 우리 집 뒤에는 언덕이 문어지노라고 잇다금 벼락 치는 소리가 난다. 집안 사람이 놀래고도 무서워서 잠들을 못 잤다. 딸랑딸랑 소리가 나더니 호외신문號外新聞이 온다. 뚝섬, 이촌동二村洞, 룡산龍山, 삼개麻浦 등디等地로는 수국화水國化 하였고, 한강물은 사십삼 척四十三尺이나 높었고, 철교鐵橋가 끊어졌다고. 강ㅅ가의 사람들은 몯아 죽는 것 같다. 비 개기, 날 새기만 고대苦待하였다.

7월 18일. 비 오다. 아츰을 먹자니 입맛이 쓰다. 밤붙어 비는 좀더 온다. 그러나 한강물은 그제 창일하여 가옥家屋과 시체屍體가 수없이 떠간다더라. 학교에서는 직원회를 열고 제일학긔 성적고사考査를 하였다. 전긔電氣, 철도鐵道가 다 불통不通한다.

7월 19일. 비는 조곰씩 온다. 김진용金晉鎔 군을 찾어보고 우리집ㅅ뒤 담 문어진 걸 완순完純 군 집에 말하여 달라고— 다시는 담은 쌓지 말고 목책木柵을 하라고, 그러면 우리집에 위험이 없겠다고. 시천교당侍天敎堂에 가서 우리집ㅅ뒤 경계선境界線에 선 참나무 벨 일과 올 가을에 흙을 파낼 일을 말하여 두었다. 지난 십오 일붙어 오날까지 온 비는 여듧 섬 가량이나 된다고 경성측후소에서 말한다.

7월 20일. 흐리다. 집ㅅ뒤에 문어진 흙을 이웃집 행랑ㅅ사람이 다 풔내겠다고 도급 오 원을 가져가고 일을 시작한다. 문일평 군과 안확廓 군이 찾어오다. 숙직.

7월 21일. 흐리고 비도 좀 오다. 김사영金思潫 군을 찾다. 저녁까지 얻어먹고 잡담을 하였다.

7월 22일. 맑다. 『두시언해杜詩諺解』 락질落帙된 걸 벗겨 채우려고 백지 다섯 권을 사다가 회선시교당會善施敎堂 인쇄印刷소에 맡겼다. 『두시언해』 일, 이, 삼, 사 권을 애류한테 얻어왔다. 륜석주尹錫疇가 오날 아츰에 떠났다. 집으로 간다고. 김해 로백용盧百容 군의 편지며 숍니 림중환林仲桓 군의 편지가 오다. 매헌梅軒을 찾다.

7월 23일. 맑다. 리규방 군의 편지가 오다. 곳 학교에 가서 전화를 하였다. 그리고 돌아와 로백용盧百容 군에게 답장을 해 보내다. 조용주趙鏞周 군이 찾어오다.

어머님께서 병국炳國이를 딸어 오후 여듧 시 반 림시발행차臨時發行車로 경성역을 떠나시다. 보통 승객普通 乘客 외外에 방학이 되어 돌아가는 남녀 학생 하여 퍽 많다. 나도 룡산표를 사가지고 욺아 룡산을 지나, 한강

漢江ㅅ가에 나려 어머님을 부액扶腋하여 모시고 림시 가설臨時 假設한 다리와 긴 모래ㅅ벌을 밟고 인도교人道橋를 건너서 로량진露梁津역에 니르다. 밤은 캄캄하다. 앞에ㅅ사람 가는 대로 딸어갔다. 모래는 구두ㅅ속에 들어찼다. 로돌 정거장 앞에는 사람들이 삼ㅅ대처럼 들어서 있다. 두어 시간이나 기다리다. 차가 아니 가느냐고 군중群衆은 몹시 떠든다. 맞흠내 긔차汽車가 영등포永登浦에서 왔다. 입찰구入札口 문門이 열리자 사람들이 물밀듯이 들어 밀려 입차구 목책木柵이 붓어지고 또는 류리창을 열고 그리도 넘어들어 야단법석이었다. 그 사람들이 차ㅅ속에도 빽빽하게 들어찼다. 어머님께서 다행히 자리 하나를 얻어 앉으셨다. 그래도 탈 사람이 남어서 또다시 영등포永登浦로서 차 몇 대를 가져왔다. 그리고 열두 시에야 떠났다. 나도 송정식宋廷埴 군을 맞나 같이 돌아오다. 전차도 아니 단인다. 걸어서 집에까지 오니 새로 세 시가 되었다. 하경렬河慶烈 씨, 백용희白庸熙 씨, 조 형에게 편지를 붙이다. 문일평文一平 군에게 십 원을 꾸어주다. 매헌梅軒이 과자菓子 두 봉封을 사다 준다.

7월 24일. 맑다. 회선시교당會善施教堂에 갔었다. 바람이 꽤 분다.

7월 25일. 바람이 몹시 불고 맑다. 중복中伏. 『두시언해杜詩諺解』를 벗기기 시작하였다. 저녁에 매헌梅軒을 찾어보고 같이 김병룡을 찾고 탑골공원塔洞公園에 와서 놀았다.

7월 26일. 맑다. 김사영金思濚 군이 찾어오다. 조선사朝鮮史에 대하여 의론도 하고, 잡담도 하여 해를 지웠다. 서재학徐在學 군을 식여 수도며 집을 수리修理하였다. 몹시 더웠다. 량백화楊白華 군이 찾어오다.

7월 27일. 맑다. 병국의 편지가 오다. 어머님께서 잘 가셨다고. 김영운金永運 군을 찾어가 조상을 하다.

7월 28일. 맑다. 김우현金宇鉉 군이 찾어오다. 집에서 돈은 아니 오고 려관旅館에서는 밥을 아니해 준다고. 퍽 곤난한 모양이다. 얼맛 동안 집에 있으라고 하였다. 애류와 찬燦 군과 같이 장현식張鉉軾 군을 찾다. 점심에 술에 저녁까지 준다.

7월 29일. 맑다. 김성수金性洙 군을 찾다. 학교에도 갔었다. 쌀 한가마니(소두 열 말, 상ㅅ질)를 이십삼 원二十三円 오십오 전五十五錢에 들여오다. 퍽 옮았다. 수월 전에 십팔구 원 하든 것이다. 륙 원은 선금先金을 주었고 그 남아지는 외상이다. 밤 열 시 차에 집을 향하여 떠나다. 차에서 찬燦 군을 맞나 동행하다. 새로 한 시 반이나 지나서 태전역太田驛에서 일본日本가는 조 형趙兄을 맞나 발우 작별하였다.

7월 30일. 맑다. 아츰 여섯 시 반에 와리에서 나리다. 자동차는 려산서 자고 왔다는데 열두 시나 되어서 려산을 가겠다 함으로 찬燦 군君과 같이 걸어서 려산으로 오다. 안개가 걷히며 날은 몹시 더웁다. 찬燦 군君의 집에 와서 아츰을 먹고 우리집에 니릅어 점심을 먹다. 어머님은 사흘 전에 전주로 해서 오셨다고. 병희炳熙가 딸어와 있다. 아이들은 홍역紅疫을 하고 나서 아즉 충실치는 못하다. 농사들은 다 잘 되었다. 보리타작打作을 집집에서 하며 굶는 이도 없다.

7월 31일. 맑다. 어머님 생신生辰이다. 술도 받고 고기도 사다 아츰을 하여 집안ㅅ사람, 동내洞內ㅅ사람을 모아 먹이고 깃브게 하루를 보내다.

8월

8월 1일. 맑다. 병룡秉龍이가 수박을 놓아 여남은 통을 따왔다. 어제 먹고도 남어서 오날 또 먹었다.

8월 2일. 맑다. 아츰을 먹고 새술막을 나와서 두어 시간이나 기다리어 자동차를 타고 솝니로 와 병석秉錫 군의 대서소代書所를 찾어 잠간 들여다보고 열 시 사십오 분 차를 타고 서울로 오다. 여섯 시 오십이 분에 룡산 역에서 나려 전차를 타고 집에 들어오니 저녁이 좀 늦었더라. 그동안 줄였던 빈대들이 모여들어 잠을 못 자게 한다. 식구가 몯아 예방주사豫防注射를 맞었단다.

8월 3일. 맑다. 무덥다. 김우현金宇鉉 군의 아우가 오다.

8월 4일. 류두流頭ㅅ날. 맑다. 애류와 같이 아츰을 먹었다. 학교에 갔었다. 김억金億 군을 찾어 못 맞나고 김학수金鶴洙 군을 관훈동寬勳洞에서 맞나 일가 어른 조순祖舜 씨를 맞나보고 학수 군 집으로 가서 술을 먹었다. 김억 군, 량백화白華 군이 찾어왔다. 영희英熙가 며누리고금[1]으로 벌서 사오四五 일채 앓는다. 게다가 예방주사를 맞어 더쳤다. 림보환林普桓 군의 편지가 오다.

8월 5일. 비가 좀 오다. 학교 당직當直. 리규방李奎昉 군이 찾어오다.

8월 6일. 맑다. 영희英熙는 청서익긔탕淸暑益氣湯에 시호별갑柴胡鱉甲 각 한 돈씩 더하여 두 첩을 먹었다. 몹시 두통, 신열이 난다. 누님이 오다. 병교秉矯 군이 찾어오다. 안확安廓 군이 찾어오다. 영희가 밤에 헛소리를 한다.

8월 7일. 비가 오다. 밤새도록 오다. 조순祖舜 씨를 청해다 영희英熙를 보이고 별갑영양탕鱉甲營養湯 세 첩을 쓰다. 로성魯城 고모부와 륜 주사가 찾어왔다가 발우 갔다. 처가 또 앓는다. 오한, 두통, 지절통, 앓는 소리,

---

1 '말라리아'를 한방에서 이르는 말.

비ㅅ소리에 밤을 새웠다. 수일채 입맛이 쓰고 심신이 좋지 못하다. 김무현金武鉉이게 사진을 보내다. 영희는 설사를 한다. 설사를 하며도 모른다.

8월 8일. 맑다. 정충시鄭忠時 군이 찾어왔다. 놀다가 저녁을 같이 먹었다. 김건수金建洙, 량건식建植 군이 오다. 김 군은 같이 잤다. 처는 몹시 앓는다. 가미보익탕加味補益湯 두 첩을 쓰다.

8월 9일. 맑다. 정충시鄭忠時 군하고 이문당以文堂에 가다. 지난 음陰륙월六月 일일一日에 송당松堂 김성희金成喜 선생이 서산瑞山 자택自宅에서 돌아가셨다. 래일 송현松峴 전前 사범師範학교에서 추도회追悼會를 열자고 몇몇이 먼저 모여 상의함이다. 이문당以文堂 주인 홍영선洪永善, 실업강습회實業講習會에 온 김영욱金永郁, 이용설李龍卨, 김영준 그 외에 권태희權泰禧, 신명균申明均, 김갑제金甲濟 군들이 모였다. 대개 상의한 후에 빙수氷水 한 그릇을 얻어먹고 정 군, 권 군과 추도문追悼文 짓기를 맡어가지고 김영준 군과 같이들 집으로 돌아와 추도문을 짓고 저녁을 같이 먹었다. 영희英熙 약藥 세 첩, 처의 약 두 첩을 지어다 쓰다. 김건수 군이 오십 전을 가져갔다. 시계時計를 팔십 전八十錢에 기름 넣고 때를 빼어 오다.

8월 10일. 맑다. 저녁때는 흐리고 몹시 무덥다. 권태희 군이 찾어오다. 오후에 송현松峴 전前 사범학교松峴學校에 가다. 송당 김 선생의 추도회를 하다. 동창생同窓生이 사십여 인이 모였다. 회를 맟후고 조위금弔慰金을 모집募集하기로 위원委員 일곱 사람을 정하고 파하였다.

8월 11일. 맑다. 조 형의 편지가 오다. 처의 약을 두 첩 지어다 쓰다. 영희도 낫지 않고 처도 낫지 않는다. 밤에 비가 오다. 량백화梁白華 군이 오다.

8월 12일. 바람 불고 밤에는 비가 쏟아졌다. 학교로 하여 봉익동鳳翼

洞 가서 리강호李康鎬 군 집을 찾었다 못 맞나보고 김병룡金秉龍 군, 한충韓冲 군을 찾어보고 놀았다.

8월 13일. 맑다. 회선시교당會善施教堂을 가보다. 저녁에 한충韓冲 군이 찾어오다. 같이 조용주趙鏞周 군을 찾어보고 놀다.

8월 14일. 맑다. 처의 약을 두어 첩 지어다 쓰다.

8월 15일. 맑다. 조용주趙鏞周 군하고 같이 매헌梅軒ㅅ 집에 가서 아츰을 얻어 먹었다. 학교에 가서 사십 원을 얻어 쓰다.

8월 16일. 소낙비가 지나고 맑었다. 학교學校 당직當直. 최남선崔南善 씨가 지난 십오일十五日 내간상內艱喪을 당하였다. 부고訃告가 오다. 처의 약을 지어다 쓰다. 두 첩.

8월 17일. 맑다. 애류崖溜하고 최륙당崔六堂 집에 문상問喪을 가다.

8월 18일. 맑다. 영희가 점심에 고기 넣은 미역국에 찬밥을 먹고 체하여 배가 몹시 앓브다고. 천촉증喘促症도 생기고 신열, 복통이 심하다. 한충韓冲 군이 오다.

8월 19일. 비. 아츰에 관훈동 춘생당春生堂 김영배金榮培 씨한테 가서 문의하여 영희 약 두 첩을 지어다 쓰다. 밤 열 시에 리규방李奎昉 군하고 부산행 렬차를 타다.

8월 20일. 맑다. 아츰에 삼랑진三浪津에서 바꾸어 타고 진영進永 가서 나리다. 간밤ㅅ비에 락동강洛東江이 불어 이 근처는 물천지가 되었다. 벤또를 사 먹고 한 오십 분五十分 기다려 다시 삼랑진 가는 차를 타고 유림정楡林亭 와서 나려 자동차를 타고 김해를 가다. 로백용盧百容 군이며 합성合成학교 선생들이며 보통학교 선생들이며 토요회원土曜會員, 교육회원教育會員 여러분을 맞났다. 그이들이 정하여 주는 려관으로 점심을 먹고 담화를 하다가 저녁때에는 납릉納陵 구경을 갔었다.

밤에도 여러 사람들이 찾어와 놀다 갔다. 열한 시다. 자랴고 할 때에 전보가 왔다. 영희 병세 대위급 상래. 밤에는 떠나랴도 떠날 수가 없다. 기다려 밤을 새우다.

8월 21일. 오전 네 시 반. 아즉도 캄캄하다. 더구나 구름이 잔뜩 끼었다. 얼마 안 있어 비가 쏟아진다. 리규방李奎昉 군을 일어키어 등ㅅ불 하나를 얻어가지고 합성合成학교 숙직실을 찾어가서 로백용盧百容 군을 깨웠다. 내 사정을 말하고 같이 려관으로 돌아왔다. 여듧 시에 자동차를 타고 유림정楡林亭으로 오다. 비가 개었다. 정거장 못 밎어서 배를 타고 건넜다. 삼랑진 가는 차를 기다려 타고 특대급행차를 삼랑진에 바꾸어 타고 서울로 오다. 닐곱 시에 나려 집에 드니 영희는 어제ㅅ밤ㅅ중에 세부란쓰병원世富蘭偲病院에 입원入院하여 오날 오전 오시에 죽었다고. 시체도 거긔 있다고. 김우현金宇鉉 군, 서재학徐在學, 권덕규權德奎 군들이 애를 써 보아 주었다 한다. 권 군 보고 김해金海 가기를 권했다.

8월 22일. 맑다. 오전午前 여듧 시에 김우현 군, 서재학徐在學 군, 바당이 누님을 더불고 세부란쓰 병원에 가서 영희 시체를 찾어 순덕 아범과 같이 온 늙은이 두 사람을 시겨 렴을 하여 늘에다 넣어 맞우 메는 상여喪輿에 실어가지고 리태원利泰院 공동묘지共同墓地에 묻었다. 저녁때 소낙비가 쏟아졌다. 권덕규 군은 김해를 갔다. 김해에서 전보 두 장이 오다. — 권 군을 전송. — 위장慰狀— 각처에 편지를 써 보내다. 김락순金洛淳 군 찾어오다.

8월 23일. 맑다. 김로석老石 어른이 찾어오고, 리석현李石峴 씨가 찾어오고, 안확安廓 군이 찾어오다.

8월 24일. 맑다. 리규방李奎昉 군의 편지가 오다. 태전太田이가 앓는다.

8월 25일. 맑다. 학교로 하여 김병룡金秉龍 군을 찾어보고 놀다가 맞흠 성환成歡 오철호吳徹浩 군이 참외를 보내서 얻어먹고, 한충韓冲 군을 맞나 같이 저녁까지 얻어먹고 셋이 작반하여 악박골 가서 약물을 사먹고 돌아왔다. 칠석七夕.

8월 26일. 맑다. 조룡주趙鎔周 군이 찾어오다. 조 형의 편지가 오다. 륜석범尹錫範 군의 편지가 오다.

8월 27일. 맑다. 한충韓冲 군, 리태영李台榮 군이 오다. 밤이 깊도록 놀다 갔다. 김해토요회金海土曜會에 편지를 하였다.

8월 28일. 맑다. 아츰에 일어나니 속이 뉘엿뉘엿하고 신긔가 좋지 못하다. 저녁때 오한惡寒이 든다. 량건식梁建植, 최성우崔誠愚 군이 오다. 밤에는 번열煩熱, 두통이 난다.

8월 29일. 아츰붙어 밤새도록 비가 오다. 이불을 덮고 종일 누었었다. 청서익긔탕淸暑益氣湯 두 첩을 지어다 먹었다. 집에서 편지가 오다. 석주錫疇가 오다.

8월 30일. 비는 개고 바람이 분다. 두통, 번열이 덜하다. 애류, 찬燦 군이 찾어오다. 은동隱洞서 편지가 오다.

8월 31일. 맑다. 직원회. 태전太田이는 낫지 않는다. 약을 또 써도 듣지 않는다.

9월

9월 1일. 맑다. 병국이가 오다. 개학식만 하였다.

9월 2일. 맑다. 더위가 벌서 다 갔다. 요마적 이 주일二週日ㅅ동안은 반일半日 상학上學만 하기로 하였다. 숙직.

9월 3일. 맑다. 최익한崔益翰 군과 권한權瀚 군이 찾어오다. 저녁을 같이 먹고 이악이 하였다. 조룡해趙龍海 군께 편지 하였다.

9월 4일. 맑다. 바람이 몹시 분다. 정충시鄭忠時 군의 편지가 오다. 태전太田이는 여전이 앓는다. 자꾸 헛소리를 한다. 퍽 심란하다. 리규방李奎昉 군이 찾어와 김해토요회金海土曜會에서 붙인 돈 이십 원을 준다.

9월 5일. 맑다. 바람은 몹시 분다. 문일평文一平 군과 안확安廓 군이 찾어오다. 삼산국三山局 강원희姜元熙에게 태전이 병을 문의하고 약을 지어오다.

9월 6일. 맑다. 강원희를 다려다 태전이를 보였다. 그리고 약을 지어다 쓰다. 중앙학교中央學校장 현상윤玄相允 군을 문병하였다. 최익한崔益翰 군이 찾어오다. 같이 한충韓冲 군을 찾어보다. 저녁을 주어서 먹었다. 밤에 바람이 몹시 불고 비가 쏟아다.

9월 7일. 비바람 치다. 직원회. 집에서 편지가 오다.

9월 8일. 맑다. 매헌梅軒을 찾었다가 못 맞나고 김병룡金秉龍 군을 찾어보다. 태전이는 여전히 헛소리를 하고 앓는다.

9월 9일. 맑다. 집에서 보낸 보리 한 가마니가 오다.

9월 10일 .맑다. 리조순李祖舜 씨를 가보다. 태전太田이 약을 지어 오다.

9월 11일. 비 오다. 태전이는 여전히 헛소리를 하고 서댄다.

9월 12일. 비 오다. 동수同洙 군의 편지가 오다.

9월 13일. 구름 끼다. 조 형의 편지가 오다.

9월 14일. 맑다. 오문호吳文浩 군이 오다. 석전石顚이 찾어오다.

9월 15일. 맑다. 매일신보사每日申報社 래청각來青閣에 가서 하규일

河奎一 씨의 우조羽調 초수대엽初數大葉 부르는 걸 들었다. 대판大阪일본축음기회사日本蓄音機會社에 광고책廣告策으로 실지實地 성악회聲樂會를 열은 것이다. 그러나 남녀로소男女老少 모인 사람의 넘우 분잡紛雜하게 떠드는 소리에 음악소리는 잘 들리지 아니한다. 발우 돌아오다. 애류가 화동花洞으로 이사移徙갔다.

9월 16일. 맑다. 매헌梅軒을 찾어보고 같이 리한복李漢福 군을 찾어 꽂이 바야흐로 만발滿發한 건란建蘭을 구경하고 화동花洞 칠십 번지七十番地를 찾어가 애류를 보고 오다 가회동架會洞에서 로석老石 어른을 찾어보다.

9월 17일. 맑다. 찬燦 군이 오다.

9월 18일. 맑다. 행랑ㅅ방에 들어 살든 홍우선洪友善이가 나가았다.

9월 19일. 아츰에 안개가 끼었다 걷히고는 비가 오다가 오후에는 개었다.

9월 20일. 맑다. 리능화李能和 씨를 찾었다 못 보았다. 량건식梁建植 군이 오다. 김해토요회土曜會며 로백용盧百容 군에 편지를 하고 집에 하고 정충시 군에게도 하였다.

9월 21일. 맑다. 김억金億 군이 찾어오다.

9월 22일. 맑다. 로석 어른이 오셨다.

9월 23일. 맑다. 림보환林普桓 군의 편지가 오다.

9월 24일. 맑다. 동희가 앓는다. 신렬身熱, 두통頭痛이 심하다.

9월 25일. 흐리다. 리능화李能和 씨를 찾아보다. 매헌梅軒이 월병月餠을 사가지고 왔다.

9월 26일. 맑다. 동희가 홍제의원洪濟醫院에 갔다 오다. 감긔 겸 체증이란다.

9월 27일. 맑다. 리중익李重翊 군이 찾어오다. 동희가 신열身熱이 높다.

9월 28일. 맑다. 원촌原寸 리겸태李謙泰 군께 조장弔狀을 보냈다. 동희가 홍제의원에 갔었다. 저녁 나잘에는 머리, 몸이 몹시 식었다가 밤에는 몹시 끓는다. 그리고 가끔가끔 보채고 밤중은 되어 설사를 많이 하였다. 찬燦 군君이며 조용주趙鏞周 군이 찾어오다. 같이 김성수金性洙 군을 찾어보다. 오날 저녁이 그 어머니의 대상이란다.

9월 29일. 맑다. 학교 숙직宿直 차례가 되었으나, 동희가 앓는 까닭에 김건영金建榮 군을 대신 식였다. 애류가 오다.

9월 30일. 맑다. 돈 오 원을 류길상 군에게 꿔었다.

10월

10월 1일. 맑다. 오날은 놀았다. 학교에서 휴업을 한다. 김해金海 로백용盧百容 군이 찾어오다. 아츰을 같이 먹었다.

10월 2일. 맑다. 추석秋夕날. 바당이 누의를 오라서 아츰을 같이 먹었다. 저녁에 회선시교당會善施教堂에서 홍암 선생弘岩先生을 추도회追悼會를 하다.

10월 3일. 맑다. 직원회. 조용주鏞周 군을 찾어보다.

10월 4일. 흐렸다. 차다. 겹옷을 입었으면 하는 생각이 난다. 회선시교당會善施教堂에 갔었다.

10월 5일. 맑다. 녯날 시조를 뽑아 모이다.

10월 6일. 맑다. 병륙의 편지가 오다. 발우 답장을 써 보냈다. 조용주

趙鏞周 군이 찾아오다. 시조에 대하여 이악이를 하다가 밤이 깊어진 줄을 몰랐었다.

10월 7일. 맑다. 이학년생二學年生 전체全體에게 수학려행에 관한 일을 말하였다. 려행비旅行費 팔백십삼 원 칠십이 전을 맡아오다. 오후 아홉 시에 경성역에 나갔다. 생도 몇은 먼저 와 기다린다. 한 시간 지나니, 강전姜筌 선생, 박긍환朴兢桓 선생도 오고 생도들도 거의 모였다. 역장실驛長室에 가서 교섭交涉하여 단체ㅅ권團體券을 사가지고 일행 일백이십칠 인이 열 시 오십 분 북행 렬차에 실렸다.

일기

25권

1925. 10. 8. ~ 1926. 6. 30.

1925년(단기 4258년)

10월

10월 8일. 가랑비가 좀 오다 말었다. 오전 오 시 십칠 분에 평양역平壤驛에서 나렸다. 리인영李仁榮의 아버지 리춘섭李春燮와 중앙려관中央旅館 주인 리긔섭李起燮 씨와 대안大安려관 주인 권경식權卿植 씨와 평양고등보통학교 김영일金永一 씨가 환영歡迎을 나왔다. 우리 일행은 두 대隊로 낞아 강전 선생姜筌先生은 갑조甲組를 다리고 대안려관으로, 나와 박궁환朴兢桓 선생은 을조乙組, 병조丙組를 다리고 중앙려관中央旅館으로 들었다. 평양고보高普, 정긔수鄭基琇 씨가 찾아왔다. 아츰밥을 먹고는 김영일金永一 씨로 지로指路를 하여 북로北路로 나서 좌편으로는 만수대萬壽臺를 울어보고 우편으로는 비행장飛行場을 바라보며 숲 사이로 들어 칠성문七星門, 긔자릉箕子陵, 을밀대乙密臺를 보고 다시 그 서西편으로 돌아 현무문玄武門을 향하고 층게層階로 나려오다가 어느 사진장이를 맞나, 그의 청하는 대로 일행 얼굴만 잠시 빌려주었다. 현무문을 지나서 모란봉牡丹峯을 옲아보니 대동강大同江, 릉라도綾羅島가 발우 그 밑에 있고, 동남東南으로 큰 들이 열리고 멀리 산들이 검웃검웃하게 서있다. 풀을 깔고 한참 앉어 보다가 오르든 길로 돌오 나려 굽을굽을 돌아서 영명사永

明寺, 긔린굴麒麟窟, 부벽루浮碧樓, 백운교白雲橋, 득월루得月樓, 전금문轉錦門을 보고 대동강大同江을 딸아 청류벽淸流壁을 안고 돌아 련광정練光亭 옆에 니르니 소낙비가 우박 섞어 쏟아진다. 리춘섭李春燮 씨 댁에 들어 일행이 점심밥을 잘 얻어먹고 련광정練光亭으로 나오니 비는 그치었다. 여긔서 일행이 흩이어 려관으로 돌아오다. 저녁에 강 선생, 박 선생을 다리고 대동문大同門 밖에 나아가 강가로 돌아단이다 오다.

10월 9일. 일즉 일어나다. 비가 좀 오다 만다. 오전 팔 시 반. 주인의 아들 병호秉祜 군을 앞서고 나서 대동교大同橋를 지나니 비가 줄줄 나린다. 그 비를 사뭇 맞고 그 널운 들ㅅ길로 십 리나 나아가 허산교許山橋를 지나 비행장飛行場으로 들어 탐정비행긔探偵飛行機를 구경하고 그 설명說明도 듣다. 비는 개고 따뜻한 볕이 났다. 또 십 리를 더 가서 사동탄광寺洞炭鑛에 니르었다. 이 탄광은 지금은 일본해군성日本海軍省에 경영經營한다. 무연탄無煙炭 제조소製造所와 굴탄소掘炭所를 구경하고 그 식당에서 더운 물을 얻어 점심을 먹고 두어 시간 놀다가 사동역寺洞驛으로 와서 오후 네 시 차를 타고 선교리船橋里 와서 나려 발우 전차電車를 타고 려관으로 오다. 저녁에 홀로 강ㅅ가에 나서 청류벽까지 가다왔다. 리춘섭 씨가 와서 놀다가 음식점으로 가자하여 평양 명산인 맥물을 사 먹인다. 매우 맛이 있다.

10월 10일. 맑다. 아츰에는 일행이 다 음식점으로 가서 어복魚腹ㅅ장국을 먹었다. 그리고 돌아와 대동교大同橋를 건너서 선교리船橋里로 빠져 전긔홍업회사電氣興業會社와 제당회사製糖會社를 구경하고 돌아와 점심을 먹고 떠나다. 오후 세 시 십팔 분에 평양역에서 남행南行차를 타고 와 아홉 시 삼십 분에 경성역에서 나리다.

10월 11일. 맑다. 리중익李重翊 군을 찾어보고, 김병룡金秉龍 군과 한충韓冲 군을 찾어보았다. 한충 군이 저녁에 와 놀다.

10월 12일. 맑다. 애류를 찾어보다.

10월 13일. 맑다. 부청에 가 보았다. 거주계居住屆 틀린 것을 곧히랴 하니 원적지原籍地의 민적등본民籍謄本을 해 오란다.

10월 14일. 맑다. 애류가 오다. 상제교당上帝敎堂에 갔었다.

10월 15일. 맑다. 남산南山 조선신궁제朝鮮神宮祭이라 하여 학교는 오날 놀았다.

10월 16일. 맑다. 아츰에 조용주趙鏞周 군을 찾어보고 학교로 가다. 용근 아범을 식여 부뚜막을 곧히다. 수일 전붙어 곳불이 들었더니 오날은 몸이 채 무거운 것 같고 머리도 앓브다. 동희도 머리가 더웁다. 누님이 오다. 보차는 동희를 보노라고 욕보았다. 저의 어머니가 저녁을 하노라고 내맡겼다. 장지를 두어 장 사다가 창문을 구녁난 데만 뜯고 다시 밝었다.

10월 17일. 아츰에 구름이 끼었더니 얼마 안 있다 벗어지고 볕이 났다. 애류를 찾어보니 감긔가 들어 누어 있다. 매헌梅軒을 찾었다 못 보고 삼각정三角町으로 각천覺泉(최두선崔斗善)을 찾어보았다. 각천은 어제ㅅ밤에 왔었다. 여러 해 독일 류학獨逸留學을 하였었다. 얼굴도 좋아졌다. 각천의 소개紹介로 리병도李丙燾 군과 인사를 하고 조선사朝鮮史에 대하야 단편적斷片的 이약이를 하다 거긔서 로석老石, 석전石顚도 맞나보고 리병도 군과 같이 나왔다. 조용주趙鏞周 군이 찾어오다. 「평양십영平壤十詠」을 가져갔다. 용근 아범이 하든 일은 오날 저녁에야 끝을 내었다. 삼 원을 주었다. 수당壽堂이 찾어오다. 같이 저녁을 먹었다.

10월 18일. 맑다. 김병룡金秉龍 군을 찾어보다. 안확安廓, 한충韓冲 군도 맞나 보다. 저녁 나잘에는 구름이 끼었다.

10월 19일. 서풍西風이 몹시 분다. 춥다. 저녁에는 바람이 자고 서리가 오다. 첫서리다. 애류가 찾어오다.

10월 20일. 맑다. 서풍이 몹시 분다. 최익한崔益翰 군의 편지가 오다. 시조 두 수를 지어 보냈다. 발우 답장하였다. 시조 세 수를 지어.

10월 21일. 맑다. 최익채崔益采 군께 편지를 하다.

10월 22일. 맑다. 촌충이 생겼다. 점심과 저녁을 굶고 약만 먹었다.

10월 23일. 맑다. 전주 조 형, 청운靑雲(하경열 씨河慶烈氏), 소석素石(정기용 씨鄭機用氏), 백용희白庸熙 씨께 편지를 하였다. 시조를 지어 보냈다.

10월 24일. 맑다. 매헌梅軒ㅅ 집에 갔었다. 최학송鶴松, 량백화白華 군을 맞나 보았다. 령광靈光 조운曺雲 군에게 시조 두 수를 지어 보냈다.

10월 25일. 맑다. 숭삼동崇三洞 가서 장현식張鉉軾 군을 찾었다 못 맞나고 찬燦 군君만 맞나 같이 그 집으로 가서 놀다 점심까지 먹었다. 어제야 려산서 이사왔단다. 효제동孝悌洞 삼십오 번지三十五番地 가서 김원근金瑗根 씨를 보았다. 진고개로 돌아오다가 어린놈의 속옷을 사오다. 입혀보니 울긋불긋하다. 제 눈에도 곱게 보이는지 퍽 좋아한다. 익산益山변일섭邊日燮 군께 시조 두 수를 지어 보내다. 매헌梅軒이 찾어오다.

10월 26일. 맑다. 아침과 점심을 굶고 촌충이약을 먹었다. 밤에 「서울의 가을」 다섯 수를 지었다.

10월 27일. 맑다. 따뜻하다. 한울에는 덩이구름이 떠돈다. 태전이가 오날사 처음 아기를 업고 밖에를 나갔다.

10월 28일. 아츰나잘에는 흐리다가 개었다. 숙직. 조운曺雲 군의 편지가 오다.

10월 29일. 흐리다. 소석素石의 편지가 오다. 서정훈徐廷薰 군이 찾어오다. 조운 군께 편지를 하였다.

10월 30일. 맑다.

10월 31일. 맑다. 한충韓冲 군 집을 찾어 맞나 보지 못하고 그 차데찬 구돌에 위연이 누어 있어 두어 시간 잠이 들었다. 게다가 옷은 홋옷이었다.

11월

11월 1일. 맑다. 신긔身氣이 좋지 못하다.

11월 2일. 맑다. 신긔가 좋지 못하다.

11월 3일. 흐리다. 신긔가 좋지 못하다.

11월 4일. 맑다. 몸이 으씩으씩 춥다. 강전 선생의 말을 듣고 손세영孫世永 약국藥局에 가서 가미지황탕加味地黃湯 일곱 첩을 지어다 먹는데 첫 첩貼에 대번 땀이 나왔다. 약을 먹는 족족 땀이 자꾸 남으로 사람을 식여 그 약을 중지中止하랴고 물은 즉 그냥 먹으라 하여 그 말대로 일곱 첩을 하루ㅅ동안에 다 먹었다. 병은 오히려 더한다.

11월 5일. 맑다. 학교도 못 가았다. 누어 앓었다. 애류가 오다. 조선어연구회에 돈 삼 원을 주다.

11월 6일. 맑다. 몸이 몹시 더웁고 무겁고 사지가 로곤하다.

11월 7일. 맑다. 병세病勢는 전前과 같다.

11월 8일. 맑다. 아침에 아버지께서 오셨다. 내 병보病報를 들으시고 오셨다. 의사 류홍종劉洪鍾을 불러 대었다. 오날붙어 이틀만큼 한 번씩 오기로 하였다. 약을 갖다가 먹다.

11월 9일. 맑다. 병세는 전과 같다.

11월 10일. 병세는 전과 같다. 한충 군이 오다.

11월 11일. 맑다. 한의漢醫 한경택韓敬澤 씨의 약 두 첩을 쓰다. 그러나 효력이 없음으로 한씨는 자긔 재조로는 약을 못 쓰겠다 하고 장남계張南溪 씨를 소개하여 준다. 아버지께서 장 씨를 찾아보고 약을 쓰다. 병룡이가 왔다.

11월 12일. 맑다. 양약洋藥, 한약漢藥을 섞어 먹으나 병은 차도가 없다. 이학년 학생들이 다수히 오다.

11월 13일. 맑다. 병세는 전과 같다. 한충韓冲 군이 오다. 병륙의 편지가 오다.

11월 14일. 맑다. 병세는 전과 같다. 양약, 한약은 섞어 먹는다. 장남계張南溪도 날마다 와 본다. 수당이 오다.

11월 15일. 맑다. 병세는 변증變症은 없다. 김병룡金秉龍 군이 오다.

11월 16일. 비. 병룡이가 첫새벽에 떠나갔다.

11월 17일. 비. 병세는 전과 같다. 손영환孫永桓이 편지가 오다.

11월 18일. 비. 병세는 전과 같다. 김동복(기중 씨祺中氏)이 오다.

11월 19일. 맑다. 병세는 전과 같다. 한충韓冲 군이 오다. 조순祖舜 씨가 오다.

11월 20일. 맑다. 병세는 전과 같다. 학생들이 다수히 오다.

11월 21일. 맑다. 로석老石 어른이 오다. 집에서 편지가 오다.

11월 22일. 맑다. 리윤주李潤柱 선생이 오다. 변일섭邊日燮 군의 편지가 오다.

11월 23일. 맑다. 한충韓冲 군이 오다. 조용주趙鏞周 군이 오다. 권태희權泰禧 군이 오다.

11월 24일. 맑다. 김형배金亨培 선생이 오다. 학생들이 오다.

11월 25일. 맑다. 장응진張膺振 선생이 오다. 김영운金永運이 오다.

11월 26일. 맑다. 병세는 전과 같다. 찬燦 군이 오다.

11월 27일. 맑다. 몸은 철골鐵骨이 되고 와창臥瘡이 생겨 편히 눌 수도 없고 긔운이 없어 스스로는 일어나지도 못한다. 아버지께서 많이 일어켜주셨다. 약을 먹을 때든지, 미음米飮을 먹을 때든지 대소변을 할 때든지.

11월 28일. 비. 수당이 오다. 병륙의 편지가 오다. 조순祖舜 씨가 오다.

11월 29일. 맑다. 한충 군이 오다. 리윤주 선생이 오다. 리덕균德鈞 군이 다른 데로 옮겨갔다.

11월 30일. 흐리다. 학생들이 오다. 애류가 오다.

12월

12월 1일. 맑다. 체온體溫이 좀 감하였다. 김병룡 군이 오다.

12월 2일. 맑다. 수당이 오다. 김동복同福이 오다. 석주錫疇가 다른 데로 옮겨 갔다.

12월 3일. 맑다. 김영운 군이 오다. 김진산金珍山(경중 씨璟中氏)이 굴비 세 두름을 보냈다. 혼자 능히 일어난다.

12월 4일. 맑다. 한충 군이 오다. 병세는 점점 차도가 있다. 류홍종 의사醫師는 다시 아니 오겠다 한다.

12월 5일. 맑다. 음식은 미음만 먹는데 장남계張南溪 씨의 식이는 대로 배를 사다 때때로 먹고 싶은 대로 먹었다. 배만은 아주 제 맛이 있는 것이 퍽으나 시원하다. 권태희權泰禧 군이 오다.

12월 6일. 맑다. 병륙의 편지가 오다. 학생들이 오다. 찬燦 군이 오다.

12월 7일. 비.

12월 8일. 맑다. 수당이 오다. 한충 군이 오다. 조순祖舜 씨가 오다.

12월 9일. 맑다. 병륙의 편지가 오다. 신참봉申參奉 길휴吉休 씨가 오다.

12월 10일. 맑다. 김영운 군이 오다. 박영희英熙가 양과자洋菓子 한 각을 사오다.

12월 11일. 맑다. 눈 오다. 흐리다. 수당이 오다. 김호연浩然 씨가 오다.

12월 12일. 맑다. 오전은 치웠다. 김병룡 군이 오고 서재학徐在學 부인이 오다. 전동춘全東春 군이 배와 능금林檎을 사 가지고 오다. 오전에 서재학 군을 청하여 악박골 물을 질어오다. 『의학입문醫學入門』을 보다. 장남게張南溪한테 금지禁止를 당하였다. 병중에 심로心勞(뇌로腦勞), 색로色勞, 식로食勞 세 가지는 대단히 끄리는 것이라고.

12월 13일. 따뜻하고 맑다. 저녁에 좀음 비가 오다. 신용식龍植 군이 오다. 이증반二蒸飯을 홍합대구어탕紅蛤大口魚湯에 말어먹다. 한충 군이 밤에 진간장을 가지고 오다.

12월 14일. 아츰나잘 흐리고 점심때 맑고 저녁나잘은 또 흐리다. 이증반을 생명태, 홍합탕에 말어먹다. 찬燦 군이 오다.

12월 15일. 오전에는 비 오고 오후에는 바람 불다. 서재학 군이 오다. 음력 십월 삼십 일. 김동복金同福이 진간장 한 병, 가조긔 스므 마리를 보냈다.

12월 16일. 몹시 츕다. 아츰에 한충 군이 배오개ㅅ장에 갔다가 조선ㅅ배를 사 가지고 오다. 석수어탕石首魚湯에 이증반을 말어먹다. 정희상鄭熙常 군이 오다. 애류가 오다.

12월 17일. 맑다. 몹시 춥다. 김지연志淵 군이 오다. 밤에 체온體溫이 좀 오르다. 맥脈이 침삭하다고 지어놓았든 보약은 먹기를 시작 아니하였다. 처음에 오날 밤붙어 먹으려 하였다. 구미口味가 끊진다. 먹든 석수어탕도 중지하다. 일어나 앉으면 뒤가 맞히고 방구를 뀔랴면 퍽 힘이 든다.

12월 18일. 맑다. 몹시 춥다. 수당이 오다. 병륙의 편지가 오다. 밤에 체온體溫이 퍽 오르다. 잠을 일우지 못하였다. 눌음밥을 먹어보았다.

12월 19일. 눈이 좀 오다 그치고 말었다. 백우용白禹鏞 군이 오다. 상여금賞與金 칠십이 원과 월급이 오다. 류중환柳重桓 형의 편지가 오다.

12월 20일. 맑다. 리겸욱李謙旭 군, 신명균申明均 군, 맹주천孟柱天 군, 지대생池大生(水清)이 오다. 밤에 한충 군이 오다. 번열이 생겨 몹시 괴로웠다. 체온계體溫計 넣어보니 사십 도 이상이다. 밤중은 되어 요강을 대고 앉어 뒤를 퍽 많이 보았다. 보는 중에 처음 많이 보았다. 속이 시원하다. 몸도 차차 식는다. 새 정신이 난다.

12월 21일. 눈이 네 치 가량은 오다. 병조丙組 학생이 다수히 오다. 김지연志淵 군, 김영永運 군이 오다. 또 대변을 순하게 보다. 차차 구미도 돈다. 밤에 찬 긔운 몹시 침노한다.

12월 22일. 동지冬至. 맑다. 오후午後 한긔寒氣가 침노한다. 해소咳嗽가 성하다. 양집䍧汁을 내어 먹다. 수당이 오다. 소변小便이 썩 맑다. 처음으로 벽장 문턱을 일어섰고 두어 걸음 띄어 놓았다. 밤은 몹시 춥다.

12월 23일. 맑다. 밤은 몹시 춥다. 해소가 심하다. 아츰 공복에 양집을 먹다. 로석老石 어른이 남대문안ㅅ장에 가서 가믈치 세 마리를 사서 보냈다. 끓이어 밤에 먹었다. 오날붙어 된밥을 먹기 시작하였다.

12월 24일. 맑다. 대변이 좀 활하다. 김용보金容普 군이 오다. 까토리, 홍합탕에 저녁밥을 말어먹다. 짚앙이를 짚고 건너ㅅ방을 왔었다. 신길휴申吉休 씨가 오다. 밤은 매우 춥다. 육긔肉氣붙이를 먹으며붙어 혈긔가 돋는다. 장남게 씨의 말을 듣고 그 동안 우육牛肉은 먹지 못하였다.

12월 25일. 흐리고 비가 족음 오다. 오대붕大鵬 군이 오다. 양집䑋汁. 밤에도 춥지 않다. 해소는 그쳤다.

12월 26일. 흐리고 비가 족음 오다. 정육탕正肉湯에 밥을 말어먹다. 병국炳國이 제 집으로 돌아갔다. 처음으로 뒤ㅅ간에 가서 뒤를 보았다.

12월 27일. 흐리다. 한충 군이 오다. 그동안 십여 일 감긔感氣로 앓든 심암 누님이 병이 낫어 와 자다. 보약補藥(귀비양탕전歸脾養湯煎)을 먹기 시작하다. 전부 오십 첩貼인데 하루에 두 첩씩 먹는다. 인삼人蔘, 록용鹿茸을 가입加入하였다.

12월 28일. 흐리다. 맑다. 바람도 불다.

림병철林炳哲 군이 오다. 정육탕에 밥을 말어먹다.

12월 29일. 맑다. 몹시 춥다. 림보환 군이 오다.

12월 30일. 맑고 바람 불다. 병륙秉陸이 편지가 오다.

12월 31일. 흐리다. 맑다. 족음 눈이 오다. 밤에는 눈이 퍽 오다. 집에서 운송부運送部로 붙인 찹쌀 엿 말, 콩 한 말, 엿 두 되가 오다. 오후 열 시 호남행 차에 아버지께서 떠나시다. 어머님께 상서하다. 건너ㅅ방으로 옮겨 자다.

1926년(단기 4259년)

1926년(단기 4259년) 병인丙寅

1월

1월 1일. 눈이 퍽 오다. 년하ㅅ장이 많이 오다. 병국이 편지가 오다.

1월 2일. 맑다. 년하ㅅ장이 여러 장 오다. 감주甘酒를 장남게南溪 씨에게 보내다.

1월 3일. 맑다. 춥다. 강전姜筌 선생이 오다. 수당이 오다.

1월 4일. 흐리다. 맑다. 이학년 생도 두엇이 오다. 은동隱洞서 편지가 오다. 안등건유安藤乾幽 군의 편지가 오다. 문일평文一平 군이 오다. 가회동嘉會洞 리발소에 가서 리발을 하다.

1월 5일. 맑다. 바람 불다. 춥다. 김동복의 편지가 오다. 김동복 집에 갔다가 리문명李文明 군만 맞나 보고 인삼人蔘 말을 하였다. 저녁에 김동복 집 하인이 와서 인삼을 쓸어 넣는다고 보약 삽십이 첩을 가져갔다. 인삼人蔘 값은 한 량ㅅ중에 일원ㅅ가량이다.

1월 6일. 맑다. 밤에는 바람이 분다. 편지를 집에 붙이다. 은동 편지도 답장하였다. 김용보容普 군이 오다. 리승규昇圭 선생, 로병호盧炳瑚 선생이 오다. 륜석주尹錫疇 군이 오다.

1월 7일. 맑다. 밤에 좀 눈이 오다. 아츰에 병국이가 오다. 권태희棬泰

禧 군, 정렬모鄭烈模 군이 오다. 학교에 가서 직원회職員會에 참여하였다.

1월 8일. 맑다. 학교 시업식始業式에 참여하였다.

1월 9일. 맑다. 학교에 가서 네 시간 교수教授를 하였다. 다리가 앓브다. 한 백 리나 걸은 것 같다. 하경렬河慶烈 씨, 리중갑重甲 군, 류중환柳重桓 형에게 편지를 붙이다.

1월 10일. 맑다. 애류, 권찬규權贊奎 군, 권명규明奎 군이 오다. 지대생池大生의 편지를 보다.

1월 11일. 맑다. 밤에는 눈이 오다. 아버님의 편지와 돈 삼십 원이 오다. 심암 누님게는 작은아버지와 돈 사십 원이 오다. 학교에 시간을 맞히고 오다. 걸어단이기가 차차 좀 낫다. 전동춘全東春 군 오증어 다섯 마리를 사오다.

1월 12일. 맑다. 종일 눈이 오다.

1월 13일. 맑다. 서재학在学 군의 부인이 오다.

1월 14일. 맑다 흐리다 하였다. 오후 네 시경時境에 일식日蝕하였다. 홍제의원 류홍종劉洪種 군을 찾어보고 약값 남어지(二十六円 四十錢)를 치르다. 로성魯城 고모부姑母夫게서 오셨다 발우 가셨다 한다. 학교에서 늦게야 돌아왔다.

1월 15일. 맑다. 꽤 춥다. 눈은 아즉도 쌓여있다. 저녁때는 북풍이 불어 더욱 춥다. 한충 군이 오다.

1월 16일. 푹하다. 흐리다가 저녁때에는 눈이 좀 오다. 직원회. 심암 누님이 와 자다. 밤에도 눈이 오다.

1월 17일. 맑다. 따뜻하다. 누님하고 종로에 가서 옷감을 바꾸다. 파탕巴湯에서 沐浴을 하다. 밤에 눈이 오다. 조용주趙鏞周 군이 오다.

1월 18일. 흐리다 맑다. 푹하다. 눈이 퍽 녹는다. 변일섭邊日燮 군의 편지가 오다. 조 형의 편지를 보다.

1월 19일. 맑다. 북서풍北西風이 불다. 매우 춥다. 리중갑李重甲 군의 편지가 오다. 지대생池大生에게 답장을 하다.

1월 20일. 맑고 바람이 불다. 매우 춥다. 보약補藥을 다 먹다.

1월 21일. 맑다. 춥다. 밤에는 북풍이 불다. 조용주 군이 오다. 밤에 촉랭觸冷을 하여 목이 좀 앓브다.

1월 22일. 맑다. 북풍이 불다. 학교에서 창경원昌慶苑으로 얼음치기를 갔다. 나는 아즉도 좀 먼 데는 걸어가기가 임의롭로 못하여 아니 가다. 김동복金同福 어른을 찾어보고 조순 씨를 찾었다 못 보았다.

1월 23일. 맑다. 북풍이 불다. 찬燦 군君이 오다.

1월 24일. 맑다. 푹하다. 집에 편지를 붙이다.

1월 25일. 맑다. 따뜻하다. 봄이다. 남계南溪 씨를 찾었다 못 보다.

1월 26일. 맑다. 따뜻하다. 눈과 얼음이 퍽 녹는다.

1월 27일. 맑다. 바람이 좀 분다. 리하용李河用 군의 편지가 오다.

1월 28일. 맑다. 림시직원회가 있다. 교장이 자긔의 생각대로 학교ㅅ일이 잘 되지 않는다고 몹시 분개하여 말한다. 아무 의결議決한 일은 없다.

1월 29일. 맑다. 리하용李河用 군을 찾었더니 어데 나갔다고 한다.

1월 30일. 맑다. 흐리다.

1월 31일. 눈이 많이 오다. 하용 군은 찾어 못 보고 조순 씨는 찾어보다. 림보환林普桓 군께 『시조창법』을 붙이다.

2월

2월 1일. 맑다. 조 형에게 편지를 붙이다.

2월 2일. 흐리다. 김우현金宇鉉 군이 찾어오다.

2월 3일. 눈이 오다. 꽤 많이 온다.

2월 4일. 립춘立春. 좀 춥다. 맑다.

2월 5일. 흐리다 맑다 하였다. 김우현金宇鉉 군이 오다.

2월 6일. 맑다. 푹하다. 집에서 편지가 오다. 백우용白寓庸 군이 오다.

2월 7일. 흐리다 맑다. 조 형의 편지가 오다. 김병룡 군을 찾어보다. 수일 전붙어 아츰에 일어나면 입에 단침이 괴이고 머리도 좀 앓브고 몸이 날연 무긔하였다. 오날에야 촌백충이 생겨서 그런 줄을 알었다. 뱅어가 약이 된다길래 뱅어를 사다가 회를 쳐 먹었다.

2월 8일. 흐리다. 집에 편지를 붙이다.

2월 9일. 맑다. 따듯하다. 아주 봄날이다. 류홍종 의원劉洪種醫院에 가서 촌백충寸白蟲약을 사오다. 김우현宇鉉 군이 왜감 한 궤를 가져오다.

2월 10일. 새벽에 비가 오다. 회선교당會善教堂에 갔었다. 매헌梅軒이 찾어오다. 한경택韓敬澤 씨게 정육正肉 두 근斤을 사 보내다.

2월 11일. 맑고 흐리다. 매헌ㅅ집에 정육 네 근을 사 보내다. 로동두盧東斗 오다. 왜감 한 궤, 장끼 한 마리를 가죠다.

2월 12일. 맑다. 김용보가 오다. 왜감 한 궤, 자웅을 가죠다. 서재학徐在學 군이 왜감 한 궤를 가죠다.

2월 13일. 흐리다. 병인丙寅년 첫 날이다. 김동복同福 어른, 로석老石 어른, 남계南溪 어른께 세배를 가다.

2월 14일. 비가 좀 오다. 리능화李能和 씨를 찾어보고 설상을 얻어먹고 매헌梅軒, 애류崖溜, 림청林青, 리명칠李命七 군을 맞나 놀다가 명칠 군의 집으로 가서 설상을 먹고 밤에야 돌아오다.

2월 15일. 흐리다. 김진산金珍山 경중鏡中 씨를 찾었다 못 보고 매헌梅軒을 찾어보고 오다. 꽤 춥다. 북풍이 분다.

2월 16일. 맑다. 꽤 춥다. 정긔용鄭機用 씨가 찾어오다. 매헌이 찾어오다.

2월 17일. 흐리다. 김기안基安(휘문徽校 상무이사常務理事) 씨의 초대招待로 태서관泰西館에서 저녁을 먹었다.

2월 18일. 흐리다. 계동桂洞 일백삼십육一百三十六 번지番地를 찾어 가서 박일헌朴逸憲 씨 보았다.

2월 19일. 맑다. 바람이 좀 불었다. 누님께 고기 두 근斤을 사 보내다.

2월 20일. 맑다.

2월 21일. 맑다. 은동隱洞ㅅ편지가 오다. 바당이 누님께 가서 아츰을 얻어먹었다. 누님의 싀모의 회갑 날이다. 김영운永雲 군을 찾어보다.

2월 22일. 맑다 흐리다 하였다. 김건수金建洙 군이 와 잤다.

2월 23일. 눈 오고 바람 불다. 지대생池大生 편지가 오다.

2월 24일. 맑다. 바람이 불다. 학교 숙직.

2월 25일. 맑다. 전주 조 형 댁에 절초切草 한 근을 사 보내다. 누님 싀어머니의 회갑이 래일이란다. 조 형에게, 려산 집에, 은동 동수同洙 군께 편지를 붙이다.

2월 26일. 맑다. 푹하다. 애류가 찾어오다. 저녁을 같이 먹다.

2월 27일. 맑다. 음력으로는 병인년丙寅年 정월 보름ㅅ날. 로성 고모부께서 오셨다. 륜임중任重 군이며 정중正重 군도 왔다. 저녁에 회선교당會善教堂의 중광절 경하식重光節敬賀式에 갔었다. 건수建洙 군이 와 자다.

2월 28일. 흐리다. 머리가 좀 앓브다.

3월

3월 1일. 맑다. 매헌梅軒을 찾어보다.

3월 2일. 맑다. 조 형의 편지를 보다.

3월 3일. 맑다. 조용주趙鏞周 군을 찾어보다.

3월 4일. 흐리다 맑다. 륜석주錫疇, 석구錫龜가 찾어오다.

3월 5일. 맑다. 조용주趙鏞周 군, 주재정朱宰廷 군이 찾어오다.

3월 6일. 맑고 따뜻하다. 림시직원회.

3월 7일. 맑다. 학교學校 당직當直 겸 숙직宿直. 『조선문단朝鮮文壇』 삼월호가 나오다.

3월 8일. 맑다. 한충韓冲 군을 찾어보다.

3월 9일. 흐리다. 학교에서 졸업식卒業式도 있었고, 사은회謝恩會도 있었다. 작은어머님 편지가 오다.

3월 10일. 서북풍西北風이 불고 눈ㅅ발이 흩날렸다. 교주校主가 명월관 지점明月館支店에서 학교 직원, 졸업생 일동一同에게 저녁을 먹였다.

3월 11일. 맑다. 바람이 좀 분다.

3월 12일. 흐리다. 애류를 찾었다 못 맞났다.

3월 13일. 비가 오다. 고광규高光圭 군을 찾어보다. 직원회.

3월 14일. 좀 흐리다 맑었다. 바람도 불었다. 오날은 일요일이지마는 학교에 가서 사무를 보았다. 응모자應募者들을 모아놓고 입학시험入學試驗에 대한 주의注意를 말하였다. 매헌梅軒이 찾어오다.

3월 15일. 서북풍이 불고 꽤 칩다. 입학시험을 보다. 수당壽堂이 찾어오다.

3월 16일. 서북풍이 불고 눈ㅅ발이 좀 날렸다. 수당이 문명로文明魯 군君이 그 아들을 다리고 찾어오다. 밤이 깊도록 담화를 하였다.

3월 17일. 맑다 흐리다 하였다. 리하용李河用 군을 찾어보다.

3월 18일. 흐리다. 좀 칩다. 리일 군의 초대招待로 식도원食道園에 가다.

3월 19일. 흐리다. 문명로文明魯 군이 오다.

3월 20일. 흐리다. 눈이 오다. 꽤 칩다. 제삼학긔 시험第三學期試驗을 보다.

3월 21일. 눈 오고 바람 분다. 리범옥李範玉 군이 그 부친을 모시고 와 보다. 박한영漢永 석전石顚이 오고, 정산鼎汕이 오다.

3월 22일. 맑다. 아버님 하서를 받어보다.

3월 23일. 맑다. 숙직. 집에 편지며 메주가 오다.

3월 24일. 맑다. 밤에 바람이 몹시 불다. 병국이가 어제 졸업을 하였다. 전주제일공립보통학교로 가게 되었다. 밤 열 시 목포행차木浦行車를 떠나다. 조 형에게 하경렬河慶烈 씨에게 편지를 붙이다. 숲말 김창현金昌鉉 군에게 편지를 붙였다.

3월 25일. 맑다. 바람이 몹시 불다. 매우 칩다. 얼음이 얼었다. 김건수建洙 군이 와 자다. 집에 편지 붙이다.

3월 26일. 맑다. 바람이 몹시 불다. 매헌梅軒을 찾어보다. 리중건李重乾 군이 찾어오다. 학교일이 많아 휴가休暇가 없다.

3월 27일. 맑다. 학교에 가서 일을 하였다. 직원회.

3월 28일. 맑다. 김영관金永琯 군이 찾어오다.

3월 29일. 맑다. 학적부 정리를 맞히다.

3월 30일. 맑다. 문은종文殷鍾이가 오다. 문명로 군의 편지를 보다. 김영관 군을 찾어보다.

3월 31일. 맑다. 따뜻하다. 매헌을 찾다. 증곡曾谷이 오다.

4월

4월 1일. 맑다. 학교에서 제이학년二學年, 삼학년三學年 보결시험補缺試驗을 보다. 병국의 편지를 보다. 애류崖溜를 찾었다 못 맛났다. 진고개를 갔었다.

4월 2일. 흐리다. 비 오다. 전동춘全東春이가 오다.

4월 3일. 흐리다. 맑다. 보결시험을 맛히다.

4월 4일. 맑다. 직원회. 장남계張南溪가 오다. 김영운金永運, 김건수金建洙 군이 찾어와 자다.

4월 5일. 맑다. 매헌을 찾었다 못 보다. 김병룡金秉龍 군을 찾어보다. 학교에 잠간 갔었다.

4월 6일. 맑다. 학교에 가다. 학급주임을 새로 정하여 발표하였다. 련일 감긔ㅅ긔운이 있어 신긔가 좋지 못하다. 증곡曾谷은 찾었다 못 보고 리중건李重乾 군은 찾어보았다. 신명균申明均 군도 맞나 보다.

4월 7일. 맑다. 학교는 개학식을 하였다. 직원회. 매헌이 찾어오다. 집에며 로성 고모에게 편지를 붙이다. 집에서 편지가 오다.

4월 8일. 맑다. 매헌께 가서 음식을 얻어먹었다.

4월 9일. 맑다. 조 형의 편지를 받어보다.

4월 10일. 바람도 불고 눈도 날리고 흐렸다 맑었다 하였다. 오후에 동대문 밖 우선각遇仙閣에 가서 저녁밥을 먹었다. 학교에서 직원들을 대접하는 것이다.

4월 11일. 맑다. 종로 대창무역주식회사大昌貿易株式會社에 가서 은동隱洞을 해 갈 옷감을 오십여 원어치 바꾸었다. 밤에 리문명文明 군이 찾어오다. 감긔약을 네 첩 지어다 먹었다.

4월 12일. 맑다. 조용주趙鏞周 군을 찾어보다. 문명文明 군께 편지하다.

4월 13일. 맑다. 감긔가 상금 낫지 않는다. 코가 찡하고 머리가 띄하다. 련일 오후면 더하다.

4월 14일. 맑다. 오후 다섯 시에 명월관 지점明月館支店에 가서 저녁밥을 먹었다. 신임교원들이 초대한 것이다. 리호성李鎬成 씨가 찾어오셨다. 최학송崔鶴松 군이 찾어와 우리말을 통일하자는 데 대하야 의견意見을 뭇는다. 우리말에는 첫재 사전辭典을 맨들어야 할 일. 한문 음에 일반적으로 부르는 음을 좇을 것—으로 대답하였다.

4월 15일. 맑다. 고ㅅ불은 더하지도 덜하지도 아니한다. 숙직.

4월 16일. 맑다. 몹시 푹하다. 랭수목욕冷水沐浴을 하여도 그다지 치운 줄을 모르겠다. 조 형에게 편지를 하다. 직원회.

4월 17일. 새벽붙어 비가 오다. 종일 그치지 아니하다. 교장이 일본을 가라고 한다. 김건수金健洙 군이 와 잤다.

4월 18일. 맑다. 비 갠 끝이라 그런지 날이 좀 쌀쌀하다. 매헌을 찾어보았다. 리호성李鎬成 씨를 찾었다 못 보았다. 관동양복점館洞洋服店 륜형중尹珩重 군을 찾어보고 양복洋服 한 벌을 맞훴다. 값은 팔십사 원. 백화白華, 학송鶴松 군이 찾어 왔다.

4월 19일. 맑다. 학급주임회學級主任會. 최익채崔益采 군, 림보환林普桓 군의 편지가 오다.

4월 20일. 북풍이 몹시 불었다. 제법 칩다. 감긔가 더하다. 밤에는 몹시 앓었다. 학과주임회學科主任會. 로성 고모부께서 오셨다.

4월 21일. 맑다. 회선교당會善教堂에 갔었다.

4월 22일. 맑다. 유락준兪洛濬 군이 저녁붙어 와 있다. 최익채, 정충시, 리중갑 군에게 편지를 붙이다.

4월 23일. 저녁나잘 비가 좀 오다. 직원회.

4월 24일. 흐리다. 맑다. 찬燦 군을 찾었다 못 맞나 보고 돌아오다. 매헌도 찾었다 못 맞나았다. 애류는 길에서 맞났다.

4월 25일. 흐리고 비도 좀 오다 말었다. 오전 열 시 회선시교당에 가서 일 원 한 장 내주고 신명균申明均, 리중건李重乾, 애류, 맹주천孟柱天 일행 이십여 인이 떠나 왕십이로 하여 뚝섬을 거쳐 배를 타고 강을 건너 봉은사奉恩寺를 찾어들다. 라청호羅青湖 주지住持와 방한암方寒岩 선사禪師도 맞나 보고 판전板殿도 구경하고 밥을 식여먹고는 정릉靖陵(중종中宗), 선릉宣陵(성종成宗)을 옲아 보고 저믈어서야 닭섬(楮子島)에서 배를 타고 사못 뚝섬까지 와 나려서 집에 니르니 열 시. 창덕궁 리왕께서 오날 오전 륙 시에 위독危篤하시다고 호외신문號外新聞이 돌다.

4월 26일. 맑다. 리중갑李重甲, 정충시鄭忠時 군의 편지가 오다. 학급주임회로 해를 지우다.

4월 27일. 맑다. 창덕궁 리왕께서 지난 이십오 일 오전 륙 시에 승하昇遐하셨다고 발표發表되었다. 학교에서는 오날 하루 휴업을 하였다.

4월 28일. 맑다. 백우용白寓鏞 군이 오다.

4월 29일. 맑다. 학교에서 직원 생도 일동이 돈화문敦化門 앞에 가서 망곡望哭하고 휴업하였다. 리윤주潤柱, 서상란徐相鸞 선생하고 한양공원漢陽公園을 옲아 보았다.

4월 30일. 맑다. 학교로 하여 경긔도청京畿道廳에 가서 환전換錢표를 얻어 가지고 식산은행殖産銀行에 가서 일본 시찰視察 려비旅費 이백 원을 찾어 조선은행에 가서 일본ㅅ지화로 바꾸어 가지고 다시 도청道廳으로 와서 학무과學務課 중촌중노中村重老와 상의한 후에 내무부장內務部長, 도지사道知事의 이약이를 듣고 학교로 돌아오니 벌서 다들 가고 아무도 없다. 소사 리종환李鍾桓을 불어 류길상劉吉相, 김건영金建榮 군을 오라 하여 려비 오십 원과 긔차 할인권汽車 割引券을 얻었다. 맞췄든 양복洋服은 상금 아니 가져온다. 관동양복점貫洞洋服店을 찾어가서 야단을 하였다. 매헌梅軒이 찾어오다. 문은종文殷鍾을 식여 륜행중尹珩重 군께 또다시 양복 독촉을 하였다.

집에며 조 형께며 은동에 편지를 붙이다.[1]

5월

5월 1일. 맑다. 오전午前 6시六時 기침起寢. 윤형중尹珩重 군君이 양복洋服 외투外套며 가졌다. 경성역京城驛에서 일행一行 십일 인十一人(연희延禧 이동순李東淳, 양정養正 정욱鄭煜, 보성普成 조한종趙漢宗, 배재培材 고교령사랑高橋鈴四郎, 중앙中央 유경상劉敬相, 송도松都 손기양孫箕錫, 남대문상업南大門商業 송충원宋忠源, 중동中東 김옥두金玉斗, 경신儆新 최태영崔泰永, 도청道廳 학무과學務課 중촌중로中村重老)이 10시十時 발發 부산행釜山行 차車에 실렸다.

1 여기까지(1926.4.30) 한글과 한자(漢文)를 병기하여 쓰고, 이후는 국한혼용으로 씀. 그러나 독자들의 가독성을 고려하여, 본 전집에서는 이후의 일기에도 한자 앞에 한글 독음을 병기하여 둔다.

노량진鷺梁津을 지나면서

솔솔 부는 바람ㅅ결에 풀풀 나는 꽃일러니
잔잔한 물ㅅ결 우에 동동 뜨는 꽃이로다.
꽃 보고 뛰노는 고기도 홍겨운 듯하여라.

오후午後 8시八時 10분十分 부산釜山 착着. 연락선連絡船 경복환景福丸 이등二等 침대실寢臺室에 들다. 9시九時 30분三十分 발發. 달이나 뜨면 현해탄玄海灘을 꼭 구경하자는 것이 어떻게 곤하든지 그냥 누운 채 잠들어 버렸다.

5월 2일. 잠을 깨자 해도 뜬다. 멀리 보일락말락하든 하관下關이 차차 분명分明하게 보이더니 얼마 아녀 다닳았다. 나려 보니 오전午前 7시七時. 우편국郵便局, 귀산궁龜山宮, 시가市街를 돌아보다. 휘문 선생徽文先生들께며 계동桂洞ㅅ집에 편지 붙이고 산양선山陽線 차車로 10시十時 10분 발十分發. 어느 곧을 보든지 몯아 수림樹林이 울창鬱蒼하고 인가人家가 조밀稠密한 것이 한창 성운盛運한 긔운을 띠었다. 남들은 이렇게 잘 사는데 우리는 웨 그 초라한 집에서 빈약貧弱하게 사는가 하고 이윽고 한심한 생각만 난다. 오후午後 2시二時 50분五十分 관도官島 착着. 곳 배를 타고 건너 엄도嚴島(궁도宮島) 귀복여관龜福旅館에 들다. 신궁新宮이니 경지鏡池니 홍엽공원紅葉公園이니 하는 데를 구경하고 소위所謂 기념사진記念寫眞이란 것을 박였다.

5월 3일. 구름 끼었다. 잠룡문潛龍門을 나서 새벽의 뇌호내해瀨戶內海의 경景을 바라보니 검푸른 물ㅅ결이 넘실넘실 밀려오는데 그 우로 하얀 새 한 쌍이 스쳐 지나간다. 오전午前 8시八時 30분三十分 대판행大阪行 차車로 궁도 발宮島發. 여산礪山 본제本第에 편지 붙이다. 광도廣島에서 오항吳港 가는 차車를 바꿔 타고 9시九時 반半 오역吳驛 착着. 등대等待하고 있든 하사관下士官 이등평길伊藤平吉과 시역원市役員 삼본보진杉本保眞의 지로指路로 해병단海兵團을 구경하고 하사관下士官 집회소集會所에서 점심點心 먹고 다시 나서 연병장練兵場을 가보니 이백년二百年 묵은 동백(椿)나무 한 주株가 다복한이 서 있는데 이 나무ㅅ가지에 손만 대면 그 사람은 죽는다 한다. 해군공창海軍工廠으로 하여 다마군함多摩軍艦을 들어가 보면 한 편에 다마신사多摩神社를 위位하여 놓고 때때로 참예參詣한다는데 이 군함軍艦뿐 아니라 다른 군함軍艦도 군함軍艦마다 신사神社를 위位하여 그 군함軍艦 니름으로 신사神社 니름을 삼는다 한다. 오후午後 4시四時 25분二十五分 발發 약略 한 시간時間 만에 광도廣島 착着. 전차電車로 일신사一神社 앞에 와 나려 장내여관藏內旅館을 찾어들다. 송강松岡 시역원市役員이 맞웅 나왔다.

5월 4일. 비. 송강松岡과 오전午前 9시九時 출出. 고등사범高等師範을 가서 각各 교실敎室, 표본실標本室을 돌고 부속중학교附屬中學校에서는 영독英獨 교수敎授를 보고, 미인米人 선교사宣敎師의 경영經營인 광도여자학교廣島女子學校 급及 기숙사寄宿舍를 구경하고, 힌옷 닙고 상장喪章 붙인 동포同胞 여학생女學生 십여十餘 인人을 맞나다. 그 학교學校 교원敎員의 말을 들으면 이왕李王의 상사喪事를 듣고 발우 복服을 닙는지라, 매우 감탄感歎하였다 한다. 비를 맞으며 여관旅館 돌아오니 오후午後 5시五時. 유학생留學生 오륙 인五六人이 찾어오다. 와 있는 동포同胞ㅅ가운대 노동자勞動者가 수천 명數千名, 학생學生이 오십여五十餘 명名인데, 노우회勞友會 야학夜學도 있어 고사高師 학생學生이 공으로 가르쳐 준다 한다.

오후午後 10시十時 47분四十七分 발發, 신호행神戶行. 차 중車中에서 자다.

5월 5일. 비. 오전午前 7시七時 8분八分 신호神戶 착着. 시역소市役所 교육과敎育課 전정암田井巖이가 영접迎接을 나왔다. 곳 화외정花隈町 409四○九, 엽세가여관葉勢家旅館에 들어 조반朝飯을 맞히고 10시十時에 나섰다. 비는 그쳤다. 천기조소川崎造所 — 전기공장電氣工場, 조선장造船場, 도구공장道具工場, 기관실機關室, 추형雛形 제조장製造場 — 을 가 구경하였는데 여긔는 직공職工이 사무원事務員 아울어 거의 이만 명인 가운데에 동포同胞도 오십여五十餘 인人은 있고 노동勞動은 8시간제八時間制, 일일급一日給은 평균平均 1원円 20전二十錢 가량假量이라 하며 동양연촌주식회사東洋憐寸株式會社를 찾어가니 맞힘 오날은 명절名節이라 공장工場은 휴업 중休業中임으로 다만 안내자案內者의 설명說明만 듣고 한 번 돌았을 뿐, 주천신사奏川神社에 가서는 남정성楠正成의 묻엄만 보고 포인산布引山 밑 움윽한 골작우니로 좌左편 빙에ㅅ길로 관목灌木 숲속으로 올아가면 앞에 십여十餘 길 되는 절벽絶壁이 막어 있고 절벽絶壁우에서 폭포수瀑布水가 나려 지르니 이것이 포인폭포布引瀑布다. 오는 연로沿路와 이 부근附近에는 교묘巧妙하게 다점茶店, 과자점菓子店, 양식점洋食店, 토산물점土産物店들이 벌여 있어 오는 객客들을 서로 다투어 끈다. 조 형께 편지하다.

5월 6일. 구름 끼다. 오전午前 9시九時 출出. 시역소市役所 교육과敎育課 고교영일高橋英一과 대창공원大倉公園을 올아 시가市街를 나려다보고 이등박문伊藤博文의 동상銅像을 보고 도서관圖書館을 보고는 병사兵庫 지나 판숙板宿을 거쳐 용천중학교瀧川中學校를 가보니 그전 제일고등보통학교장第一高等普通學校長으로 있든 강원보岡元補가 지금 이 학교學校 교장校長으로 있어 꽤 반가운 체하며 제 자랑 겸 갖갖으로 하는 이악이를 갈 길이 밧븐 우리 일행一行은 다 듣지 못하고 마야강색철도摩耶鋼索鐵道(케불)의 전차電車를 타고 급경사지急傾斜地로 하여 마야산摩耶山 중中턱까지 올아서서 조감도鳥瞰圖의 신호神戶 전경全景과 그 앞의 망망茫茫한 해만海灣을 바라보았다. 오후午後 4시四時 28분二十八分 발發. 한 시간時間만에 대판大阪 착着. 비가 줄줄 나린다. 자동차自動車로 동구東區 석정石町 일정목一丁目 15一五, 경옥여관京屋旅館에 들다. 석반夕飯을 재촉하여 먹고 가장 번화繁華하다는 도돈굴정道頓堀町으로 산보散步가다. 밤에는 이란 놈한테 물리노라고 잠도 잘못 자았다.

5월 7일. 비. 시역소市役所 교육과敎育課 유마뢰柳ケ瀨 31三一의 지로指路로 10시十時 출出. 비를 사뭇 맞으며 가서 조폐국造幣局 압사실壓寫室, 노실鑪室, 축사실縮寫室, 조각실彫刻室, 용해장溶解場, 신연장伸延場, 검사실檢查室을 구경하고 삼월오복점三越吳服店도 구경하고 시외전차市外電車도, 장음여학교樟蔭女學校도 구경하다. 이 학교學校는 사립학교私立學校일망정 관립官立보다도 설비設備가 완전完全할 뿐만 아니라 오히려 지금 일본인日本人의 생활生活의 정도程度에 지나는 하이카라 학교學校다. 교실敎室이며 운동장運動場이 몯아 으리으리한 것이 미상불 아니 존 배는 아니다. 이 학교學校를 졸업卒業하고 나서는 어느 가정家庭에 어느 사회社會에 쓰일가. 나는 괜이 앞자락 널운 걱정을 하는 셈이다.

5월 8일. 맑다. 오전午前 8시時에 나서 유마뢰柳ケ瀨 31三一과 한 가지, 시립市立 풍기근로학교豊崎勤勞學校를 찾어가니 그 교장校長이 학교學校 유래由來, 설비設備, 사업事業에 대對하여 설명說明하고 수공실手工室, 작업실作業室, 도공실塗工室, 재봉실裁縫室을 보여준다. 말하자면 이 학교學校는 사회교육적社會敎育的 사업事業으로 빈민貧民의 자제子弟을 교육敎育 식히는 데다. 그 다음에 시립市立 시민관市民館을 가보니 상담실相談室, 강습실講習室, 보육실保育室, 소년지도실少年指導室, 도서열람실圖書閱覽室, 강연실講演室, 음악실音樂室, 대실貸室, 전당포典當鋪, 직업소개소職業紹介所 등等이 있어 이것도 역시 빈민貧民을 구제救濟하는 데다. 시청市廳에 가서 궁천비서과장宮川秘書課長에게 점심點心을 얻어먹고, 그 옆의 풍신수길豊臣秀吉의 동상銅像을 보고, 백목옥오복점白木屋吳服店으로, 대판매일신문사大阪每日新聞社로, 전기박람회電氣博覽會로 잔교棧橋 축항築港까지 갔었다. 이중갑李重甲 군君, 정충시鄭忠時 군君, 문은종文殷鍾, 유락준兪洛濬, 권태희權泰禧 군君께 편지를 붙이다.

5월 9일. 맑다. 대환상점大丸商店, 삼월오복점三越吳服店, 대판성大阪城을 구경하다. 병륙秉陸에게 답장答狀. 오후午後 6시六時 50분五十分 동경행東京行 차車 매전역梅田驛 발發.

5월 10일. 맑다. 오전午前 8시八時 10분十分 동경역東京驛 착着. 대합자동차待合自動車로 국정麴町 7정목丁目 기미정정紀尾井町 추방여관諏訪旅館에 들어 행구行具를 맡기고 나서 조선총독부朝鮮總督府 출장소出張所 복부출장원服部出張員의 소개紹介로 중의원衆議院, 귀족원貴族院을 구경하고는 내목저乃木邸, 명치신궁明治神宮을 가 보다. 권덕규權德奎 군君께 편지하다. 유학생留學生 수인數人이 찾어오다. 유경상劉敬相 군君과 은좌銀座의 야경夜景을 구경하다.

5월 11일. 구름 끼었다 비가 오다. 유학생留學生 정석희鄭奭熙 군君의 지로指路로 동경공창東京工廠 조병창造兵廠을 찾어가서 진재震災 유지遺址며 총포銃砲 제조製造며 비행기飛行機 제조製造며 덕천뢰방德川賴房 시대時代의 명明나라 사람 주순수朱舜水의 설계設計로 되었다는 후악원後樂園을 안내자案內者 강본절랑岡本節郎의 설명說明을 들으면서 보았고, 고사부속중학교高師附屬中學校에 가서는 재등주사齋藤主事의 안내案內로 수신修身 교육教育을 보았고, 부립 제5중학교府立第五中學校에 니르어 측후대測候臺, 개척관開拓館을 보았는데 이것은 교우회비校友會費로 세운 것이라더라. 밤에 비가 줄줄 나린다. 조한종趙漢宗 군君과 은좌銀座를 갔다가 발우 돌아왔다.

5월 12일. 구름 끼고 비도 오다. 헌옷과 편지를 계동桂洞ㅅ집에 보냈다. 오전午前 8시八時 반半 출出. 18만十八萬 5천五千 평坪이나 된다는 신숙어원新宿御苑을 들어가 보니, 식물원植物園이며 정원庭園을 교묘巧妙하게 꾸미어 놓았고, 택류澤柳 박사博士가 교장校長으로 있다는 우입구牛込區 성성중학교成城中學校를 찾어간 것이 아주 보잘 것도 없는 학교學校다. 규율規律도 없고 청결淸潔치도 못한데다가 이상理想은 높아서 임간학교林間學校니 무엇이니 하고 계획計劃은 여러 가지로 하는 모양. 시외전차市外電車로 성혜학원成蹊學園을 찾어가니 돌부처같이 생긴 천야淺野 교장校長이 친親히 영접迎接하여 말을 하는데 기지基地 십만十萬 8천八千 평坪, 기본금基本金 7백 50만 원円, 교사校舍 4층層 벽돌집. 소학小學 중학中學 고등과高等科 총總 학생學生 천 명千名, 한 학급學級 삼십 명三十名. 년 경비年經費 백오십만 원円이라 하며 순연純然한 정신적精神的 교육教育이라 체벌體罰도 않고 시험試驗도 안 보고 출석부出席簿 점명點名도 않고 자수자습自修自習케 한다 하며 교의실校醫室을 특설特設하고 병자病者는 무료無料로 치료治療케 하며 기숙사寄宿

舍, 식당食堂까지 있어 한 달에 칠십 원円을 들이면 기숙寄宿케 한다 하고는 교실敎室, 운동장運動場, 기숙사寄宿舍를 몰아 보여주고 그 끝에 식당食堂으로 들여 석반夕飯 대접을 한다. 이리하여 황혼黃昏이 되어 돌아오다. 강종원姜鍾遠, 송주용宋舟用, 휘문徽文 선생先生들에게 편지 붙이다.

5월 13일. 맑다가 구름 끼었다. 오전午前 7시七時 상야역上野驛 발發, 10시十時 42분四十二分 일광一光 착着. 신교神橋를 지나 윤왕사輪王寺, 동조궁東照宮, 덕천가강德川家康 묘墓, 대유묘大猷廟, 명룡鳴龍, 이황산신사二荒山神社, 덕천가광德川家光 묘墓들을 보고 오후午後 3시三時 자동차自動車로 마반馬返에 니르러 게서는 걸어 산山 속으로, 숲 속으로, 구름 속으로 오르며 우右로는 방등폭포方等瀑布, 반야폭포般若瀑布를 바라보고 또 오르다가 좌左로 꺾여들어 구배句配가 급急한 비탈길로 나려가서 백폭포白瀑布를 치어다보고 다리 건너서 오르다 돌아들어 오랑평다정五郞平茶亭에 화엄폭포華嚴瀑布를 보러 하나 맞힘 운무雲霧가 깊어 지척咫尺도 분간할 수 없고 들리는이 물소리뿐이다. 다시 올아와 중선사中禪寺 호반湖畔 대판옥大阪屋에 들다. 여기는 아즉도 나무닢이 아니 피고, 물이 얼고, 바람이 차다.

5월 14일. 아츰 안개를 발우 걷히지 아녀 중선사호中禪寺湖의 전경全景을 못다 보고 오전午前 8시八時 반半 발發. 마반馬返에 니르러 자동차自動車로 일광日光까지 와서는 11시十一時 15분十五分 발發. 오후午後 3시三時 반半상야上野 착着. 북풍北風이 분다. 꽤 치웁다. 삼월오복점三越吳服店(본점本店)을 구경하고 다시 추방여관諏訪旅館으로 들다. 최성문崔性文 군君이 찾어오다. 최익한崔益翰 군君께 편지하다.

5월 15일. 구름 끼었다 맑다. 고사高師 유학생留學生 최보순崔譜淳 군

君과 김옥두金玉斗 군君과 유경상劉敬相 군君과 작반作伴하여 나서, 순천중학교順天中學校, 농아학교聾啞學校, 제국대학帝國大學, 불인지不忍池, 화학박람회化學博覽會, 상야공원上野公園, 도서관圖書館, 불란서佛蘭西 현대미술現代美術 전람회展覽會 등等을 구경하였다. 유학생留學生 대표代表로 전부일全富一, 임병주林炳疇 양군兩君이 찾어오다. 곽종렬郭鍾烈 군君께 편지하다.

5월 16일. 맑다. 오전午前 9시九時, 김옥두金玉斗 군, 장순섭張淳燮 군君과 같이 나서 신보정神保町으로, 구단판九段坂으로, 정국신사靖國神社로, 국정삼정목麴町三丁目에 니르어 이발理髮하고, 다시 일본교日本橋로 하여 삼월오복점三越吳服店, 환선주식회사丸善株式會社를 거쳐 오다. 석반夕飯 후後에는 중촌중로中村重老, 유경상劉敬相, 조한종趙漢宗 군君과 천초공원淺草公園의 야경夜景을 구경했다. 계동桂洞ㅅ집에 편지하다.

5월 17일. 맑다. 계동桂洞ㅅ집의 편지를 보다. 오전午前 8시八時 55분五十五分 장야행長野行 차車로 떠나다. 시조時調 몇 수首를 생각도 하고 유경상 劉敬相 군君과 담화談話도 하다가 오후午後 5시五時 장야長野에 다달았다. 장야현속長野縣屬 궁도구의宮島久義, 시서기市書記 대구보충삼大久保忠三이 맞웅을 나왔다. 오정五町이나 되는 데를 걸어 와 등옥여관藤屋旅館에 들다. 김동수金同洙 군君께 편지 붙이다.

5월 18일. 맑다. 오전午前 8시八時 출出. 궁도구의宮島久義, 대구보충삼大久保忠三을 앞세고 현립중학교縣立中學校를 보고 나오다 동포同胞 일인一人이 재학중在學中이란 말을 듣고, 선광사善光寺 —보물진열관寶物陳列館 — 상품진열관商品陳列館 —으로 성산관城山館에 니르어 점심點心을 먹고 역驛에 니르니, 중학교中學校에 있다는 동포同胞 이우공

李雨公이가 찾어왔다. 니악이를 들으면 저의 부모父母가 붓장사로 여긔까지 왔다가 갑작이 급병急病에 걸려 죽고 저의 형제兄弟 두 사람만 남았는데 이 중학교中學校 교우회校友會에서 저의들을 공부工夫식혀주어 저는 중학中學, 저의 아우는 소학小學에 단인다 한다. 우리말도 잘 모름으로 이런 말을 일어日語로 한다. 하도 정경情景이 불상한지라 지갑紙匣을 털어서 얼마쯤 동정同情을 표表하였다. 오후午後 1시一時 발發. 염고鹽尻에서 중앙서선中央西線 차車를 갈어타고 9시九時 15분十五分 명고옥名高屋 착着. 시역소市役所 교육과敎育課 오전능광奧田能光, 시학視學 상전강上田剛, 애지현속愛知縣屬 시야수웅矢野秀雄이 마중을 나왔다. 발우 그 엽의 환옥丸屋에 들다.

5월 19일. 맑다. 김金 군君 영운永運, 한韓 군君 충冲에게 편지 붙이다. 정거장停車場으로 산보散步 갔다가 백의동포白衣同胞를 많이 맛나보다. 몯아 노동자勞動者로 품팔이 하러 온 이들이다. 오전午前 8시八時 출出. 오전시야奧田矢野의 지로指路로 합명회사合名會社 천야목공장淺野木工場(합판공장合板工場)을 가보고, 상점商店 송판옥松坂屋이며, 상품진렬관商品陳列館을 가보고 교육회敎育會에서 대접하는 양식洋食을 얻어먹고 오후午後 1시一時 40분四十分 조우행鳥羽行 차車로 떠나 6시 6분六分 이견포二見浦 착着. 야일관野日館에 들다. 무더웁다. 신궁神宮 황학관皇學館 학생學生 박준영朴駿榮, 금정계일今井啓一이 찾어오다.

5월 20일. 구름 끼었다. 밤에는 바람 불고 비 오다. 조기早起. 해안海岸에 산보散步하여 부부암夫婦岩까지 가보다. 금정계일今井啓一을 더불고 전차電車로 내궁內宮(천조대신궁天照大神宮)을 가보고, 창전산倉田山에 니를어 박준영朴駿榮 군君을 맛나가지고 징고관徵古館, 농업관農業館, 대암방일大岩芳逸의 비碑를 보고 산전山田에 니를어 외궁外宮

(삼종 신기三種神器의 경鏡을 장치藏置한 곳)을 보고 오후午後 2시二時 56분五十六分 발發, 8시八時 내량奈良 착着. 조일관朝一館에 들다.

5월 21일. 비, 풍風, 뇌雷. 내량현奈良縣 교육회敎育會 전무이사專務理事 금서방길今西房吉의 지로指路로 오전午前 8시時 출出, 비를 사뭇 맞고 춘일신사春日神社, 기목寄木, 이월당二月堂, 선명등蟬鳴燈을 보고 삼립산三笠山, 약초산若草山을 바라보고 동대사東大寺 대불大佛을 보고, 박물관博物館을 보고 폭풍暴風에 기앗장이 날리는 것을 보고 오후午後 6시 20분 발發, 7시 54분 경도京都 착着. 유학생留學生 학우회學友會 대표代表 송을수宋乙秀, 곽종렬郭鍾烈과 그 외外 정지용鄭芝溶 군君, 박제찬朴齊瓚 군君이 맞웅을 나왔다. 역驛 근처近處 수관壽館에 들다.

5월 22일. 맑다가 비 오다. 계동桂洞ㅅ집이며 휘문徽文 선생先生들에게 편지 붙이다. 오전午前 8시八時 출出. 이조이궁二條離宮(덕천가강德川家康의 숙소宿所), 어소御所(월화문月花門 남정南庭 자신전紫宸殿), 동지사대학同志社大學, 도산릉桃山陵을 보다. 수관壽館은 집이 협착狹窄하고 불결不潔한데다 학생단學生團이 많이 들어 있어 무척 시끌업더니 그 옆의 삼내옥杉乃屋으로 옮기니 좀 낫다. 찾어오는 송을수宋乙秀, 곽종렬郭鍾烈 군君을 따라 사조四條 양식당洋食堂에 가서 학우회學友會의 다과茶菓 대접을 받았다. 유학생留學生은 십여 인十餘人이 모였다. 겨우 인사만 하고 말었다.

5월 23일. 구름 끼고 오후午後에는 비 좀 오고 개었다. 곽종렬郭鍾烈 군君과 원산공원圓山公園으로 사조四條로 대환상점大丸商店으로 단이며 담화談話를 하였다. 오후午後 1시一時 40분四十分 하관행下關行 차車로 떠나다. 곽종렬郭鍾烈 군君과 6, 7 학생學生이 와 전송餞送한다.

5월 24일. 구름 끼었다. 오전午前 6시六時 50분五十分 하관下關 착

着. 연락선連絡船으로 문사門司 착着. 8시八時 35분三十五分 발發. 9시九時 18분十八分 8번幡 착着. 미창심상고등소학교장尾倉尋常高等小學校長 석송번웅石松繁雄이 맞웅을 나왔다. 그를 앞세고 제련소製鍊所를 들어가니 맞힘 수선修繕과 소제掃除를 하노라고 휴업休業을 하였음으로 장내場內를 한번 돌면서 다만 그 설명說明을 듣고 용로鎔爐에서 녹은 쇠ㅅ줄기가 무섭게 솓아지는 것만 보고는 미창소학교尾倉小學校로 가서 점심點心을 먹고 오후午後 2시時 20분分 발發. 4시時 20분分 박다博多 착着. 복강현福岡縣 시학視學 석정강륭石井康隆, 교육회敎育會 주사主事 소염웅차랑小鹽熊次郎, 복강시福岡市 시학視學 금촌점태랑今村點太郎, 서기書記 임도林道, 고등학교高等學校 서기書記 원정경原正敬, 산로구충山路求忠 등이 맞웅을 나왔다. 시市와 여관旅館의 자동차自動車 2대臺로 중지도中之島 송도옥松島屋에 들다. 현관玄關 앞에 모래를 깔았다. 일본日本풍속風俗에 귀빈貴賓이 올 때는 이렇게 한다더라. 이건 일등一等 여관旅館이다. 범절凡節이 좀 낫다. 자동차自動車로 서공원西公園에 가서 박다만博多灣의 전경全景을 바라보니 망연茫然한 창파蒼波가 두렷이 열렸는데 멀리에 두른 하얀 선線은 모래밭이고, 모래밭 우에는 소나무들이 먹눈섭처럼 그려있다. 복강福岡 사람들은 여긔다 축항築港을 하고 직접直接 조선朝鮮과 지나支那와 교통交通한다고 지금 계획중計劃中이라더라. 석반夕飯 후後 시가市街로 산보散步를 나갔었다.

5월 25일. 맑다. 현縣 서기書記 태전연태랑太田延太郎, 임도林道와 현시縣市의 자동차自動車로 오전午前 8시八時 40분四十分에 나섰다. 제국대학帝國大學 의학부醫學部, 공학부工學部, 법문학부法文學部로, 동공원東公園에 니를어 일연상인日蓮上人의 동상銅像을 보고, 중학교中學校

를 거쳐 시역소市役所에 니르어 서무과장庶務課長 시야조장矢野助藏, 조역助役 석교상태랑石橋相太郞의 인사와 점심 대접을 받었고, 오후午後 1시一時 40분四十分 시외전차市外電車로 2일二日 시착市着. 자동차自動車로 대재부신사大宰府神社를 구경하고, 2시二時 50분五十分 복강福岡에 돌아와 다시 시역소市役所에 가서 시장市長 시실추수時實秋穗를 보다. 시실市實은 그 전前 경기도지사京畿道知事로 있었는 관계關係로 자동차自動車도 주고 점심點心도 주고 박다인형博多人形도 준 것이다. 아뭏든가 어데서든지 귀한 대접을 받기가 슳지는 않으되 군하여 바랄 것도 없다. 급急히 여관旅館으로 하여 역驛에 니르어 4시四時 13분十三分 발發. 시서기市書記 일번경차랑日幡景次郞, 태전연태랑太田延太郞, 임도林道, 원정경原正敬, 여관주인旅館主人이 전송餞送을 나왔다. 7시七時 문사門司 착着. 15분十五分 동안에 하관下關 착着. 시가市街에 산보散步하다가 11시十一時 연락선連絡船 경복환景福丸을 귀항歸航하다. 삼등실三等室에 들어 자는데 풍랑風浪은 없어 편키는 하나 사람은 많고 더웁기는 하고 게다가 시끌업고 형사刑事들은 몹시 굴고 하여 잠은 편히 못 자았다.

5월 26일. 구름 끼었다 맑았다. 오전午前 8시八時 55분五十五分 부산釜山 착着. 특대급행차特大急行車로 9시九時 10분十分 발發. 오후午後 7시七時 경성京城 착着. 김형배金亨培, 김도태金道泰, 김동형金東瑩, 산하충차랑山下忠次郞, 이승규李昇圭, 이상준李尙俊 선생先生과 학생學生 대표代表 송주용宋舟用, 조갑석曺甲錫, 강종원姜鍾遠, 김형선金衡璿 외外 6, 7인六七人이 맞웅 나왔다. 집에 드니 김무현金武鉉이가 와 있다.

5월 27일. 맑다 비 오다. 학교學校에 가 보고 양洋쟁반 하나씩 여러 선생先生에게 낲아주고 오후午後 1시一時에 경기도청京畿道廳에 가서 보고회報告會에 참여參與하다. 권애류權崖溜가 찾어오다. 장시간長時間 담화談話.

5월 28일. 맑다. 한충韓冲 군君이 내방來訪. 집에 편지 붙이다.

5월 29일. 맑다. 김로석金老石 어른. 문명로文明魯 군君이 찾어오다.

5월 30일. 맑다. 바람 불다. 빙모聘母, 처妻, 병륙秉陸, 순희順熙, 동희東熙의 일행一行이 오다. 이중익李重翊 군君이 내방來訪. 송을수宋乙秀, 박제찬朴齊瓚, 곽종렬郭鍾烈, 정지용鄭芝溶, 김위운金偉運, 김부일金富一, 임병주林炳疇, 최진순崔瑨淳, 중촌중로中村重老, 조 형趙兄께 편지 붙이다.

5월 31일. 맑다. 바람 불다. 문명로文明魯 군君이 내방來訪. 빙모聘母께서 팔판동八判洞 영운永運 군께 가셨다.

6월

6월 1일. 맑다. 바람 불다. 우박雨雹. 오후午後 4시四時, 이윤식李潤植, 김도태金道泰, 최윤식崔允植, 박술음朴術音, 이치규李治奎, 이규종李圭鍾 선생先生들과 제일은행第一銀行 옆에로 물리응용연예회物理應用演藝會 구경을 갔었다.

6월 2일. 맑다. 백우용白禹鏞 군과 박람회博覽會 제이회장第二會場(경복궁景福宮) 구경을 가다. 시시하고 너줄한 것이 별로 보잘 것도 없다. 병륙秉陸과 김무현金武鉉이 오후午後 10시十時 차車로 떠나다. 조 형趙兄의 편지를 보다.

6월 3일. 맑다. 학교學校에는 임시시험臨時試驗을 보다. 해야홍海野弘 군君과 박람회博覽會 제일회장第一會場(남산南山 구총독부舊總督府

청사廳舍)을 구경하다. 제이회장第二會場보다는 볼 만은 것도 있다. 한충 군韓冲君을 찾고 조선불교육회朝鮮佛教育會 석전石顚을 찾어보다. 백우용白禹鏞 군君이 오다.

6월 4일. 맑다. 증곡曾谷, 애류崖溜를 찾었다 못 보다. 찬燦 군君, 문명로文明魯, 신명균申明均 군君이 찾어오다.

6월 5일. 맑다. 이중갑李重甲 군君의 편지가 오다. 김건수金建洙 군君의 자당慈堂이 래숙來宿. 학교學校에서는 시험試驗이 끝나다. 강당講堂에서 전반全班 생도生徒에게 일본시찰담日本視察談을 하다. 오후午後 6시六時 일본시찰단동인日本視察團同人이 식도원食道園에서 중촌중로中村重老를 붊어 같이 놀다. 이능화李能和 씨며 한충韓冲 군君이 찾어왔다 한다. 창평리倉坪里 신 씨信氏께 편지 붙이다.

6월 6일. 맑다. 구름 끼고 더웁다. 문명로文明魯 군君께 끌려 박람회博覽會 제이회장第二會場 구경을 또 했다. 김사영金思濚 군君을 맞나다. 건수建洙 군君이 래숙來宿.

6월 7일. 맑다. 매헌梅軒을 찾어보다. 이중건李重乾, 신명균申明均 군君도 찾어오다.

6월 8일. 맑다. 김병룡金秉龍 군君이 찾어오다.

6월 9일. 맑다. 신촌중로申村重老가 사진寫眞을 보냈다. 정충시鄭忠時 군君의 편지를 보고 곳 답장答狀. 애류를 맞나다.

6월 10일. 구름 끼었다 맑었다. 오전午前 2시二時 가인家人들이 일어나 밥을 짓고 수떠린다. 4시경四時境에 건수 군建洙君과 그의 자당慈堂, 빙모聘母, 처妻의 일행一行은 인산因山 구경하러 동대문東大門 밝으로 나가고 나는 5시五時 학교學校로 가서 5시 반五時半 돈화문敦化門 앞 수은동授恩洞 서西편 길에 여러 선생先生과 전반全班 생도生徒와 서 있었다. 8시八時 대여大輿가 지나고 육해군陸海軍 의장대儀仗隊가 지나자 단성사團成社 앞 중앙학교中央學校 생도生徒 측에서 만세고창萬歲高唱, 선전서宣傳書 살포撒布, 군중群衆은 소동騷動하여 중경상重輕傷이 많이 났다. 나는 다행이 괜찮았다. 교정校庭에 돌아와 생도生徒 해산解散. 김락순金洛淳을 찾아보다. 애류崖溜가 오다.

6월 11일. 맑다. 매헌梅軒을 찾다. 이중갑李重甲 군君께 편지 붙이다.

6월 12일. 맑다. 김재엽金在燁 군君을 찾고 관훈동 우편소郵便所에 가서 누님께 돈 백 원百円을 찾어다주다. 맹주천孟柱天, 찬燦 군君이 오다.

6월 13일. 맑다. 이능화李能和 씨, 이중익李重翊 군君, 김병룡金秉龍 군君, 사영思濚 군君을 찾었다 못 보고 김옥두金玉斗 군君은 찾어 맞나 보고 담화談話하다가 중동학교中東學校 구경하고 정렬모鄭烈模 군君을 맞나다. 매헌梅軒이 내방來訪.

6월 14일. 맑다. 조룡해趙龍海 군君, 최익채崔益采 군君께 편지를 붙이다.

6월 15일. 구름 끼다 맑다. 김학수金鷽洙 군君을 찾었다 못보다.

6월 16일. 맑다. 더웁다. 아츰 닐곱 시 빙모聘母와 건수建洙 군君의 양친兩親께서는 떠나다. 경성역京城驛까지 나가아 보다. 아악소雅樂所에 가서 안확安廓 군君, 김영제金永濟, 명완벽明完璧 씨를 찾어보고 고가古歌에 대하여 담화談話하였다.

6월 17일. 맑다. 이중갑李重甲 군君의 편지 보고 곳 답장答狀.

6월 18일. 맑다. 모낼 때 이렇게 오랫동안 가믈으니 시골서는 퍽 소동하겠다. 집에서는 모를 내었는지, 편지하다.

6월 19일. 맑다. 은동隱洞서 편지 오다. 조순祖舜 씨며 재엽在燁 군君

이 찾어오다. 밤에 찬燦 군君이 오다. 이중갑李重甲 군君, 조운曺雲 군君께 편지 붙이다.

6월 20일. 맑다. 일즉 한 군韓君 매헌梅軒을 찾어 같이 김병룡金秉龍 군君을 찾다 못 보고 둘이만 창의문彰義門 밖으로 나아가 세검정洗劍亭을 보고 소림사小林寺에서 오반午飯을 식여 먹고 오다.

6월 21일. 맑다. 학교숙직學校宿直.

6월 22일. 낮에는 구름도 오락가락. 날도 몹시 무더워 비가 올 듯 올 듯하다가도 밤이면 서풍西風이 불어 한울을 맑앟게 싳어주고 서늘하게 식힌다. 몇일째 꼭 이 모양이다. 이것이 가므는 징조이다.

6월 23일. 맑다. 오날도 몹시 무덥다.

6월 24일. 맑다. 최익채崔益采 군君의 편지 오다. 문명로文明魯 군君이 오다.

6월 25일. 구름 끼고 무척 무더웁더니 저녁때붙어 시름없이 나리는 비가 밤새도록 오다. 부슬부슬 오다가는 줄줄 좔좔 온다. 그러나 좀 부족하다. 또 오겠지.

6월 26일. 구름 끼다. 문우사文友社 주최主催 토론회討論會를 학교學校 강당講堂에서 열었다. 가서 좀 들었다.

6월 27일. 맑다. 문명로文明魯 군君이 찾어오다. 매헌梅軒 왔길래 같이 증곡曾谷을 찾어보다.

6월 28일. 구름 끼다. 서늘하다. 오날붙어 예정豫定대로 반일半日 상학上學을 하였다. 유락준兪洛濬의 서류書留와 문은종文殷鍾의 해부기구解剖機具를 도실盜失하다. 처妻는 락준洛濬 군君의 집으로 재봉裁縫하러 가 잇고, 나와 학생學生들은 학교學校에 와 있고 집에는 다만 순희順熙, 동희東熙와 태전太田이만 있는데, 웬 놈이 학생양복學生洋服을 입고 학생모자學生帽子를 쓰고 태연泰然히 들어와 학생學生들이 있는 방을 가리치며 학생學生이 있느냐고 물으며 무슨 할 말이 있다고 조희쪽을 끄내어 적는 체하며 태전太田이 보고 들어가 볼일을 보라 하니 태전太田이가 그 말대로 들어와서 다시는 나아가 보도 않았다. 그놈은 문을 열고 들어가서 락준洛濬의 책상册床에서는 서류書留 한 장張, 은종殷鍾의 책상册床에서 해부기구解剖機具를 가져갔다. 그러고도 도적盜賊맞은 줄도 모르다가 학생學生들이 하학下學하고 돌아와 본즉 책상册床 설합을 붓인 흔적痕跡이 있음으로 태전太田이를 불러 연유緣由를 물은 뒤에야 알았다. 락준洛濬이가 광화문光化門 우편국郵便局과 재동齋洞 파출소派出所에 가서 말하였더니 순사巡査가 나와서 조사調査를 하고 나까지 파출소派出所에 갔었다. 취조取調하는 일순사日巡査가 처음에는 여관주인旅館主人이라 하여 낮븐 말을 하길래 가만이 있었더니 나종에 조선순사朝鮮巡査의 말을 듣고는 학교學校 선생先生이라 하여 대우를 하여준다. 인생人生의 가치價値가 이마적 쌀값과 같다. 갑작이 오르다 나리다 갑작이 나리다 오르다 한다. 허허. 인생人生의 가치價値가 이런가.

6월 29일. 맑다. 저녁에 비. 이윤주李潤柱 군君과 경성운동장京城運動場(훈련원訓練院)에 가서 휘문徽文 대對 중앙中央 야구전野球戰을 5회五回까지만 보고 오다.

6월 30일. 맑다. 조선불교회朝鮮佛教會 가서 석전石顚을 찾어보고 담화談話하고 같이 나오다 국수 한 그릇에 배를 불리고 애류崖溜를 찾어 보고 놀다오다.

일기

26권

1926. 7. 1. ~ 1927. 7. 26.

1927년(단기 4259년) 병인丙寅

7월

7월 1일. 맑다. 매헌梅軒이 내방來訪.

7월 2일. 구름 끼다. 저녁에 좀 비가 오다. 증곡曾谷이 찾어오다. 월급給을 두 달이나 못 타서, 퍽 곤란困難한 모양이다. 조선일보사朝鮮日報社도 시대일보사時代日報社와 자금문제資金問題로는 백중간伯仲間인 듯. 새로 집은 전동典洞에 지어도 알 없는 빈 겁질 같으면 수이 낙성落成이 되어도 깃블 것이 있으랴. 과연 딱한 일이다. 우리네 일 치구 잘 되는 것은 별로 없다. 집에며 청운青雲께 편지 붙이다.

7월 3일. 비. 학교學校 일동一同이 용산연병장龍山練兵場으로 정재비행呈才飛行을 구경 가다가 삼각정三角町에서 비를 맞나 중지中止하였다. 전차電車를 타고 돌아오다. 병국炳國이가 선자扇子 6병六柄을 소포小包로 보냈다. 건수建洙 군君이 내숙來宿.

7월 4일. 비. 조룡해趙龍海 군君의 편지 보다. 건수建洙 군君이 유숙留宿. 잘 오는 비다. 지난 25일 보다는 많이 오는 비다. 못 심었든 모도 이 비에는 거의 다 심겠지. 말았든 우물도 이 비에는 생수 구녁이 트어지겠지. 성북동城北洞 시내나 세검정洗劍亭 앞 시내도 물 구경이 좋겠지

— 이렇게 생각사록 깃브고 고마운 비다. 아즉도 끊임없이 들리는 소리 졸졸 좔좔.

7월 5일. 비는 그치고. 구름은 여전히 끼었다. 정충시鄭忠時께 편지하다.

7월 6일. 구름 끼고 무덥다. 조 형趙兄의 편지를 보고 곳 답장答狀하다. 문일평文一平 군君이 찾어오다. 일본유학日本留學은 다시 안 갈 모양이다. 또한 갈 수도 없는 형편形便인 듯. 생각하여 아는 것보다, 배워서 아는 것보다 제가 실제實際로 지내보고야 아는 것이 참 아는 것이다. 그도 세상世上의 가난한 사정事情을 이제야 참 안다 한다. 『동사연표東史年表』를 빌어 갔다.

7월 7일. 맑다. 무덥다. 4학년四學年 조선어시험朝鮮語試驗 답안答案을 보다. 보다가 화가 난다. 이 과정課程에 대對하여는 넘우들 성의誠意가 없다. 온 세상世上의 사람들이 거의 다 추세趨勢로 사니 학생學生들만 나무랄 것 없지마는 화는 아니 날 수 없다. 어제도 조선어朝鮮語 시간時間에 2학년二學年 누구가 "조선어朝鮮語도 시험試驗 보나요" 하기에 한바탕 야단을 치었다. 그러고 나서 생각하면 웃으운 일이지마는 그런 말을 듣는 때에는 과연 그저 있을 수는 없다. 진실로 무엇을 배우는 셈인지 무엇을 위하여 사는지 모르겠다.

7월 8일. 맑다. 매헌梅軒을 찾어보다. 찾어갔었을 때마다 그렇거니와 오날 저녁도 시대일보時代日報 구사원舊社員들이 잔뜩 모여 무슨 의논議論을 하고 있다. 시대일보사時代日報社를 명의변경名義變更이나 하면 거긔에 한목 끼려고 찾어오는 이가 많다고, 날마다 글로 하여 우리집은 분잡紛雜하다고 한다. 김병룡金秉龍 군君을 찾으니 삼방三防 간 제가 벌서 보름이 된다 한다. 탑동공원塔洞公園으로 하여 야시夜市를 한번 돌아오다. 이렇게 저녁마다 산보散步도 하면 좋다. 하경렬 씨河慶烈氏의 편지가 두 장張이나 오다. 하나는 답장答狀, 하나는 무슨 책冊을 구해 달라고. 그 동안 우리말을 골똘하게 연구硏究하였는가 보다. 언제든지 서로 맞나서 따지어 보면 알겠지. 그러나 밥을 굶으면서도 이걸 놓지 않고 꾸준하게 연구硏究하는 것은 과연 감복感服할 만하다. 다만 벽지僻地에 있어서 좋은 사우師友와 참고參考할 서적書籍을 넉넉이 얻지 못하여 얼마쯤 고루固陋함을 면치 못하는 것이 없지 못하리라. 될 수 있는 대로 동정同情을 하여 주고 싶다. 조력助力을 하여 주고 싶다. 잦우 맞나 보고도 싶다.

7월 9일. 맑다. 문명로文明魯 군君이 찾어오다.

7월 10일. 맑다. 병륙秉陸의 편지가 오다. 학교學校에서 한 시간時間만 수업授業하고 용산연병장龍山練兵場으로 직원職員, 생도生徒 일동一同이 정재비행呈才飛行을 구경 가다. 일본日本 명고옥비행학교名古屋飛行學校에서 와 하는 것인데, 여류비행가女流飛行家 익상보행翼上步行, 곡기비행曲技飛行이니, 고등비행高等飛行이니 모의폭탄투하비행模擬爆彈投下飛行이니, 공중승제자비행空中繩梯子飛行이니, 낙하산강하비행落下傘降下飛行이니 하기는 하였으나, 그다지 신통神通하지도 못하고 시간時間만 많이 걸리었다. 날은 더웁고 사람은 많이 모이고 몬지는 일어나고 하여 그것이 끝나도록 간신히 참어 있었다. 집에 돌아오니 오후午後 다섯시 반.

7월 11일. 흐리고 무척 무덥다. 이렇게 더웁기는 올해론 처음이다. 등걸이 잠방이만 입고 있어도 온몸에 땀이 줄줄 흐른다. 밥 먹기도 괴롭다. 부채를 흔들어도 시원치 않고 얼굴이 화끈화끈한 것이 불덩이를 안고 있는 듯, 흐릿하고도 벌떡벌떡한 마음이 맞히 취醉한 듯 노怒한 듯 미친 듯하다.

7월 12일. 오후午後에 비오다. 서西편 어데서는 소낙이가 오는지 한참 동안이나 울에ㅅ 소리가 야단스럽게 나고 번개ㅅ불이 번적거리었다. 학교學校에서는 학기말學期末 시험試驗을 보다. 밤ㅅ비가 오다. 좍좍좍 쏟아질 때는 기아ㅅ장이 깨지는 듯, 뒤 언덕이 뭉어지는 듯하는데 지난해 이때의 장마에 고생하든 일이 문득 생각히며 마음이 새삼스럽게 좋지 않다. 그러나 얼마 아녀 그치고 족음씩 족음씩 오는 것이 그다지 큰비는 아니다. 사나운 비는 아니다.

7월 13일. 비는 개였다. 오후午後에는 바람이 산들산들 불고 햇솜 같은 구름ㅅ점이 여긔저긔 둥둥 떠단이더니 그것도 어느덧 어데로 다 가버리고 한울은 씻은 듯이 맑었다. 문명로文明魯 군君이 오다.

7월 14일. 오전午前에는 바람이 산들산들 불더니 오후午後에는 구름이 끼고 무척 무더웁다.

7월 15일. 아츰붙어 구름 끼었더니 저녁나잘에 비가 온다. 사납게도 온다. 울에는 우루룽우루룽, 번개는 번적번적하며 박으로 퍼붓는 듯 나려 쏟는다. 게다가 잇다금 바람좇아 몹시 불어 비를 몰고 소리를 치며 창窓과 벽壁을 두들이고 지난다. 소낙이같이 두어 줄금 지나고는 그치었다 또 오고 오고 한다. 남양南陽 병표 군秉杓君이 외간상外艱喪을 당하였다는 부고訃告가 오다. 그 어른네 생전生前에 한번 가 뵙자는 것이 인제는 다 틀리었구나.

7월 16일. 비가 종일 오다. 곽종렬郭鍾烈 군君과 박제찬朴齊瓚이 찾어오다. 자본문제資本問題, 사상문제思想問題, 연애문제戀愛問題를 가지고 주고 받고 하며 한참 동안 떠들어 보았다. 밤에도 비가 오다. 갑작이 우수수 쏟아지다가는 갑작이 그치고 한다. 년전 녀름 한라산漢拏山 마루턱이 올아 갔을 때에 맞나든 비와 같다. 그 울툭불툭한 바위 엉서리를 기어오르고 나리며 그 길도 없는 깊은 숲속으로 더듬어 나려갈 제 줌억 같은 비ㅅ방울이 이 모양으로 쏟아졌다. 이 비ㅅ소리를 들으니 문득 그 생각이 난다. 지금도 으리으리한이 몸ㅅ서리가 친다. 꼭 그 비다. 그칠 듯 아니 그치는 비. 언제나 그칠지 모르는 비다. 잠은 아니 온다. 밤이나 어서 새었으면 좋겠다.

7월 17일. 비. 큰비다. 어제보다도 많은 비다. 학교시험學校試驗은 오날사 끝났다. 유낙준兪洛濬 군君이 밤차에 떠나갔다. 집에 편지하다.

7월 18일. 비. 한강漢江물이 28척二十八尺이나 불었다. 지난해만은 못하여도 이번 수해水害도 꽤 많은 모양. 오날은 시험성적試驗成績을 처리處理하노라고 눈코 뜰 새가 없이 밧벘다. 게다가 하 선생河先生이 책册을 구해 보내 달라는 성화星火같은 독촉장督促狀이 와서 책사册肆를 찾어단이고 편지를 쓰고 하여 겨우 말 방구防口는 하였다.

7월 19일. 맑다 흐리다 한다. 임지규林智圭가 밤차에 떠났다.

7월 20일. 밤에 큰비가 오다. 용익容益, 석주錫疇가 오다. 은동隱洞 편지를 붙이다. 학교직원學校職員끼리 식도원食道園에 가서 저녁을 먹었다. 매헌梅軒을 찾어보다.

7월 21일. 비가 개였다. 당직當直. 시험성적試驗成績을 발표發表하였다. 문은종文殷鍾이 떠났다.

7월 22일. 맑다. 정충시鄭忠時 군君, 김기홍金基弘 군君이 찾어오다. 은종殷鍾이 천안天安까지 갔다가 송산천松山川 다리가 떠나가 기차汽車가 통치 못함으로 돌우 오다. 어제 오후午後 3시三時 30분三十分, 한강漢江 증수增水 최고가 33척三十三尺 5촌五寸. 중교重嶠 군君이 장가간 뒤에 동부인同夫人하고 처음 와 본다.

7월 23일. 맑다. 은종殷鍾을 더불고 진고개를 갔었다. 좀 사 올 것이 있어서. 애류崖溜, 정산鼎山이 찾어오다. 충시忠時 군君도 오다. 명로明魯 군君도 오다. 꽤 심심치 아넜다. 이런저런 이악이에.

7월 24일. 맑다. 유두流頭. 대서大暑. 한 군韓君 순현恂鉉이 아츰에 찾어오다. 녹아도鹿兒島 제칠고등학교第七高等學校로 수학數學 강습講習 청강聽講을 하러 간다고. 찬燦 군君 애류 군崖溜君, 정충시鄭忠時 군君, 매헌梅軒 군君, 김정식金禎植 군君이 찾어오다. 담소談笑로 해를 지웠다. 은종殷鍾이가 밤차에 떠낫다. 처妻가 일전日前ㅅ밤에 촉냉觸冷하여 하복통下服桶이 생기고 본병本病이 도지고 원기元氣가 없어 누어 있다. 가미보익탕加味補益湯 다섯 첩貼을 지어다 먹이다.

7월 25일. 맑다. 김옥두金玉斗 군君, 김정식金禎植 군君, 정충시鄭忠時 군君, 김기홍金基弘 군君, 권태희權泰禧 군君이 찾어오다. 옥두玉斗 군君, 태희泰禧 군君은 먼저 볼일이 있어 가고 다른 이들과는 놀다가 대관원大觀園에 가 저녁을 먹었다.

7월 26일. 새벽붙어 오는 비가 점심때에야 겨우 그치다. 긊이지 않고 줄줄 왔다. 울에ㅅ소리, 번개ㅅ불도 수없이 낫다. 이럴 때는 마음도 조용치 못하여 무엇을 생각할 수도 없다. 동희東熙는 주먹을 쥐어들고 한울을 가리치며 무어라고 호령하며 짖얼거린다.

7월 27일. 비 좀 오다. 처妻는 좀 낫었으나 아즉도 하복통下服桶, 대변비증大便秘症이 있다. 가미이중탕加味理中湯 다섯 첩貼을 지어 오다. 학교운동장學校運動場에 가서 상해上海, 동경東京 유학생留學生 템과 고려高麗 템, 조선朝鮮 템과의 축구시합蹴球試合을 보았다. 전부일全富一 군君과 최진순崔瑨淳 군君을 맞나 보다. 문일평文一平 군君이 찾어오다.

7월 28일. 비. 정 군鄭君 인보寅普를 맞나다. 학교學校를 가다가. 가면서 말을 들으니 고故 이규영李奎榮 형兄의 유족遺族을 구조救助하자고. 익채益采 군君에게 편지 붙이다.

7월 29일. 비. 매헌梅軒이 찾어오다.

7월 30일. 찬燦 군君, 장현식張鉉植 군君을 찾어보다. 정충시鄭忠時 군君이 찾어오다. 밤이 깊도록 담화談話하다.

7월 31일. 비. 권태희權泰熙 군君, 한충韓冲 군君을 찾어보다. 충시忠時 군君이 저녁에 온다더니 아니 오다.

8월

8월 1일. 비. 뇌성벽력雷聲霹靂. 집이 여러 군대 샌다. 비를 맞으며 집웅에 올아가서 양철洋鐵 쪽으로 임시臨時 방비防備를 하였다. 충시 군忠時君이 오다.

8월 2일. 비바람이 사나웠다. 충시忠時 군君이 오다. 같이 진고개를 가서 여러 책사册肆를 거쳐 보다.

8월 3일. 새벽까지 비바람ㅅ소리가 요란하였다. 깨인 잠이 좀처럼 다시 들지 않다가 비바람ㅅ소리가 그친 아츰 녁에야 늦잠이 좀 들었다. 그러나 동희東熙놈이 일즉 일어나 설레는 바람에 얼마 아녀 깨였다. 구름이 벗어지고 볕이 난다. 함석 쪽을 사다가 집웅을 다시 곧혔다. 또 양회洋灰까지 사다가 벌어지는 틈박우니를 메고 바르는데 암ㅅ기아 두 장이 발에 밟혀 깨졌다. 맞어 때우고 함석 쪽으로 덮었다. 수도水道ㅅ바닥도 메고 바르다. 늘 오날 같었으면 제법 살림ㅅ군 노릇도 하겠다. 찬燦 군君이 찾어오다. 학교學校를 갔었다. 밤 아홉 시 오십 분 차에 찬燦 군君과 같이 떠나서 여산礪山ㅅ길을 가다. 조치원鳥致院에 니를 제는 비가 오다.

8월 4일. 아츰에 함열역咸悅驛에서 나리다. 구름만 끼었다. 자동차自動車는 장마통에 아니 단인다. 것다. 여산礪山 장터에서 병륙秉陸을 맞나다. 집에 드니 어머님이 영희英熙 니약이, 올 봄 앓든 니약이, 보고 싶어 하시든 니약이를 하시면서 눈물을 흘이신다.

8월 5일. 비가 좀 오다. 모새ㅅ골 종조부從祖父님을 가 뵈옵다.

8월 6일. 소낙비가 오다.

8월 7일. 맑다. 낡은 신문을 보고 소일消日하다.

8월 8일. 계동桂洞ㅅ집이며 정충시鄭忠時 군君께 편지하다.

8월 9일. 맑다. 할머님 기고忌故ㅅ날.

8월 10일. 맑다. 아버님 모시고 자동차自動車로 이리裡里를 가아 임보환林普桓 군君, 정건鄭建 군君, 병석秉錫 군君을 찾어보고 경편차輕便車로 전주全州를 가아 하경렬 씨河慶烈氏를 찾어보고 같은 조선어朝鮮語 연구자研究者인 최진만 군崔晉滿君, 백정목白定木 군君을 맞나보고 조 형趙兄을 찾고 저녁에는 조 형趙兄과 같이 교육조성회教育組成會에 가서 놀았다.

8월 11일. 맑다. 아버님은 떠나셨다. 조 형趙兄과 최진제 약국崔晉濟藥局에 가서 하河, 백白의 연구研究한 것을 듣고 평評도 하고 설명說明도 하다. 저녁을 사 먹인다. 교육조성회教育造成會로 가 놀다.

8월 12일. 맑다. 오후午後 한 시時 경頃에 떠나다. 하河, 백白, 최崔 세 분이 전주역全州驛까지 나왔다. 저믈녁에 은동隱洞에 들어 자다.

8월 13일. 맑다. 오후午後에 떠나다. 오후午後 5시五時경頃에 성환역成

歡驛에서 나려 한 십 리里쯤 걸어 지질캥이 오철호吳澈浩 문호文浩 군君을 찾어보고 조상弔喪을 하고 밤도 가는 줄 모르게 니약이를 하였다.

8월 14일. 맑다. 하든 니약이를 못다 끝내고 떠나다. 오 군吳君 형제兄弟가 성환역成歡驛까지 와 밥을 사주고 문호文浩 군君은 같은 차車를 타고 오다가 봉은사奉恩寺를 간다고 노량진에서 나렸다. 나는 용산역龍山驛에서 나려 전차電車로 집에 오다.

8월 15일. 맑다. 애류崖溜를 찾어보다. 영운永運 군君, 낙준洛俊 군君은 찾었다 못 보다. 매헌梅軒도 찾어보다.

8월 16일. 비가 좀 오다. 매헌梅軒이 찾어오다.

8월 17일. 맑다. 병국炳國이 찾어오다. 병국炳國, 동희東熙가 다 체증으로 신열身熱이 높았다.

8월 18일. 맑다. 숙직宿直.

8월 19일. 맑다. 매헌梅軒을 찾어보다.

8월 20일. 맑다. 노석老石 어른과 각황사覺皇寺를 찾었다.

8월 21일. 비가 좀 오다. 노석 댁老石宅에서 아츰을 먹다. 석전石顚을 찾어보다. 찬燦 군君, 김병룡金秉龍 군君, 오문호吳文浩 군君이 찾어오다.

8월 22일. 비. 병국炳國의 편지를 보다. 공평동公平洞 성신당成信堂으로 시계時計를 곧히러 갔다가 비를 맞나 두 시간時間 동안이나 가쳤었다. 매헌梅軒을 찾어보다.

8월 23일. 맑다. 아주 가을ㅅ긔운이 돈다. 바람은 선득인다. 홍기문洪起文 군君을 찾어보고 종로鐘路 사정목四丁目 네거리에서 찬燦 군君을 맞나 같이 관훈동寬勳洞 송운엽宋運燁 군君을 찾다 못 보고 한충韓冲 군君도 찾다 못 보고 한강漢江 인도교人道橋로 하여 사육신 묘소死六臣墓所까지 갔다. 문은종文殷種 편지가 오다.

8월 24일. 맑다. 매헌梅軒이 참외를 사 가지고 왔다.

8월 25일. 비. 찬燦 군君이 돈 군燉君과 같이 찾어오다. 오후午後에 휘문운동장徽文運動場으로 야구野球 구경을 갔다가 비를 맞났다. 여산礪山 본제本第에서 보리 한 가마니가 오다. 오날은 퍽 더웁다.

8월 26일. 비. 매헌梅軒을 찾어갔었다.

8월 27일. 맑다. 사랑방 안ㅅ방 도배를 하다. 집에 편지를 붙이다. 병륙秉陸의 편지가 오다.

8월 28일. 맑다. 매헌梅軒을 찾어보다.

8월 29일. 맑다. 김우현金宇鉉 군君, 정충시鄭忠時 군君, 최학송崔鶴松 군君, 권한權瀚 군君이 찾어오다. 종일終日 심심치 아녔다.

8월 30일. 맑다. 임지규林智圭, 유낙준兪洛濬이 오다.

8월 31일. 조 형趙兄이 오고 문은종文殷鍾이 오다. 문명로文明魯 군君의 편지, 조운曺雲 군君의 편지가 오다. 조 형趙兄과 같이 나서 박경랑朴敬浪ㅅ집, 매헌梅軒 군君ㅅ집을 찾었다. 조 형趙兄은 석반夕飯 뒤에 고등상업학교高等商業學校(수양임시숙소修養臨時宿所)로 갔다. 매헌梅軒이 찾어와 놀았다. 석주錫疇, 용익容益이가 오다.

9월

9월 1일. 맑다. 학교學校에 가서 시업식始業式에 참여參與하다. 나완 군羅琬君이 찾어오다. 집에 헌옷과 우육포牛肉脯를 붙이다.

9월 2일. 비. 한시漢詩 오언五言 두 수首 지었다.

讀書[2]

夜深衆籟寂, 燈火獨自明,

展書看不盡, 鷄已兩三聲.

秋思[3]

寒烟蒼樹色, 秋雨滿江城,

觸目傷心處, 不堪舊日情.

9월 3일. 비. 이국주李國柱, 김도태金道泰, 김태주金泰柱, 최윤식崔允植 선생先生들과 같이 아악소雅樂所를 가서 구경하다. 매헌梅軒을 찾다.

9월 4일. 맑다. 정충시鄭忠時 군君의 편지가 오다. 곳 답장答狀

9월 5일. 맑다. 오후午後 세 시경時頃 고등상업학교高等商業學校에 가서 조 형趙兄을 찾었드니 벌서 파하여 갔다고. 그 길로 김승열金承烈 군君도 찾었드니 어느 절에 나갔다고. 그 옆에 보성고등보통학교普成高

---

2 **독서讀書**

밤 깊어 숲의 바람 소리도 고요한데
등불만 홀로 밝았네.
책 펼쳐 한 없이 보노라니
닭은 이미 두세 번 울었네.

중뢰(衆籟)는 숲 사이로 스쳐 부는 바람 소리를 뜻하는 말이다. 뢰는 퉁소이니 바람 소리를 악기에 비긴 것이다.

3 **秋思**

찬 안개는 푸른 나무색인데
가을비는 강성(江城)에 가득하네.
눈 닿는곳 모두 상심하게 하니
옛날 정을 견딜 수 없구나.

等普通學校 신축지新築地와 그 전 동광학교東光學校ㅅ자리를 가 보고 버드나무 밑에 앉었다가 다시 봉동蓬洞으로 나려와 김원근金瑗根 씨氏를 찾었다 못 보고 경신학교儆新學校며 창경원昌慶園을 지나서 월근문覲門 앞에 앉었다가 찬燦 군君을 찾어보고 니야기하다 장현식張鉉植 군君을 찾어 오래 기다리어 저녁을 먹고 동우회同友會 총회總會를 참여하여 보았다. 집에 돌아오니 열한 점은 되었다. 조 형趙兄은 저녁을 먹고 나가서 아니 들온다. 새로 두 점까지 기다리다 잤다.

9월 6일. 맑다. 조 형趙兄이 오다. 익한益翰 군君과 기문起文 군君이 찾어오다. 반갑다.

9월 7일. 맑다. 더웁다. 조 형趙兄이 떠나갔다.

9월 8일. 밤새도록 뇌성벽력雷聲霹靂하고 번개가 번적거리고 비가 오다. 아츰에는 개었다. 그러나 퍽 무더웁다. 더웁든 녀름ㅅ날보다도 더 하다. 매헌梅軒을 찾다. 익한益翰 군君이 찾어오다. 저녁때 소낙비가 지나다.

9월 9일. 구름 끼었다, 벗어졌다. 무덥다. 병룡秉龍 군君을 찾었다 못 보다.

9월 10일. 맑다. 무덥다. 노성魯城 고모부姑母夫께서 오셨다.

9월 11일. 비. 시름없이 오는 비다. 밤에야 개었다.

9월 12일. 흐리다. 익한益翰 군君을 찾었다 못 보다. 익병翼秉 군君의 편지를 보다. 저녁에 매헌梅軒을 더불고 탑골공원公園에 가서 납량음악納涼音樂을 듣다.

9월 13일. 맑다. 건수建洙 군君이 왔다. 저녁을 먹는데 누님 있는 데서 속히 낙원동樂園洞 이겸욱李謙昱 군君게로 오라는 기별寄別이 왔다. 숫가락을 지든 길로 낙원동樂園洞으로 갔다. 겸욱謙昱 군君의 부친父親은 곳 운명을 한다. 그의 마누라와 장성한 아들들은 통곡痛哭을 하는데 젖먹이 어린놈은 젖만 먹고 나서 벙글벙글 웃는다. 호상護喪을 하다가 밤이 이윽하여 돌아오다.

9월 14일. 맑다. 아츰나잘에 낙원문樂園門을 가서 호상護喪을 하였다. 그리고 학교學校로 가서 수업授業을 다 맞히고 또 낙원문樂園門을 가서 호상護喪을 하여 경성역京城驛에 까지 나가 짐을 붙여주고 차표車票을 사고 교섭을 하고 닐곱 점 차에 나리는 이근태李謹泰 군君과 송정식宋廷植 군君을 맞나고 9시九時 15분十五分에 그 일행一行과 운구運柩을 떠나보내고 오다.

9월 15일. 맑다. 하학下學 후後 한 시간時間 동안을 지망志望하는 학생學生들에게 시조時調에 대하여 말하였다. 끝이 나도록 이 다음 날에도 겨를 있는 대로 이렇게 할 작정이다. 익한益翰 군君이 청請하여 저녁을 같이 먹다. 애류崖溜를 찾었다 못 보다.

9월 16일. 맑다.

9월 17일. 맑다. 익한益翰 군君을 찾어보다.

9월 18일. 소낙비. 매헌梅軒과 오영일吳英一 군君을 찾었다.

9월 19일. 맑다. 찬바람이 분다. 조운曺運 군君께 편지 붙이다. 애류崖溜를 찾어보다. 병룡秉龍 군君과 익한益翰을 찾었다 못 보다.

9월 20일. 비가 좀 오다. 저녁은 익한益翰 군君과 같이 김병룡金秉龍 군君의 집에서 먹었다. 오날이 추석秋夕.

9월 21일. 맑다. 남양南陽 곳개 아자씨가 찾어오다. 매헌梅軒을 찾어보다. 익한益翰 군君을 찾어 작별하였다.

9월 22일. 맑다. 김동복金同福을 가보다.

9월 23일. 맑다 흐리다. 익채益采 군君께 원고지原稿紙 3백三百 장張과 편지를 붙이다.

9월 24일. 비오다. 수당壽堂을 맞나 보다.

9월 25일. 흐리다. 임시직원회臨時職員會가 끝난 뒤에 이병규李昞圭 군君에게 가서 저녁을 먹었다. 그전 경모궁景慕宮 원림園林이 그 집 앞에 발우 있다. 경景도 좋고 매우 조용한 곧이다. 일부러 그림을 그리기 위하여 이런 집을 구해 있다 한다. 동행同行 중中 이승규李昇圭 군君의 독갑이 니악이며 호랑이 담배 먹든 시대時代의 니악이와 잇다금 거긔 쐬악을 적이는 이윤주李潤柱 군君의 회해詼諧는 꽤 자미스럽다. 병탁秉鐸이와 넷재 제수弟嫂와 관희寬熙, 수경壽景이가 왔다.

9월 26일. 맑다. 문을 바르다. 고성주高性株 군君이 찾어오다.

9월 27일. 맑다. 고성주高性株 군君하고 박한영朴漢永 군君와 애류崖溜를 찾어보다.

9월 28일. 맑다. 매헌梅軒을 찾어보다. 조 형趙兄께 편지하다.

9월 29일. 맑다. 아악소雅樂所에 가서 김녕순金寧淳 군君과 하규일河圭一 씨氏를 찾어보다. 김옥두金玉斗 군君이 오다. 병탁秉鐸이 갔다.

9월 30일. 비. 오전午前만 수업授業을 하였다. 운동회運動會 준비準備. 그러나 일기日氣가 어찌 될 줄 몰아 걱정들이다.

10월

10월 1일. 맑다. 학교學校에서 제3회第三回 대운동회大運動會를 열었다. 소위所謂 기록계記錄係 — 신문편집新聞編輯으로 해를 지다. 저녁 식도원食道園에서 먹다. 애류崖溜가 오다.

10월 2일. 맑다. 두 시간만 수업授業하고 운동회運動會 위원委員의 비평회批評會가 있어 네 시간 동안이나 끌었다. 찬燦 군君이 오다. 지난밤에 서리가 오다. 서리할아비(기럭이)가 지나가며 소리도 하드니.

10월 3일. 맑다. 김옥두金玉斗 군君을 찾어보았다. 매헌梅軒은 찾었다 못 맞났다. 이능화李能和 씨氏가 찾어오다.

10월 4일. 맑다. 김예룡金禮龍 군君 윤상혁尹相爀께 편지하다.

10월 5일. 맑다. 최익한崔益翰 군君의 편지가 오다.

10월 6일. 맑다. 관희觀熙가 앓는다. 홍제의원에 다리고 가서 보이니 늑막염이라 한다. 가슴에서 물은 3백三百 크람이나 빼어내었다. 매헌梅軒이 오다.

10월 7일. 맑다.

10월 8일. 맑다. 관희觀熙가 홍제의원에 또 가서 진찰을 하였다.

10월 9일. 맑다. 한충韓冲 군君을 찾어보다. 석전石顚 찾어오다. 시조時調에 대對하여 적어 보았다.

10월 10일. 맑다. 애류崖溜, 문일평文一平 군君, 안확安廓 군君, 명이항明以恒 씨氏가 찾어오다.

10월 11일. 맑다. 오전午前 8시八時 20분二十分 발發. 일행一行 백이십삼 인百二十三人. 선생先生 오 인五人. 2학년생二學年生 백십팔 인百十八人. 경주행慶州行 3학년생三學年生 일행一行도 태전太田까지는 동행同行. 태전太田선 오후午後 1시一時 50분五十分 발發 논산論山 착着 3시경三時頃. 관촉사灌燭寺 미륵불彌勒佛을 구경하고 돌아와 논산論山 신명新明, 창흥昌興, 달성達城, 광명光明 네 여관旅館에 분배分配하여 유숙留宿하다.

10월 12일. 구름 끼었다 맑다. 오전午前 4시四時 기침起寢. 새벽에 출발出發하여 40리里를 걸어와 능산리陵山里 백제왕릉百濟王陵을 들어 구경하다. 통 세 간인데 첫 간은 축귀물逐鬼物, 둣잿 간은 보물寶物(금金, 은銀, 주옥珠玉), 셋잿 간은 님금의 사랑해 쓰시든 기구器具 등等을 두엇다 하나 다 없어지고 셋잿 간 밑에는 님금의 관棺을 두었는데 관棺은 총독부總督部 박물관博物館에 옮겨다 두고 다만 그 위 실室은 휑덩글하게 비어있어 4신四神[좌청룡左靑龍, 우백호右白虎, 전주작前朱雀(쌍봉雙鳳), 후현무後玄武(귀龜)]의 벽화壁畵에도 백호白虎, 쌍봉雙鳳만 희미하게 남고, 천벽天壁에 연화蓮花, 비운飛雲은 아즉도 새 것처럼 보인다. 천삼백 년千三百年이나 된 것이 더구나 듯는 물ㅅ방울에도 다 싳기지 아녔다. 이 아니 신기新奇하냐. 촉燭불을 켜어 들고 서서 한 시간 동안이나 보았다.

지하地下에 가신 님을 찾은들 보랴마는
계시던 곳이라니 흙내라도 맡아보려
낮에도 촉불을 혀어 깊은 굴을 드나니.

금金도 은銀도 구슬도 님의 쓰시든 그릇도
용龍이나 거복도 다 어데로 가았는고
(청룡靑龍 백호白虎 현무玄武 귀龜 주작朱雀 쌍봉双鳳)
천벽天壁에 비운연화飛雲蓮花만 새론 듯이 보이더라.

십 리十里쯤 더 가니 곳 부여扶餘 읍내邑內다. 다섯 여관旅館에 일행一行을 분배分配하여 넣고 다시 소집召集하여 고고품考古品 진열관陳列館과 석조石槽, 연지蓮池, 평제탑平濟塔을 구경하고 자유행동自由行動을 식였다. 저녁 먹은 뒤에 백제여관에 들었든 일행一行 중中 한 축이 그 주인主人과 언쟁言爭이 있어 다 나와 딴 여관旅館으로 옮겨 들었다. 그러노라고 한참 분주奔走하였다. 또 다시 학생學生들이 찾어가 백제여관주인百濟旅館主人과 시비是非를 하는데 선생先生 일동一同이 쫓아가서 금지禁止하고 주인主人을 꾸짖었다.

10월 13일. 맑다. 아츰에 일즉 부소산扶蘇山을 혼자 올아보니 사방四方에 골안개가 끼었다. 장관壯觀이다. 그 변화變化는 더욱 기관奇觀이다.

아츰의 경景이나 보려 부소산扶蘇山 올아서니
영월대迎月臺 송월대送月臺에 풀 이슬만 반작인다.
고목古木에 짓는 가막이 너도 녜를 그리느니.

이 어이 묺일느냐 님의 손에 쌓인 탑塔을
이 아니 쪽일느냐 나를 해혀 세운 비碑를
지금에 또다시 세니 그 누구를 위함인고.

(당唐이 신라新羅와 연합聯合하여 백제百濟를 토평討平하고 그 공적功績을 색인 평제탑平濟塔은 워낙 백제인百濟人의 작作인 탑塔에 글만 색인 것임으로 백제百濟 후민後民이 붓이지 않고 유인원비劉仁願碑는 백제百濟 잔장殘將 복신福信이 왕자王子 부여풍扶餘豊과 부흥復興을 도모圖謀하매 당唐의 도독都督 유인원劉仁願이 그걸 멸滅코 사실事實을 색인 비碑인데 백제百濟 후민後民이 쪽여버린 걸 대정大正 6년六年에 총독부總督府에서 다시 비각碑閣을 짓고 세웠다.)

사자수泗泚水(백마강白馬江) 한 굽이는 감돌아 흘어가고
천장千嶂 만봉萬峯은 사방四方에 에둘언데
골마다 잣은 안개는 흰 바단가 하여라.

다시 나려와 밥을 먹고 일행一行과 같이 부소산扶蘇山에 올아 유인원비劉仁願碑, 영월대迎月臺, 송월대送月臺, 사자루泗泚樓, 고란사皐蘭寺를 구경하고 두 배에 낞워 타고 조룡대釣龍臺, 낙화암洛花岩을 돌아 구교리舊校里(구드래) 부산浮山, 대재각大哉閣을 지나 엿바위(규암窺岩)에 나려 수북정水北亭, 자온대自溫臺을 욿아 보고 규암리窺岩里 주막酒幕에서 점심點心을 먹고 다시 배를 타고 떠나서 대왕포大王浦 파진산破陣山을 지나 강경江景이에 니르니 벌서 저물었다. 황산黃山에서 나려 마중 나온 김영룡 군金永龍君과 같이 태전여관太田旅館 정경덕여관鄭敬德旅館에 들었다. 일행一行은 곤困하여 저녁을 먹고는 발우 잔다. 김 군金君과 시가市街를 한번 돌았다.

10월 14일. 맑다. 오전午前 11시十一時 24분二十四分 발發. 오후午後 1시一時 경頃 태전太田 착着. 호남여관湖南旅館에서 점심點心을 먹이고 시가市街를 돌아와 정거장停車場에서 기다리어 6시六時 20분二十分 태전太田 발發. 차 중車中에서 경주慶州 일행一行을 맞나 10시十時 반半에 경성京城 착着. 역전驛前에서 일행一行이 해산解散하다. 집에 와 보니 12시十二時. 숩말 애는 오날 아츰에 떠나갔다. 무현武鉉이가 지난 12일十二日 밤에 죽어 오날 장사葬事라고. 꿈이다. 생사生死가 무상無常하다. 초로草露와 아니 같으냐. 생로병사生老病死에 대對하여 심상尋常히 녀길 수밧게 업다. 과거過去나 현재現在나 장래將來에 걱정할 것이 업다. 천명天命에 맡겨둘 뿐이다.

10월 15일. 비오다. 오날은 쉰다. 학교에도 아니 가다. 병륙秉陸에게 편지며 전보를 하였다. 어제 장사葬事라니 나도 숩말 가보기도 싫다. 병륙秉陸더러나 가보라고 하였다. 병륙秉陸의 편지와 돈 15원十五円을 받었다. 매헌梅軒을 보았다.

10월 16일. 맑다. 아츰에 애류崖溜가 오다. 온락중溫樂中, 찬燦 군君이 오다. 김옥두金玉斗 군君이 오다. 매헌梅軒이 오다.

10월 17일. 흐리다. 매우 차다. 북풍北風이 분다. 매헌梅軒을 다리고 찬燦 군君을 찾고 같이 창경원昌慶苑 구경을 하였다.

10월 18일. 맑다. 증곡曾谷의 어르신네가 오셨다.

10월 19일. 맑다. 증곡曾谷의 어르신네를 가보다.

10월 20일. 맑다. 매헌梅軒이 오다.

10월 21일. 맑다. 노성魯城 고모부姑母夫께서 오셨다.

10월 22일. 맑다. 구름 끼다. 아츰 닐곱 시에 남행차南行車에 노성魯城 고모부姑母夫랑 관희觀熙 일행一行이 떠나가다. 장경천황제일長慶天皇祭日이라고 놀게 되었다. 매헌梅軒을 찾어보다. 김성수 군金性洙君을 찾어보다.

10월 23일. 맑다. 유도柔道, 검도劍道 대회大會를 구경하다. 이 때문에 오전午前 11시十一時 전前 수업授業만 하였다.

10월 24일. 비. 문일평文一平 군君과 김용익金容益을 찾어보다. 「시조논고時調論稿」는 끝내다. 찬燦 군君이 찾어오다.

10월 25일. 비. 동아일보사東亞日報社에 가서 국기열鞠琦烈 군君을 보고 「시조논고時調論稿」를 맡겼다. 익한益翰 군君의 편지가 오다.

10월 26일. 맑다. 조순趙舜 씨氏가 찾어오셨다.

10월 27일. 구름 끼다. 밤에 비 오다. 정음기념正音紀念을 한다고 하여 국일관國一館에 가서 이각종李覺鍾의 저녁 대접을 받었다.

10월 28일. 비. 익한益翰 군君이 『대중신문大衆新聞』을 보냈다.

10월 29일. 비. 이상춘李常春 군君의 편지가 오다.

10월 30일. 맑다. 조선어연구회朝鮮語硏究會가 있었다. 오후午後 네 시 경. 이원규李源圭, 신명균申明均 군君, 장지영張志暎 군君과 의논議論을 하였다. 정음반포正音頒布 기념紀念에 대對하여 축하회祝賀會을 열자는 것이다. 정충시鄭忠時 군君, 이중갑李重甲 군君, 최익한崔益翰 군君, 조용해趙龍海 군君께 편지를 하다.

10월 31일. 맑다. 학교學校에 갔다 오다. 양건식梁建植 군君이 찾어 오다.

11월

11월 1일. 맑다. 정열모鄭烈模 군君을 찾어보다.

11월 2일. 맑다. 조선일보사朝鮮日報社에 「잘될 우리말」이란 초고草稿를 보냈다.

11월 3일. 맑다. 조선어연구회원朝鮮語硏究會員에게 편지를 보내다.

11월 4일. 맑다. 오날은 음陰 병인丙寅 9월九月 29일二十九日인데 훈민정음訓民正音 반포頒布 제8회갑일第八回甲日이다. 조선어연구회朝鮮語硏究會와 신민사新民社 주최主催로 식도원食道園에서 여러 방면方面의 유지有志한 이를 백여 명百餘名 모여 기념紀念 축하회祝賀會를 열었다. 회비會費 2원二円.

11월 5일. 맑다.

11월 6일. 맑다. 조선어연구회朝鮮語硏究會 주최主催로 국일관國一館

에서 보통학교普通學校, 고등보통학교高等普通學校. 전문학교專門學校 기타其他 신문사新聞社 등等에 재직在職한 유지有志한 이를 삼십여 인三十餘人을 모여 훈민정음반포기념축하회訓民正音頒布紀念祝賀會를 열었다. 이상춘李常春 군君 박순용朴洵龍 군君을 더불고 와 같이 잤다.

11월 7일. 맑다. 휘문학교徽文學校 내內에서 어제 정음반포기념축하회正音頒布紀念祝賀會에서 정定한 위원회委員會를 열었다. 동기휴가冬期休暇에 정음강습회正音講習會를 열자는 것과 각各 신문新聞에 정음란正音欄을 두기로 교섭交涉하자는 것을 위선 실행하기로 결정決定하였다. 동우회同友會에 가서 저녁을 먹었다. 혜화동惠化洞 정 군鄭君의 집에서.

11월 8일. 맑다. 임시직원회가 있었다. 조용해趙龍海 군君의 편지가 오다.

11월 9일. 맑다. 가정방문家庭訪問을 하였다. 중앙기독회관中央基督會館에 가서 정음반포 기념강연을 들었다.

11월 10일. 맑다. 시조강화時調講話를 하였다.

11월 11일. 밤에 비가 오다.

11월 12일. 맑다. 매헌梅軒을 찾어보다.

11월 13일. 비 오다. 중앙기독청년회관中央基督青年會館에 가서 여자청년회女子青年會 주최主催의 정음반포기념강연회正音頒布紀念講演會를 보고 그 초대招待를 받어 이화전문학교梨花專門學校 기숙사寄宿舍에까지 갔었다. 식탁食卓 앞에서 여러 여자女子들에게 정음正音 선전宣傳을 하였다.

11월 14일. 맑다. 김충영金忠濚 군君이 찾어오다. 담화談話하다가 해가 지는 줄을 몰랐다. 조용해趙龍海 군君께 편지 붙이다.

11월 15일. 맑다. 가정방문家庭訪問.

11월 16일. 맑다. 가정방문家庭訪問.

11월 17일. 맑다. 이중갑李重甲 군君의 편지를 보다.

11월 18일. 맑다. 애류崖溜가 오다.

11월 19일. 맑다. 회선시교당會善施敎堂에 갔었다.

11월 20일. 맑다. 동아東亞, 조선朝鮮 두 신문新聞에 정음란正音欄 두기로 회답回答 온 데 대對하여 몇몇이 모여 상의相議하였다. 이중갑李重甲 군君에 편지 답장答狀하였다.

11월 21일. 맑다. 당직當直. 숙직宿直.

11월 22일. 맑다. 곽금성郭金星이를 찾어보았다. 2을조장二乙組長 강종원姜鍾遠을 더불고 갔었다. 병구秉矩도 찾어보고 매헌梅軒도 찾어보았다.

11월 23일. 맑다. 애류崖溜며 김영운金永運 군君을 찾어보았다. 정충시鄭忠時 군君 편지며 조 형趙兄의 편지가 오다.

11월 24일. 맑다. 회선시교당會善施敎堂에 가다.

11월 25일. 맑다. 임보환林普桓 군君의 편지가 오다.

11월 26일. 맑다. 매헌梅軒을 찾다.

11월 27일. 맑다. 애류崖溜를 찾다.

11월 28일. 맑다. 종일終日. 집에 있었다. 밖에 비오다.

11월 29일. 흐리다. 이윤재李允宰 군君을 맞나 보다.

11월 30일. 맑다. 숙직宿直. 숙직실宿直室에서 각各 신문新聞에 두기로 한 정음란正音欄에 대하여 최현배崔鉉培, 권덕규權悳奎, 신명균申明均, 정열모鄭烈模 군君들과 같이 상의하였다.

12월

12월 1일. 맑다. 조 형趙兄께 편지 답장答狀하다.

12월 2일. 맑다. 임보환林普桓 군君께 편지 답장答狀하다.

12월 3일. 맑다. 회선시교당會善施教堂에 갔었다.

12월 4일. 맑다. 조선어연구회朝鮮語研究會를 열었다. 오후午後 4시四時로 닐곱 시까지 출석원出席員 수십 인數十人.

12월 5일. 맑다 흐리다. 애류崖溜가 오다. 김옥두金玉斗 군君이 오다. 오후午後 5시時 장현식張鉉植 군君의 집에서 동우회同友會를 여는데 참여參與하였다. 시조연원時調淵源 급及 신경향新傾向에 대對하여 니아기를 하였다. 열두 시에 집에 들다.

12월 6일. 비, 눈. 이태영李台營 군君이 찾어오다. 한충韓冲 군君을 찾어보다.

12월 7일. 눈. 김준희金駿熙, 백용희白庸熙 양씨兩氏에게 편지하다. 동광사東光社 주요한朱耀翰 군君의 전화電話를 받고 원경묵元敬默 군君에게 조선어연구朝鮮語研究의 원고原稿를 주다.

12월 8일. 무척 칩다. 신명균申明均 군君이 찾어오다.

12월 9일. 눈 오다. 조용해趙龍海 군君, 조운曺雲 군君, 이중갑李重甲 군君께 편지 붙이다.

12월 10일. 맑다. 구름 끼다. 오후午後 방과放課 후後에 직원회職員會도 있었고 조선어연구회朝鮮語研究會 위원회委員會도 있었다. 위원회委員會에서는 정음란正音欄에 쓸 어법語法을 통일統一하자는 것인데 위선 한ㅅ자음漢字音은 표준標準을 정定하였다. 가령 복모음複母音 ㅑ, ㅕ, ㅛ, ㅠ와 단모음單母音 ㅣ 우에서는 ㄷ를 ㅈ로, ㅌ를 ㅊ로 곧혀 쓰고,

ㄷ, ㅌ, ㅅ, ㅈ, ㅊ들이 붙는 복모음複母音 ㅑ, ㅕ, ㅛ, ㅠ들은 단모음單母音 ㅏ, ㅓ, ㅗ, ㅜ로 곧혀 쓰고, ㄹ는 ㅑ, ㅕ, ㅛ, ㅠ ㅣ 우에서는 줄고, ㅏ, ㅓ, ㅗ, ㅜ, ㅡ 우에서는 ㄴ로 곧혀 쓰고 ㄴ는 제 소리대로 찾어 쓰고 그 남저지는 몯아 그대로 쓰기로 하였다. 학교學校 숙직宿直.

12월 11일. 구름 끼다. 김기홍金基弘 군君께 편지하고 매헌梅軒을 찾어보다.

12월 12일. 맑다. 집에 편지 붙이다.

12월 13일. 맑다. 임시직원회臨時職員會. 조행操行 사정査定.

12월 14일. 구름 끼고 밤에 비 오다. 조선어연구회朝鮮語硏究會 위원회委員會를 열고 어원적語源的 표준어標準語 용법用法을 두어 가지 정定하였다. 모인 이는 지난 10일과 같이 장지영張志暎, 이규방李奎昉, 최현배崔鉉培, 신명균申明均, 권덕규權悳奎, 이원규李源圭, 정열모鄭烈模 제씨諸氏다. 숙직宿直. 백용희白庸熙 씨氏 편지를 보다.

12월 15일. 눈비. 학교에서는 시험을 보다.

12월 16일. 맑다. 집에서 편지가 오다.

12월 17일. 맑다. 운니동雲泥洞 김기홍金基弘 군君ㅅ 집에 가서 송택규宋澤圭 군君을 맞나 보다. 최학송崔鶴松 군君, 김동춘金東春 군君이 찾어오다. 이중갑李重甲 군君의 편지가 오다.

12월 18일. 맑다. 조용해趙龍海 군君, 하경렬河慶烈 씨氏의 편지가 오다. 맹천주孟天柱 군君허고 권 군權君(애류崖溜)을 찾었다 못 보고 매헌梅軒은 찾어 보았다.

12월 19일. 김성수金性洙 군君을 찾었다 못 보고 매헌梅軒은 찾어 보았다.

12월 20일. 밤에 눈이 오다. 회선시교당會善施敎堂에 가다.

12월 21일. 흐리다. 칩다. 시험試驗은 끝나고 제2학기第二學期 종업식終業式도 하였다. 동광사東光社에서 『백팔번뇌百八煩惱』 한 권을 보냈다. 평評을 해달라고.

12월 22일. 맑다. 유낙준兪洛濬이가 떠나다.

12월 23일. 맑다. 애류崖溜를 찾어보다. 채태성蔡台星이가 오다. 박노갑朴魯甲이가 찾어오다. 김성수金性洙 군君을 찾어보다.

12월 24일. 맑다. 매헌梅軒과 같이 정인보鄭寅普 군君에게 문상問喪을 가다. 김운선金雲善이가 떠나다.

12월 25일. 오전午前 한 시 이십오 분 천황 붕어의 호외가 돌다. 맑다. 성적成績 발표發表. 송택宋澤 군君께 편지하다.

12월 26일. 흐리다 눈 오다. 용익容益이가 떠나다. 은동隱洞 편지를 붙이다. 하경열河慶烈 씨氏께 편지하다. 애류崖溜를 찾어보다. 문은종文殷鍾이 떠나가다. 그 부친父親에게 편지를 보내다. 변일섭邊日燮 군君의 편지가 오다.

12월 27일. 눈 오다. 휘문徽文, 보성학교普成學校에 가서 조선어朝鮮語 강습회講習會 연기延期 광고廣告를 써 붙이고 조선일보사朝鮮日報社에 가서 장지영張志暎 군君을 찾어보다.

12월 28일. 맑다. 애류崖溜, 하태흥河泰興 군君, 이태영李台榮 군君이 찾어오다. 애류崖溜허고 영도사永導寺에 가서 석전石顚을 찾어보고 밤에 돌아오다. 집에 옷감과 먹을 것 몇 가지를 소포小包로 붙이다.

12월 29일. 맑다. 석전石顚에게 시조時調 세 수首를 지어 보내다. 집에 편지를 써 붙이다. 변일섭邊日燮 군君께 편지 붙이다.

12월 30일. 맑다. 매헌梅軒을 찾어보다.

12월 31일. 맑다. 최학송崔鶴松 군君을 맞나다. 시조時調 세 수首를 읊조리다.

백 년百年를 살으리다 아즉도 젊다 할가.
천만리千萬里 길을 걸어 피곤한 몸이랄가.
뜻 두고 못하든 일을 새해로나 바랄가.

새해라 낡은 해라 그 무엇이 다를 것가 .
한 일은 없지마는 할 일은 많은지고.
이 몸이 낡어질세라 늣거운 맘 더하이.

어린이 젊은이 다 늙히는 저 새해여.
얕든 님의 정도 깊게 하는 이 낡은 해여.
웨 그리 밭븐 양하여 오고가고 하느니.

1927년(단기 4260년)

1927년(단기 4260년) 정묘丁卯

1월

1월 1일. 맑다. 오마하든 학송鶴松은 아니 오다. 찬燦 군君, 수당壽堂이 와 놀다.

1월 2일. 흐리다. 매헌梅軒을 찾어보다. 하경열河慶烈 씨氏의 편지를 보다. 동희東熙가 기관지염으로 앓다.

1월 3일. 흐리다. 창해 군君에게 시조時調 세 수首를 지어 보내다. 학송鶴松 군君이 찾어왔더란다. 보성고등학교普成高等學校에 가서 조선어강습회朝鮮語講習會 회계會計를 보다.

1월 4일. 맑다. 강습회講習會에 가다.

1월 5일. 맑다. 따뜻하다. 강습회講習會에 시조時調도 강연講演하다. 한 시간. 강습회원講習會員은 육십여六十餘 명名. 남녀男女 아울어.

1월 6일. 맑다. 따뜻하다. 첫 시간時間에 시조時調 강연講演 한 시간 하고 다음에 철자법綴字法, 문법文法 통 세 시간 하여 맞히고 다과회茶菓會를 열고 파罷하였다. 조선일보사朝鮮日報社에서는 김준연金俊淵 군君이 와서 말하여 주었다. 이윤재李允宰 군君이 찾어오다. 같이 저녁을 먹고 매헌梅軒을 찾어보다.

1월 7일. 맑다. 은종殷鍾이 오다. 용익容益, 낙준洛濬이가 오다. 애류崖溜를 찾어보다. 정인보鄭寅普 군君을 찾어보다.

1월 8일. 맑다. 시업식始業式을 하다. 임시직원회가 있었다. 아악소를 가서 안확安廓 군君을 맞나보고 여러 가지 놀애책들을 얻어 보다. 애류崖溜가 오다.

1월 9일. 맑다. 김만흥金萬興 군君이 찾어오다. 조선어朝鮮語를 배우러. 장현시張鉉始 군君의 집에서 동우同友가 모였다.

1월 10일. 맑다. 애류崖溜가 아츰에 오다. 『시조작법時調作法과 선집選集』의 서문序文을 지어 가지고 오다. 신소년사新少年社에 갔다가 구두를 잃었다. 섬돌ㅅ우에 벗어 놓고 방에 들어 앉어 말말하다 나와 보니 어느덧 없어졌다. 미투리를 얻어 신고 돌아오다. 저녁에 매헌梅軒을 가보고 박희병朴熙秉 양화점洋靴店에서 구두 한 커리를 구 원에 맞우고 방한화防寒靴 한 커리를 1원円 20전錢에 사가지고 오다.

1월 11일. 눈 오다. 윤지중尹止重 군君의 편지를 보다. 노석老石 어른 집에 가 놀었다. 『시조작법時調作法과 선집選集』을 총독부總督府 도서과圖書課에 들여보냈다.

1월 12일. 맑다. 신민사新民社 최상덕崔象德 군君이 와서 시조時調 작가作家의 평評을 써달라고 조른다. 평評은 쓰기가 싫다. 김만흥金萬興 군君이 찾어오다.

1월 13일. 구름 끼다. 눈 오다.

1월 14일. 눈 오다 비 오다. 김창호金昌浩 군君, 문일평文一平 군君을 찾았다 못 보고 위당爲堂을 찾어보고 시조時調로붙어 문장법文章法 니아기까지 여러 문제問題를 끄내어 의론議論하다가 밤이 깊어진 줄도 몰았다.

1월 15일. 비 오다. 녀름 비처럼 줄줄 나리다. 임시직원회가 있다.

1월 16일. 맑다. 학교學校 당직當直, 숙직宿直. 김만홍金萬興 군君이 밤에 와 놀다 갔다.

1월 17일. 맑다. 직원회職員會. 매헌梅軒을 찾어보다.

1월 18일. 맑다. 무척 춥다. 김영진金永鎭 군君에게 가서 저녁을 먹고 시조時調를 의론議論하였다.

1월 19일. 맑다. 아악소雅樂所를 가보다. 하학下學 후後에 아악소雅樂所에 단이는 청년靑年과 같이 봉래정蓬萊町 유직렬劉直烈을 찾어보다. 그는 글ㅅ방 선생先生이다. 오십五十 늙은이다. 나는 대번에 그의 가진 책冊을 보러 왔다는 뜻을 말하였다. 그는 한 손을 들어 머리를 긁적긁적하며 어물어물한다. 분명 가진 줄을 알고 온 듯이 말하니 그제야 그것이 깊이 들어 끄낼 수가 없다고 한다. 그러나 나는 다시 올 수 없으니 기어히 보여 달라고 하였다. 그는 아무 말도 없이 들어가더니 애들ㅅ글만 가르치고 있다. 날은 몹시 춥다. 더구나 해가 지니 더욱 춥다. 한 삼십 분十分이나 밖에 서 있으니 애들을 다 보내고야 낡은 책 한 권을 가지고 나왔다. 보니 '시절가장단時節歌長短'이니 '가곡원류歌曲源流'니 써있다. 곳 『가곡원류歌曲源流』의 초본抄本이다. 또 『청구가곡靑丘歌曲』이라는 곳 시조時調를 사체詞體로 번역飜譯한 것을 보인다. 그대지 볼 것이 없다. 『시조작법時調作法』을 찾어가라는 편지가 오다. 신소년사新少年社에 가서 놀다.

1월 20일. 맑다. 눈 오다. 총독부總督府 도서과圖署課에 가서 『시조작법時調作法과 선집選集』을 찾어오다. 편집과編輯課에 가서 이원규李源圭 군

君 이능화李能和 씨氏를 맞나보고 이능화李能和 씨氏를 딿어단이며 구내構內 전부全部를 구경하였다. 한 사회社會를 축소縮小하여 논 것이다. 동양東洋 제일第一의 건축물建築物이라 하고 칠백만 원七百萬円이나 들었다 한다. 그러나 요전에 왔든 서전瑞典 황태자皇太子는 비둙이장처럼 구녁만 뺑뺑 뚫었다 하고 그다지 칭찬치 아니 하였단다. 한성도서주식회사漢城圖書株式會社에 가서 최학송崔鶴松 군君, 주요한朱耀翰 군君, 이윤재李允宰 군君을 맞나 보다. 양건식梁建植이 와서 『국지관선집菊池寬選集』을 빌어가다.

1월 21일. 맑다. 무척 칩다. 찬燦 군君이 오다.

1월 22일. 맑다. 이원규李源圭 군君을 찾었다 못 보고 진고개로 가서 여러 책사冊肆를 거처 보다.

1월 23일. 맑다. 찬燦 군君에게 이십 원二十円을 변통變通하여 주다.

1월 24일. 맑다. 노석老石을 가보다.

1월 25일. 맑다. 매헌梅軒이 오다.

1월 26일. 맑다. 장지영張志暎 군君과 애류崖溜가 오다.

1월 27일. 눈이 좀 오다.

1월 28일. 맑다. 이정희李政熙 군君 시켜 종로경찰서鐘路警察署를 가서 『시조작법時調作法과 선집選集』 출판허가장出版許可狀을 찾어오다. 매헌梅軒이 찾어오다.

1월 29일. 맑다. 정충시鄭忠時 군君, 이중갑李重甲 군君, 변일섭邊日燮 군君, 조병국趙炳國에게 매헌梅軒이 진 『우리동무』란 동화집童話集과 편지를 보내다. 애류崖溜가 오다. 집에 편지 붙이다.

1월 30일. 맑다. 이윤재李允宰 군君이 찾어오다.

1월 31일. 맑다. 집에서 편지 오다.

2월

2월 1일. 흐리다. 조선문단사朝鮮文壇社에서 최학송崔鶴松 군君을 찾어보다.

2월 2일. 맑다. 우하又荷ㅅ집에서 설상을 받었다. 매헌梅軒ㅅ집에 가서 매헌梅軒과 같이 김병룡金秉龍 군君을 찾어보다. 김영룡金永龍 군君의 편지가 오다. 오날은 정묘丁卯년 첫날이다.

2월 3일. 맑다 흐리다. 김병룡金秉龍 군君의 집에서 설상을 먹다. 권군權君 애류崖溜를 청請하여 저녁밥을 같이 하다.

2월 4일. 맑다. 직원회. 규칙規則—긴 니아기—두통.

2월 5일. 맑다. 「조선문법文法」을 기초起草하다.

2월 6일. 맑다. 이능화李能和 씨氏를 찾어보다. 수당壽堂이 오다.

2월 7일. 맑다. 하태홍河泰興 군君, 김만홍金萬興 군君이 오다.

2월 8일. 맑다. 『개벽開闢』 사원社員 신형철申瀅澈 군君이 찾오다. 모집募集한 시조선時調選을 보아달라고.

2월 9일. 맑다. 숙직宿直.

2월 10일. 맑다. 저녁에 매헌梅軒께 가다. 백화白華, 육당六堂(최남선崔南善)을 맞나다. 무슨 니아기들을 그친다. 계명구락부啓明俱樂部에서 『삼국유사三國遺事』를 출간出刊한다기에 고산자古山子 지리서地理書를 출간出刊하라고 한 즉 육당六堂 말이, "일본인日本人 누구가 출판出版하자고 하나 그건 붓그러워 못 하겠고 다른 부자富者는 아니 대들고 하여 걱정만이라." 하다가 내가, "지리서地理書 원본原本을 박혔드라면 좋을 것을, 이양산李梁山(작고한 책 팔러 단이는 늙은이) 늙은이가 한진창韓鎭昌의 집 것을 어데 갖다가 팔어먹은 뒤로 없어졌다." 하니 육당

六堂은, "자갸의 집에 이왕 원본原本 두 벌이 있든 걸 누가 한 권씩 빌려가 없어지고 지금은 벗긴 것 한 벌만 있다."고 한다. 이렇게 거짓말을 내 앞에서 물 쥐어 먹듯이 한다. 자갸의 지금 가진 벗겼다는 것은 육칠년 전 자갸가 「독립선언서獨立宣言書」 지은 일로 재감在監한 때 조선불교회朝鮮佛教會에서 취농翠儂 오철호吳徹浩 군君과 우리가 협력協力하여 이능화李能和 씨氏가 한진창韓鎭昌 집에서 처음 발견한 원본原本(개서改書한 것 부전附箋한 것이 많어 진원본眞原本으로 인정함)을 일부러 그 가인家人 시겨 옥중獄中에 있는 육당六堂(광문회光文會 가 있어 그 관계자인 까닭)을 교섭하여 정운경鄭雲謦 군君 몇 사람을 얻어 벗기게 한 것이다. 일전日前에 이능화李能和 씨氏 하고 이 말이 나서 한탄한 일까지 있었다. 그 책冊이 원본은 없어지고 벗긴 것은 육당六堂 집에 잠겨 있어 내놓지 않는다고 하였는데 오날 이런 말을 들었다. 이 근래 국중명사國中名士니 지사志士니 애국자愛國者니 하는 따위가 대개 이 모양이다. 판연判然히 알고 있는 내 앞에서도 이럴진대 모르는 남들게야 어떠하리. 그래도 그 바람에 속아 맹목적盲目的으로 숭상하는 이가 있는 듯하다. 이뿐더러 자갸 시조집時調集『백팔번뇌百八煩惱』도 동광사東光社 이윤재李允宰 군君에게 처맡겨 동광사東光社에서 박혔는바 그다지 팔리지 아녀 이윤재李允宰 군君이 중간中間에 들어 탓을 듣는다는 말을 일전日前 이윤재에게 들었는데 벌서 천 부千部가 팔렸다고 떠든다니(한충 군韓冲君의 말이 육당六堂 자칭自稱) 맨 협잡으로 사자는 셈인가. 김병룡金秉龍, 오문호吳文浩 군君도 맞나다.

2월 11일. 맑다. 애류崖溜게 가서 놀다 같이 나서 교동敎洞 송진우宋鎭禹 군君과 동숭동東崇洞 장현식張鉉植 군君을 찾다 못 보고 돌아오다 이능화李能和 씨氏를 찾다 못 보았다. 집에 해의海衣 열닙곱 톳을 사

보내다.

2월 12일. 맑다. 찬燦 군君, 오문호吳文浩 군君이 찾아오다.

2월 13일. 맑다. 애류崖溜가 오다. 매헌梅軒을 가보고 박기홍朴基鴻씨氏 집에 가서 고시원古詩源과 시화책詩話冊 수종數種을 외상으로 가져오다.

2월 14일. 맑다. 아악소를 가 보다.

2월 15일. 맑다. 매헌梅軒이 오다. 같이 정인보鄭寅普 군君을 찾아보다.

2월 16일. 맑다. 찬燦 군君, 애류崖溜가 와 놀다. 정묘丁卯 정월正月 보름날.

2월 17일. 맑다. 매헌梅軒이 오다. 저녁을 같이 먹고 찬燦 군君을 찾아보고 놀다.

2월 18일. 맑다. 직원회.

2월 19일. 맑다. 정충시鄭忠時 군君의 편지가 오다.

2월 20일. 맑다. 이중갑李重甲 군君의 편지가 오다.

2월 21일. 맑다. 은동隱洞서 편지가 오다.

2월 22일. 맑다. 회선시교당會善施教堂을 가보다.

2월 23일. 맑다. 신형철申瀅澈 군君이 오다.

2월 24일. 눈 오다. 김영진金永鎭 군君과 매헌梅軒 군君을 보다. 병국炳國의 편지, 조운曺雲의 편지가 오다.

2월 25일. 맑다. 병국炳國의 편지며 조시 한 접과 편강 한 봉이 오다. 직원회를 저믈도록 하다.

2월 26일. 북풍北風. 몹시 차다. 회선시교당會善施教堂에서 『한글』 잡지 두 권을 얻어오다.

2월 27일. 어제보다는 좀 풀렸다. 이중갑李重甲, 이대권李大權 군君의 편지가 오다. 회선시교당會善施敎堂에 가다. 동희東熙 더불고 파탕巴湯에 가서 목욕沐浴하였다.

2월 28일. 구름 끼었다. 조운曺雲 군君에게 답장答狀을 하고 『한글』 잡지雜誌를 보내주다.

3월

3월 1일. 맑다. 찬燦 군君 오 군吳君이 와 보다.

3월 2일. 맑다. 재학생在學生이 졸업생卒業生 송별회送別會를 하는데 참가參加하였고 임시직원회臨時職員會를 열었다. 저녁에 애류崖溜가 와 놀다.

3월 3일. 맑다. 조용해趙龍海 군君의 편지가 오다.

3월 4일. 맑다. 조용해趙龍海 군君께 편지 답장答狀을 하다.

3월 5일. 맑다. 좀 차다. 학교學校에서는 졸업식卒業式을 거행擧行하였고 졸업생卒業生들의 사은회謝恩會가 있었고 저녁에는 식도원食道園에 가서 만찬회晩餐會를 하였다.

3월 6일. 맑다. 동우회同友會를 혜화동惠化洞 정상호鄭相好 군君 집에서 열었다. 저녁 먹고 회會를 맞히고 장현식張鉉植 군君의 득남례得男禮가 있었다. — 명창名唱 송만갑宋萬甲(六十四歲)과 가야금伽倻琴 명수名手 심상건沈相健과 기생들을 붙어 놀애와 금곡琴曲을 들었다. 새로 세 시 반에야 파하였다.

3월 7일. 맑다 흐리다. 병구秉矩 어머니가 오다.

3월 8일. 비가 줄줄 오다.

3월 9일. 구름 끼었다. 애류崖溜가 오다. 『청구영언靑丘永言』을 빌어 갔다. 청진동淸進洞 177—七七, 문명로文明魯 군君과 위계후魏啓厚 군君을 찾어보다. 집에 편지 붙이다.

3월 10일. 눈 오다. 제법 쌓였다. 얼마 아녀 녹었다. 병국炳國의 편지가 오다.

3월 11일. 맑다. 직원회職員會.

3월 12일. 맑다. 숙직宿直.

3월 13일. 맑다. 애류崖溜를 찾어보다.

3월 14일. 맑다. 관훈동寬勳洞 한일은행韓一銀行 지점支店 지취인支取人을 찾어보다. 집값으로 해. 집에 편지를 붙이다.

3월 15일. 맑다. 검정시험檢定試驗.

3월 16일. 맑다. 검정시험檢定試驗. 최익채崔益採 군君의 편지를 보고 진고개 문광당文光堂에 가서 『조한요람朝韓要覽』 한 책 사오다. 저녁에 팔판동八判洞 가서 놀다.

3월 17일. 맑다. 익채益採 군君에게 『조한요람朝韓要覽』과 편지를 보내다. 선발시험選拔試驗.

3월 18일. 맑다. 집에서 편지가 오다. 선발시험選拔試驗 끝나다. 변일섭邊日燮 군君의 편지가 오다.

3월 19일. 맑다. 3학기 시험三學期試驗을 보다. 집에서 며주 설훈세 덩이가 오다. 고추장 며주도 오다. 이발理髮를 하다. 웃머리는 좀 길렀다. 힌머리가 더러 났다. 붓그러운 생각이 난다. 하경렬河慶烈 씨의 편지가 오다.

3월 20일. 맑다. 정산鼎汕과 애류崖溜가 오다. 문은종文殷鍾 군君이 저녁에 떠나갔다. 민명남閔明南 군君이 오다.

3월 21일. 흐리다. 은동隱洞 편지들을 보다. 매헌梅軒을 찾어보다. 변일섭邊日燮 군君, 하경열河慶烈 씨氏께 편지 답장答狀을 하다.

3월 22일. 흐리다.

3월 23일. 흐리다. 용익容益과 김근태金根泰 군君이 떠나갔다. 은동隱洞편지 답장答狀들을 하다. 안확安廓 군君이 찾어오다.

3월 24일. 맑다. 학교學校 시험試驗이 끝났다. 동수同洙 군君이 올아오다.

3월 25일. 맑다. 시험성적 처리試驗成績處理에 퍽 밭브다.

3월 26일. 맑다. 퍽 밭브다.

3월 27일. 맑다. 일요일日曜日도 학교學校에 출근出勤.

3월 28일. 맑다. 동수 군同洙君이 떠나가다. 보결시험補缺試驗을 보다.

3월 29일. 흐리다. 규칙적規則的 생활生活을 하려 일정日程을 맨들어 오날붙어 실행實行하다. 일정日程은 좌左와 같다.

一. 오전 5시 기침起寢.

一. 5:30~6 산보散步, 정좌靜坐, 명상冥想.

一. 6~8 독서讀書. 연구硏究, 조어朝語, 영어英語, 역사歷史, 시가詩歌, 소설小說, 희곡류戲曲類.

一. 8~9 정돈整頓 방내房內, 정원庭園, 세수洗手. 조반朝飯.

一. 9~오후4 출근出勤.

一. 4:30~5:30 산보散步. 운동運動, 방문訪問.

一. 5:30~6:30 습작習作, 독서讀書.

一. 6:30~7:30 석반夕飯, 정좌靜坐, 명상冥想.

一. 7:30~10 독서讀書. 연구硏究. 습작習作.

一. 10~10:30 정좌靜坐. 반성反省 당일사當日事.

一. 10:30 취침就寢.

3월 30일. 흐리다. 비 오다. 신소년사新少年社에 갔었다.

3월 31일. 맑다. 보결시험補缺試驗이 끝났다. 용익容益이 오다. 누님이 앓어 죽는다 하여 봉익동鳳翼洞을 가 보다. 회가 동하였다.

4월

4월 1일. 맑다. 학교學校에 가서 직원회職員會로 하여 해를 지웠다. 봉익동鳳翼洞 누의를 가보다. 좀 낫었다. 집에 편지를 써 붙였다.

4월 2일. 비 오다. 노성 아주머니께 편지를 붙이다.

4월 3일. 맑다. 은종殷鍾이가 오다. 영룡永龍 군君을 찾어가 보았다. 이중갑李重甲 군君의 편지가 오다.

4월 4일. 맑다. 직원회職員會— 학교주임 개정. 전주 조 형趙兄, 화평花坪 류 형柳兄께 편지 붙이다.

4월 5일. 맑다. 시업식始業式. 매헌梅軒을 찾어보다.

4월 6일. 맑다. 김우현金宇鉉 군君의 편지가 오다. 김우현金宇鉉 군君께며 조 형趙兄께 편지를 하다.

4월 7일. 맑다. 용단勇斷, 맹성猛省을 실實행하고저 하다. 영靈이 육肉의 노예奴隷가 되는 때 영靈은 타락자墮落者가 된다. 영靈이 육肉을 떠나 살 수는 없으나 육肉의 노예奴隷가 되어서는 아니 된다. 차라리 육肉으로 하여 영靈의 노예奴隷가 되게 하고저 한다. 그리하여 영靈이 그 육肉에서 선율적旋律的 생활生活을 하여야 한다. 곳 다양多樣의 통일統一을 하여야 한다.

4월 8일. 맑다. 태전太田 김인수金寅洙 씨氏 편지가 오다.

4월 9일. 맑다. 택수宅洙 군君이 오다. 박일헌朴逸憲 씨氏 편지가 오다.

4월 10일. 맑다. 노성 아주머니의 편지가 오다. 김성수金性洙 군君을 찾어보다.

4월 11일. 맑다. 택수宅洙 군君이 와 자다. 경성역京城驛에 가서 작은 어머님 오시기를 기다렸으나 아니 오신다. 김성수金性洙 군君을 찾어 못 보다.

4월 12일. 맑다. 바람이 좀 불다. 숙직宿直.

4월 13일. 맑다. 밤에 비 오다. 김인수金寅洙 씨氏게며 박일헌朴逸憲 씨氏께 답장答狀을 하다.

4월 14일. 비 오다. 직원회. 꽂새암 치위가 오다.

4월 15일. 맑다. 조 형趙兄의 편지를 보다.

4월 16일. 맑다. 병교秉橋 군君이 찾어오다.

4월 18일. 맑다. 집에서 편지가 오다.

4월 18일. 맑다 흐리다. 매헌梅軒이 찾어오다.

4월 19일. 비 오다. 유중환柳重桓 형兄의 편지가 오다.

4월 20일. 비가 개다. 조선어연구회朝鮮語研究會 위원회委員會가 있었다. 저녁을 장송루長松樓에서 먹었다.

4월 21일. 맑다. 꽂새암 한다. 찬바람이 분다. 오후午後 7시七時 경성역京城驛에서 동희東熙와 같이 어머님, 작은어머님, 병륙秉陸을 맞웅하여 돌아오다.

4월 22일. 맑다. 또 직원회職員會 — 전등電燈ㅅ불이 들온 뒤에야 파하였다.

4월 23일. 맑다. 애류崖溜가 오다.

4월 24일. 맑다. 『한글』 잡지雜誌 원고原稿를 쓰다. 그걸로 하여 하루를 보내다. 꽃들은 한창 피었다. 꽃구경들이 야단이다.

4월 25일. 맑다. 김기홍金基弘 군君하며 매헌梅軒 군君이 찾어오다.

4월 26일. 소낙비. 병륙秉陸이가 아츰 차에 떠나다. 임시직원회臨時職員會.

4월 27일. 흐리다 맑다. 밤에는 울에가 울며 소낙비가 오다. 조선일보사朝鮮日報社에 정음正音 원고原稿를 써 보내다.

4월 28일. 흐리다가 맑다. 아츰 여듧 시 떠나 청량리淸凉里, 회기리回基里, 휘경리徽慶里 중넝개, 맹우리[망우리忘憂里] 고개를 지나 동구릉東九陵까지 원족遠足을 가다. 동구릉東九陵에서 수릉綏陵[익종 릉翼宗陵], 건원릉健元陵[이태조 릉李太祖陵]을 보고 제전齊殿에서 점심點心을 먹고 오후午後 2시二時에 돌아오다. 집에 드니 6시六時.

4월 29일. 흐리고 비 좀 오고 무덥다.

4월 30일. 비 오다. 매헌梅軒을 찾어보다.

5월

5월 1일. 비 오다. 휘문교徽文校 21회回 창립기념식創立紀念式 연기延期.

5월 2일. 비 오다.

5월 3일. 비가 개다. 휘문학교徽文學校 창립기념식創立記念式은 오날 오전午前 11시十一時 거행擧行. 겸해 교주校主 동상銅像 제막식除幕式

을 하다. 오후午後 5시五時 명월관明月館에서 교주측校主側 초대招待의 만찬회晩餐會가 있었다.

5월 4일. 구름 끼고 비오다. 오후午後 4시四時 휘문학교徽文學校 운동장運動場에서 생도生徒 직원職員 일동一同에게 음식飮食을 주었다. 어제 오날은 이 턱 저 턱 식복食福이 터졌다.

5월 5일. 맑다. 신명균申明均 군君을 맞나 조선어연구회朝鮮語硏究會 일을 상의하다.

5월 6일. 맑다.

5월 7일. 맑다. 조선어연구회朝鮮語硏究會 총회總會를 열다.

5월 8일. 맑다. 권상로權相老 군君을 찾어보다.

5월 9일. 맑다. 신명균申明均 군君이 오다. 조선어연구회朝鮮語硏究會 일을 상의하다.

5월 10일. 맑다. 애류崖溜가 찾어오다.

5월 11일. 맑다. 찬燦 군君을 찾어보다.

5월 12일. 맑다. 구름 끼다. 이화梨花 문학부文學部의 청請으로 오날붙어 매주每週 목요木曜일 오후午後 4시四時一한 시간時間 조선문화사朝鮮文化史 강화講話를 하다.

5월 13일. 비 오다. 숙직宿直.

5월 14일. 비 오다. 석주錫疇 군君을 찾어보다.

5월 15일. 구름 끼었다 맑다. 좀 차다. 오후午後 7시七時 10분十分에 작은 어머니와 경성역京城驛을 떠나다. 겸욱謙旭 군君과 누님이 전송餞送나왔다. 오후午後 네 시時 강경역江景驛에서 종형從兄과 득윤得尹이 윤尹서방을 맞나 같이들 자동차自動車를 타고 여산礪山으로 가서 새술막에서 나리다.

5월 16일. 맑다. 꿈에 이등박문伊藤博文이가 보인다. 종조從祖할아버지를 찾어가 보다.

5월 17일. 맑다가 비가 좀 오다. 아버지 육순六旬 생신生辰이다. 동내洞內 사람들을 모여 가지고 아츰과 점심을 먹다. 청하지 않은 손님들이 덜어 왔다. 손님들이 술을 취하여 퍽 떠든다. 다 저믈어 흩쳐 가다가 싸움도 하였다 한다.

5월 18일. 맑다. 아츰에 자동차自動車로 하여 강경江景이를 와 차車 타고 서울로 오다. 오후午後 7시七時 반半 집에 드니 계집애 하나가 생겨있다. 지난 16일 오전午前 3시三時 출생出生. 이름은 한희漢熙라 하였다.

5월 19일. 비 오다. 석주錫疇를 찾어가 아주머니를 보다. 병세病勢은 좀 낫었다.

5월 20일. 맑다. 방과 후放課後 곳 이화전문학교梨花專文學校로 가서 한 시간時間 강화講話를 하였다. 한충韓冲 군君, 조운曺雲 군君, 김영운金永運 군君이 찾어오다.

5월 21일. 비. 동희東熙가 앓는다. 체증滯症과 감기感氣로.

5월 22일. 맑다. 최학송崔鶴松 군君과 조운曺雲 군君을 삼청동三淸洞으로 찾어 못 보고 김영운金永運 군君 김영룡金永龍 군君도 못 보고 애류崖溜만 찾어 맞났다. 이야기하다 점심點心을 얻어먹었다. 매헌梅軒 군君을 찾어 못 맞나고 석주錫疇 군君에게 가서 아주머니를 보았다. 집에 편지 붙이다. 주동국周東國 군君의 편지가 오다. 동희東熙를 다리고 홍제의원洪濟醫院에 갔다.

5월 23일. 비. 오후午後 시청市廳에 가서 한희漢熙의 출생신고出生申告를 하고 신고서申告書 한 장은 여산礪山 면장面長 앞으로 붙이다. 이

용극李容克의 종질從姪이라는 이중묵李重默이가 편지를 하고 돈을 꿔어달라고 하였다. 오후午後 7시七時 중동학교中東學校로 가서 조선어朝鮮語 강연講演을 했다.(6일간日間 단기短期 강습講習) 모이는 학생學生 교원敎員 기타其他 등 150여一百五十餘 인人. 나는 음운音韻에, 최현배崔鉉培 군君은 문법文法에 대하여 말한다. 주동국周東國 군君의 편지를 보다.

5월 24일. 맑다. 최학송崔鶴松 군君과 조운曺雲 군君이 찾어오다. 맹주천孟柱天 군君에게 끌려 냉면ㅅ 집에 갔었다.

5월 25일. 맑다. 이화학당梨花學堂에 가다.

5월 26일. 맑다. 윤석주尹錫疇 군君을 찾어보다. 석주錫疇 군君의 부인夫人이 쥐약을 사다 먹고 죽었다. 아주머니는 울고 있다.

5월 27일. 맑다. 윤석주尹錫疇 군君을 찾어보다. 밤에도 가 보다. 노성魯城 아자씨며 여러 윤 서방尹書房네가 올아 왔다.

5월 28일. 맑다. 육상대운동회陸上大運動會를 학교學校서 열다. 오전午前 9시九時붙어 오후午後 5시五時까지. 저녁에 중동학교中東學校에 가서 조선어朝鮮語 강습을 끝내고 경성역京城驛으로 가다. 노성魯城 아주머니 일동一同과 석주錫疇 군君 부인夫人의 운구運柩를 전송餞送하였다. 이러노라고 중동학교中東學校 직원들의 다과회茶菓會며 휘문학교徽文學校의 만찬식회晩餐食會에는 참석參席 못하였다.

5월 29일. 맑다. 학교學校 당직當直. 유길상劉吉相 군君과 같이 총독부 도서관을 가서 미술전람회美術展覽會를 보았다.

5월 30일. 맑다.

5월 31일. 맑다. 야시夜市를 갔었다.

6월

6월 1일. 맑다. 은동隱洞서 용익容益이게로 돈 53원五十三円이 오다. 27원二十七円은 용익容益이를 주고 26원二十六円은 맡어두다.

6월 2일. 맑다. 매헌梅軒을 찾어보다. 홍성초洪性初 군에게 보중익위탕補中益胃湯 다섯 첩帖을 지어다 안에서 먹었다.

6월 3일. 맑다. 경성운동장京城運動場에 가서 휘문徽文 대對 경신儆新 야구시합野球試合과 고려高麗 대對 서울 야구시합野球試合을 보다.

6월 4일. 맑다. 영룡永龍 군君을 찾었다 못 보다. 조룡해趙龍海 군君의 편지가 오다. 쉬 온다고.

6월 5일. 맑다. 집에서 편지가 오다. 이용극李容克 군君의 사종四從된다는 용묵容默이가 기어히 50전五十錢을 가져갔다, 여러 번 편지를 보내고 오날은 친親히 와서 애걸한다.

6월 6일. 맑다. 수표교水標橋ㅅ가 건재국乾材局에 가서 인삼人蔘 두 냥중兩重을 달어다 보중익기탕補中益氣湯을 지어 처에게 주다.

6월 7일. 맑다. 진고개로 산보散步를 갔었다.

6월 8일. 맑다. 이화전문학교梨花專門學校에 갔었다. 공회당에 가서 약산목수若山牧水, 천로유홍川路柳虹의 문예강연文藝講演을 듣다.

6월 9일. 맑다. 『한글』 원고原稿를 쓰다.

6월 10일. 맑다. 조룡해趙龍海 군君과 한충韓冲 군君을 찾어보다.

6월 11일. 맑다. 백 원百円을 변통變通하야 애류崖溜에게 주다. 조선어연구회朝鮮語硏究會가 오후午後 3시三時 반半붙어 6시六時까지 있었다.

6월 12일. 맑다. 안정사安靜寺에서 조룡해趙龍海 군君이 나와 신명균申明均, 정열모鄭烈模, 맹주천孟柱天, 애류崖溜를 청請하여 저녁밥을 먹이다. 하루ㅅ동안 심심치 아녔다.

6월 13일. 맑다. 동덕여학교同德女學校 교실敎室 한 간을 빌여 여자女子에게만 조선어 강습을 시겼는데 교사, 학생 육십여 인이 모였다. 오날붙어 오는 토요일土曜日까지 엿새 동안. 가 보았다.

6월 14일. 맑다. 동덕여학교同德女學校 강습소를 가보다.

6월 15일. 맑다. 이화전문학교梨花專門學校를 가서 강연講演을 제1학기第一學期ㅅ 것을 끝냈다. 기념으로 유리갑琉璃甲 좌종坐鐘 하나를 준다. 사양辭讓하다가 할 수 없이 받었다. 동덕여학교同德女學校 강습소講習所를 가 보다.

6월 16일. 맑다. 동덕여학교同德女學校 강습소講習所를 가 보다.

6월 17일. 맑다. 동덕여학교同德女學校 강습소講習所를 가 보다.

6월 18일. 맑다. 동덕여학교同德女學校 강습소講習所를 가서 종회식終會式을 보다. 애류崖溜와 윤尹ㅅ 집에 가다.

6월 19일. 맑다, 오후午後 9시九時 반半 매헌梅軒과 학생學生 13인十三人과 취운정翠雲亭으로 하여 창의문彰義門을 거쳐 북악北岳을 옰아 사면四面을 바라보고 일행一行에게 백제百濟 시조始祖 온조溫祚의 이야기를 들려주고 창의문彰義門으로 나려가 북한산北漢山 골작이를 하여 승가사僧伽寺를 찾어 갔다. 비봉碑峰을 옰아 진흥왕척순비眞興王拓巡碑도 보고 문수봉文殊峰을 비롯하여 뫁은 산山골작이와 들과 강江과 바다도 바라보고 점심點心도 시겨 먹고 약수藥水도 마시고 하다가 오후午後 다섯 시時에 나려오다. 시내에 이름어 목욕沐浴도 하고 마을에 들어 조이 뜨는 것도 보고 세검정洗劍亭도 옰아보고 홍지문門도 찾어보고 창의문彰義門 못 밎어서 애류崖溜 일동一同을 맞나 소주도 얻어 마시고는 저믈녁에야 계동桂洞으로 오다. 김용순金用淳 군君, 찬燦 군

君이 찾아오다.

6월 20일. 맑다. 집에서 편지가 오다. 4백四百 40원四十円 환전換錢이 오다.

6월 21일. 맑다. 퍽 무덥다. 정충시鄭忠時 군君의 편지가 오다.

6월 22일. 맑다. 집값 7백七百 20원二十円 남은 것을 4백四百 20원二十円 납입納入하다. 가정방문을 가다. 원동苑洞, 권농동勸農洞, 익선동益善洞으로. 퍽 무덥다. 병교秉槁 군君이 찾어오다.

6월 23일. 비 오다. 한글사社 동인同人과 조용해趙龍海 군君을 대관원大觀園으로 초대招待하였다.

6월 24일. 맑다. 조용해趙龍海 군君을 찾어보다.

6월 25일. 맑다. 매헌梅軒을 찾어보다. 조운曺雲 군君, 정충시鄭忠時 군君의 편지를 받어 보다.

6월 26일. 맑다. 오전午前 9시九時 악박惡薄골에서 학생學生 9인九人을 맞나가지고 모악母岳재로 해 진관사津寬寺를 찾어가 점심點心을 시겨 먹고 놀다. 동학洞壑에 송림松林이 꽤 깊고 시내물도 퍽 맑고 많다. 암석巖石이며 백사지白沙地며 그 중中에도 바야흐로 꽃이 만개滿開하야 방향芳香을 피어내는 정원庭園의 보리수菩提樹가 더욱이 사랑웁다, 귀엽다. 그리고 새소리, 물소리, 바람소리뿐이다. 썩 한적閑寂하다, 청정淸淨하다. 그 뒤 골짜이로 하여 퍽 가파롭고 험한 길, 실상 길도 없는 데로 길을 지어 북한산北漢山을 넘어 비봉碑峯을 오르고 승가사僧伽寺를 거쳐 오다. 창의문彰義門 밖에서 앵도 예찬禮讚를 들이고 약수藥水 순례巡禮를 맞히고 오다.

6월 27일. 맑다. 문명로文明魯 군君이 찾어오다. 조춘구趙春九 군君, 정충시鄭忠時 군君, 병륙秉陸이에게 편지를 하다.

6월 28일. 비가 좀 오다. 하태흥河泰興 군君이 찾어오다.

6월 29일. 맑다. 경성역京城驛에 나가 하경렬河慶烈 씨氏(청운淸雲)을 기다리었다. 밤 열 시 반 차에는 아니 온다. 문명로文明魯 군君, 고경진高敬鎭 군君만 맞났다. 함흥보광학교咸興普光學校 김순봉金淳鳳에게 편지하다.

6월 30일. 맑다. 청운淸雲이 오후午後 세 시 학교學校로 왔다. 같이 집을 나와서 물산박람회物産博覽會를 구경갔었다. 조운曺雲 군君의 편지가 오다.

7월

7월 1일. 비. 새벽에 애류崖溜를 찾어보고 『용비어천가龍飛御天歌』, 『훈민정음도해訓民正音圖解』를 얻어다 청운을 주다. 『청구영언靑丘永言』도 찾어오다. 청운은 집에서 책册을 보게 하고 나는 학교學校로 가다. 직원회職員會가 있다. 전후前後 세 시간만에야 파하였다. 조운曺雲 군君께 편지하다.

7월 2일. 맑다. 청운을 다리고 진고개를 가서 삼월오복점三越吳服店을 보고 돌아오다 백우현白禹鉉 군君을 맞나 안국동 윤尹ㅅ집에 들었었다.

7월 3일. 맑다. 청운하고 애류崖溜을 찾어보고 같이들 나서 날이 저믈도록 이리저리 단이며 놀았다.

7월 4일. 맑다. 청운이 아츰 차에 떠나갔다.

7월 5일. 맑다. 몹시 덥다. 밤에도 더 덥다.

7월 6일. 맑다. 무척 덥다. 갑작이 천동소리가 나더니 바람이 일어나고 구름이 몰려가고 비ㅅ방울 뚝뚝 떨어지다가 만다.

7월 7일. 맑다. 윤원구尹原求 군君이 오다. 『중외일보中外日報』 기자記者 겸 근대문예사近代文藝社 사원社員이다. 날더러 문예사文藝社 고문顧問이 되어 그 모집募集된 중학생中學生 소학생小學生 실과實課 작문作文과 시조時調를 꼲아 달라고 한다. 졸리다 못하여 허락許諾하였다.

7월 8일. 비가 온다. 청운의 편지가 오다. 고성주高性株 군君에게서도 편지가 오다.

7월 9일. 밤비. 어머님 생신生辰이다. 누님도 어제ㅅ저녁에 와 잤다. 애류崖溜의 자당이며 중동中洞 내內의 늙은 마누라들이며 김호순金浩淳 군君의 자당이며 청하여 밥이나 같이 먹었다. 학송鶴松 군君은 찾다 못 보고 매헌梅軒은 찾어보다.

7월 10일. 비가 좀 오다. 무덥다. 고성주高性株 군君께 편지하다. 처妻가 앓는다. 약藥을 지어 오다. 위장병胃腸病이다.

7월 11일. 비. 제1학기 시험第一學期試驗을 시작하다. 윤원구尹原求 군君이 모집募集한 문예작품을 가지고 오다.

7월 12일. 비. 애류崖溜를 맞나다. 백 원百円을 받었다.

7월 13일. 비. 집이 또 샌다. 작년昨年 이때 곤혔건만.

7월 14일. 비. 병륙秉陸의 편지가 오다.

7월 15일. 비가 그치다. 조운曺雲 군君의 편지며 환전표가 오다. 곳 답장答狀하였다.

7월 16일. 비가 또 오다 그치다. 학교學校의 시험試驗이 끝나고 제1학기第一學期 종업식終業式까지 하였다. 저녁에 매헌梅軒도 오고 전주

全州 조 형趙兄도 오다. 조룡해趙龍海 군君의 편지도 보다.

7월 17일. 비. 흐리다. 현대문예사現代文藝社(부창동富昌洞 31三一) 이병숙 군 가李秉肅君家에 가서 내가 맡은 현상문懸賞文의 등급等級를 정定하다. 윤수구尹壽求 씨氏, 문일평文一平 군君, 신명균申明均 군君들을 맞나다. 학교學校를 가서 시험성적試驗成績을 기입記入하다. 조용해趙龍海 군君께 편지하다. 조 형趙兄이 와 저녁을 같이 먹다. 주명남周明南 군君, 용익容益, 박진수朴趁洙 군君이 다 떠나갔다. 조순祖舜 씨를 찾어 보고 가미건중탕加味建中湯 다섯 첩帖을 지어 오다.

7월 18일. 맑다. 시험試驗 성적고사成績考査에 종일 골몰하였다. 저녁에 비 오다. 조 형趙兄을 찾어 보다.

7월 19일. 비. 직원회職員會―시험성적 사정회試驗成績査定會를 열다. 네 시간 동안이나 되었다. 태전太田이를 다리고 구리개, 진고개 남대문南大門안 시장에 가서 가방, 수탉, 인삼을 사가지고 오다.

7월 20일. 비. 새벽에 조 형趙兄을 찾어보고 작별作別하였다. 어머님이 서감暑感으로 앓으신다. 인삼패독산人蔘敗毒散 세 첩帖을 지어 오다. 처妻에게 삼계蔘鷄를 해먹이다. 학교學校에 가서, 시험성적발표試驗成績發表를 하다. 채태성蔡台星 군君을 다리고 와서 『두시언해杜詩諺解』 벗긴 걸 읽어 주다. 서상란徐相鸞, 김건영金健永 군君을 다리고 아악소를 가서 구경하다. 현대문예사現代文藝社를 가서 시가詩歌, 중학생中學生, 소학생小學生의 작문作文 등을 골아주다. 동양서원東洋書院에 가서 『조선문전朝鮮文典』 삼십책三十册을 가져왔다. 신소년사新少年社를 단여 오다. 영광 조운曺雲 군君에게 전보電報를 붙이다. 병탁秉鐸 사거死去의 전보電報가 오다. 밤 열 시 반에 목포행차를 타고 영광을 향向하여 떠나다. 이정희李政熙 군君이 와 본다.

밤 아홉 시다. 비는 부슬부슬 나린다. 태전太田이게 가방을 들리고 나는 문전文典 한 끌엄이를 들고 안국동安國洞 네거리에 나와 전차電車을 탔다. 경성역에 이르니 맞힘 각 학교學校 방학放學이 되어 돌아가는 학생學生들이 어찌나 많은지 들어설 틈이 없이 모였다. 서로 비집고 단이며 땀을 흘이면서도 몬우들 깃븜이 얼굴에 넘친다. 10시十時 반半. 목포행木浦行 열차列車에 실렸다. 광주光州까지 간다는 김성수金性洙 군君을 이등실二等室에서 맞나다. 비좁은 자리에서 잠은 와도 잠은 못 자겠다.

7월 21일. 오전午前 9시九時 40분四十分. 차車는 송정리松汀里에 닿았다. 나는 김 군과 작별作別하고 영광靈光 가는 자동차自動車에 오르다. 울아 앉어 한 50분五十分 기다리다. 10시十時 반半 발發. 황룡강黃龍江, 밀넘이재(선치蟬峙재)를 지나다. 내 옆에는 일인日人들이 앉고 앞에는 영광 청년들이 앉어 연애, 혼담婚談, 부랑자浮浪子 실패담失敗談을 주거니 받거니 떠들다가 고개들은 숙이고 코를 들들 곤다. 일인日人들은 말귀도 잘 몰아 듣고 귀먹어리 웃음만 한다. 오전午前에 영광靈光에 이르다. 조운曺雲 군君을 선두先頭하여 한글회원會員 수십 인數十人이 와 본다. 운 군雲君의 집에 들다. 뽕, 오동, 콩, 외넌출 들이 사면四面에 욱어져 있어 꽤 전원田園의 정취情趣를 일이킨다. 산山들이 다 곱다. 여성적女性的이다. 그러나 동東편 산山 밖에는 산山이라기보다도 구릉丘陵이라것다. 나무는 그다지 없어도 풀은 퍽 욱어져 빛이 썩 좋다. 한글회원會員들과 점심을 먹다. 보통학교普通學校에 가서 한글에 대한 강연講演을 하고 밤에는 공회당公會堂에서 본읍本邑 청년회靑年會 주최主催인 강연회講演會 —「조선사史 급及 조선어에 대하여」란 제목題目을 가지고 한바탕 떠들어 주었다. 숙면.

7월 22일. 잠결에 들으니 빗소리가 난다. 아츰이다. 운 군雲君은 금융조합에 가고 나는 목침枕을 베고 잠이나 자랴다가 파리허고 쌈만 하였다. 한글회원會員 두엇이 찾어와 심심찮게 한다. 광주농학생光州農學生 남궁봉南宮烽 군君이 법성포서 와 과자를 사온다. 『하목수석문집夏目漱石文集』을 보인다. 신명희申明熺 군君 소식을 전해 준다. 동양서원東洋書院에 편지를 붙이다. 따님 육형제六兄弟, 아드님 하나를 나 기르고 중년中年의 과부寡婦의 몸이 되었다는 주인主人 어머니의 간고艱苦를 겪은 니아기를 듯고, 눈물을 흘일 번하였다. 오후午後 4시四 반半 내지乃至 6시六 반半은 보통학교普通學校에서 조선말 강연. 8시八時 반半 내지 10시十時 반半은 조선사강연을 오늘붙어 시작하다. 몹시 더웁다. 화씨華氏 105도百五度. 두루막의 위에까지 땀이 찼다. 모긔가 꽤 많다. 계관문향鷄冠蚊香을 피우고 앉어 찾어온 강습원講習員들의 니아기를 듯다. 농촌문제農村問題로 화두話頭를 삼었다. 어수선한 꿈을 꿔었다.

7월 23일. 구름과 안개가 끼어 아츰이 늦인 줄도 몰았다. 운 군雲君은 어데를 나가서 두어 시간 뒤에야 돌아온다. 기다리다가 아츰을 점심으로 먹었다. 남궁봉南宮烽 군君이 우편소郵便所에 가는데 여산礪山 가는 편지를 붙이다. 소우小雨 쾌청快晴. 바람은 한 점도 없다. 퍽 덥다. 조희충 군曺喜忠君이 와 시조창법時調唱法을 말한다. 자못 파적破寂이 된다. 오후午後 7시七時, 조운曺雲을 딸어 법성포法聖浦 가는 길로 한 5리五里나 나가 들 구경을 하다. 벼들이 욱어졌다. 잘 되면 한 마지기에 석 섬씩은 난다 한다. 해는 기운다. 풀 빛은 퍽 좋다. 팔안 비단ㅅ결이라. 고목古木 사이에 허술하게 섰는 사정射亭도 보고 들판에 우뚝이 섰는 탑도 바라보고 발전소도 보고. 문명로文明魯 군君의 집도 보고 전남全南 갑부甲富인 조희경曺喜暻 집도 보다. 역사 강연을 맞히고 나니 운 군雲君이 손ㅅ짓을 하며 학교學校 사무실事務室로 부른다. 가 보니 팟고

물 섞은 빙수氷水 한 보의를 준다. 내일은 공일空日 겸 하루 쉬기로 하였다. 밤이 이슥하도록 강습원講習員 두엇을 다리고 시조時調 니아기를 하다.

7월 24일. 아츰 안개가 걷히고는 무척 더웁다. 영광靈光의 더위는 서울 더위보다도 더한 듯하다. 사면四面의 산山들이 높기나 했으면 그늘이 져 서늘할 것이다. 맞히 쟁반 안같이 된 곧이 볕은 받을 대로 잘 받어 들인다. 과연 남도南道에서도 별나게 더운 곧이다. 105도百五度. 조운曺雲 군君의 생일生日이다. 닭고기 넌 메역국 하나이 전보다 밥상에 더 올았다. 장날이라도 쇠고기는 아니 났다 한다. 한 오십五十이나 되어 보이는 여성女性이 운 군雲君의 생일生日이라고 초대招待를 받어 와 아츰을 먹고 나서 주인主人 모녀母女와 화투花套도 하며 담소도 한다. — 장한몽長恨夢, 무궁화無窮花의 해석들이 자미있다. 장한몽長恨夢은 긴 한 꿈 곳 긴緊한 꿈이오, 무궁화無窮花는 무궁무진無窮無盡한 뜻이라고. 『하목수석집夏目漱石集』을 보다. 마당ㅅ가의 새로 핀 무궁화며 시드는 원추리꽃도 보다. 조운曺雲 군君이 수박 한 개를 손에 들고 오며 광주서 온 것이라 한다. 점심상床을 물리고 나서 두어 첨 맛을 보다. 광주의 명산인 많곰 별맛은 없다. 장을 나가 구경하다. 어물魚物이나 많을 줄 안 것이 그것도 변변찮다. 안골을 찾어가다. 향교鄕校 대성전大成殿 앞 은행銀杏나무 그늘에서 땀을 들이다. 수백 년 묵은 은행銀杏나무 — 앞에 두 주株. 뒤에 한 주株. 그 사이에 비자나무 한 주株. 천지만엽千枝萬葉이 욱어졌다. 이것이야말로 공자孔子의 음덕蔭德이다. 봉두난발蓬頭亂髮한 청년 몇몇이 앉어서 무릎장단을 치며 시조時調를 부르고 밝아둥이 두셋이 한구석에서 모래를 가지고 논다. 강습원講習員 하나를 맞나 앞 세고 논틀 밭틀로 가서 산기슭에서 나는 찬 샘을 찾다.

잔잔하다. 차기는 하다. 목욕沐浴. 조희충曺喜忠 군君이 오다. 꾸준하게 니아기를 잘한다. 전라도 광대의 일화逸話 — 권삼득權三得, 이李날치 누구누구의 광대된 동기動機며 그의 업적. 모기가 앵앵하고 들어 덤빈다. 문향蚊香을 피어도 마챦가지다. 견대다 못하여 방으로 쫓겨 들오다. 방에서는 더워 못 견대겠다. 오곰장이, 겨들앙이에서 물이 줄줄 흐르다. 게다가 벼룩은 와 스믈거린다.

7월 25일. 덥다. 오후午後 4시四時붙어 바람이 좀 서늘하다. 운 군雲君과 오산箕山을 오르다. 콩밭 머리에 앉어 니아기를 하다. 노함풍魯咸豊 군君이 치마ㅅ자락으로 풀섭을 헤치며 해오족해오족 하고 올아온다. "오시노라고 수고했습니다." 하였더니 뱅긋이 웃으며 "무어라요 늘 올아단인거라요." 하며 갓가이 옆에 와 서서 우리의 니아기를 듯는다. 영광읍내도 나려다 보고 멀리 바다도 바라보다. 김철주金喆周 군이 늦게 와 문을 잘못 닫어 그 틈으로 사뭇 모긔들이 모여 들었다. 모긔가 물어도 꼭 관절關節ㅅ게를 문다. 가렵고도 쓸이다. 잠은 깨어 다시 잠은 못 자겠다. 마루로 나 앉어서 밤을 새다. 어두운 밤에 앞의 집 도야지 소리만 들린다.

7월 26일. 오늘도 더위야 말 할 것도 없다. 위계후魏啓厚 군君의 큰 자제 달수達洙 군君이 와 본다. 김운선金雲善, 문은종文殷鍾 군君의 편지가 오다. 1원一円을 보내어 탁주濁酒, 소주燒酒를 사오다. 영광靈光의 유명有名한 청신주淸新酒는 봄가을에야 있다 한다. 탁주濁酒나 소주燒酒는 좋지 못한 것이다. 저녁에 조상하趙相夏 군君의 집에서 시조창時調昌과 유성기留聲器 소리를 듯다. 강낭이, 복숭아를 준다. 복숭아를 깎어 먹다가 그 빩안 물이 뛰어박여 하얀 두루막이 자락이 알옹젔다. 노함풍魯咸豊 군君이 왔다. 네ㅅ날 니름 있는 여성女性들의 일화逸話를 들여주다.

일기

27권

1927. 7. 27. ~ 1928. 8. 13.

1927년(단기 4260년)

7월

7월 27일. 아츰붙어 무척 무덥다.

위달수魏達洙 군君이 와서 아츰밥을 해놨다고 가자한다. 운 군雲君과 같이 가다.

유길상 군劉吉相君, 김건영金健永 군君에게 편지를 붙이다. 당직當直을 대신 해 달라고.

속적삼을 빨다가 주인主人 어머니께 빼앗겼다. 강연원고講演原稿를 쓰다 붓을 멈추고 앞 집웅 넘어로 욱어진 나무닢들을 바라보며 왕마미 소리를 들었다.

조상하趙相廈 군君이 점심을 준다. 소주도 사왔다. 맛이 좋다. 음식飮食들을 잘 해먹을 줄 아는 곧이다. 의복도 사치한다. 운인韻人과 율객律客이 많다. 자래自來 영광靈光은 부읍富邑이다. 조희영曺喜暻 이하以下 수삼백 석數三百石 이상以上ㅅ자리가 수십가數十家 된다 한다. 전읍全邑 칠백여 호七百餘戶에 빈민貧民도 있지마는 다른 골에 견주면 그래도 난 모양이다. 그리고 새 학學, 성誠, 새 사상思想 가진 청년靑年들이 많고 아즉까지도 부화浮華한 풍기風氣는 없이 질실質實, 근면勤勉하다.

청년회青年會, 노동회勞動會, 문우회文友會, 추인회秋蚓會 따위가 있어 그 진행進行하는 방면方面은 서로 닮어도 서로 타협적妥協的으로 평화스럽게 지난다. 이만한 부읍富邑이고 보면 주사화도酒肆花道에 향向하는 청년青年이 많을 것이로되 이 영광靈光에서는 그리 볼 수 없다. 많은 희망希望과 기대企待를 가지고 볼 곧이다. 이번 한글 강습회講習會에도 청년青年 남녀男女 육칠십六七十 명이 정성精誠스럽게 와 들었다.

7월 28일. 덥다. 더위면 여간이랴. 오늘도 아츰 안개가 벗어지고 바람 한 점도 없이 덥기만 하다. 콩밭 머리ㅅ길로 나가다보니 어떤 소녀少女 하나이 "알구 뜨거! 알구 뜨거!" 하고 울면서 두 발을 동당거린다. 동당거리면 발자옥만 나고 몬지가 일어난다.

강연講演을 할 제 교단敎壇에 서서 수건手巾으로 땀을 씻노라고 정신을 차릴 수 없다.

조선어語 문법文法은 끝내다. 역사歷史도 휘몰아쳐서 이조사李朝史까지 대강대강 끝내다. 회원會員들은 끝끝내 매우 긴장緊張하여 듯는다.

밤도 더웁다. 김주金珠 양孃에게 네ㅅ니아기를 들려주다. 마당ㅅ가에서는 반듸ㅅ불 하나가 반작반작한다.

7월 29일. 바람이 좀 불어 어제보다는 덜 더웁다.

「시조소초時調小草」를 쓰다.

노함풍魯咸豊 군君이 저녁밥을 준다. 조 군曺君, 윤창允昌 군君허고 같이 먹었다. 진수성찬珍羞盛饌이다. 그의 두 아우도 보았다. 하나는 배화培花, 하나는 여자고보女子高普에 단인다 한다.

오후午後 9시九時 보통학교普通學校로 가서 송별회送別會를 보다. 수박, 참외, 복숭아, 양과자洋菓子 따위를 벌여 놓고 회원會員 일동一同이 뼁 돌아 앉었다. 송별사送別辭, 답사答辭가 끝나고는 바요링, 가야금伽倻

琴, 신구新舊 창가唱歌 등等 여흥餘興이 있어 12시十二時에야 파罷하다.

7월 30일. 소낙비가 지나다.

오후午後 네 시 반 구두와 두루막이는 노함풍魯咸豊 군君 집에 벗어 맡기고 그저 동옷 바람으로 나섰다. 노함풍魯咸豊의 형제, 조운曺雲 군君의 남매男妹, 기타其他 청년靑年 수인數人이 삼삼오오三三五五로 걸어 선들 지나, 불갑제佛甲堤에 이르다. 불갑제佛甲堤는 주위 십여 리十餘里나 되는 방죽. 이 근년近年 수리조합水利組合으로 된 것인데 조희경曺喜暻의 글씨로 사겼다는 불갑제佛甲堤라는 비碑가 서 있고 그 밑에는 새팔안 물이 넘실넘실 물ㅅ결을 일어 밀치락달치락 한다. 이 언덕을 돌아가다가 소낙비를 맞었다. 해는 졌다. 산山마을에서 푸른 연기煙氣가 일어난다. 길은 점점 좁아지고 험하다. 산山은 높고 골은 깊고 저녁은 어둡다. 꿈속 같은 숲속 길로 찾어 드니 불갑사佛甲寺다. 주지主持 송혜은宋慧恩이 나와 맞는다. 불이문不二門안 선방禪房을 치고 들다. 저녁밥을 시겨 먹고 나서 만세루萬歲樓에서 악공樂工의 주연奏演, 시조時調, 잡가雜歌, 무도舞蹈, 징·꽹과리 등 놀음놀이로 밤을 새다. 법당法堂의 부처님도 귀가 좀 앓벘을 것이다. 이 야단법석에 누가 잠을 자겠느냐. 게다가 모긔, 벼룩은 웨 그리 많은지 사뭇 몸둥이를 떠가려 한다.

7월 31일. 비는 오다 마다 한다.

아츰밥을 먹고는 몯우들 누워서 세상世上 모르고 잔다.

점심때에야 잠을 깨었다.

시조강화時調講話을 만세루萬歲樓 죽상竹床 우에서 열었다. 한 시 반이나 걸렸다. 나는 조상하 군과 조규한曺圭漢 군君과 같이 해불암海佛庵으로 오르다. 십 리十里다. 숲속 돌ㅅ길이다. 땀을 흠뻑 흘였다. 이상한 초목草木, 암석岩石, 바야흐로 무르녹게 닉은 곰딸이 좌우左右로 연

連해 있건마는 자세仔細히 보고 따먹을 념念도 없다. 동백나무 감나무 밭을 지나 큰 들충나무 밑으로 오르니 해불암海佛岩이다. 노장老長 노봉鷺峯과 인사하고 옷을 벗어 놓고 마루에 앉었으니 올망졸망한 산山 넘어로 칠산七山바다가 보인다. 낙조落照를 보랐더니 맞힘 구름이 가려 있고, 초사흘 달이 별 하나와 같이 떠 있을 뿐.

8월

8월 1일. 비는 오다 마다 한다.

우리 일행一行은 다행이 비 아니 오는 틈을 타서 불갑사佛甲寺로 나려오다.

곰딸을 사서 먹고 쥐어짜서 물도 만들어 병에 넣어 가지고 술도 참외도 얻어먹고 네ㅅ니아기도 하면서 쉬엄쉬엄 걸어 영광 읍내靈光邑內로 돌아오다. 비가 온다. 운 군雲君 집에서 자다. 밤비.

8월 2일. 비 오다 그치다.

조상하, 노함풍魯咸豊 군君을 찾고 보통학교普通學校에 가서 여러 교원敎員을 맞나보고 노윤창魯允昌 군君을 앞세고 나서 편진옥片晉玉, 정동윤鄭東允, 이영수李永洙, 자유노동조합自由勞動組合, 금융조합金融組合, 군청郡廳, 수리조합水利組合으로 단이며 인사 치르고 이인李麟 군君이 주는 점심點心을 먹고 오후午後 1시一時 반半 자동차自働車로서 법성포法聖浦를 가다.

법성포法聖浦, 앞에는 물, 뒤에는 산山, 산山과 물이 서로 둘어 있다. 얽히었다. 과연 묘하다. 물ㅅ가로 붙어 산山비탈까지 조개껍질을 엎어 논

듯한 조으마한 집들이 팔백八百여 호餘戶나 된다 한다. 시가市街는 불결不潔하다. 아즉 정돈이 못 되었다. 일인日人 천기川崎가 그 뒤에 전 영광만한 간석지干潟地를 막아 수리조합水利組合을 한단다. 장래將來는 그 영향影響이 적지 않겠다. 남궁현南宮炫 군君, 김철주金喆柱 군君이 맞나다. 남 군南君 집으로 들다. 얼마 아녀 조상하趙相廈, 조규한曺圭漢 군君, 조운曺雲 군君이 오다. 오후午後 다섯 시 청년회靑年會로 가다. 청년靑年들이 5, 60명六十名 모였다. 「조선어朝鮮語에 대對하야」란 강연講演을 하였다. 영호반暎湖畔으로 산보하다가 남 군南君 집에서 석반夕飯. 석반夕飯 후後에는 호반湖畔의 배놀이를 하다. 침침한 밤이다. 별, 등燈만 반작인다. 혈물에 나렸다가 들물에 오르다. 구암리九岩里니 천기방축제川崎防築堤니 하는 곧이 꿈에 보는 것 같다. 자정子正 지나 남 군南君 집에 들다.

8월 3일. 조운曺雲 군君과 영광으로 오다. 운 군雲君 집으로 들다. 운 군雲君의 모녀母女는 조찬朝饌을 해놓고 기다린다. 함풍咸豊 군君이 찾어오다.

오전午前 9시九時 떠나다. 김주金珠, 함풍咸豊, 조운曺雲, 김형모金衡模, 노윤창魯允昌 군君이 나와 전송餞送한다.

정오正午 송정리松汀里 착着. 수박 한 개를 사 들고 태전행太田行 열차列車에 실렸다. 비가 차창車窓에 뿌린다. 내다보니 김제역金堤驛이다. 이리裡里서 나려 전주행全州行 열차列車로 5시五 40분四十 착着. 백용희白庸熙, 백희일白熙一 씨氏, 병희炳熙가 나오다. 청운淸雲 집에서 석반夕飯 석화夕話. 11시十一時 병국炳國 집으로 오다. 다들 자고 누님만 아니 잔다. 조 형趙兄은 산구희일랑山口喜一郎의 환영회에 갔다 그제야 돌아온다.

8월 4일. 비. 소낙비.

조 형趙兄은 새벽에 무주, 금산 등지等地로 출장出張 간다.

청운과 니아기. 오반午飯. 오후午後에 나서 부채 몇 자루를 사고 교육조성회敎育助成會에 가서 놀다. 김준희金駿熙도 찾고 백용희白庸熙 씨氏와 게로 오다. 최병규崔秉奎 군君을 맞나 간이식당에서 석반夕飯. 다가공원多佳公園 산보. 청운 집에 모여 담소談笑. 조 형趙兄 집에서 자다.

8월 5일. 오전午前 5시五時 기起. 조반早飯 출발出發. 청운靑雲 병규秉奎, 정목定木 군君, 병희炳熙가 전주역에 나와 전송. 조치원鳥致院서 수원水原 오는 동안은 소낙비가 딸어온다. 산파학교産婆學校 단인다는 청주 여자女子를 맞나 자미스러운 문답問答을 하다. 경성역에서 나리다. 안국동安國洞 네거리에 이르니 병국炳國이 래영來迎.

8월 6일. 맑다.

오후午後에야 나섰다. 조순祖舜 씨氏게 가서 약藥을 짓고 매헌梅軒을 찾어 다리고 빙수氷水집으로, 동양서원東洋書院으로, 애류崖溜게로 동침이집으로 갔었다.

8월 7일. 맑다. 조석朝夕 생량生凉.

어머님이 병국炳國이 다리시고 아츰 닐곱 시 차에 떠나시다. 누님과 같이 경성역京城驛으로 용산역龍山驛까지 갔었다.

8월 8일. 맑다. 학교學校로, 조선일보사朝鮮日報社로 갔었다.

이리裡里의 임보환林普桓, 영광의 조상하趙相夏, 조운曺雲, 편진옥片晉鈺, 노윤창魯允昌, 노함풍魯咸豊, 이인李麟, 김형모金衡模, 이영수李永洙, 법성포의 김철주金喆周, 남궁현南宮炫 군君에게 편지 붙이다.

오후午後 매헌梅軒, 애류崖溜와 같이 숙청문肅淸門을 넘어 성북동城北洞 미륵당彌勒堂에 가서 석반夕飯.

장현식張鉉植 군君, 찬燦 군君을 찾어 못 보다.

8월 9일. 비.

8월 10일. 맑다.

임보환 군林普桓君의 시조時調와 편지가 오다. 곳 답장答狀.

매헌梅軒을 찾어보다. 선자扇子 4병四柄을 주다. 문명로文明魯 군君을 찾어 못 보다.

8월 11일. 맑다. 영광靈光 노윤창魯允昌 군君의 편지가 오다.

8월 12일. 맑다.

김형모金衡模 군君 편지가 오다.

8월 13일. 맑다.

매헌梅軒이 이광종李光鍾 씨氏를 다리고 와서 나가자 한다. 가자는 대로 간 것이 영도사永導寺. 밥을 시겨 먹었다.

8월 14일. 맑다.

김승균金承均, 김운선金雲善의 편지가 오다. 조 형趙兄의 편지 오다.

8월 15일. 맑다.

애류崖溜가 오다. 아악소雅樂所를 갔었다. 김영운金永運 군君을 찾어 보다. 조 형趙兄께 답장答狀.

8월 16일. 무척 무덥다. 구름이 끼어 침침하다. 밤비. 조상하趙相厦 군君의 편지 오다.

8월 17일. 비. 바람. 한울이 울다, 웃었다 한다.

8월 18일. 흐리다 맑다 하였다.

8월 19일. 맑다. 찬燦 군君이 오다. 생량生凉, 서늘 바람이 난다.

8월 20일. 맑다 구름 끼다 무덥다가 밤에 비. 비가 줄줄 몹시도 쏟아졌다.

마루ㅅ간 천장 한 구석에 족오마한 구녁 뚫어 놓았다. 엇그제붙어 참

새 한 마리가 마루ㅅ간 천장 속에서 푸두닥푸두닥 밤이나 낮이나 소리만 내고 나오지 못한다. 춘혀 옆에 새집이 있어 그리 어데로 뚫인 구녁으로 들어가고는 다시는 찾어 나오지 못하는 모양이다. 마루에 앉어 바늘질하든 처의 말을 들으면 다른 참새 한 마리가 와서 이 새의 푸두닥거리는 소리를 듣고 날어와 그 주둥이로 천장을 물어뜯는 일이 잇다금 있었다. 나는 처음에는 쥐가 와서 그러는 줄 알었다가 다음에 차차 참샌 줄 알었고 오날은 넘우나 아처롭게 녀겨 구녁을 뚫어주었다. 뚫고서 그 새가 나가는 걸 보려 얼마 동안이나 기다려도 그 새는 그래도 푸두닥푸두닥 하기만 하고 나가지 못하고 다른 새 한 마리가 날어와 짖얼거리며 춘혀 옆으로 들왔다는 그 구녁으로 쏙 나오고 나오고 한다. 맞히 이러케 하라고 가르쳐주는 것 같다. 그러더니 어느 틈에 나갔는지 푸두닥 소리가 다시 아니 난다.

저녁에 매헌梅軒을 찾어갔다 비를 맞고 돌아오다.

8월 21일. 맑다.

김영룡金永龍, 김사영金思濚 군君이 와 놀다. 노함풍魯咸豊 군君의 편지가 오다. 김영진金永鎭 군君께 편지하다.

8월 22일. 맑다.

학교學校에 가다. 매헌梅軒을 찾어보다.

8월 23일. 구름 끼었다. 음산하다.

김영운金永運과 같이 서재학徐在學 군君의 집에 갔었다. 사람이 많아도 볼 사람은 못 보았다. 간선을 하러 갔다가 돌이어 간선만 보이고 왔다고 김 군은 말한다.

저녁에 오한이 든다. 태전이 시겨 군불을 지피라 하고 안방의 더운 구들 위에서 누웠다가 건너방으로 왔었다. 두 다리ㅅ목이 노곤하고 머리가 앓브고 온몸에서는 스린 긔운이 난다. 잠은 아니 오고 이러케 괴롭기만 하다. 한밤중에야 오한이 풀리고 땀이 난다. 하나 또한 잠은 아니 온다. 겨우 새벽녘에 이르어 잠이 들었다.

8월 24일. 구름 끼었다.

백남용白南容 군君, 고경진高敬鎭 군君을 찾어보았다.

8월 25일. 맑다.

학교學校에 가다. 직원회職員會는 언제 하는지 바독들만 두고 있다. 그저 왔다가 아무 말도 없이 돌아가는 이도 있다. 나는 아악소에 가서 하규일河奎一 씨氏의 시조교수時調敎授를 보았다. 앞목소리니, 뒷목소리니 하며 고조古調로 내는 소리. 다만 오늘날 자갸나 부르고 자갸나 알 소리, 과연 어렵다 아니하지 못할 것이다. 아악雅樂강습講習하는 청년靑年들은 장단長短 점수點數를 맞후노라고 두 손을 들었다 나렸다 하며 선생先生에게 하기 어렵다는 말만 한다. 그러나 하나하나씩이라도 오래오래 끊이지 말고 전해 갔으면 좋을 것이다. 조선음악으로는 오랜 것, 높은 것이다.

박술음 군朴術音君과 같이 이봉묵李鳳默 군君에게 문상을 갔다. 화동花洞 영운永運 군君을 찾어보다.

다시 학교學校를 가 보니 몇몇이 모여 직원회職員會를 막 시작하였다. 교우회校友會 규칙 개정된 것만 말하였을 뿐. 교우회校友會도 열렸으나 참여는 아니했다.

오후午後 여섯 시붙어 아홉 시까지 수족지절통手足肢節痛, 오한惡寒 두통이 나고는 그 뒤로는 번열煩熱이 난다. 저녁밥을 먹을 생각이 아니 난다. 가미청서익기탕加味淸暑益氣湯 두 첩을 지어다 먹었다.

8월 26일. 비. 집에서 편지 오다. 신소년사新少年社을 갔었다. 영운永

運 군君을 찾어보다.

8월 27일. 무척 무더웁다. 밤비.

『세계문학전집世界文學全集』을 찾으러 대판옥大阪屋을 갔었다. 온몸이 땀으로 땀으로 흐른다. 이러케 땀 흘녀 보기는 올해로는 처음이다. 해도 구름 속에 감취어 아니 보이는 날이 바람 한 점도 없이 울이고 끓인다. 부채를 부친대야 별 수도 없겠지마는 그래도 부채나 가지고 나왔드라면 하는 생각이 난다. 가끔가끔 손을 잔등에 넣어 땀이 차 착 들어붙은 적삼 등ㅅ솔을 쳐들며 또는 적삼 고비에 넣었든 수건手巾을 내어 얼굴과 목아지를 돌려가며 딲었다. 일전의 앓고 난 몸이라 나만 이러케 더위를 못 견대는가 하였더니 길로 오락가락 하는 사람이나 상점에 앉은 사람이나 수레를 끄는 말이나 소도 다 한 모양이다. 종현鐘峴 고개로 넘어 진고개 좁은 골목으로 들어서니 더구나 더웁다. 문광당文光堂을 들어가 보았으나 볼 만한 책이 없다는 것보다 그걸 보기가 싫다는 것보다도 흐르는 땀을 주체할 수가 없어 발우 나왔다. 대판옥大阪屋은 들어가니 그 천정天井 중앙中央에 큰 선풍기扇風機가 있어 그 안에서 있으면 풍혈風穴 앞에 선 것과 같이 문득 더위를 닞게 한다. 『세계문학전집世界文學全集』 제5회第五回 제6회第六回치며 『세계사상전집世界思想全集』 제5회第五回치를 가져오다.

8월 28일. 무척 무더웁다. 밤비. 소낙비. 『세계문학전집世界文學全集』 제4회第四回치(『레미제라블レ・ミゼラブル』(2))는 어느 때 어떠케 없어졌는지 없어졌다. 집에서 찾어보고 학교學校 가서 찾어보아도 보이지 않는다. 대판옥大阪屋에 전화電話를 걸었으나 남어지도 없다 한다. 어떠케 채웠으면 좋가 하고 관훈동寬勳洞 동광당서점東光堂書店에 갔더니— 다행이 그것 두 책이 있어 그 하나를 가져오다.

주명남周明南 군君이 오다. 송편을 해가지고. 매헌梅軒이 오다.

8월 29일. 소낙비. 가랑비.

최거덕崔巨德 군君이 오다. 그는 올봄붙어 동경東京 가서 일본대학日本大學 종교과宗教科에 단이다, 이번 휴가休暇에 나왔다. 그는 그전 휘문학교徽文學校에 있을 때부터 근실勤實히 고학苦學하든 사람으로서 동경東京에서도 어느 공장工場의 일을 보면서 공부工夫를 한다. 동내洞內 색씨가 결혼結婚하자고 하여 그 뒤에 어떤 말이 한 닙 두 닙을 건너가 맞흠내 무릅맞힘이 되어 세 번 네 번 이 가족家族과 저 가족家族이 서로 단체團體를 지어 싸우고 상처傷處까지 나서 고소告訴하다가 취소取消했다는 일, 또 동경東京 가서도 곽산郭山 어느 여자女子가 결혼結婚하자는데 그 여자女子를 중심中心으로 하여 연모戀慕하는 청년靑年이 4여四餘 인人이라, 그중中 어떤 이들이 중간中間에서 여러 가지 모해謀害한다는 일이 한 단편소설短篇小說같이 들린다. 자미滋味가 있다.

8월 30일. 맑다.

채태성蔡台星 군君이 오다. 『두시언해杜詩諺解』를 벗기게 하다. 김운선金雲善 군君이 오다.

학교學校 직원회職員會에 갔었다. 애류崖溜가 오다. 낙준洛濬이가 오다. 통동通洞 485四八五 이상호李相湖 군君이 찾어오다. 초면初面이다. 얼굴이 청수淸秀하고 의사意思가 좋은 청년靑年이다. 두 시간時間이나 수양담修養談을 하였다. 한일은행韓一銀行에 단이며 그 여가餘暇에 독학獨學을 한다는데 그의 의심을 품었든 여러 가지에 대하여 말한 것이다.

밤에 용익容益이가 오다. 마늘, 수박을 가져왔다.

8월 31일. 별 나다, 구름 끼다, 비오다, 그치고 그치고 한다. 윤석주

尹錫疇군君이 와 본다. 신형철申瀅澈 군君, 이중건李重乾 군君이 오다. 신申은 응모시조평應募時調評과 나의 근작近作 수 편數篇을 『별건곤別乾坤』 9월호九月號에 실게 해달라는 것. 이李는 어느 학생學生을 휘문徽文에 넣게 해달라는 것.

저녁에 처妻와 태전太田이는 반찬飯饌ㅅ거리, 옷감을 사러 야시夜市에 나가고 안방에는 동희東熙와 한희漢熙가 누어 잔다. 한희漢熙는 깨어 운다. 나는 건너방에서 모파상의 『여자女子의 일생一生』을 보고 있다가 한희漢熙를 가 달랬다 혹은 얼르기도 하며 혹 안어 추수르기도 하며 이리저리 거닐기도 하나 족음도 울음을 그치치 아니한다. 맞흠내 하는 수 없이 그냥 알에ㅅ목에 뉘어 두고 와서 여전히 책만 보았다. 울음소리는 더욱 커진다. 사나워진다. 야단스럽다. 글은 보아도 잘 모르겠다. 마음이 우는 소리에 있다. 게다가 또 동희東熙가 운다. 엉엉 늘어진 소리로 어머니 어머니 부르면서 운다. 한희漢熙의 강하고 급한 소리와는 아주 다르다. 이 다른 두 소리가 내게는 말할 것도 없고 이웃 사람게까지 요란케 한다. 괜이 화가 난다. 그러다가 다시 생각하면 "이것이 참 소설小說이나 시詩가 아닌가." 하고 시詩나 소설小說을 보는 셈으로 녀기고 다시 태연泰然히 앉어 들었다. 이웃집에서는 듣다 못하여 사람을 보내어 한희漢熙는 다려간다. 동희東熙는 울음을 그치고 잔다.

9월

9월 1일. 맑다.

학교學校에 가서 시업식始業式을 보았다. 집에 편지 붙이다.

애류崖溜가 학교學校로 찾어오다.

9월 2일. 맑다. 소낙비 오다.

애류崖溜를 찾어 가 저녁밥을 먹다. 영룡永龍 군君을 찾었다 못 보고 서재학 군徐在學君 집에 가서 놀았다.

9월 3일. 맑다.

조 형趙兄이 오다. 온화穩話.

9월 4일. 맑다.

학교學校 당직當直은 이일李一 군君에게 대신 시기다. 김지연金志淵 군君, 하태흥河泰興 군君, 병교秉嶠 군君, 영룡永龍 군君이 찾어오다. 조 형趙兄과 한 가지 담소하다가 해를 지웠다. 조 형趙兄과 같이 나서 김사영金思溁 군君을 찾어보고 김사영金思溁 군君을 더불고 김영룡金永龍 군君에게 가서 저녁밥을 먹다. 영운永運 군君, 지연志淵 군君하며 5, 6인五六人이 한 데 모여 되는 대로 떠들었다. 오후午後 10시十時 반半 조 형趙兄을 경성역에 전송하였다.

9월 5일. 맑다.

삼베옷을 벗고 무명옷을 입다. 벌서 더운 줄은 모르겠다.

학교學校 강당講堂 상량식上梁式을 참여參與하다. 일본식日本式으로 한다. 퍽 오래한다. 식式을 맞히고는 축하연祝賀宴을 한다. 술, 찰밥, 일본기생日本妓生, 한때 오락은 된다.

중동학교中東學校에 가다. 정열모鄭烈模 군君, 신명균申明均 군君, 이윤재李允宰 군君을 맞나서 조선어에 대하여 토의討議하다.

9월 6일. 맑다.

오후午後 세 시 하학下學 후後 발우 동아일보東亞日報로 가다. 백남두 군白南斗君을 찾어 사장실社長室로 들어가다. 신명균申明均, 정열모鄭

烈模 군君은 벌서 와 앉었다. 사장社長 김성수金性洙 군君이며 주필主筆 송진우宋鎭禹 군君이 옆의 방에서 나와 인사들을 하고 탁자卓子와 의자椅子를 벌여놓고 명조체明朝體에 의依하여 썼다는 한글 자字를 보인다. 족음씩 족음씩 다르게 여러 가지로 써 있다. 이것이 난가 저것이 난가 하고 서로 바꾸어 보며 서로 의논을 하였다. 계명구락부啓明俱樂部 축이 오다. — 임규林圭, 양건식梁建植, 이윤재李允宰, 한징韓澄 군君. 육당六堂은 무슨 일이 있다고 안 오는 모양. 다음에 애류崖溜, 최두선崔斗善, 박승빈朴勝彬, 한충韓冲 군君 이 오다. 한글 자첩字帖을 벽壁에 붙이고 서로 평評하였다. 가장 아름답고 선명鮮明하게 보이는 것으로 시선視線과 칭성이 모인다. 김성수 군金性洙君은 손을 들어 글ㅅ자마다 획마다 낯낯이 가리치며 다심하게도 조냐 낮으냐 뭇고 송진우宋鎭禹 군君은 의자椅子를 들고 한편 구석 가서 앉으며 "어려운 문제問題여. 어려운 문제問題여." 할 뿐이며 박승빈朴勝彬 군君은 나는 자체字體에 대하여는 모른다 하고 자갸가 연구硏究했다는 학설學說을 말한다.— 첫재, 짝거듭을 통속적通俗的으로 된시옷으로만 쓰자는 것. 둘재, ㅎ받힘을 절대絶對로 부인否認한다는 것인데 그 이유理由는 『훈민정음訓民正音』, 『용비어천가龍飛御天歌』의 정규定規에 틀린다 함으로 주시경周時經 선생先生 학설學說을 반대反對함이다. 나는 이 말을 듯고 『훈민정음訓民正音』, 『용비어천가龍飛御天歌』의 예例를 들고 음리학音理學 원리原理로도 보아 무엇이 틀리냐 함을 반박反駁하고 질문質問하였다. 그러나 아무 대답도 못한다. 또 신명균申明均 군君의 된시옷 연구설硏究說이 나오고 애류崖溜의 꾀집는 말이 나오자 박朴은 그렇게 푸석하게 떠든 말이 회지부지하고 만다. 김金이 앞서며 명월관 지점明月館支店으로 가자 한다. 일동一同이 딸어가서 저녁밥을 먹었다. 한글 니아기. 신문

新聞 니아기, 학교學校 니아기, 지나支那 대세大勢 니아기 들이 밥상을 물릴 때야 끝이 났다.

나는 김金허고 계동桂洞까지 동행同行하였다.

9월 7일. 맑다.

오는 토요일土曜日 조선어연구회硏究會 례회例會 통지서을 발송發送하였다. 신명균申明均 군君과의 전화電話가 있었다.

모긔를 내쫓고 창문窓門을 닫었더니 이웃집 계집애가 와서 창문窓門 구녁으로 들여다본다.

결심決心이 단단치 못하면 암만 후회後悔을 한대야 쓸 데 없다.

용기勇氣가 없으면 결심決心도 못한다. 김유신 장군金分信將軍의 참마斬馬는 용기勇氣와 결심決心이다. 큰 학자學者, 큰 사업가, 큰 예술가가 되랴면 큰 용기勇氣와 큰 결심決心이 있어야 한다.

또한 결심決心이 있어도 용기勇氣가 없으면 그 결심決心한 일을 진행進行하지 못한다. 용기勇氣! 용기勇氣! 반듯이 가져야 할 것이다.

9월 8일. 맑다.

매헌梅軒을 찾어보다.

9월 9일. 맑다.

직원회職員會.

9월 10일. 맑다.

추석秋夕날. 오후午後 세 시붙어 조선어연구회의 례회를 휘문학교徽文學校에서 열고 여러 가지 의논이 있었다. 여섯 시에 끝나다. 노석老石 어른을 찾어보고 한시漢詩 니아기를 듯다. 회선시교당會善施敎堂에서 대종사大宗司 나철 씨羅喆氏 봉도식奉悼式을 보다. 집의 편지를 보다.

9월 11일. 맑다. 녀름날처럼 더웁다.

오후午後 4시四時 민형식閔衡植 씨氏의 집에 가다. 다른 선생先生들은 벌서 와서 바돌을 두며 장긔를 두며 혹은 담소談笑를 하며 있다. 맨 나중에 오는 선생先生까지 기다리다가 오후午後 5시五 반半에야 별당別堂으로 가자 하여 여러 가지 음식飮食을 준다.

오후午後 여섯 시 신민사新民社에 가서 김영진金永鎭 군君, 이윤재李允宰 군君을 맞나보다. 이각종李覺鍾 군君이 안에서 나오더니 안으로 들어가자 하여 저녁밥을 준다. 식탁食卓을 대하여 잡었든 시저匙著를 놓고 새로 더불어 인사한 이가 네댓이나 된다. 김영진金永鎭 군君의 시조時調에 대한 많은 질문質問을 대답하며 소설小說, 수필隨筆, 시가詩歌의 붓으러기 니아기와 내외內外 대세大勢의 보는 바 이것저것을 섞어 말하였다.

김성수金性洙 군君을 두 번이나 찾어가 못 맞나다.

9월 12일. 비. 비ㅅ소리가 이상하게 들린다. 녀름 비ㅅ소리와는 다르다. 뒤ㅅ문을 열고 보니 뒤안에 나무닢이 떨어져 한두 닢, 세네 닢씩 여긔저긔 겹처 있다. 시들고 누른빛이 알 수 없는 무슨 늣김을 주며 그 팔앟고 기름진 얼굴은 벌서 녯날의 보든 것같이 생각힌다.

9월 13일. 구름 끼었다.

저녁에 매헌梅軒이 찾어오다. 복숭아, 능금을 사다 먹으며 니아기를 하였다.

조운曺 군雲君께 『신민新民』 9월호九月號며 『조선유기朝鮮留記』를 보내고 편지도 붙였다.

9월 14일. 비. 김영진金永鎭 군君께 편지를 붙이다. 오후午後 8시다. 비는 줄줄 온다. 여러 날 여러 번 전화電話도 하고 찾기도 하였으나 한 번도 못 맞난 김성수金性洙 군을 또 찾어갔다. 문 앞에 이를어 맞힘 거기 있는 서생書生을 맞나 나의 성명姓名을 말하고 보기를 청請하였더니 서생書生이 들어가 얼마 있다가 나와서 들오라 한다. 김 군金君은 자다 닐어났다. 입울 요는 펼쳐 논 대로 그저 있다.

한글 주자鑄字가 어떠케 되었느냐 함으로 비롯하여 짝거듭, ㄷ받힘, 한글 문예란文藝欄 설치設置 등等을 시행施行하라는 일, 『동아일보東亞日報』의 조선민족적朝鮮民族的 정신精神을 이걸로도 넉넉이 표현表現할 일, 특特히 조선어문운동朝鮮語文運動의 대전환기大轉換期를 이걸로 지을 일을 말하고 혹은 음리音理, 혹은 문법文法, 혹은 요마적 조선어 연구자硏究者의 태도態度, 혹은 조선어연구회硏究會의 유래由來와 현상現狀을 말하였다. 한글 주자鑄字한 자수字數 조사調査의 부탁付託을 맡어 가지고 오후午後 11시十一時에야 돌아왔다.

9월 15일. 비는 멎고 북풍北風이 불어온다.

신명균 군申明均君이 찾어오다. 한글 선전宣傳에 대한 말을 한다.

9월 16일. 맑다.

대관원大觀園에서 원란회苑蘭會를 열었다.

9월 17일. 맑다.

오후午後 3시三時 영도사永導寺 우송友松 집에서 시조회時調會 발기인회發起人會를 열고 좌左와 같은 회칙會則을 초草하다.

一. 이 회會의 명칭名稱은 가요연구회歌謠硏究會라 함.

一. 이 회會에서는 고가古歌[향가鄕歌, 산유화山有花(메나리)], 시조時調, 가사歌詞[난봉가, 어부가漁父詞, 타령打令, 육자六字], 속요俗謠[동요童謠, 민요民謠] 따위를 연구硏究함.

ㄱ. 종래從來의 가요歌謠의 수집蒐集과 평석評釋.

ㄴ. 회원會員의 습작習作과 일반인一般人의 작품作品과의 감상鑑賞과 비평批評.

ㄷ. 잡지雜誌 발행發行.

一. 회원會員은 이 회會의 취지趣旨를 찬동贊同하는 이로 함.

一. 이 회會의 사무事務를 처리處理키 위하여 간사幹事 2인二人을 치置함.

一. 회원會員은 매월每月 1회一回씩 회합會合하여 각기各其 연구研究를 발표發表하고 작품作品(1수一首 이상以上)을 제출提出하여 호상互相 비평批評함. 다만 경성京城에 아니 있는 회원會員은 그 연구研究한 것과 작품作品과를 이 회會로 보내면 이 회會에서 합평合評한 후後 어느 신문新聞이나 잡지雜誌에 발표發表하고(본회기관잡지本會機關雜誌가 나기 전까지) 이를 회원會員에게 통지通知함.

이 회칙會則 초草를 김영진金永鎭 군君, 김기홍金基弘 군君과 같이 만들었다. 저녁밥을 시겨 먹었다.

석전石顚을 찾어보았다.

9월 18일. 맑다.

애류崖溜를 찾어보다. 김영룡金永龍 군君 집에서 점심點心을 먹고 영룡永龍 군君, 영운永運 군君과 경성운동장京城運動場에 가서 일본日本 대표代表 축구단蹴球團 대對 조선朝鮮 축구단蹴球團의 축구전蹴球戰 3대三對 1一 조선朝鮮 승勝을 보았다.

9월 19일. 맑다.

9월 20일. 맑다.

9월 21일. 맑다.

직원회職員會. 찬燦 군君이 오다.

9월 22일. 맑다.

애류崖溜를 맞나 동대문東大門 밨을 갔었다. 진고개에 갔었다.

9월 23일. 맑다.

김영진金永鎭 군君을 찾어보다.

9월 24일. 맑다.

찬燦 군君이 오다.

9월 25일. 맑다.

김사영金思濚 군君이 오다. 위계후魏啓厚 군君을 찾어보다.

9월 26일. 맑다.

조용해趙龍海 군君께 편지를 붙이다. 학교學校 직원실職員室에서 돈 십 원十円을 도적 맞었다. 윗 양복고비에 넣어 벗어두고 변소에 갔다와 보니 없다.

9월 27일. 맑다. 밤에는 구름 끼고 빗낮이 듯다. 오전午前 7시七時 10분十分. 일행一行 115인百十五人(직원職員 5, 3학년생學年生 110百十)이 부산행釜山行 열차列車를 타고 경성역京城驛을 떠나다. 부여扶餘 가는 2학년생學年生 일행一行, 대구大邱 가는 배화여학생培花女學生 일행一行도 같이 탔다. 오후午後 4시四時 대구역大邱驛에 나려 경주慶州 갈 경편열차輕便列車를 바꿔 타고 8시八時 26분二十六分 경주역慶州驛에 나리다. 맞웅 나온 군청郡廳ㅅ사람, 여관旅館ㅅ사람을 딸어 병조丙組는 경동慶東, 을조乙組는 김해金海, 갑조甲組는 월성여관月城旅館에 들다. 나는 유길상劉吉相 군君과 김해여관金海旅館에 있었다. 종일終日 기차汽車에서 피곤疲困한 몸이라 조용히들 잤다.

대구大邱에서는 이종서李鍾緖 군君, 경주慶州에서는 최범수崔範壽 군

君, 곽재근郭在勤, 최순봉 군崔順鳳君이 맞웅을 나오다.

차車ㅅ길 연변沿邊으로 보이는 곧마다 좋은 경景이다. 논마다 누러케 익은 벼, 누릇푸릇한 콩밭, 팟밭, 수수밭, 힛득힛득한 목화밭, 군데군데 하야케 핀 메밀꽃, 그리고 듬듬이 수두룩이 서 있는 나무들은 아즉도 검푸른 빛을 가지고 있으며 여긔저긔 검읏검읏한 마을 집들이며 굽을굽을 마을ㅅ길로서 어슬렁어슬렁 나오는 힌옷 입은 이, 그 뒤에 딸어오는 아이와 개 따위, 어느 것이 경景으로 아니 보이는 게 없다.

9월 28일. 구름 끼다 맑었다.

조반朝飯 후後 고적진열관古蹟陳列館을 보고 10시十時 반半 경편열차輕便列車로 불국사역佛國寺驛을 가서 게서는 걸어 불국사佛國寺를 가다 지내가는 비를 맞났다. 절에 이를어 백운교白雲橋, 청운교靑雲橋, 연화교蓮華橋, 칠보교七寶橋, 자하문紫霞門, 다보탑多寶塔, 석가탑釋迦塔, 범영루泛影樓, 춘일등롱春日燈籠, 대웅전大雄殿, 노사나불盧舍那佛, 아미타불阿彌陀佛, 석사자石獅子들을 구경하고 점심點心도 먹고 사진寫眞도 박히고 토함산吐含山 비탈로 다섯 굽이를 돌아 마루턱에 오르니 동해東海가 보인다. 상쾌爽快 상쾌爽快. 또 세 굽이를 돌아 나려 석굴암石窟庵을 찾어가 그 밑이 약수藥水를 마시고 암庵에 들어 보다. 입구入口 좌우左右의 팔신중상八神衆像, 이금강역사상二金剛力士像, 사천왕상四天王像, 내부內部 중앙中央의 석가좌상釋迦坐像, 주위周圍의 십일면관음상十一面觀音像, 십나한상十羅漢像, 이보살상二菩薩像, 그 벽상壁上 주위周圍 불감佛龕의 육보살상六菩薩像, 지장보살地藏菩薩, 유마거사상維摩居士像, 궁륭형穹窿形의 천정天井. 석굴암石窟庵 입구入口 우측右側 알에 층層 연화형蓮花形 사긴 데에 김재전金在田, 김우현金羽鉉, 이원팔李元八, 이교직李敎直, 이교방李敎方, 이교대李敎大라 사긴 것과 불국사

佛國寺 청운교靑雲橋 우란右欄에 이기영李基永이라 사긴 것이 있다. 불국사佛國寺 주지主枝 정효운鄭曉雲더러 물으니 네ㅅ날 어느 때 중수重修할 적에 돈을 낸 이가 사긴 것이라 한다. 야비野鄙한 자者의 일이다. 대예술품大藝術品을 더레었다. 퍽으나 보기가 싫다.

석굴암石窟庵을 연전年前에 총독부總督府에서 중수重修할 제 입구入口의 천정天井은 없이고 내부內部만 그대로 천정天井을 두었으며 어찌된 일인지 물이 수며들어 파란 잇기가 끼었으며 벽상壁上 전부前部 좌우左右의 불감佛龕에는 불상佛像이 없어졌다 한다. 석굴암石窟庵 입구入口 우초右初의 신중상神衆像은 좌족左足이 떨어지고 제5번第五番 금강역사金剛力士는 좌수左手가 떨어지고 입구入口 좌초左初의 신중상神衆像은 두부頭部가 이질어지고 제7번第七番 천왕상天王像은 두부頭部를 다른 돌로 삽입揷入하였고 석가상釋迦像의 엉덩이도 떨어진 것을 양회洋灰로 붙였고 그 좌대坐臺도 좀 이질어졌다.

불국사佛國寺나 석굴암石窟庵을 보고야 우리 조선에서도 고대古代에는 이와 같이 남에게 자랑할 만한 대예술품大藝術品이 있는 줄을 알 뿐 아니라 예술藝術이란 어떠타는 것과 또한 조각彫刻으로되 예술미藝術美를 늣기게 된다. 종교宗敎를 예술화藝術化하여 표현表現한이많곰 더우미優美하고 장미莊美하고 연미姸美하다. 참 보배다. 조선의 보배만 아니라 세계世界의 보배다.

석굴암石窟庵을 떠나다. 해는 저믈어간다. 나려오다 초군樵軍에게 영지影池를 물어 바라보고 다시 불국사佛國寺와 좁은 길로 산山비탈, 마을, 논틀밭틀로 괘릉掛陵을 보다. 당식唐式으로 십이신상十二神像을 사긴 위석圍石을 둔 그다지 크지도 못한 묻엄이고 묻엄 한 모통이는 지질지질한이 물이 나 괴어 있다. 다만 그 앞의 수법手法이 웅위괴려雄偉

瑰麗하다는 석사자石獅子 한 쌍, 문무석文武石 각各 한 쌍이 있어 볼 만하다. 그러나 수호守護를 잘못하여 혹은 반도막이나 묻히고 혹은 쓸어지려 한다.

어두어서야 불국사역佛國寺驛에 와 차車를 탔다. 오날 보행步行이 오십 리五十里는 된다. 저녁에 월성여관月城旅館으로 경동여관慶東旅館으로 돌아보았다. 해야홍海野弘 군君과 봉황대鳳凰臺까지 갔다 오다. 안동여관安東旅館에서 전화電話가 왔다고 이승규李昇圭, 장발張勃 군君은 학생學生들을 붙들고 조사調査를 한다. 안동여관安東旅館에는 배화여학생培花女學生이 와 있는데, 이 학생學生들이 그 문門밖에 가서 떠들었다고. 암만 조사調査를 해도 갔다는 학생學生은 없다.

9월 29일. 맑다.

아츰밥은 일즉 재촉하여 먹었으나 군청郡廳에서 안내案內하여 준다는 이가 아니 와 40분四十分이나 기다려 8시八時 반半 출발出發.

동東으로 죽 나아가니 분황사芬皇寺다. 삼층三層만 남은 분황사탑芬皇寺塔, 용정龍井, 원효대사비元曉大師碑의 좌대坐臺를 보다.

예서 꺾여 남南으로 가면 황룡사皇龍寺 터인데 콩밭 가운데에 초석礎石, 좌대坐臺들과 수數없는 기아 쪽만 여긔저긔 남어 있다. 기아는 퍽 발달發達된 것이다. 그 구조構造며 모양화畫가 변화變化가 많아 신라新羅 미술품美術品의 독특獨特한 것이다. 경주고적진열관慶州古蹟陳列館에도 가장 많이 진열陳列하여 놓고 거긔 있는 봉덕사종奉德寺鐘과 같이 자랑을 한다. 마을 아이들도 벌서 귀한 것인 줄 알고 그림 있는 기아 쪽을 주어 가지고 10전十錢, 20전二十錢씩 판다.

다시 서西으로 꺾여 콩밭 사이, 벼ㅅ논 사이로 하여 안압지雁鴨池에 이르면 이 근래近來 새로 지은 임해정臨海亭이 있다. 이 정자亭子에 오르면 다도해多島海 한 모롱이 같은 못과 반월성半月城이 보인다. 혹은 동정호洞庭湖, 혹은 무산이봉巫山二峯을 '모델'한 것이라 하지마는 바다, 바다에도 다도해多島海 같은 바다를 모방하여 맨든 것일 것이다.

안압지雁鴨池ㅅ갓를 돌아 반월성半月城, 석빙고石氷庫, 호공택지瓠公宅地며 더 나와서 첨성대瞻星臺을 쳐다보고 꺾여 남南으로 꺾여 계림鷄林, 개문엄이, 향교鄕校를 지나 재매정財買井(김유신金分信 장군將軍 택지宅址)를 들여 보고 문천교蚊川橋를 지나 다시 남南으로 남南으로 가며 오릉五陵, 알영정閼英井, 숭덕전崇德殿, 나정蘿井, 포석정鮑石亭까지 보고는 돌아와 여관旅館에서 장국밥을 먹었다.

오후午後 2시二時 반半 다시 나서 서천교西川橋를 지나 서악서원西岳書院과 태종무열왕릉太宗武烈王陵과 김양묘金陽墓와 비신碑身 없고 이수螭首, 귀부龜趺만 남은 태종무열왕太宗武烈王의 석비石碑을 보다. 이 석비石碑의 이수螭首와 귀부龜趺의 조각彫刻이 석굴암石窟庵 불상佛像의 그것과 같은 극치極致한 수법手法이라 일컷는다. 과연 산 거북이다. 엉금엉금 긔어갈 듯하다.

해가 서형산西兄山(선도산仙桃山) 머리에 넘어간다. 일행一行은 돌아오다. 본교本校 학생學生과 경주慶州 청년靑年과의 축구시합蹴球試合이 있어 3대三對 0零으로 이겼다.

대구大邱 신명여학교信明女學校 학생단學生團이 와 한 여관旅館에 들어 잔다. 학생學生들을 단속團束하다가 열두 시에야 잠이 들었다.

9월 30일. 맑다.

오전午前 7시七時 35분三十五分 경주慶州를 떠나 대구大邱에 이르렀다. 조용해趙龍海 군君은 능금 한 망태를 사가지고 정거장停車場까지 나왔다. 일행一行을 다리고 가두 음식점飮食店에 들여 점심點心을 시겨 먹이고 나는 경북慶北 도청道廳에 가서 조용해趙龍海 군君을 보고 점심點心을 얻어먹고 돈 3원三円을 꿔어다 회계會計 맡은 이승규李昇圭 군君을 주었다. 여비旅費이 부족不足해서 큰 곤란困難을 받더니 다행이 조 군趙君의 주머니 속을 뒤져 이 돈이 나온 것이다. 이종서李種緖 군君을 맞나다. 맥주麥酒 두 병을 사준다. 오후午後 2시二時 8분八分 대구大邱발發 10시十時 반半 경성京城 착着.

10월

10월 1일. 맑다.

시조時調를 지었다. 경주慶州의 늣김으로.

10월 2일. 폭풍우暴風雨.

시조時調를 지었다.

10월 3일. 맑다.

조용해趙龍海 군君께 편지하고 돈 3원三円을 붙여주다. 임시직원회臨時職員會.

매헌梅軒이 저녁에 오다.

10월 4일. 맑다.

진고개를 가서 새 모자帽子 하나를 사 쓰다.

10월 5일. 맑다.

노성魯城 아자씨 편지며 병주秉周 씨氏의 지난 2일(陰 九月 七日) 돌아가셨다는 부고訃告가 오다.

장지영張志暎 군君을 동아일보사東亞日報社에 가서 보다.

조선어연구회원에게 례회 통지例會通知를 발송發送하다.

10월 6일. 맑다.

10월 7일. 맑다.

직원회職員會.

10월 8일. 맑다.

조선어연구회朝鮮語研究會를 열었다. 출석원出席員 8인八人.

10월 9일. 비.

애류崖溜과 매헌梅軒집에 가 놀다. 조 형趙兄의 편지 보다.

10월 10일. 비.

10월 11일. 바람 불고 어슬프다.

도적을 맞었다. 오전午前 11시十一時로붙어 오후午後 3시三時까지 가인家人들은 치과병원齒科病院에 가고 대문大門을 밝으로 채었다. 그 동안에 도적이 이웃 이일李一 군君 집 뒤로 하여 수채ㅅ구녁으로 들어와 건너방의 있는 도랑크 하나, 오바 하나, 사림辭林 하나, 유리갑琉璃甲 좌종坐鐘 하나, 양말洋襪 다섯 개, 수건手巾 하나, 부채 하나, 사랑방 문ㅅ간방에서는 영화사전英和辭典, 한화대자전漢和大字典, 소영화자전小英和字典 들을 가져갔다. 순사巡査가 와 조사調査하였다.

10월 12일. 맑다. 첫서리가 오다. 차다.

매헌梅軒을 찾어보다. 조선어연구회 도장圖章 사긴 걸 찾어오다.

10월 13일. 바람 불고 차다.

석주 군錫疇君이 풍風으로 중重하다 하여 가보다(중학동中學洞 77七七). 맞흠 노성魯城 아자씨께서도 와 게셔 맞나보다. 동아일보사東亞日報社에 활자개량活字改良 제의서提議書를 써 보냈다(서류書留).

10월 14일. 맑다.

석주錫疇가 문ㅅ간방으로 오다. 단독丹毒이 더 성하고 열도熱度가 높고 인사人事를 불성不省한다.

수송동壽松洞 경성사범학교京城師範學校 부속보통학교附屬普通學校로 가서 변일섭邊日燮 군君을 찾어보다. 초등산술연구회初等算術研究會가 있어 온 것이다. 연구研究 중中이라 맞날 수 없어 그동안 매헌梅軒을 찾어보고 다시 와서 그 운동장運動場으로 거닐며 단이다가 연구회研究會가 파하고 사진寫眞들을 박으러 나올 제 맞났다. 저녁밥이나 같이 먹기로 말하고 그는 총독부總督府 구경을 가고 나는 집으로 오다. 저녁에 같이 놀다가 찬燦 군君을 같이 찾다. 찬燦 군君은 그 집에는 없고 장현식張鉉植 군君 집에 가 있다. 그리 가서 맞나보고 조상을 하였다. 장 군張君이며 이익상李益相 군君도 맞났다. 놀다. 밤이 깊도록.

10월 15일. 맑다.

직원회職員會가 있었다. 오후午後 6시六時 정상호鄭尙好 군君 집에 가서 호남동우회湖南同友會 해체解體되는 걸 보았다. 자정子正이 지나서야 돌아오다.

10월 16일. 맑다.

정충시鄭忠時 군君의 편지며 조 형趙兄의 편지가 오다.

10월 17일. 맑다.

이상호李相湖 군君이 오다. 애류崖溜가 오다. 문명로文明魯 군君이 오다. 밤에 중동학교中東學校 숙직실宿直室에 가서 가갸날 기념축하회紀念祝賀會 준비準備에 대한 의논議論을 하다. 조선어연구회研究會 간사幹事만.

10월 18일. 맑다. 따뜻하다.

조용해趙龍海 군君의 편지가 오다. 곳 답장答狀.

10월 19일. 맑다.

회선시교당會善施教堂에 가서 가갸날 기념회紀念會 통지서通知書를 써 발송發送하다.

10월 20일. 맑다.

결심決心. 실행實行. 남들은 선善이라든지 악惡이라든지 나는 결심決心을 한다.

10월 21일. 맑다. 밤에 폭풍우暴風雨가 있었다.

침묵沈黙. 엄숙嚴肅. 단아端雅.

10월 22일. 맑다.

찬燦 군君, 신상우申相雨 군君, 애류崖溜, 이태영李台榮 군君이 오다.

10월 23일. 맑다.

최삼열崔三悅 군君, 하태흥河泰興 군君이 오다. 신명균申明均 군君, 정열모鄭烈模 군君이 오다. 매헌梅軒, 애류崖溜, 영룡永龍 군君을 찾었다 못 보다. 조선일보사朝鮮日報社에 갔었다.

10월 24일. 맑다.

학교學校 3학년생三學年生 일동一同이 동맹휴학同盟休學을 하다. 조회朝會 체조體操도 다 파하고 새로 진 강당으로 모여 놓고 교장校長이 경과를 말한다. — 엇그제붙어 맹휴盟休를 어데 모여서 작정作定하였다는 것, 맹휴盟休 조건은 교장校長 배척排斥, 해야홍海野弘 교원 배척, 문우회文友會 독립獨立시켜 달라는 것. 다음에는 이 세 조건에 대하여 불찬성하는 이는 불가不可라고 써서 투표投票를 하라 하니 3학년생三學年生 일동一同은 퇴장退場하여 운동장運動場으로 가서 저끼리 무엇을 결의決議하였고 그 남어지 다른 학년學年들도 의논이 분분紛紛하여 일치一致치 못함으로 맞흠내 각 교실教室로 들여보내고 가부可否를 물었으나 또한 신신치 못하였다. 3학년생三學年生 일동一同의 진정서陳情書는 늦게야 제출되엇다. 수업은 불완성不完成하였다. 어느 학급學級이든지. 직원회職員會 — 교장 사직 발표校長辭職發表. 무저항책채택無抵抗策採擇.

정음반포正音頒布 사백팔십일주四百八十一週(陰 九月 二十九日)다. 기념축하회紀念祝賀會를 명월관 지점明月館支店에서 열었다. 출석원出席員이 46인四十六人. 서로들 감상담感想談을 하고 재미있게 지냈다.

10월 25일. 맑다.

학교學校 2학년二學年도 맹휴盟休를 하였다. 이하以下 교원敎員을 배척排斥하다. 직원회職員會.

10월 26일. 맑다.

학교學校 1학년一學年, 4학년四學年도 2 · 3학년二 · 三學年 맹휴盟休에 대하여 동정同情하는 진정서陳情書를 제출提出하고 1학년一學年만은 맹휴盟休를 하였다. 본정本町 경찰서警察署에 가서 지난 11일十一日 도실물盜失物을 찾어오다. 소소小小한 것 두어 가지만 없어지고 거의 다 찾었다.

매헌梅軒을 찾어보다. 진고개 면강당勉強堂에 가서 『하목夏目』, 『국목전집國木田集』[1]을 사오다.

10월 27일. 맑다.

학교學校 5학년五學年은 두 패로 낞여 하나는 교장校長 유임 운동留任運動, 하나는 2 · 3학년二三學年을 찬성贊成한다. 각기 진정서陳情書

1 夏目(夏目漱石 나쓰메 소세키, 1867~1916)은 유명한 일본의 작가, 평론가, 영문학자이며, 國木田(國木田独歩 구니키다 돗포, 1871~1908)도 유명한 일본 소설가임.

를 제출提出하였다. 직원회職員會. 애류崖溜가 오다.

10월 28일. 비.

학생學生 맹휴盟休는 여전如前. 직원회職員會.

10월 29일. 비.

직원회職員會. 밤에 임시직원회臨時職員會. 김 교장金校長 사표辭表는 이사회理事会에서 5차五次 철회撤回 운云. 노성魯城 아자씨가 쌀 한 섬을 사 오다.

10월 30일. 맑다.

매헌梅軒과 같이 찬燦 군君을 찾어 가다가 중로中路에서 맞나 집으로 오다. 경 군炅君도 오다.

학교學校 출근出勤. 공일空日이지만.

10월 31일. 맑다.

직원회職員會. 노성魯城 아자씨께서 떠나가셨다,

11월

11월 1일. 맑다.

직원회職員會.

11월 2일. 맑다.

직원회職員會. 숙직宿直.

11월 3일. 맑다.

가정방문家庭訪問.

11월 4일. 맑다.

5학년생五學年生이 편지 한 장을 준다. 아무런 일도 없는 것을 넘우나 의심을 하는 모양이다. 신경과민神經過敏이다. 무함誣陷이다. 중상中傷이다. 세태인심世態人心을 알겠다. 그러나 아무러치도 않다. 내 마음은 떳떳할 뿐이다. 가정방문家庭訪問.

11월 5일. 맑다.

가정방문家庭訪問. 석주錫疇 군君이 떠나갔다.

11월 6일. 맑다.

직원회職員會.

11월 7일. 맑다.

3학년三學年 25인二十五人은 5학년五學年 교장유임校長留任 운동회運動會로 옮아갔다. 그리고 5학년五學年들과 같이 2 · 3학년二三學年들이 회의하는 4관四舘 교실敎室로 침입侵入하여 시위운동示威運動을 하는데 여러 선생先生들이 아니 들어가서 말겼드라면 하마트라면 큰일이 날 번하였다. 아심아심 하였다. 3학년三學年 25인二十五人에게 한 시간時間 이야기하여 주었다. 정신수양精神修養이란 제목題目으로.

11월 8일. 맑다. 용익容益 군君이 떠나갔다. 신경쇠약증神經衰弱症으로 집에 가서 치료한다고. 3 · 4 · 5학년 수업授業 중中에 1 · 2 · 3 · 4학년 동맹생同盟生들이 몰켜 들어 왔으나 여러 선생先生의 진력盡力으로 다행이 아무 일 없었다. 직원회職員會.

아츰 전동여관典洞旅館에 이은영李殷永 군君을 찾어보고 저녁에는 찾어갔다가 못 맞났다. 밤에 이은영李殷永 군君이 찾어왔다 같이 나가서 놀다.

11월 9일. 맑다. 학교學校에서는 1 · 2 · 3 · 4학년에게 3주간三週間 휴학休學를 하였다. 직원회職員會. 밤에 천도교天道敎 강당講堂에서 정음반포기념正音頒布紀念 강연講演이 있었다. 가 보다.

11월 10일. 맑다. 대리교장代理校長 이병규李炳奎 군君이 학생學生 일동一同에게 대對하여 김 교장金校長 사표辭表 수리受理함을 말하였다. 맹휴생盟休生들은 이번 맹휴盟休의 희생자들을 취소해 주면 명일이라도 공부工夫를 하겠다 하였으며 5학년五學年 교장 유임파는 유임 운동을 찬성치 않는다는 뜻으로 나와 여듧 선생先生들을 배척하는 진정서를 제출提出하였다. 이는 저의 한 수단이다. 이러고 보면 남어지 선생들은 3·4학년三四學年 또 배척하리라. 그러면 사실 총 퇴직이 되리라. 그러면 나중에 무조건으로 다들 들어오게 되리라. 그러면 교장 유임을 성공하리라 함이다. 직원회.

11월 11일. 맑다. 놉새바람.

5학년五學年 교장 유임파 대표 십오인十五人이 교원실教員室에 들어와 배척한 우리에게 "사직辭職을 하겠느냐 아니 하겠느냐?" 하고 질문質問하는 것을 "그 대답을 아니하겠다." 하였더니 죽 나갔다가 다시 그 전원 오륙십인五六十人이 열列을 지어 들어와 그 같은 질문質問을 또 한다. 우리는 또 대답을 아니하였다. 우뚝헌이 섰다가 그저 나갔다. 이 질문質問을 답할 제 나의 감정도 지극하였다. 소위 교육계教育界에 종사從事한 지가 오래지마는 이런 일을 맞나기는 이제 처음이라 저들의 유임 운동運動을 찬성치 아니한다고 저들의 학교學校 일을 더 망치는 걸 말라 했다고 돌이어 배척을 할가. 김 교장은 누구기에 유임을 하면서 우리는 누구기에 배척排斥을 할가. 가령 우리 아홉 사람의 직원職員만이 김 교장 하나를 배척한다 할 것 같으면 이것만으로 김 교장은 배척을 받을 것인데 하믈며 그러치도 아니하고 학교學校의 맹휴사건盟休事件을 속速히 해결解決시키자고 저이들의 유임 운동을 말라 했다서 이 이유理由로 우리 아홉 직원職員을 배척排斥을 할가. 그들을 대할 때 정의情誼는 뚝 떨어져 버리고 악마나 사갈蛇蝎와 같이 보인다. 그러나 두려울 것도 없고 놀라울 것도 없고 다만 악착스럽고 징상스럽게만 보인다. 그들께 무슨 말을 들으며 무슨 말을 대답하랴.

위계후魏啓厚 군君을 찾어보다. 조 형趙兄의 편지를 보다.

11월 12일. 구름 끼고 북풍北風 불다.

학교學校을 가 보니 맹휴생盟休生들은 다들 보류保留하고 휴학기간休學期間만 지나면 등교登校 수업授業하기로 진정서陳情書를 제출提出하였다.

매헌梅軒이 찾어오다. 김성수金性洙 군君을 찾어보았다.

11월 13일. 맑다.

일환一煥이가 수학여행을 왔다가 밭버서 찾어오지 못하고 경성역에서 엽서 한 장만 던지고 갔다. 일환一煥에게 편지를 하였다. 나무랬다.

영룡永龍 군君을 찾어보다. 매헌梅軒 찾어보다.

11월 14일. 맑다.

직원회職員會. 애류崖溜와 찬燦 군君이 오다.

조용해趙龍海 군君의 편지가 오다.

11월 15일. 서풍西風. 맑다.

11월 16일. 우박雨雹. 서북풍西北風.

유중환柳重桓 형兄의 편지가 오다.

11월 17일. 맑다.

신명균申明均 군君이 오다.

11월 18일. 맑다.

이은영李殷永 군君 찾어오다. 이화여자전문학교梨花女子專門學校에 가서 김극배金克培 씨氏를 맞나 보다.

11월 19일. 맑다.

매헌梅軒을 찾어보고 놀다가 저녁밥을 얻어먹다. 조용해趙龍海 군君, 병두秉斗 형兄, 병석炳碩 군君께 답장答狀을 하다.

11월 20일. 밤비.

전동시장典洞市場에서 무 배추를 사오다. 배추 4백 통에 4원円, 무 네 가마니에 4원四円 40전四十錢.

이은영 군李殷永君을 훈정동薰井洞 29번지二十九番地로 찾어갔다가 백남진白南震, 백관수白寬洙 군君을 맞나 놀다가 밤이 깊어서야 비를 맞고 돌아오다.

11월 21일. 맑다.

송주용宋舟用 군君의 편지를 보다.

11월 22일. 맑다.

당직當直. 숙직宿直.

오날 음陰 10월十月 28二十八일. 애류崖溜 자당慈堂 생신生辰. 저녁에 애류崖溜가 사람을 보내어 오라고 하였으나 숙직宿直이 되어서 못 갔다. 용해龍海 군君의 편지가 오다. 조 형趙兄께 편지하다.

11월 23일. 맑다.

매헌梅軒께 가서 놀다. 애류崖溜는 찾었다 못 보다.

중동학교中東學校에서 조선어연구회硏究會 례회例會를 열다. 오후午後 2시二時 반半붙어 여섯 시六時까지.

11월 24일. 맑다.

민형식閔衡植 씨氏의 전화電話를 받고 죽동竹洞을 가서 하정 노인

荷亭老人을 보았다. 어제 웬 사람이 내 니름으로 전화電話와 편지를 하고 친환親患으로 곤란困難하게 지나니 돈 30원三十円만 변통變通해 달라고 나히 한 사십四十쯤 된 갈강갈강하게 생긴 남자男子가 그 심부름을 왔더라고 한다. 맹랑孟浪한 일이다. 하정 노인荷亭老人의 말은 그 편지가 왔길래 우리 처지에 돈량 변통이야 못할 것이 아니지마는 의심이 나서 물어보라 하였다 한다. 하정 노인荷亭老人과 나와는 남다른 정분情分도 없는데 웬 사람이 이런 일을 하였을가 알 수 없는 일이다.

11월 25일. 맑다.

죽동竹洞서 전화電話가 왔다. 또 편지를 가지고 그 사람이 와서 내 니름을 판다 한다. 자세仔細히 알어보니 통의동通義洞 xx 번지番地 사는 윤尹xx가 이십 전二十錢의 삯군을 사서 편지를 보냈는데 편지 가지고 온 이는 그 사람을 모르고 삯돈도 못 받었다 한다.

찬燦 군君이 오다. 이화여자전문학교梨花女子專門學校에 가서 조선문학文學에 대하여 한 시간 말해주다.

11월 26일. 맑다.

노성魯城 아자씨가 오시다.

11월 27일. 맑다.

이상호李相湖 군君과 매헌梅軒이 오다. 매헌梅軒과 저녁을 먹다.

11월 28일. 맑다.

직원회職員會. 애류崖溜를 찾었다 못 보다. 최익채崔益采 군君이 찾어오다.

11월 29일. 맑다.

직원회職員會.

11월 30일. 맑다.

개학開學. 상학上學한 이가 삼백오십여三百五十餘 명名.

12월

12월 1일. 맑다. 직원회職員會.

12월 2일. 맑다, 칩다.

박술음朴術音 군君을 찾었다 못 보고 서대문西大門 우편국郵便局에서 이은영李殷永 군君께 편지를 써 보내고 이종완李種完, 이탁택李鐸澤, 양삼식梁三植, 김철호金喆浩, 홍성강洪性强이 나온다 하여 서대문형무소西大門刑務所에 가서 기다리다가 다섯 시 반이 지내도 아니 나옴으로 나는 먼저 돌아와서 이화여자전문학교梨花女子專門學校로 가서 시조時調 강연講演을 하다.

12월 3일. 맑다. 칩다.

하경렬河慶烈 씨氏의 편지를 보다. 매헌梅軒을 찾어보다. 대판옥大阪屋에 가서 『세계사상전집世界思想全集』 6六, 8八과 『세계문학전집世界文學全集』 8八, 9九 『서조팔십西條八十 역시집譯詩集』[2]을 찾어오다.

12월 4일. 구름 끼다.

교우회校友會에서 이상학李相學 군君이 찾어오다. 이번 맹휴盟休의 희생자犧牲者 복교復校를 시겨 달라고 말한다.

---

2 西條八十(사이조 야소, 1892~1970) 일본 시인, 불문학자.

12월 5일. 흐리다, 비.

12월 6일. 흐리다.

매헌梅軒이 오다. 떡을 같이 먹다.

12월 7일. 맑다.

김낙순金洛淳 군君의 집에서 아츰을 먹다. 그 자당慈堂의 생신生辰. 음陰 12월 14일十四日. 숙직宿直.

12월 8일. 맑다. 구름 끼다.

12월 9일. 맑다.

이화여자전문부梨花女子專門部 출연出演 뻐-너-드 소―의 성聖짝딱 극劇을 보다. 이화학교梨花學校 강당講堂에 가서. 자미滋味 있었다.

12월 10일. 맑다.

매헌梅軒을 맞나 애류崖溜를 찾어보다. 찬燦 군君이 오다. 심심하든 차에 담소로 하여 두어 시간時間을 자미있게 보냈다.

12월 11일. 맑다.

식구食口가 다 나들이를 가고 나만 혼자 집에 있었다. 『부활復活』을 닑어보다. 김영룡金永龍 군君께 편지를 써 붙이다. 김사영金思潁 군君이 찾어 와 자미滋味스러운 고담古談을 많이 들려준다. 이나마도 한가롭게 위안慰安을 받을 때에는 백발白髮이 아니 날 것 같다. 저녁을 벌서 먹고 왔다 하나 온 제가 벌서 두어 시간時間이 넘었다. 같이 밥을 먹었다.

12월 12일. 구름 끼다.

12월 13일. 구름 끼다.

고재환高在煥 군君이 교원실教員室에 들어와 연설演說을 하다. ― 몯은 선생先生들을 하나도 원망 아니하고 세상世上도 원망 아니하고 자기는 이 학교學校를 하직하고 가겠다는 둥 어쨌다는 둥 하고 중언부언

重言復言하며 실성실성 한다.

매헌梅軒을 찾어보다. 김동춘金東春 군君의 편지가 오다. 퍽 불쾌不快하다. 아츰 저녁.

12월 14일. 비. 녀름비 오듯 한다. 줄줄 나린다.

비행사飛行士 신용인愼鏞寅 군君이 모교母校 방문訪問 비행飛行을 하다. 비는 오다가 좀 그쳤다. 직원職員과 학생學生 일동一同이 교정校庭에 나서 만세萬歲 삼창三唱을 하였다.

12월 15일. 맑다.

될 수 있는 대로 평화平和롭게, 질겁게, 자유自由롭게 지나기를 원한다. 웃었다 울었다, 울었다 웃었다 하기가 어려운 일은 아니다. 그러나 우는 것보다 웃는 것을 좋아한다. 이래도 한 세상世上, 저래도 한 세상世上이란 말과 같이 이왕이면 웃고 지나는 세상世上이 좋을 것 아니냐.

12월 16일. 맑다. 칩다.

신용인愼鏞寅 군君이 학교學校에 와서 비행기飛行機에 대한 강연講演을 하였다. 그 역사歷史며 그 기계機械의 설명說明이며, 조선朝鮮의 비행사飛行士의 경영經營과를 말했다. 꽤들 자미있게 들었다. 저녁에는 명월관 본점明月館本店에서 신용인愼鏞寅 군君 환영회歡迎會를 열었다. 교우회校友會 주최主催로 학교學校 직원職員도 참여參與하였다.

12월 17일. 맑다. 칩다.

직원회職員會.

저녁에 이겸태李謙泰, 이제욱李濟昱 군君이 찾어오다.

12월 18일. 눈이 오다. 오정午正 이후는 맑었다.

김병룡金秉龍, 한충韓冲 군君이 찾어오다. 김동춘金東春, 병룡秉龍 군君이 찾어오다.

12월 19일. 맑다. 되우 춥다.

송주용宋舟用 군君께 답장答狀을 보내다.

12월 20일. 눈이 오다. 꽤 많이 오다. 오다 녹다 한다. 바람도 분다.

집에서 편지가 오다. 찹쌀 한 가마니를 보냈다. 제2학기第二學期 시험試驗 시작始作.

12월 21일. 흐리다 춥다.

망년회忘年會 겸 송별회送別會(김형배金亨培, 산하해야山下海野)를 명월관 지점明月館支店에서 열었다. 나는 갔다가 발우 왔다.

12월 22일. 맑다.

12월 23일. 흐리다. 북풍北風이 되우 분다. 되우 춥다. 동지冬至다. 팟죽을 끓여먹다. 매헌梅軒을 찾어보다.

12월 24일. 흐리다.

시험試驗도 끝나고 방학放學도 하였다. 다만 직원職員들은 성적고사成績考査에 골몰하다.

12월 25일. 바람이 몹시 불다.

숙직宿直. 종일 학교學校에서 일을 보았다.

12월 26일. 맑다.

제2학기第二學期 성적고사회成績查考會 급及 직원회職員會. 이제야 직원職員도 편하게 되었다. 정구태鄭求太 군君이 오다.

12월 27일. 흐리다. 밤에 눈이 퍽 오다. 여섯 치는 쌓였다. 하태홍河泰興 군君이 찾어와 집에 간다고 한다. 청운淸雲께 편지를 하다.

12월 28일. 맑다.

종로鍾路, 배오개장을 갔었다. 찬燦 군君, 애류崖溜가 오다.

12월 29일. 맑다.

아츰 7시七時 30분三十分 경성京城 발發할 봉천奉天으로붙어 오는 열차列車가 연착延着이 되어 8시八時에 떠나다. 오후午後 2시二時 반半 강경江景 착着. 강경江景 시가에까지 들어가서 물으니 여산礪山 단이는 자동차自動車는 그 운전수運轉手가 병病이 나서 아니 단인다 한다. 맞흠 평양平壤서 온 익산益山 동봉리東鳳里 가는 동행同行을 맞나 같이 걸어오다. 사뭇 길이 빙판氷板이라 종종 걸음을 쳐 사십 리四十里를 오다. 새벽에 국밥만 좀 먹고 차車에서는 속이 메시메시 하여 점심點心도 아니 먹고 연로沿路의 주막酒幕을 찾어 요기나 좀 하려도 주막酒幕이란 십 리十里에 하나나 있을가 만가 한 것이 퍽으나 쓸쓸하다. 한 주막酒幕에서 겨우 받어다 놓고 판다는 술 두어 잔을 사 먹고 밤이 들어서야 진사동眞絲洞에 들다. 병관秉寬의 집과 병주秉胄집을 들렸었다.

12월 30일. 맑다.

엽장 설합葉檣舌盒의 엽명葉名을 쓰다. 작은어머님 댁에서 밥을 먹다.

12월 31일. 맑다. 흐리다.

엽명葉名을 쓰다. 모새ㅅ골을 가다. 서모庶母네 집에서 저녁을 먹다.

1928년(단기 4261년)

1928년(단기 4261년) 무진戊辰

1월

1월 1일. 흐리다. 눈이 오다. 세 치는 쌓였다.

일환一煥이가 학교學校에 갔다가 연하장年賀狀을 가져왔다.

1월 2일. 맑다.

새술막에서 자동차自動車를 잡어타고 솝니로 가서 솝니로 해서 경성京城으로 오다. 오후午後 8시八時 10분十分 계동 집에 돌아오다. 동희東熙와 태전太田이가 안동安洞 네거리까지 나왔더란다.

1월 3일. 맑다.

신년新年 연하장年賀狀이 많이 왔다. 웬 일인지 작년昨年보다도 많이 했다. 휘문학생徽文學生의 것은 말고라도 잘 알 수도 없는 이게서도 많이 왔다. 나는 한 장도 아니했다.

1월 4일. 맑다.

태전太田이를 다리고 가서 전동典洞 시장市場, 종로鍾路 상점商店에서 동희東熙 옷감, 밤, 대추, 집에 보낼 남바위, 청태 따위를 샀다.

김영운金永運 군君을 찾어 못 보다. 노석老石 어른을 보다.

1월 5일. 맑다.

학교學校에 갔었다. 누님이 오다. 서재학徐在學 군君을 찾어보다.

1월 6일. 맑다.

조 형趙兄, 여산礪山 본제本第, 은동隱洞, 김영룡金永龍 군君께 편지를 붙이다. 집에 와 본제本第에는 소포小包도 붙이다. 매헌梅軒을 찾어보다.

1월 7일. 맑다.

1월 8일. 흐리다. 눅었다. 눈 얼음이 많이 녹는다. 동희東熙을 다리고 창신동昌信洞 163一六三으로 누님을 찾어갔다 못 맛났다. 학교學校에 가서 출석부出席簿만 새로 맨들어 놓았다. 한다든 직원회職員會는 아니 하였다.

1월 9일. 비 오다.

속은 얼고 겉은 물이 흘러서 곳잘 밋글어지게 되어 길에 나서 걸을 수 없다. 학교學校까지만 갔다 오는 데도 무척 애를 썼다.

찬燦 군君이 오다. 저녁을 같이 먹으며 이야기를 했다. 신문지新聞紙에서 김사영金思濚 군君의 별세別世를 보았다. 놀랬다. 앓는다는 말도 못 들었다. 과연 인생人生이 무상無常하다. 그러케 될 줄이야 누가 알었으랴.

1월 10일. 맑다. 따뜻하다.

조 형趙兄의 편지를 보다. 전동典洞 시장市場에서 김영완金永完을 보고 청진동淸進洞 병구秉矩네도 들여다 보고 김사영金思濚 군君 조상弔喪을 갔었다. 아들은 십여十餘 세歲 된 이가 둘이고 또 하나 어린이가 있다 한다. 두 아들은 보았다. 영구靈柩의 앞에서 곡哭을 하였다. 눈물이 흐른다. 향촉香燭이나 사 노라고 일 원一円 한 장을 던졌다.

1월 11일. 맑다.

어제 이호성李鎬成 씨氏가 돌아가셨다고 부고訃告가 오다.

1월 12일. 맑다.

입정동笠井洞 십일十一, 이희용李義用 군君에게 가 문상問喪을 하다. 황병석黃炳碩 군君의 편지를 보다.

1월 13일. 맑다.

병륙秉陸이가 찬燦 군君과 같이 왔다. 입정동笠井洞으로 어제ㅅ밤에 왔다 한다. 그런 줄 모르고 또 특편特便 전보電報을 놓았었다. 매헌梅軒이 오다.

1월 14일. 맑다.

오후午後 세 시時 용산역龍山驛에 가서 고 이 국장李局長의 영결식永訣式을 보고 다섯 시時에 병륙秉陸이 와 그 일행一行을 전송하였다.

1월 15일. 흐리다.

정충시鄭忠時 군君, 최익채崔益采 군君, 청운淸雲, 황병석黃炳碩 군君께 편지를 써 붙였다. 김영운金永運 군君이 찾어오다.

1월 16일. 맑다.

학교學校ㅅ마당에 들어서니 5갑五甲 교실 창문을 열고 5학년생五學年生 세네 사람이 내다본다. 무슨 소리를 지른다. 다른 교실敎室에서 다들 공부工夫하는 중中이다. 마음이 불쾌不快하였다. 5학년五學年이 더 못 되어간다. 다 그런 건 아니되 그 몇몇 사람은 하는 수 없다. 그 사람들에게 무엇을 가르쳤다 하랴.

1월 17일. 맑다.

날이 누었다. 퍽 녹인다. 마음이 불쾌不快하다. 하는 것이 몰아 시들하게 생각힌다.

1월 18일. 맑다.

북풍北風. 변일섭邊日燮 군의 편지를 보다. 조운曺雲 군君께 편지와 절초切草 일 편一片을 보내다.

1월 19일. 맑다.

1월 20일. 맑다.

변일섭 군께 편지와 시조時調를 써 보내다.

1월 21일. 맑다.

위계후魏啓厚 군君의 편지가 오다. 진고개를 가서 대판옥大阪屋에서 책冊을 찾어보다. 바이론 시집詩集 하나를 사다.

1월 22일. 맑다.

동희東熙를 다리고 홍제병원洪濟病院을 가다. 제석除夕.

병국炳國의 편지와 보낸 과자菓子를 받었다.

1월 23일. 흐리고 비 오다.

첫 시간時間 하나와 오후午後 두 시간時間을 수업授業을 아니하다. 무진戊辰 정월正月 1일一日. 교주校主집에 가서 설상을 받다. 매헌梅軒을 찾어보다.

1월 24일. 흐리다. 수당壽堂, 매헌梅軒이 오다.

1월 25일. 비. 흐리다. 김동복金同福 어른을 찾어갔다 못 보고 노석老石 어른은 찾어뵈었다. 오창헌吳昌憲 군君이 오다. 조운曺雲 군君의 편지를 보다.

1월 26일. 흐리다. 밤은 비바람이 몹시 뿌렸다. 숙직宿直.

1월 27일. 비.

매헌梅軒이 찾어오다. 같이 가서 설상을 받다. 게서 김병룡金秉龍 군君도 맞나보다. 담화談話를 하다. 길이 퍽 질다. 발이 푹푹 빠진다. 걸어단이기 준의가 난다.

1월 28일. 흐리다.

이능화李能和 씨氏를 찾어보다.

1월 29일. 맑다.

김병룡金秉龍 군君 집에 가서 설상을 받다.

1월 30일. 맑다.

김동복金同福 어른을 가 뵈었다. 찬燦 군君, 강매姜邁 군君이 찾어오다. 집에서 편지가 오다. 민희民熙가 지난 초삼일 사거死去했다고. 동희東熙가 태전太田이 허고 작난을 하다가 넘어져서 옳은편 뺨의 껍질을 벗겨 버렸다. 홍제병원에 가서 약藥을 발렀다. 다행이 중상重傷은 아니 되었다.

1월 31일. 흐리다.

홍매紅梅 한 분盆을 샀다. 붉으레한 꽃봉지가 퍽으나 아리땁다. 방긋이 웃는 듯하다. 머리맡에 놓아두고 보고 본다.

2월

2월 1일. 맑다.

『휘문徽文』 잡지雜誌 편집編輯을 끝냈다.

애류崖溜와 찬燦 군君이 오다. 저녁에 매헌梅軒을 찾어보다.

2월 2일. 맑다.

은동隱洞서 편지가 오다.

2월 3일. 맑다.

직원회職員會. 저녁에 장홍근張鴻根 군君이 찾어 와 시조時調에 대하여 뭇는다. 가투歌鬪를 가지와서.

2월 4일. 흐리다.

매헌梅軒이 약藥밥을 가지고 오다. 은동隱洞, 여산礪山, 조 형趙兄, 위계후魏啓厚 군君께 편지를 붙이다.

2월 5일. 흐리다.

눈ㅅ발도 뿌리다. 매헌梅軒을 찾어보다. 약식藥食을 먹었다. 재동齋洞 장롱ㅅ집에서 의걸이장 하나를 55원五十五円에 사오다. 태가駄價 50전五十錢, 잠을쇠 1 원一円 80 전八十錢.

2월 6일. 흐리다.

무진戊辰 정월正月 보름날. 이윤주李潤柱 선생先生의 신임新任 교장校長 취임식이 있었다.

2월 7일. 흐리다.

무척 차다. 조선어연구회원朝鮮語硏究會員에게 례회例會 통지서通知書를 보내다. 이중갑李重甲 군君께 편지 붙이다.

2월 8일. 흐리다 맑다. 바람도 불다.

날이 몹시도 쌀쌀하다. 저녁 굶은 시어머니상 같다.

2월 9일. 맑다.

2월 10일. 맑다. 은동隱洞서 편지가 오다.

2월 11일. 맑다.

오후午後 3시三時 조선어연구회朝鮮語硏究會 례회例會를 열다. 출석원出席員 10인十人. 내부內部를 충실充實케 하자는 의논議論이 있었다.

오후午後 5시五時 반 명월관 지점明月館支店에서 이윤주李潤柱 선생先生 신임新任 교장校長 피로연披露宴이 있다. 술에 밥에 놀애에 춤에 가지가지 여흥도 있었다. 선생先生님네들이 모처럼 기생妓生을 더불고 노니까 신이 난 모양이다.

홍매紅梅 한 숭이가 반쯤 피었다. 홍매紅梅와 같이 건너방에서 잤다. 방은 차다. 새벽녘에 일어났다. 따뜻한 안방에서 잘 때에는 아츰이 늦도록 일어날 마음이 나지 아녔다. 우리가 온돌溫突에서 거처居處함으로 얼마큼 더 게을러졌다함도 그럴 것 같다. 사람의 생활生活이 기후氣候에 딸어 차이差異가 있는 것임을 이로도 밀워 알겠다.

윤정중尹正重 군君이 찾어오다.

2월 12일. 맑다.

이중갑李重甲 군君의 편지를 보다. 이상호李相浩 군君이 찾어오다.

종일終日 집을 보았다. 처는 어린애들 더불고 영운永運 군君 집을 놀러가고 태전太田이만 점심때 와서 점심, 저녁을 해준다. 저녁붙어 신기神氣가 좋지 못하다.

2월 13일. 맑다.

저녁을 아니 먹다. 창신동昌信洞 누님께로 가서 술만 먹었다. 점심에 약藥밥만 좀 먹고 속이 좀 불편했다.

2월 14일. 눈이 오다.

새벽녘에 설렁탕집을 가서 설렁탕 한 그릇을 사 먹었다. 아무 맛이 없다. 먹다가 말었다. 내 입맛이 없어 그러타. 재동齋洞 골목, 계동桂洞 골목 눈 위에 가고 온 발자욱을 내가 처음 내었다. 밤 10시十時에야 밥을 먹다. 술도 사다 마시었다. 멍클하든 가슴이 좀 풀렸다. 이주형李周衡 군君이 와 놀다.

2월 15일. 맑다.

김영룡金永龍 군君께 편지하다. 홍매紅梅를 가지고 읊었다.

2월 16일. 맑다.

2월 17일. 맑다.

명월관明月館에서 새 교장校長 환영회歡迎會를 하였다.

2월 18일. 맑다.

매헌梅軒을 찾어보았다.

2월 19일. 맑다.

음陰 정월正月 이십팔二十八, 내 생일生日이라고 매헌梅軒, 윤병섭尹丙燮 군君을 청請하였다.

2월 20일. 맑다.

임시臨時 직원회職員會.

2월 21일. 맑다.

2월 22일. 맑다.

지상池上 정무총감政務總監이 학교學校에 왔다.

저녁에 애류崖溜ㅅ집에 가 놀았다.

2월 23일. 구름 끼다. 바람 불다.

찬燦 군君, 병묵秉默 군君, 김재엽金在燁, 김학수金鶴洙, 송은宋殷 군君이 찾어오다.

2월 24일. 구름 끼다. 바람 불다.

숙직宿直.

2월 25일. 맑다.

찬燦 군君과 애류崖溜와 같이 영도사永導寺로 산보를 나갔다가 석전石顚을 찾으니 없다.

정충시鄭忠時 군君, 김영룡金永龍 군君의 편지를 보았다.

2월 26일. 맑다.

노석老石 어른을 가 보았다. 이창구李昶求 군君이 오다.

2월 27일. 맑다.

2월 28일. 흐리다. 녹인다.

이상호李相湖 군君이 과자 한 갑을 가지고 오다. 아버님 편지를 받들어 보다.

2월 29일. 비 오다.

집에 편지를 붙이다.

3월

3월 1일. 비.

은동隱洞과 정충시鄭忠時 군君께 편지 붙이다.

3월 2일. 비 오다 개고 바람이 분다.

3월 3일. 맑다.

3월 4일. 맑다. 이능화李能和 씨氏, 곽종열郭鍾烈 군君이 오다. 종일終日 담소談笑.

3월 5일. 맑다.

3월 6일. 맑다.

정기용鄭機用 씨氏를 찾어보다.

3월 7일. 맑다.

정기용鄭機用 씨氏가 오다. 져녁밥을 같이 먹다. 한희漢熙가 밤에 중통重痛하였다. 유행하는 독감에 걸렸다.

3월 8일. 흐리다.

처가 신열, 두통, 지절통肢節痛을 신음한다. 한희는 좀 낫다.

3월 9일. 흐리다.

장남계張南溪한테 가서 처의 약藥 두 첩貼을 지어 오다. 이봉伊鳳 씨氏, 일환一煥이가 입학시험入學試驗 보러 왔다.

3월 10일. 구름 끼었고 비ㅅ낮이 듯다 말었다.

휘문徽文 제6회第六回 졸업식卒業式이 있었다. 나는 그 식式만 맞히고는 곳 나와서 장남계 씨에게 가서 약藥을 또 지어오다. 처는 좀 낫었으나 오한惡寒이 그저 있고 동희東熙, 태전太田이가 앓는다.

저녁에 명월관 본점明月館本店에서 놀았다. 학교學校에서 저녁을 먹인 것이다.

3월 11일. 맑다.

병국炳國이가 오다. 하태홍河泰興 군君이 오다. 병국炳國이는 밤에 떠나갔다.

3월 12일. 맑다.

학교學校 시험試驗 시작이다.

3월 13일. 맑었다 흐렸다 한다.

이상호李相湖 군君이 오다.

3월 14일. 맑다.

김재엽金在燁 군君이 오다.

3월 15일. 맑다.

고경진高敬鎭 군君이 오다. 김영진金永鎭 군君의 편지가 오다.

석전石顚이 오다. 저녁을 같이 먹었다. 『전당시全唐詩』 이십일二十一, 삼십권三十券을 빌어 갔다. 처의 약藥을 세 첩帖을 지어 오다. 장남계張南溪에게.

3월 16일. 맑다.

처의 병病은 낫었다.

3월 17일. 맑다.

정인보鄭寅普 전재엽全在燁, 송은宋殷, 김학수金翯洙 군君이 찾어오다.

3월 18일. 맑다.

김용익金容益 군君이 오다. 코ㅅ병을 곧히러.

3월 19일. 맑다.

임시臨時 직원회職員會. 제3학기 급 학년第三學期及學年 성적조행고사成績操行考査를 하다.

3월 20일. 맑다.

명월관 지점明月館支店에서 박긍환朴兢桓, 김봉주金奉柱 선생先生 송별회送別會를 하다.

3월 21일. 맑다.

춘분春分. 이능화李能和 씨氏가 오다.

명월관 지점明月館支店에서 서상란徐相鸞 선생先生의 초대招待를 받었다.

3월 22일. 맑다. 검정시험檢定試驗을 보다.

3월 23일. 맑다.

선발시험을 보다. 지원자志願者가 천이백여 명千二百餘名. 오전午前 9시九時붙어 오후午後 12시十二時까지 사무를 보았다.

3월 24일. 흐리다. 비오다.

이봉伊鳳 씨氏와 용익容益 군君은 떠나갔다. 용익容益 군君은 매헌梅軒의 주선周旋으로 코ㅅ병의 신방神方을 얻어 약藥을 지어 가지고 갔다. 처장조妻丈祖에게 편지를 올리다. 구술시험, 체격검사, 사정회査定會로 하여 오후午後 9시九時에야 파하였다. 나는 숙직宿直을 하였다.

3월 25일. 흐리다. 비 오다.

오후午後 3시三時 시험試驗 합격자合格者 발표發表를 하고 신입생新入生을 대강당大講堂에 모여가지고 여러 가지 주의사항注意事項을 닐러주었다. 은동서 편지가 오다.

3월 26일. 맑다.

박술음朴術音 군君과 진고개를 갔었다. 대판옥大阪屋에서 문학文學, 사상전집思想全集을 찾어오고 계명구락부啓明俱樂部에서 『삼국유사三國遺事』, 이문당以文堂에서 『무속고巫俗考』를 사 오다.

3월 27일. 맑다.

민병수閔丙洙 군君이 명월관 본점明月館本店에서 저녁밥을 준다.

3월 28일. 맑다.

매헌梅軒을 찾어보다.

3월 29일. 맑다.

이재훈李載壎 군君과 창경원昌慶苑을 가 보고 찬燦 군을 찾었다 못 보고 창경원昌慶苑 뒤로 돌아와 중앙학교中央學校에서 김성수金性洙 군君을 맞나 최두선崔斗善 군君과 산보散步를 하여 취운정翠雲亭 뒤 산山으로 올아 성城을 끼고 돌아 동소문東小門ㅅ게까지 가서 오다가 장현식張鉉植 군君을 찾었다 못 보았다. 저녁에는 피곤疲困해서 일즉 잤다.

3월 30일. 맑다.

삼청동三淸洞, 취운정翠雲亭으로 산보散步를 갔다.

3월 31일. 맑다.

4월

4월 1일. 맑다.

최삼열崔三悅 군君, 하태흥河泰興 군君을 찾어보다. 경복궁景福宮 안을 들어가 보다. 김영룡金永龍 군君, 조 형趙兄이 오다. 이용극李容克 군君의 편지를 보다.

4월 2일. 흐리다. 음산하다.

학교學校에 가다. 직원회職員會가 있었다.

4월 3일. 맑다. 조 형趙兄이 떠나갔다. 학교學校에 갔었다.

4월 4일. 맑다.

개학식이 있었다. 2갑二甲 담임이 되었다. 생도生徒들에게 여러 가지 주의主意를 시겼다.

4월 5일. 맑다.

오날붙어 수업을 하였다. 윤정중尹正重 군君에게 편지를 하였다. 일환一煥이가 일고一高, 휘문徽文, 어의동於義洞 공업전수학교工業專修學校에 시험試驗을 보다가 다 떨어지고 오날 오전午前 7시七時 반半 떠나갔다. 집에 편지며 영숙英玉이 병숙秉玉이 저구리 치마감이며 못짐, 짐 따위를 붙여 보냈다.

4월 6일. 맑다.

윤석주尹錫疇가 오다. 이용극李容克 군君에 답장答狀을 하다.

4월 7일. 맑다.

배가 앓브다. 배가 촉냉觸冷하였든 것이다. 새벽녘붙어 앓븜을 늦겼다.

4월 8일. 맑다.

매헌梅軒이 오다. 못짐 다섯 톳을 주었다.

4월 9일. 비 오다.

애류崖溜에게 가 놀다. 비가 와서 저녁때까지 있었다. 게서 황희돈黃羲敦 군君을 맞났었다.

4월 10일. 흐리다.

이왕직李王職 아악부雅樂部를 가서 백우용 군白禹鏞君을 맞나보다.

4월 11일. 맑다.

매헌梅軒집에 애류와, 김병룡金秉龍 군君과 같이 저녁을 먹었다.

4월 12일. 맑다.

4월 13일. 맑다.

이왕직李王職 아악부雅樂部에 가서 현악을 들었다.

4월 14일. 맑다.

김용복金容復의 편지를 받어보다.

4월 15일. 맑다.

최삼열崔三悅 군君이 찾어오다. 애류崖溜의 집을 거쳐서 삼청동三淸洞 동산東山으로 산보散步를 했다.

4월 16일. 맑다.

직원회職員會.

4월 17일. 맑다.

하학下學 후後 곳 경신학교儆新學校에 가다. 교장校長 쿤쓰와 인사하고 빈구양광濱口良光(가요연구자歌謠硏究者)을 맞나고 최삼열崔三悅 군君의 소개紹介로 강당講堂에서 조선가요朝鮮歌謠에 대하여 한 시時 이십二十 분分 동안 말을 하였다. 쿤쓰의 초대招待를 받어 그 집에 가서 만찬晩餐을 먹고 그 내빈來賓 기념첩紀念帖에 제명題名을 하였다. 최삼열 군崔三悅君과 같이 오다가 나는 황금원黃金園을 찾어가 빈구濱口와 그 회원會員들(조선민요연구회民謠硏究會 일인日人 10인十人 조직組織하였다는 오날 모이는 9인九人)과 하규일河奎一 씨氏을 맞나보았다. 하규일河奎一 씨氏의 가사歌詞에 대한 이아기를 듯고 만찬晩餐을 먹고는 내가 조선가요朝鮮歌謠의 유래由來와 현재現在에 대하야 그 대개大槪를 말해 들렸다. 오후午後 12시十二時 집에 돌아오다.

4월 18일. 구름 끼고 비 좀 뿌리고 음산하다.

4월 19일. 구름 끼고 음산하다.

하학下學 후後 발우 육상궁毓祥宮으로 가서 한문교원회漢文敎員會에 참여參與하였다. 궁원宮苑을 돌아 구경하고 저녁을 시겨먹고 저번 신문新聞에서 본 고등보통학교高等普通學校 공학제共學制 시행施行에 딸어 조한과朝漢科의 존폐存廢 여하如何를 학무국장學務局長에게 질문質問하자는 일이 결정決定되어 위원委員 2인二人을 선정選定하였다.(이광종李光鍾, 강매姜邁).

4월 20일. 맑다.

매헌梅軒 집에 가서 매헌梅軒 다음 제씨弟氏의 변상變喪을 들었다.

4월 21일. 맑다. 오전午前 7시七時 2학년二學年 3학년三學年과 같이 원족遠足을 가다. 창의문彰義門으로 나서 지소紙所를 지나 고개를 몇을 넘어 문수암文殊庵 앞을 거쳐 대남문大南門으로 하여 북한산성北漢山城에 들어 태고사太古寺를 보고 용암문龍岩門을 나서 도선사道先寺를 거쳐 우이동牛耳洞으로 오다. 벗지꽃은 만발하였다. 일학년을 맞나 점심點心도 먹고 이능화李能和 씨氏, 이승규李昇圭 군君(학무국學務局 편수과編修課에서 놀러왔다.)을 맞나 끌리어 놀다가 오후午後 3시三時쯤 해서 돌아오다. 유진홍兪鎭洪, 병석秉錫 군君이 오다.

4월 22일. 맑다.

애류崖溜에게 저녁에 가 놀았다. 이중화李重華 군君도 맞나다.

4월 23일. 맑다.

하지통下肢痛과 감기로 해 족음 오한惡寒 기운이 있다. 장남계張南溪에게 약藥 두 첩帖을 지어다 먹었다. 찬燦 군君이 오다.

4월 24일. 맑다.

4월 25일. 맑다.

또 오후午後 6시六時쯤 해서 오한惡寒 긔운과 하지통下肢痛이 있다. 장남계에게 약藥 두 첩帖을 또 지어다 먹다. 매헌梅軒이 오다. 찬燦 군君이 오다.

4월 26일. 맑다.

4월 27일. 흐리다.

김두봉金枓奉 군君의 그 외간상外艱喪의 부고訃告을 받어보다. 신명균申明均 군君, 정열모鄭烈模 군君, 황훈黃勳 씨氏허고 문상問喪을 가다.

4월 28일. 맑다.

당직當職 숙직宿直.

4월 29일. 비 오다 개었다.

일본日本 광성중학廣城中學 대對 휘문徽文 야구전野球戰이 있었다. 휘문徽文 운동장運動場에서 오후午後 4시四時붙어 6시六時까지 10十 대對 7七로 휘문徽文이 승勝하였다. 찬燦 군君도 맞나고 함상훈咸尙勳 군君도 맞나다.

4월 30일. 비 오다. 한 보습비는 넉넉하였다.

5월

5월 1일. 흐리다.

휘문徽文 창립기념創立紀念으로 휴업休業하다. 진고개를 가서 책사冊肆을 보다. 한충韓冲 군君과 김병룡金秉龍 군君과를 다리고 개운사開運寺를 가서 석전石顚스님을 보고 어느 집에서 저녁을 시겨먹고 오다.

5월 2일. 흐리다 맑다 하였다.

강매姜邁 군君이 찾어오다. 『중등 조선어 작문中等朝鮮語作文』이란 책冊을 맨들어 가지고 이것저것 여러 사람의 것을 모고 자기의 지었다는 것도 모아 그다지 다듬지도 않고 벌여 놓았는데 오자 낙서落書 투성이로 문리文理가 닿지 않는 대목도 많다. 그래도 잘 팔리기를 바라는 모양이다. 또한 모르지 잘 팔릴는가. 순종효황제純宗孝皇帝 대상大祥날이라고 오후午後에는 휴업休業. 학급주임회學級主任會.

5월 3일. 맑다.

5월 4일. 맑다. 흐리다.

직원회職員會. 집에 편지를 붙이다.

5월 5일. 맑다.

오후午後 1시一時 반半 생도生徒 중中 동지자同志者 십일 인十一人과 이윤주李潤柱 선생先生과 윤병섭尹炳燮 선생先生과 같이 남한산성南漢山城 구경을 가다. 왕십리往十里 전차電車 종점終點(진펄이)까지 가서 회합會合하여 3시三時에 떠나 전곶교箭串橋를 지나 광廣나루 가는 길, 뚝섬 가는 길을 빗겨 놓고 그 가운데ㅅ길로 들어 마장리馬場里를 거쳐 새ㅅ강을 건너서 잠실蠶室 위로 하여 송파강松坡江을 건너 한이비汗伊碑를 보고 송파리松坡里(광주군廣州郡 중대면中垈面, 일명一名 석촌리石

村里), 가락리可樂里, 장지리長旨里를 지나 산山ㅅ골로 들어올라 지화문至和門(진남문晉南門)으로 들어 석대홍石大洪의 집에 들다. 석대홍石大洪의 삼촌三寸들이며 휘문徽文 졸업생卒業生 석보균石輔均 군君이 나와 인사한다. 밤에 솟적새 소리를 들으며 석보균石輔均 군君허고 같이 간 생도生徒들 허고 연무관演武館에 가 앉어서 남한산성南漢山城의 고사古事를 말하다. 달은 구름 사이로 으스프러이 빛인다.

5월 6일.

아츰의 뜨는 해를 등지고 서장대西將臺(무망루無忘樓)에 올라 사방四方을 바라보다. 매바위를 보고 청량당淸凉堂도 보고 이인고李仁皐의 일화逸話도 듯고 나려오다. 숭렬각崇烈閣(백제百濟 시조始祖를 위한 데)도 보고 침과정枕戈亭도 보고 아츰을 먹다. 어제 저녁과 같이 진수성찬珍羞盛饌으로 차렸다. 거처居處 범절凡節이라든지 음식飮食 솜씨라든지가 놀랍다. 서울에서도 드믈겠다. 민광식閔廣植 선생先生이 단여가라고 편지를 사람에게 보냈다. 연무관演武館, 보통학교普通學校, 현절사顯節祠, 지수당地水堂을 돌아서 북문北門으로 나오다. 대홍大洪의 삼촌三寸 석동균石東均이며 석보균石輔均 군君은 북문北門까지 와 전송餞送을 한다. 북문北門은 남문南門턱보다도 더 바드롭다. 구배勾配가 몹시 급急하게 되었다. 골작우니로 하여 고고리(고곡리古谷里)로 나려오다. 중로中路에서 광식廣植 선생先生을 맞나 이성산二聖山 밑 춘궁리春宮里(광주군廣州郡 서부면西部面) 광식廣植 선생先生집으로 들다. 이곧은 이성산二聖山과 검단산黔丹山과의 사이에 있는데 고고리의 한 마을이고 백제百濟 시조始祖 13년十三年에 북위례北慰禮(지금 경성京城 동소문東小門 외外 미아리彌阿里)로서 천도遷都를 하여 13주十三主를 거쳐 근초고왕近肖古王 26년二十六年까지 370년三百七十年 동안이나 국도國都를 하였든 곧이다. 이

성산二聖山 위에 고성古城(석축石築)이 남어 있다. 점심點心 대접待接을 받고 오후午後 1시一時 반半 광식廣植 선생先生과 같이 나서 오다가 비를 맞나 그냥 맞으며 광주군廣州郡 구천면九川面 하일리下一里로, 명일리明逸里를 지나 광廣나루(廣壯里)를 건너 자동차自動車 2대二臺를 불러 왕십리往十里 진펄까지 와서는 전차電車로 오다. 비는 그쳤다.

5월 7일. 맑다.

오문호吳文浩 군君이 『남화경南華經』을 가지고 찾어오다. 벌서 5년五年 전前이라며 군君의 백형伯兄 오철호吳徹浩 군君에게 선영 주宣穎註 『장자莊子』 한 질帙을 유경종劉敬鍾 선생先生에게 있는 정본正本에 대조對照하여 교정校正하여 달라고 맡겼든 것인데 그동안 당고當故도 하고 이사移舍도 하고 가지가지 번뇌煩惱가 많은 가운대 틈틈이 수고를 하여 다 교정校正을 맞혀 보낸 것이다. 여간 마음과 믿엄이 아니다.

조 형趙兄이 평양平壤 시찰視察을 간다고 왔다가 저녁에 떠나다.

5월 8일. 맑다.

오문호吳文浩 군君과 저녁을 같이 먹다.

5월 9일. 맑다.

저녁에 종로에서 매헌梅軒을 맞나 김병룡金秉龍 군君의 집으로 오문호吳文浩 군君을 찾어가서 놀았다.

5월 10일. 맑다. 찬 긔운이 돈다. 조선어연구회朝鮮語研究會의 오는 13일 안정사安靜寺 최연월崔蓮月 집의 모임의 통지通知하는 엽서를 동회원同會員들에게 보냈다.

5월 11일. 맑다.

김동수金同洙 군君에게 편지를 붙이다. 김영룡金永龍 군君과 매헌梅軒이 오다.

5월 12일. 맑다.

매헌梅軒이 은銀수저 한 벌(女子用)과 다식판 한 개를 가졌다. 은銀수저는 오는 4월ㅅ달 아범님 회갑回甲날 어머님께 들일 것이고 다식판은 자긔 손으로 맨든 것인데 석 달 동안을 걸렸다 하며 이번 회갑回甲 때를 기념紀念하자는 것이다.

5월 13일. 흐리다. 밤에 비가 오다.

안정사安靜寺 최연월崔蓮月 집에서 조선어연구회朝鮮語硏究會를 열었다. 출석원出席員이 9인九人. 결의決議한 일은 없다.

5월 14일. 맑다.

경성운동장京城運動場에서 전 휘문全徽文 대對 전 배재全培材의 야구전野球戰을 하다. 2二 대對 1一로 휘문徽文이 이기는 것을 보았다. 거긔서 애류崖溜와 찬燦 군君을 맞나 찬燦 군君 집으로 끌려가서 저녁을 먹다. 조 형趙兄은 떠낫다. 동희東熙, 한희漢熙가 신열身熱이 끓고 앓는다.

5월 15일. 맑다 흐리다. 동수同洙 군君의 편지며 병륙秉陸의 편지를 보고 답장答狀을 하였다.

5월 16일. 흐리다. 싸늘하다. 장춘長春, 북청北靑, 장진長津 등에서는 눈이 왔다 한다.

5월 17일. 맑다. 직원회職員會. 강종원姜鍾遠 군君이 찾어오다.

5월 18일. 맑다. 누님이 오다. 주명남周明南 군君허고 배오개장을 가보았다.

5월 19일. 맑다 흐리다.

조 형趙兄께 편지 붙이다.

동수同洙 군君의 편지가 오다. 빙모聘母께서는 그 손자들의 홍역간호紅疫看護로 못 오겠다고 하였다. 노석老石 어른을 찾어보고 김낙순金洛淳 군君의 자당더러 내일붙어 와 집을 보아달라고 했다.

5월 20일. 흐리다 비 오다 맑다 흐리다 비 오다 흐리다.

오전午前 7시七時 부산행釜山行 차車로 누님, 처妻, 동희東熙 남매男妹의 일행一行이 떠나다. 아츰에 한울 끄므룻하고 비낫이 뚝뚝 떨어지기에 좀 곤란困難될가 염려했더니 발우 그치고 볕이 난다. 삼등차三等車ㅅ문門에 들어 자리를 잡어 주고 떠나는 걸 보고야 돌아오다. 오후午後 4시四時—5시五時ㅅ동안에 비가 좀 왔다. 이리裡里에서 자동차自動車를 잘 맞나 집에까지 잘 들어갔는지 마음이 아니 놓인다. 만일 중로에서 그 비를 맞났으면 짐 상자는 젖었을는지도 모르겠다.

5월 21일. 흐리다.

5월 22일. 첫 새벽붙어 아츰까지 비가 오다.

누님의 편지를 보고 답장答狀하였다. 아악부雅樂部에 가서 고가古歌를 벗겨오다. 안확安廓 군君과 백우용白禹鏞 군君과 윤尹ㅅ집을 찾어갔다 허행虛行을 하였다. 그 곁집에서 괴로움만 받었다.

5월 23일. 맑다 흐리다.

임시臨時 직원회職員會가 있었다.

5월 24일. 맑다.

5월 25일. 맑다. 빙모聘母께서 아츰에 오셨다. 병륙秉陸의 편지며 처妻의 편지를 보았다. 숙직宿直.

5월 26일. 맑다.

임시시험을 보다.

어제 병륙秉陸의 편지에 벼ㅅ섬은 방매放賣치 못하고 돈 변통變通도 못하고 생신生辰 일日ㅅ자字는 점점 임박臨迫하여 걱정된다 하며 돈을 좀 서울서 변통變通하라 하였다. 어제ㅅ밤붙어 생각해보고 주선周旋하였으나 뜻대로 아니 된다. 교장校長 보고 말하여 백오십 원百五十

円을 분오리分五厘 변리邊利로 하여 얻어 보냈다. 편지, 서류書留 별편배달別便配達로 하여 보냈다. 매헌梅軒을 찾어도 보고 찾어와서도 보았다. 남대문南大門 박용선朴容善 잡과물雜果物 도가都家에서 유과류油果類, 당류糖類, 과류果類를 이십이 원二十二円 십 전十錢어치를 사서 철도鐵道 운송부運送部로 붙였다. 매헌梅軒이 밤에 왔다. 집에 편지를 또 붙이다.

5월 27일. 맑다.

배오개장으로 하여 남대문南大門 박용선朴容善 과물果物 도가都家에서 한과漢菓, 중계中桂, 청매靑梅 등 삼 원三円 팔십 전八十錢어치를 사오다.

5월 28일. 청晴.

5월 29일. 청晴. 병륙秉陸의 편지를 보다.

5월 30일. 청晴. 어머님 아버님 가죽신을 사다. 김동수金同洙 군君의 편지를 보다. 운 군雲君은 ○○○○○ 한 감, 애류는 진주사眞珠紗 저구리 한 감, 모시 주루막이 한 감을 사 왔다.

5월 31일. 청晴.

타올 한 다쓰를 사오다. 오후午後 10시十時 20분二十分 발發 목포행木浦行 열차列車를 타다. 태전太田이와 매헌梅軒 군君이 와 전송한다.

6월

6월 1일. 담曇, 청晴.

오전午前 5시五時 20분二十分에 강경역江景驛에 나리다. 김동수金同洙

군君에게 편지를 붙이다. 천일운송점天一運送店에 가서 남자상男子箱 두 개를 추심推尋하였고 조반早飯을 사 먹고 7시七時 출발出發 자동차自動車로 하여 여산礪山 와 나려 어떤 나무 가는 이에게 짐을 지워가지고 집으로 들다. 올 제 고산리古山里 위에서 병륙秉陸이를 맞났다. 병륙秉陸이는 강경江景장을 보러간다. 명천鳴川 대고모大姑母께서 오셨다.

6월 2일. 소우小雨, 담曇, 청晴.

병석秉釋이를 황등黃登장에 보내다. 여러 군데서 오는 부조扶助와 편지를 받고 답장答狀을 하였다. 전주全州서 병국炳國의 모친母親과 형제남매, 병옥秉玉의 내외內外와의 일행一行이 오고 노성魯城서는 석주錫疇 군君이 고모姑母를 모시고 왔다.

6월 3일. 청晴. 밤에 월식月蝕을 두어 시간時間이나 하였다.

각처各處에서 오는 서통書通과 부조扶助를 받고 답장答狀하다. 계동으로 편지를 붙이다. 조 형趙兄, 유 형柳兄, 김 군金君이 오다. 마단馬丹 아자씨며 왕묘王墓 아자씨가 오셨다. 기촌綺村이 둣재 외당숙이 오셔 성묘하러 가서 아니 오셔서 밤중까지 찾노라 야단이있었다.

6월 4일. 청晴. 명랑明朗.

가족家族, 친척親戚, 동내洞內 사람 총總 수백 명數百名이 모여 조찬朝餐을 맞히고는 앞마당 차일遮日 앞에서 큰 상床을 벌여 놓고 헌수獻壽를 하였다. 헌수獻壽를 맞히고 춤을 추었다. 재인才人들이 와서 연주演奏를 하였다. 그리고 나는 사랑斜廊에 나와서 오는 소님을 맞어들였다. 수백數百 명名 손님을 사랑斜廊과 서모庶母집 두 군데에 난워 접대接待를 하였다. 술을 취醉하였으나 주정하는 이는 하나도 없었고 그릇도 하나도 아니 깨었고 심부름하는 사람들도 조용하게 질서秩序있게 하였다. 오후午後 다섯 시時쯤은 학교學校, 면소面所, 금융金融에서 온 손님을 접대接待하였다. 밤에는 퍽 곤困하였다. 하경렬河慶烈 씨氏가 전주全州에서 오셨다. 병국炳國 형제兄弟, 이 군李君은 오후午後에 떠났다.

6월 5일. 조우朝雨, 청晴. 조 형趙兄, 김 군金君, 유 형柳兄, 양정희楊廷熙 군君, 하경렬河慶烈 씨氏가 떠나갔다. 마단馬丹 아자씨며 기촌綺村이 아자씨도 떠나갔다. 오긍재吳肯齋, 박만취朴晩翠 어른이 오셨다. 재인才人 일행一行도 치송治送하였다.

6월 6일. 맑다.

오전午前 6시六時 반半 발發 자동차自動車로 강경江景이 와서 세 시간時間이나 지체 12시十二時 발發 차車로 떠나다. 논산論山까지는 윤석주尹錫疇 군君과 동행同行하였다. 오후午後 7시七時 40분四十分 경성역京城驛에서 나려 맞웅 나온 태전太田이를 다리고 오다. 집에서 약주 두 병을 가죠다.

6월 7일. 맑다.

애류崖溜, 찬燦 군君, 백우용白禹鏞 군君을 청請하여 술을 마시다.

6월 8일. 맑다.

편지를 써 집에 붙이다.

6월 9일. 맑다.

문명로文明魯 군君이 오다. 밤에 매헌梅軒이 오다. 빙모聘母께서 화동花洞 팔판동八判洞을 가셨다.

6월 10일. 맑다.

빙모聘母를 모시고 창경원을 갔었다.

6월 11일. 흐리고 맑다. 무척 무덥다.

하태흥河泰興 군君이 오다. 빙모聘母께서는 조선극장 구경을 가셨다.

주명남周明南 군君과 태전太田이를 시겨 모시고 가게 하였다. 용금龍金이도 가게 하였다.

6월 12일. 비가 온다.

갑순甲順이가 글을 배러 오다. 오날 저녁붙어 시작이다.

6월 13일. 맑다.

새 장사가 오다, 섹기 새인 앵가鸚哥(부류부레트―) 한 쌍을 사놓다. 1원一円 60전六十錢.

6월 14일. 맑다.

매헌梅軒이 오다. 애류崖溜을 가 보다.

6월 15일. 맑다.

직원회職員會.

6월 16일. 맑다.

빙모聘母께서 정구태鄭求太 군君 집에 가셨다. 매헌梅軒을 가보다.

6월 17일. 맑다.

아츰 일곱시 부산釜山서 오는 열차列車로 동희東熙 일행一行이 온다. 태전太田이를 다리고 경성역京城驛에 맞웅을 나갔다. 정각定刻보다 십오 분十五分을 늦게 온다. 목포木浦서 오는 차車ㅅ간은 맨 앞에 달렸다 하기에 그대로 알었든 것이 맨 뒤에 달린 차車ㅅ간이 나온다. 누님은 게서 나온 사람과 같이 가고 나는 동희東熙 삼모자三母子와 태전太田이와 짐짝과 같이 자동차自動車를 불러 타고 계동으로 들어오다. 은동隱洞서 구求해 보내라는 송라松蘿 3냥중三兩重을 구求해 보냈다. 김낙순金洛淳 군君 집에 굴비 사십四十 마리를 사 보내고 가 보다. 어제 그 큰 조카의 혼인婚姻날이었든 걸 모르고 지났었다.

6월 18일. 비가 시원치 못하게 온다.

오날이 휘문학교徽文學校 맹휴盟休 진정서陳情書 제출일提出日이라는 풍설이 있더니 어제 주모자主謀者끼리 모여 정지停止했다는 풍설이 있다. 은동隱洞으로 편지를 붙였다.

6월 19일. 비가 오는 둥 만 둥 하게 온다.

이윤주李潤柱 선생先生을 찾어보다. 태서관太西館에서 교우회校友會, 도서관기성회圖書館圖書館의 초대招待를 받다.

6월 20일. 비가 그쳤다.

6월 21일. 속비가 지나갔다.

6월 22일. 아츰 비가 그치고 맑었다. 하지夏至. 단오端午.

진고개로 해서 매헌梅軒을 찾었다가 못 맞났다.

6월 23일. 맑다.

생도 박춘성朴春晟 군君을 찾어보다. 매헌梅軒이 저녁에 와 놀았다.

도적을 맞었다. 밤 열두 점까지 「시조원류時調源流」 원고原稿를 쓰느라고 아니 잤었다. 시간時間은 새로 한 시서붙어 네 시까지의 사이었다. 그동안이 집안사람들의 가장 곤하게 잠든 때였다. 없어진 것은 낡은 양산洋傘 하나, 놋쇠 화로 하나, 고의 속것 저구리 하나, 굴비 세 두룸, 도합 십오륙 원어치.

6월 24일. 맑다.

밤새 도적맞은 줄을 아츰에야 알었다. 태전太田이가 밥하러 나가더니 빨래 꿀엄이가 뒤 창문 밖에 흩을어져 있는 걸 보고야 살펴보고 그와 같이 몇몇 가지가 없어졌고 도적놈의 발자욱만 뒤 언덕 밑에 남어있다. 그리고 언덕으로 올라가노라고 실캥이 한 것도 보인다.

6월 25일. 맑다.

6월 26일. 맑다.

6월 27일. 맑다.

숙직宿直.

6월 28일. 맑다.

송현松峴 동창우同窓友들이 청량관清凉館에서 모여 보자는 편지가 왔다. 곳 답장答狀.

6월 29일. 비 좀 오다.

6월 30일. 비 좀 오다.

청량리 청량관에 가다 회우會友가 삼십여三十餘 명名이다. 자미滋味 있는 담화談話를 하였다.

7월

7월 1일. 맑다.

빙모聘母께서 아츰 7시七時 반半 부산행釜山行 열차列車로 떠나 가셨다. 처妻와 같이 경성역까지 나가서 떠나시는 걸 보았다.

7월 2일. 맑다.

교주校主 민영휘閔泳徽 옹翁 77회七十七回 생일生日이라고 전반全班 생도生徒에게 오찬午餐을 주고 교직원校職員 일동一同에게는 명월관 본점明月館本店에서 석찬夕餐을 주었다. 시간時間 단축短縮하여 오전午前만 수업하였다. ― 오날붙어.

7월 3일. 맑다. 최익채崔益采 군君의 편지를 보다. 기아를 곧혀 이었다. 부엌도 곧혔다.

7월 4일. 맑다.

매헌梅軒이 오다. 김동수金同洙 군君의 편지를 보다.

7월 5일. 맑다.

누님을 찾어보다. 병륙秉陸의 편지를 보았다.

7월 6일. 맑다.

매헌梅軒을 찾었다 못 맞났다.

7월 7일. 비 오다.

집에 편지 붙이다.

7월 8일. 비 오다 개었다.

「시조時調의 원류源流」의 원고原稿를 끝냈다. 석전石顚이 왔다. 빌어간 『전당시全唐時』 두 권을 가졌다.

7월 9일. 맑다.

7월 10일. 맑다.

은동隱洞 둣재 처숙妻叔이 오셨다.

7월 11일. 맑다.

오날붙어 제일학기 시험試驗을 본다. 북北편 이웃집이 완순完順 군君 아우의 집일러니 요마적 한상룡韓相龍이가 사왔다. 일고一高 옆에 있는 자기自己의 집은 한성은행漢城銀行에 들어 밀고 이만천二萬千 원円에 이 집을 샀다. 이 집을 사든 날붙어 자기自己의 문객門客, 하인下人 일ㅅ군들을 더불고 집을 수리修理하는데 나보고는 말도 아니하고 경계선境界線에 말뚝도 아니 박어놓고 사뭇 뒤 언덕을 반 길이나 헐어 버리고 제 마음대로 표목標木을 세워놓고 그게 경계境界라 한다. 나는 길게 말할 것 없이 다시 측량測量해 보고 원경계元境界대로 하자 하였다. 하나 한상룡韓相龍은 족오만한 손ㅅ가방 하나를 가지고 왔다갔다하면서 부로父老들의 말은 우리집 첨아 밑까지가 원경계元境界이었다는 둥,

바짝 내어서 담을 쌓겠다는 둥, 그리고 게다가는 정자亭子를 짓는다는 둥, 굽어 나려다보고는 웨 저러케 남의 땅을 팠다는 둥 하며 수다스럽게 잔소리를 한다. 나는 이미 내가 두었든 지적도면地籍圖面을 보이며 경계선境界線이 여긔ㅅ쯤 아니 되오 한즉 그는 신용信用할 수 없다고 하면서 부청府廳에서 나와 실측實測을 한 뒤에라야 믿겠다 한다.

7월 12일. 맑다.

일ㅅ군 둘을 사서 뒤 언덕 위에 족음 줄을 띄어 놓고 나는 학교學校를 가며 그대로 좀 흙을 벗겨 내리라 하였더니 오후午後에 돌아와 보니 고대로 두고 밑에 흙만 파낸다. 말을 들으니 내가 간 뒤에 일ㅅ군들이 그대로 흙을 좀 벗겨 내리는데, 한상룡韓相龍이 제 문객門客과 하인下人들을 다리고 와서 양반兩班의 명령命令이니 무엇이니 하며 호령號令하여 못 파게 하였다 한다. 나는 두루막이를 벗어 놓고 발우 뒤 언덕을 올라가서 그 금대로 일ㅅ군을 시겨 파내렸다. 저믈도록 파내렸다. 하나 한상룡韓相龍이나 그 문객門客 하인下人이 그 밑에로 오락가락하면서도 아무 말도 못하다가 어찌 생각하고 한상룡韓相龍이가

"여보. 여보."

부르며 온다. 나는 못들은 척하고는 일만 시겼다. 한상룡韓相龍이가 갓가이 와 서더니만

"웨 땅을 자꾸 파오."

한다. 나는

"여보 이 땅을 못 파게 하려면 당신의 땅을 맨들어 가지고나 그리오."

하며 좀 불쾌不快한 빛을 보였더니 아무 말도 없이 달어나 버렸다. 족음 있다가 그 문객門客 하인下人들이 와서 사뭇 경위도 없이 언쟁言爭을 청請하며 못하게 한다. 한참 설전舌戰을 하다가 족음 남었든 흙을 벗겨 버

리고 말었다. 처숙妻叔이 떠나가셨다. 경성역京城驛까지 나갔다.

7월 13일. 맑다. 한상룡韓相龍이 아츰에 와서 뒤 언덕에서 나를 보고

"어제 웨들 그랬소."

한다. 나는

"내가 그러재서 그랬소. 당신이 그러자서 그랬지"

하였다. 한상룡韓相龍이 제법 친절親切한 체하면서

"그러튼 저러튼 내가 공사工事 중中이니 좀 돌려 담을 치고 뒤에 실측實測을 하여 노형老兄의 땅이면 내가 사겠소."

"사겠다면 팔겠소마는 실측實測을 한 뒤에 아니면 아니 되오."

하고 거절拒絶했다. 그래서 이따위 수작을 여러 번 한다. 나는 듯는 족족 거절拒絶하였다. 학교學校에 갔다. 오정午正에 나와 보니 부청府廳에서 측량測量하는 이를 다려 왔다. 실측實測을 하였다. 오히려 내 땅이 좀 들어간 것 같다. 그러나 북北편에서 쌓아오든 담이 있어 게다 대어 직선直線으로 담을 치겠다 한다. 그리고 계약서契約書를 쓰자는 것만은 거절拒絶하였다. 일ㅅ군 시겨 뒤 흙을 파냈다.

이수창李壽昌 군君이 시산성웅市山盛雄의 심부림으로 『균여전均如傳』을 빌리러 왔길래 주어 보냈다. 하태흥河太興 군君이 와서 『두시언해杜詩諺解』 후반부後半部 여섯 책册(오午, 미未,신申, 유酉, 술戌, 해亥)을 가져갔다. 그 부친父親께 전傳하려고.

매헌梅軒 왔다.

7월 14일. 흐리다 맑다.

애류崖溜가 오다. 『고가집古歌集』를 빌여갔다.

일ㅅ군 시겨 뒤뜰을 치고 장뚝을 옮겼다.

김진섭金珍燮 군君이 방학放學이 되어 갔다.

7월 15일. 비.

주명남 군이 갔다. 주동국周東國 군君, 김동수金同洙 군君께 편지하다.

7월 16일. 비. 올해로 처음 많이 온 비다. 매평每坪에 여듧 섬 가량. 오후午後 네 시쯤해서 개었다.

시험試驗을 끝내고 방학식放學式을 하였다. 애류崖溜가 『고가집古歌集』을 가졌다.

7월 17일. 맑다. 퍽 덥다. 양건식梁建植 군君이 오다. 「시조時調의 원류源流」 원고原稿를 가져가다. 매헌梅軒을 찼었다 못 보다. 앵가鸚哥가 병이 들어 먹지도 못하고 고개만 숙이고 있다가 저녁 나절붙어 좀 생기生氣가 나서 먹기도 하고 소리도 지르고 돌아단이기도 한다. 새로 맨든 새장에 넣었다.

7월 18일. 맑다. 퍽 덥다.

시험성적試驗成績 고사考查를 하는데 영어英語 성적成績이 늦게 들어오기 때문에 2학년二學年ㅅ 것이 그중中 뒤졌다. 한 사람이 무책임無責任하면 여러 사람이 고통苦痛을 당한다. 시시한 일에 속이 상한다.

7월 19일. 맑다. 초복初伏.

제1학기第一學期 성적사정회成績查定會를 하였다.

7월 20일. 맑다.

성적발표를 하였다. 그리고 직원職員 일동一同이 돈암리敦岩里 우선각遇仙閣으로 가서 오찬회午餐會를 하였다.

7월 21일. 맑다 흐리다 비 좀 오다.

이범옥李範玉 군君 외간상外艱喪의 부고訃告를 보다. 『두시언해杜詩諺解』 이권二卷을 벗기다.

7월 22일. 맑다.

통곡通谷 대부大父의 편지를 보다. 진고개를 가서 앵가鸚哥 두 마리를 사오다. 목에 검은 점点이 나란이 박힌 놈 한 자웅.

7월 23일. 흐리다. 비가 듯다 만다.

저녁에 매헌梅軒이 오다.

7월 24일. 맑다. 몹시 무덥다.

주동국周東國 군君의 편지를 보다. 『두시언해杜詩諺解』 사권四卷을 벗기다.

7월 25일. 흐리다.

집에며 주동국周東國 군君께 편지 붙이다.

7월 26일. 비 좀 오다.

7월 27일. 비 좀 오다.

7월 28일. 맑다.

7월 29일. 맑다. 중복中伏.

그동안 집에 꼭 들어앉어 『두시언해杜詩諺解』를 벗기다가 오날사 다 맞혔다. 학교學校에도 가보고 노석老石 어른도 가 보았다. 김억金億 군君이 찾어오다. 시詩를 의논議論하였다.

7월 30일. 맑다. 무덥다.

학교學校를 갔다 오다. 길ㅅ가에 벌여 논 분원자기盆院磁器항 네 개를 샀다.

『두시언해杜詩諺解』를 준準을 보았다. 누님이 오다. 집 소식을 들었다.

8월

8월 1일. 맑다.

뒤지를 14원十四円 50전五十錢에 사 오다. 녯날 것이다. 퍽 튼튼하다.

8월 2일. 맑다.

『두시언해杜詩諺解』를 책册을 매다.

8월 3일. 맑다가 오후午後에 소낙비가 좀 지나갔다.

조운曺雲 군君께 편지를 붙이다.

8월 4일. 맑다.

애류崖溜를 찾어보고 같이 놀다가 정산鼎汕을 또 맞나 진고개까지 갔다.

8월 5일. 맑다.

병륙秉陸의 편지를 보다. 먼저 산 앵가鸚哥 수ㅅ놈 한 마리가 그동안 병들어 앓더니 오날 죽어버렸다. 애류崖溜에게 『두시언해杜詩諺解』 일一, 이二, 삼三, 사四와 『용비어천가龍飛御天歌』 한 권을 돌려보내고 『송강가사집松江歌辭集』 한 권을 얻어 오다.

문일평文一平 군君이 찾어오다. 저녁을 같이 먹으며 담화談話를 하다. 우연히 육당六堂 말이 나서 자기自己가 단이며 자기自己 자랑과 광고를 하는데 혹 자기自己가 쓰면서 "육당 선생六堂先生 왈曰 운운云云" 하기도 하고 요사이 누구누구에게 자기自己의 광고문廣告文을 쓰 달라고 부탁하여 이수창李壽昌 군君이 선두로 도문한부圖們漢夫라는 니름으로 『동아일보東亞日報』에 육당을 과장하여 넘우나 비루한 글이란 평評까지 들었고 또 연속하여 주요한 군이 쓰기도 한 것이 동아일보사東亞日報社 송진우宋鎭禹 군君이 못 내게 하여 중지中止하였다 한다. 문군文君은 말하기를 자기自己도 육당 숭배자의 하나이지마는 그의 단처

短處를 잘 안다 하며 이 따위 말을 한다. 명예도 돈 뫼는 이 돈 뫼듯 여러 가지 수단 방법手段方法을 써야 할 것이다. 네전 사람의 말따나 식食·색色·명名 세 가지 다 맞한가지다. 아즉까지도 그중中 명名에 대한 것을 깨끗하게 녀기는 편이지마는 실상은 식食·색色 그것과 다를 것 없다. 명名을 얻기 위하여 음陰으로 양陽으로 야심을 부리는 것이 도적이나 간음을 하는 것과 무엇이 다르랴.

8월 6일. 맑다.

8월 7일. 맑다.

매헌梅軒, 애류崖溜, 문일평文一平 군君을 맞나다.

8월 8일. 맑다. 입추立秋. 말일末日. 밤에 빗낮 좀 뿌렸다.

아츰 여듧시에 떠나 애류崖溜를 더불고 돈의문敦義門에 가서 매헌梅軒, 문일평文一平 군君을 맞나서 동령폭포東嶺瀑布를 찾어가 목욕沐浴도 하고 가지고 간 밥도 먹고 술도 마시고 담소談笑도 하고 놀다가 저믈녁에 돌아오다.

8월 9일. 맑다.

애류崖溜가 오다. 육당六堂이 「시조원류時調源流」를 보고 제 비평批評을 썼다면서, 변영로를 보고 "당초當初 「시조원류時調源流」를 저보고 써 달라는 걸 어떠케 쓰는가 보노라고 이병기李秉岐 군君께 밀었더니" 하며 제 평을 썼다고. 변영로는 장석태張錫台 군君을 보고 "「시조원류時調源流」에 육당 평評을 썼다."고 시비를 하더라 하매, 애류崖溜는 장군張君에게 그 말 듯고 "「도강록渡江錄」을 쓸 제 다만 도강한 일만이랴? 역사, 지리, 풍속, 인성, 평론까지 다 쓸 것 아니냐."고 대답對答했다 한다. 참 웃읍다. 육당보다도 변영로가 더 웃읍다.

8월 10일. 맑다. 매헌梅軒이 오다.

8월 11일. 맑다. 애류崖溜와 같이 매헌梅軒ㅅ집에 가서 아츰밥을 먹었다. 오날이 음陰 6월六月 26일二十六日, 매헌梅軒 자당 생일生日이다.

8월 12일. 맑다.

8월 13일. 맑다. 매헌梅軒을 보다.

일기

28권

1928. 8. 14. ~ 1929. 7. 19.

1928년(단기 4261년)

8월

8월 14일. 맑다.

아츰 일곱 시 반 부산행釜山行 열차列車를 타고 떠낫다. 태전太田에서 목포행木浦行 열차列車를 바꿔 타고 두계역豆溪驛에서 나렷다. 은동隱洞 김동수金同洙 군君 집에 들어 잣다.

8월 15일. 맑다.

아츰 차車에 떠나 연산역連山驛에서 나려 숲말을 들어가 순희順熙를 찾어보고 점심點心을 먹고 김창현金昌鉉, 김용선金容善 군君을 맛나보고 다시 연산역連山驛에 와 차車를 타고 강경역江景驛에서 나려 자동차自動車로서 여산礪山까지 왔다.

8월 16일. 맑다.

할머님 기고忌故ㅅ날이다.

8월 17일. 소낙비가 지나갔다.

8월 18일. 맑다.

학동鶴洞 병섭秉燮 군君에게 문상問喪을 갔었다.

8월 19일. 맑다.

집을 떠나다, 여산礪山서 자동차自動車로 강경江景이까지, 강경江景이에서 서울까지 기차汽車로 오다.

8월 20일. 맑다.

윤석주尹錫疇 군君이 와 있다. 매헌梅軒을 찾아보다.

8월 21일. 맑다.

학교學校에 가다. 임보환林普桓 군君, 찬燦 군君의 편지를 보다.

8월 22일. 맑다.

김안서金岸曙 군君이 찾아오다. 찬燦 군君이 찾아오다. 문일평文一平 군君이 오다. 『동양사강의東洋史講義』 첫 권을 빌어갔다.

8월 23일. 맑다.

상현尙玄 이능화李能和 씨氏를 찾아보다.

8월 24일. 맑다.

상현尙玄과 매헌梅軒과 애류崖溜와 같이 영도사永導寺를 나가 놀았다.

8월 25일. 흐리고 맑다. 몹시 무덥다.

김억金億 군君, 찬燦 군君, 장현식張鉉植 군君을 찾아보다.

8월 26일. 흐리다. 몹시 무덥다. 어제 오날은 복중伏中보다 더 덥다.

학교學校를 가다. 애류崖溜가 오다. 문일평文一平 군君이 오다.

8월 27일. 비 오다. 처음에는 두어 줄금 소낙비가 지나더니 저녁 나잘로붙어 밤까지 줄줄 나린다. 깃븐 비다. 고마운 비다.

최학송崔鶴松 군君, 조운曺雲 군君이 오다. 같이 잤다. 황병인黃炳仁 군君이 오다.

8월 28일. 비. 종일終日 오다.

최학송崔鶴松 군君이 『한시류선漢詩類選』을 빌어갔다. 학송鶴松 군君

이 와 자다.

8월 29일. 비. 종일終日 오다. 학교學校에 가다. 운 군雲君, 학송鶴松 군君이 와 자다.

8월 30일. 비가 개었다. 맑다.

8월 31일. 맑다.

9월

9월 1일. 맑다.

개학식開學式을 하였다.

9월 2일. 소낙비.

영도사永導寺 맹씨가孟氏家에서 오후午後 5시五時 가요연구회歌謠研究會를 열었다. 나는 일즉 가서 기다리었고 이상호李相湖, 애류崖溜, 주朱요한, 최학송崔鶴松, 조운曺雲, 김영진金永鎭, 진장섭秦長燮 군君과 여듧 사람이 모였다. 술 한 상을 청請해 먹은 뒤에 가요연구회歌謠研究會의 동기動機과 경과經過를 말하여 동의同意을 얻고 매년每年 일차一次 총회總會을 하되 그 이전以前 각기各其 연구안研究案을 맨들어 가지고 와서 총회석總會席에서 발표發表하기로 하고 별기別記 초안草案한 것 그대로 하자고 하여 회會를 맞히고 가요歌謠와 언어言語에 대하여 여러 가지를 담론談論하면서 저녁도 먹고 달이 떠오른 뒤에 돌아들 오다.

〈가요연구회歌謠硏究會 규칙안規則案〉

一. 이 회會에서는 고가古歌, 시조時調, 가사歌詞, 요곡謠曲, 신시新時 따위를 연구硏究함.

(ㄱ) 종래從來의 가요歌謠의 수집蒐集과 평석評釋.

(ㄴ) 회원會員의 연구硏究 발표發表.

(ㄷ) 회원會員의 습작習作과 일반인一般人의 작품作品과의 감상鑑賞과 비평批評.

(ㄹ) 잡지雜誌 기타其他 출판出版 발행發行.

一. 회원會員은 이 회會의 취지趣旨를 찬동贊同하는 이로 함.

一. 이 회會의 사무事務를 처리處理키 위하여 간사幹事 2인二人을 치置함.

一. 회원會員은 매년每年 1회一回씩 회합會合하여 각기各其 연구硏究를 발표發表하고 작품作品(1수一首 이상以上)을 제출提出하여 상호相互 비평批評함.

다만 경성京城에 아니 있는 회원會員은 출회出會치 못하는 경우境遇에는 그 작품作品과 연구硏究와를 서신書信으로 제출提出하면 이 회會를 경과 經過한 뒤 어느 신문新聞에나 잡지雜誌에 발표發表함(본회本會 기관잡지機關雜誌가 나기 전에는).

9월 3일. 비.

학송鶴松만 와 자다.

9월 4일. 비.

조운曺雲 군君, 학송鶴松 군君이 와 자다.

애류崖溜가 『청구영언靑丘永言』을 빌어가다.

9월 5일. 맑다.

조운曺雲 군君, 학송鶴松 군君이 와 자다. 조용해趙龍海 군君의 편지를 보다.

9월 6일. 맑다.

조운曺雲 군君이 떠나갔다 학송 鶴松 군君허고.

김영운金永運 군君의 자당과 영관永琯 군君의 자당을 가보다.

9월 7일. 맑다. 구름 끼다. 무덥다.

영관永琯 군君의 자당이 오시다. 마포麻浦을 나가 정기용鄭機用 씨氏를 보았다.

9월 8일. 구름 끼다.

무덥다. 임보환林普桓 군君을 찾었다 못 맞나 보았다. 그는 나를 찾어 왔더라고 한다. 조선교육협회朝鮮教育協會에서 저녁에 조선어연구회원朝鮮語研究會員 — 이규방李奎昉, 권덕규權悳奎, 이호성李浩盛, 최현배崔鉉培, 신명균申明均, 정열모鄭烈模 군君들과 같이 모여 학무국學務局에서 연다는 철자법개량조사위원회綴字法改良調査委員會에 대하여 건의서建議書를 제출提出하자고 하였다. 그 건의서建議書 기초起草 위원委員은 신명균申明均, 정열모鄭烈模, 나 — 세 사람이 되었다. 밤이 깊어서 비가 오기 시작하였다.

9월 9일. 아츰 한나잘까지 비가 왔다.

임보환林普桓 군君을 찾었다 못 맞났다.

매헌梅軒이 배를 사들고 왔다.

9월 10일. 맑다.

경성京城 운동장運動場에 가서 휘문徽文 대對 중앙中央 야구전野球戰

을 보았다. 이원규李源圭 군君을 찾어보았다.

조운曺雲 군君의 편지를 보다.

9월 11일. 맑다.

이능화李能和 씨氏을 찾어보았다. 김옥두金玉斗 군君이 찾어오다. 정기용鄭機用 씨氏가 찾어오다.

9월 12일. 맑다.

김영운金永運 군君 자당이 오시다.

9월 13일. 맑다.

경성운동장京城運動場에 가서 휘문徽文 대對 중앙中央 야구전野球戰을 보다. 김영운金永運 군君, 영관永琯 군君 자당이 팔판동八判洞으로 가셨다.

9월 14일. 비.

저녁에 중동학교中東學校에서 모였었다. 최현배崔鉉培, 권덕규權悳奎, 신명균申明均, 정열모鄭烈模, 이성호李盛浩, 이상춘李常春, 나 — 일곱 사람이 철자법건의서綴字法建議書 기초안起草案에 대하여 토의討議를 하였다. 새로 두 시時에 돌아오다.

9월 15일. 비.

9월 16일. 맑다. 애류崖溜와 같이 경대부속병원京大附屬病院 동일호실東一號室에 가서 찬燦 군君을 찾어보다. 이능화李能和 씨氏를 찾어보다. 밤 아홉 시 차車에 떠나가시는 영관永琯 군君 자당을 경성역京城驛까지 나가 보았다.

9월 17일. 맑다.

증곡曾谷을 가보다. 얼굴은 그다지 틀리지 아녔다.

9월 18일. 맑다.

조용해趙龍海 군君의 편지를 받어보다. 최학송崔鶴松 군君이 찾어오다.

9월 19일. 맑다.

유도순劉道順 군君이 찾어오다. 진주晉州 청년青年들이 하는 시가잡지詩歌雜誌에 무얼 써 달라고. 문일평 군文一平君이 오다. 증곡曾谷을 찾어갔다. 매헌梅軒을 맞나 보다.

9월 20일. 맑다.

이중갑李重甲 군君의 편지를 보다. 정충시鄭忠時 군君이 춘천春川 소산所産 고사리, 도라지를 보냈다.

9월 21일. 맑다.

9월 22일. 맑다.

집에 편지와 육포肉脯, 어란魚卵을 보내다.

9월 23일. 맑다. 꽤 칩다. 북풍北風이 불어온다.

9월 24일. 맑다. 북풍北風. 꽤 칩다. 최학송崔鶴松 군君이 오다. 증곡曾谷이 오다. 『문자입문文字入門』을 닑어보다.

9월 25일. 맑다.

9월 26일. 맑다.

숙직宿直. 매헌梅軒이 오다.

9월 27일. 맑다.

조선일보사朝鮮日報社에 가서 장지영張志暎 군君을 찾었다 못 보고, 팔판동八判洞 김영운金永運 군君, 김영근金永近 군君 형제兄弟를 다 보고 돌아오다. 애류崖溜를 맞나 보았다. 최학송崔鶴松 군君은 원산元山을 갔다 왔다는 명함과 조운曺雲 군君이 보내는 어란魚卵 다섯 개를 싸다 놓았다. 저녁에 찬燦 군君의 숙직이란 말을 듯고 중동학교中東學校에 갔었다. 병국炳國이가 동희東熙 입으라고 빩안 짜께트 하나를 사 보냈다.

9월 28일. 맑다.

추석秋夕. 직원회職員會. 처妻가 해쌀밥을 먹고 탈이 났다.

9월 29일. 맑다.

처妻가 좀 났다.

9월 30일. 맑다.

김영근金永近, 한공석韓公錫 군君이 찾어오다.

10월

10월 1일. 맑다.

학교學校 당직當直. 숙직宿直. 최학송崔鶴松, 매헌梅軒이 찾어오다.

10월 2일. 맑다.

병륙秉陸, 병국炳國에게 편지하다.

10월 3일. 맑다.

증곡曾谷을 찾어가 같이 매헌梅軒을 찾어보다. 윤상훈尹相勛 군君의 편지를 보다.

10월 4일. 맑다.

박노갑朴魯甲 군君의 편지를 보다.

10월 5일. 소낙비가 지나갔다. 밤에도 비 좀 왔다.

애류崖溜, 증곡曾谷과 같이 매헌梅軒집에 가서 저녁을 얻어먹었다. 5학년은 제주방면으로 여행旅行을 떠났다. 밤차에.

10월 6일. 맑다 흐리다 하였다.

김용익金容益 군君이 비충농증鼻充膿症을 곤히러 아츰차에 왔다. 진사進士어른의 자세한 편지가 왔다. 찬燦 군君이 오다.

10월 7일. 맑다.

이병도李丙燾 군君을 찾어보고 종일終日 놀았다. 조선사朝鮮史에 대한 이아기를 하며. 저녁에는 증곡曾谷을 찾어보았다.

10월 8일. 흐리다. 음산하다.

박노갑朴魯甲, 이상호李相浩 군君께 편지를 하다.

10월 9일. 맑다.

밤 10시十時 20분二十分에 떠나는 목포행木浦行 열차列車를 타고 우리 일행一行(이일李一, 진장섭秦長燮, 내전 선생內田先生, 2학년二學年 생도生徒 134인百三十四人 총總 138인百三十八人)은 수학여행修學旅行을 하다. 생도生徒들이 떠드는 바람에 잠 한잠 못 잤다.

10월 10일. 맑다. 논산역論山驛에 나리니 오전午前 5시五時 6분六分, 아즉도 어둡다. 주동국周東國 군君이 여관旅館 사람과 같이 맞웅을 나왔다. 우리 일행一行은 발우 관촉사灌燭寺로 갔다. 날은 차차 밝어온다. 미륵불彌勒佛을 보았다. 아츰 연긔하고 안개가 들 언덕 여긔저긔에 깔려 있는 것이 썩 보기 좋다. 맞히 힌 물ㅅ결 같기도 하고 혹은 양의 떼 같기도 하다. 훌륭한 그림이다.

돌아와 논산여관論山旅館에서 밥을 먹고 일행一行은 부여扶餘로 갔다. 탄현炭峴을 넘어서 백제百濟 왕릉王陵을 보고 부여扶餘 읍내邑內로 가서 평제탑平濟塔을 보고 나는 일행一行에게 평제탑平濟塔을 말하였다.

금성여관錦城旅館에 들었다. 백남진白南鎭 군君과 같이 밥을 먹었다. 발이 불어터 행보行步하기가 어렵다. 밤에 학생學生들 자는 여관旅館마다 한번 돌아단이며 보았다.

10월 11일. 맑다.

아츰 먹고는 우리 일행一行은 고적진열장古蹟陳列場, 부소산扶蘇山, 반월성半月城, 유인원비劉仁願碑, 창고지倉庫址, 송월대送月臺, 사자루泗沘樓, 낙화암落花岩, 고란사皐蘭寺를 보고 그 밑에서 배를 타고 낙화암落花岩을 돌아 대재각大哉閣, 자온대自溫臺, 수북정水北亭, 규암리窺岩里, 구룡포九龍浦, 대왕포大王浦를 지나 강경江景으로 오다. 부두埠頭에 나리니 오후午後 여섯시 반半. 좀 어둡다. 일행一行은 중정中町 장흥여관長興旅館을 찾어갔다. 여관旅館 주인主人은 올 줄은 알었다면서도 아무 준비準備도 없다가 그제야 방을 치고 야단이다. 그러나 방이 자래지 못하여 또 다른 여관旅館(군산여관群山旅館) 하나를 치고 들었다. 밤에 한 번 돌아보았다.

10월 12일. 맑다.

오전午前 10시十時 일행一行은 강경역江景驛에서 차車를 타고 군산群山을 가다. 이리역裡里驛에서 정건鄭建 군君을 맞나 보았다. 영시零時 오십 분五十分에 군산역群山驛에서 나리다. 윤상훈尹相勛 군君이 맞웅 나왔다. 군산여관群山旅館으로 들어가서 점심點心을 먹고 나서 시가市街을 돌아 미곡취인소米穀取引所를 구경하고 공회당公會堂에서 미곡상종합소장米穀商組合所長 삼국오랑森菊五郎의 미곡취인米穀取引에 대한 강연講演을 듯고 망해수도望海隧道로 들어가서 해안海岸에 나서 냉장소冷藏所를 보고 명월산明月山 공원公園을 보고 축항築港을 보고 공립보통학교公立普通學校로 들어가 생도生徒들은 흩어 보내고 사무실事務室로 들어가 여러 선생先生들과 이야기를 하다가 김용진金容振 군君을 맞나서 윤상훈 군과 같이 여관으로 돌아오다. 김용진 군이 술 한 상床을 차려오다. 같이 저녁을 먹고 일행一行은 밤 10시十時에 떠나 서울로 돌아오다.

10월 13일. 맑다.

오전午前 7시七時에 경성역京城驛에 나리다. 제주 갔든 5학년五學年 생도生徒들도 같이 나렸다. 역驛 앞에서 해산解散하였다.

밤에 학교學校 숙직宿直을 당하였다. 전화電話가 끊임없이 오는 통에 잠을 잘 수 없었다. 서상천徐相天 선생先生이 갑자기 대구大邱를 간다고 기차汽車 할인권割引券을 찾는데 사무실 책상을 뒤져 보고 소사를 각처를 보내보고 하여 한참 야료를 일웠다.

10월 14일. 맑다.

종일終日 건너방 도배를 하노라고 고개가 앓벘다.

10월 15일. 비.

학교學校에 가서 이번 수학여행修學旅行의 회계표會計表를 꾸몄다.

10월 16일. 맑다.

최학송崔鶴松 군君이 학교學校로 찾어와 조운曺雲 군君의 혼례婚禮에 대한 의논을 한다. 증곡曾谷을 보다.

10월 17일. 맑다.

안확安廓 군君이 오다. 육당六堂이 중추원中樞院 촉탁囑托으로 들어갔다고 한다.

10월 18일. 맑다.

박노갑朴魯甲 군君의 편지를 보다.

10월 19일. 맑다.

매헌梅軒이 오다. 육당 최남선이 연봉年俸 삼천 원三千円으로 중추원中樞院에 들어갔다는데 올 너름에 이 일을 천봉天鳳 심우섭沈友燮을 시겨 전 총독 재등실齋藤實에게 청하여 써 달라 한즉 총독부에서는 독립선언서獨立宣言書를 지은 사람이라 하여 괄각恝却을 하다가 몹시 애걸하는 바람에 이걸 시겨주었다 한다. 이를 기미己未 이전에는 잡지 급서적雜誌及書籍 발간자發刊者로서 유지有志한 이라 하였고 기미己未 이후에는 더욱이 니름 난 지사志士로 알었으나 나는 일즉붙어 그러케는 믿지 아녔다. 『동아일보東亞日報』에 윤덕영尹德榮 대서代書를 쓴 이도 그이요, 김윤식金允植 사회장社會葬을 은근慇懃이 주장主張한 이도 그이오, 『동명東明』잡지雜誌 끝에 『시대일보時代日報』를 하다가 보천교補天教 차경석車敬錫에게 삼만 원三萬円 받고 팔어 먹은 이도 그이요, 광문회光文會 한다고 남의 돈, 남의 책册들은 독차지하고 만 이도 그이요. 단군檀君을 상품商品으로 삼어 영리營利하는 이도 그이다. 이번 중추원中樞院에 들어간 것도 단군檀君 장사의 남어지일 것이다. 조선사朝鮮史 편찬위원編纂委員이 되었다 한다.

매헌梅軒과 같이 증곡曾谷을 가 보고 놀다 오다.

10월 20일. 맑다.

최학송崔鶴松을 찾었다 못 맞나 보다. 밤에 강종원姜鍾遠이 와 본다.

10월 21일. 맑다.

아츰에 학송鶴松과 은송隱松을 찾어보다. 학송鶴松과 조운曺雲 군君이 찾어오다.

10월 22일. 맑다. 오전午前 7시七時 전동典洞에서 조운曺雲, 학송鶴松 군君의 가족家族과 같이 아츰을 먹고 나는 먼저 경성역京城驛으로 나갔었다. 8시八時 50분五十分 발發 회령행會寧行 차車로 조운曺雲 군君, 학송鶴松 군君의 가족家族과 양건식梁建植, 염상섭廉想涉, 김형모金衡模 군君과 같이 동두천東豆川을 가 나려서 소요산逍遙山 자재암自在庵으로 가다. 맞힘 청운공립보통학교淸雲公立普通學校 남녀男女 학생學生

들이 원족회遠足會를 하는데 우리 일행一行과 같이 갔다가 그들은 점심點心만 먹고 먼저 돌아갔다. 우리는 자재암自在庵에서 술상 하나를 벌여 놓고 죽 둘러 앉어서 조운曺雲 군君과 노함풍魯咸豊 군君과의 결혼結婚 피로披露를 하였다. 조운曺雲 군君의 피로사披露辭가 있고 염상섭廉想涉 군君의 축하사祝賀辭가 있은 뒤에 술을 마시며 담소談笑를 하다가 암庵의 후정後庭에서 일동一同이 촬영撮影을 하였다. 상섭想涉 군君은 술이 취하여 정신精神을 못 차린다. 건식建植 군君을 떨어지고 나만 상섭想涉 군君을 붙들고 갖은 주정을 다 받고 십 리十里나 되는 그 험險한 산山ㅅ골ㅅ길로 나려와 동두천역東豆川驛에 이르니 컴컴하다. 그제야 석유등石油燈에 불은 켠다. 주정하는 염 군廉君을 간신히 갈앉혀 벤치 위에 재우고 약約 한 시간時間 반半이나 기다려서 염 군廉君을 깨워 붙들어 가지고 차車에 올라 청량리淸凉里 와서 나렸다. 염 군廉君의 주정은 그저 한 모양이다. 다른 사람만 맞나면 객기客氣를 부리고 소리를 지르고 시비是非를 청한다. 나는 그럴 제마다 제발 사과謝過를 하며 중재仲裁를 하였다. 청량리淸凉里에서도 선술집으로 들어가서 야단을 친다. 또 빌어 올리고 전차電車로 올라 종로鐘路에서 같이 나려 또 어느 선술집으로 끌려 들어가 두어 잔을 하고는 염 군廉君은 자기自己의 집으로 돌려보내고 나는 나대로 돌아왔다.

10월 23일. 맑다.

학교學校에서는 어제 3학년三學年 생도生徒 일동一同이 학생學生 자치획득自治獲得(문우회독립文友會獨立, 학생교정學生校正 참가參加) 전제교장專制校長 배척排斥, 교장校長은 총독부總督府 주최主催 중등中等학교장회의學校長會議에 참가參加치 말 것. 조선어朝鮮語 시간時間 연장延長, 대수代數 선생先生 사임辭任, 수신修身 선생先生 근신謹愼, 기숙사寄宿舍 설치設置 등 조건條件을 제출提出하고 동맹同盟 휴학休學을 단행斷行하였는데 임시臨時 직원회職員會를 열고 3학년三學年 일동一同에게는 무기정학無期停學, 그 주모자主謀者에게는 퇴학退學을 식였다. 그리고 그 나머지 학생學生들은 여전如前히 공부工夫를 하는데 3학년三學年 생도生徒들이 모여 수업授業을 방해妨害하다가 종로鐘路 경찰서警察署에 검속檢束이 되었고 4학년四學年 생도生徒들은 삼학년三學年을 동정同情하여 맹휴盟休를 하여 총퇴학원總退學願을 제출提出하였다. 검속檢束된 학생學生들은 밤에 대부분 놓였다. 또 직원회職員會를 열고 4학년四學年 일동一同에게 무기정학無期停學, 그 주모자主謀者에게 퇴학처분退學處分을 하였다. 김동수金同洙 군君이 왔다. 조 형趙兄께 편지하다.

10월 24일. 맑다.

또 직원회職員會를 열고 숨어 있는 주모자를 처벌하였다.

10월 25일. 맑다.

또 1학년一學年 생도生徒 일부분이 동요하였다. 주모자에게는 퇴학退學과 무기정학無期停學을 식였다. 임시직원회. 애류가 왔었다.

10월 26일. 맑다.

또 2학년 생도 일부분이 동요하였다. 1학년 예와 같이 처벌하였다. 김동수金同洙 군君이 떠나갔다. ○○○ 군君이 왔었다.

10월 27일. 맑다.

임시臨時 직원회職員會. 김영운金永運 군君이 찾어와서 같이 한공석韓公錫 군君을 방문訪問하다.

10월 28일. 구름 끼고 비 좀 오다.

김영운金永運 군君, 한공석韓公錫 군君과 같이 남산南山까지 갔다 우태雨態가 있어 돌아오다가 종현鍾峴을 지나며 비를 맞나 어느 식당食堂으로 들어가 점심點心을 사먹고 맞흠내 자동차自動車를 불러 타고 오다.

10월 29일. 맑다. 서풍西風. 되우 차다.

숙직宿直. 임시臨時 직원회職員會.

10월 30일. 맑다.

조 형趙兄의 편지를 보다.

10월 31일. 맑다.

매헌梅軒과 같이 증곡曾谷을 찾어보다.

11월

11월 1일. 맑다.

임시臨時 직원회職員會.

11월 2일. 비바람이 몹시 친다. 근년近年 처음 보는 폭풍暴風이다. 천동天動 벽력霹靂을 한다.

11월 3일. 맑다.

증곡曾谷을 보다.

11월 4일. 맑다.

양건식梁建植. 안확安廓, 임청林靑, 애류崖溜가 찾어와 놀다. 춘원春園이 내 시조時調 대하여 악평惡評을 한다고 전한다. 나는 이런 말을 들을 때 반감反感, 반항反抗을 가지는이보다 돌이여 무관심無關心한다. 나의 집착執着인지는 모르지만 이만한 자신自信은 있다.

11월 5일. 맑다.

조 형趙兄에게서 전화電話가 오다.

11월 6일. 맑다.

조 형趙兄의 편지를 보고는 답장答狀을 하다.

11월 7일. 맑다 흐리다.

11월 8일. 맑다.

정금해鄭金海 집에서 혼인을 지나고 음식飮食을 보냈다. 애류崖溜가 오다.

11월 9일. 맑다.

11월 10일. 맑다.

11월 11일. 흐리다.

유도순 군劉道順君이 찾아오다.

11월 12일. 비 좀 오다.

11월 13일. 맑다.

11월 14일. 맑다.

매헌梅軒을 찾아보다.

11월 15일. 맑다.

11월 16일. 맑다.

김동수金同洙 군君이 무와 배추 두 섬을 보내 주었다.

11월 17일. 맑다.

찬燦 군君, 애류崖溜가 찾어오다.

11월 18일. 맑다.

애류崖溜와 같이 찬燦 군君을 찾어보고 장현식張鉉植 군君도 찾어보았다.

11월 19일. 흐리다.

맹휴盟休에 정학停學 되었든 4四, 3학년생三學年生도 오날붙어 다 등교登校하여 공부工夫한다.

11월 20일. 폭풍우暴風雨.

이익상李益相 군君, 매헌梅軒 군君이 찾어오다. 「율격律格과 시조時調」와 「사비성泗沘城을 찾는 길에」와의 원고原稿를 익상益相 군君에게 주었다.

11월 21일. 흐리다.

11월 22일. 맑다.

매헌梅軒을 찾어보고 같이 애류崖溜를 찾어보다.

11월 23일. 맑다.

최창해崔滄海 군君의 대부인상大夫人喪의 부고訃告가 오다.

11월 24일. 맑다. 봄날 같다.

병륙秉陸에게 편지 붙이다. 조용해趙龍海 군君의 편지를 보다.

명월관 본점明月館本店에서 교장校長이 초대招待를 하였다. 밤 열 시나 되어 나는 돌아오다.

11월 25일. 맑다.

김영운金永運 군君을 찾어보고 같이 놀다가 같이 한공석韓公錫 군君을 찾어 저녁까지 얻어먹고 놀았다.

11월 26일. 맑다.

매헌梅軒이 약식藥食을 가져왔다.

11월 27일. 맑다.

이웃에 사는 우종관禹鍾觀 군君의 집에서 대상大祥을 지나고 음식飮食을 많이 보냈다. 매헌梅軒을 찾어보다. 강종원姜鍾遠, 박해준朴海雋,

유인곤柳寅坤이 찾아오다.

11월 28일. 맑다. 숙직宿直.

유인곤柳寅坤, 김봉칠金鳳七이 찾아오다.

11월 29일. 맑다.

임시臨時 직원회職員會. 매헌梅軒이 오다. 같이 증곡曾谷을 가보다.

11월 30일. 맑다.

대판옥大阪屋으로 해서 오는 길에 매헌梅軒을 찾아보다. 조용해趙龍海 군君께 편지하다.

12월

12월 1일. 맑다.

교내축구대회校內蹴球大會가 있었다.

12월 2일. 구름 끼다. 밤에 비 오다.

증곡曾谷 집에 놀러 갔다 비를 맞나 새로 3시三時에나 돌아왔다.

12월 3일. 맑다.

오후午後 5시五時 반半 최학송崔鶴松 군君과 같이 조선일보사朝鮮日報社로 가서 유완희柳完熙, 박팔양朴八陽, 최상덕崔相德, 유도순劉道順 군君들을 맞나 서대문정西大門町 일정목一丁目 77七七 유형기柳瀅基 군君(『신생新生』 잡지雜誌 편집인編輯人) 집으로 가서 저녁을 먹고 담화談話를 하였다. 열 시가 넘어서 집으로 돌아왔다. 교장校長 위로회慰勞會(명월관 본점明月館本店)에는 못 갔었다.

12월 4일. 맑다.

찬燦 군君을 찾어보다. 애류崖溜를 맞나다.

12월 5일. 맑다.

매헌梅軒을 찾어보다.

12월 6일. 맑다.

매헌梅軒이 돈을 변통變通해 가지고 왔다. 오후午後 4시四時 반半 경성대학京城大學 조선문학회朝鮮文學會 주최主催 강연회講演會를 갔다. 고교 박사高橋博士의 병호시비屛虎是非, 소창 박사小倉博士의 평안도平安道 방언方言에 대對한 말을 들었다. 그러고 식당食堂에서 저녁을 먹고는 미신迷信에 대對하여 좌담회를 열었다. 귀신鬼神, 무당巫堂 등等 풍속風俗에 당한 여러 가지 이야기가 이 입 저 입에서 나왔다. 꽤 자미滋味 있었다. 열 시나 되어서 집에 돌아와 매헌梅軒을 맞났다. 병륙秉陸이 편지가 오다.

12월 7일. 맑다.

임시臨時 직원회職員會. 애류崖溜에게 돈 백 원百円을 변통變通해 주었다.

12월 8일. 맑다.

집에서 보낸 찹쌀이 오다. 진고개를 단여오다가 수선화水仙花를 안합상점安合商店에서 사오다. 애류崖溜 자당慈堂의 의차衣次 한 벌과 면麵 두 채반을 해 보냈다.

12월 9일. 눈 오다 비 오다.

우산雨傘을 받고 매헌梅軒께 가서 같이 애류崖溜 집으로 오다. 이능화李能和 씨氏는 벌서 와 앉으셨다. 애류崖溜 자당의 회갑回甲이다. 술을 먹다 날이 저믈어서야 돌아오다.

하청운河淸雲(경렬慶烈)의 편지를 보다. 동기휴가冬期休暇에 꼭 와 달라고, 조운曺雲 군君의 편지를 보다. 신혼 후 새 살림 맛이 났다며 동기휴가冬期休暇에 꼭 와 달라고. 그 자당께서는 백어白魚젓까지 담어 놓고 기다린다고 한다.

12월 10일. 맑다.

석대홍石大洪 군君이 동기휴가冬期休暇에 남한산성南漢山城에 와서 강연講演을 해달라고 한다. 한빛사社 이호李灝에게 「시조원류론時調源流論」 원고原稿를 보내라고 전화電話하였다.

12월 11일. 맑다.

김란기金鸞基, 이종완李種完이 오다.

12월 12일. 맑다.

유도순劉道順 군君이 오다.

12월 13일. 맑다. 「시조원류론時調源流論」 원고原稿를 가졌다. 조운曺雲 군君께 답장答狀하다.

12월 14일. 흐리다.

「시조원류론時調源流論」 원고原稿를 『신생新生』 잡지雜誌에 낸다고 유도순劉道順 군君이 가져갔다. 최남선崔南善 시조時調에 대한 평評이 좀 있다고 최남선崔南善이며 그 졸도卒徒 한빛사社 측, 이호李灝, 변영로卞榮魯 따위들이 낮은 말을 하며 단인다더니 이것을 찾어다 『신생新生』에 내려한즉 남선南善에게 대한 평評만은 빼어달라고 하는 청請이 들어온다. 최남선崔南善이며 그 졸도卒徒 — 변영로卞榮魯, 정인보鄭寅普 — 들은 퍽 저주하는 모양이다. 옛날 주자주朱子註 하나만 곧혀도 사문난적斯文亂賊으로 모는 것보다도 심한 일이다. 최남선崔南善이가 진시황만한 권리를 가졌드라면 무엇을 하였을고. 부정不正한 사람에게는 명예도 있고 권리도 있고 딸아서 당도黨徒도 있다.

나는 나 하나만이다. 하나 걸주桀紂의 당도黨徒는 억만億萬이라도 두렵지 않다.

12월 15일. 맑다, 흐리다.

김영운金永運 군君이 저녁밥을 같이 먹자고 오라는 것을 못 갔다. 민형식閔衡植 우하又荷가 그 아들 병길丙吉 상喪을 동경東京에서 당하고 운구運柩하여 오는 일행一行이 오후午後 7시七時 용산역龍山驛에 와 닿는다 함으로 학교學校 직원職員 일동一同이 맞웅을 나가게 되어 나도 참가參加하여 갔었다. 가 보니 과연 맞웅 나온 이가 많다. 그 집안 족척族戚과 하인下人 붙이는 물론이고, 그 외外에 한일은행韓一銀行 축, 사회社會, 회사會社 축, 사자舍者 축 하여 수백 명數百名 이상以上이다. 우하又荷 일행一行을 맞나 보고는 나는 박술음朴術音 군君과 같이 오다. 학교學校 숙직실宿直室에 들어 얘기하다 왔다.

12월 16일. 맑다. 칩다. 밤에 눈이 오다.

조용해 군趙龍海君, 하청운河清雲께 편지 보내다.

경성대京城大 학생學生 조윤제趙潤濟 군君이 찾어와서 여러 시간時間 얘기를 하였다. 조선문학朝鮮文學에 대한 얘기다. 수당壽堂이 왔다. 오래 놀았다.

12월 17일. 맑다.

학교學校 시험試驗을 비롯하였다. 조용해趙龍海 군君의 편지가 오다.

12월 18일. 맑다.

신민사新民社 기자記者가 와서 소년少年에게 문예文藝에게 대한 의견意見을 묻는다. 소년少年에게는 "부단不斷의 노努", 문예文藝에게 "먼저 사생문寫生文을 힘써 사실주의寫實主義로 나가자." 하였다.

최학송崔鶴松 군君이 저녁밥을 해 놓고 같이 먹자 하여 갔었다. 애류

崖溜, 유도순劉道順 군君, 최독견崔獨鵑 군君도 왔었다. 술도 있다. 잡담雜談도 하였다. 집에서 편지며 백 원百円 환전표換錢票가 왔다.

12월 19일. 맑다. 몹시 칩다.

오철호吳徹浩 군君이 왔다. 반갑다. 애류崖溜, 매헌梅軒도 오다. 두어 시간時間을 같이 앉어 담소談笑하였다. 다시 조선불교회朝鮮佛敎會가 생각난다.

12월 20일. 맑다.

증곡曾谷을 찾고 매헌梅軒집에 가서 오철호吳徹浩, 김병룡金秉龍, 애류崖溜, 증곡曾谷과 같이 저녁을 먹었다.

12월 21일. 맑다.

김병룡金秉龍, 오철호吳徹浩 군君을 오라고 하여 저녁을 같이 먹었다. 집에 편지하였다. 애류가 꿔어간 백 원百円을 가져왔다. 조용해趙龍海 군君의 편지가 오다.

12월 22일. 흐리다 비가 온다.

한일은행韓一銀行 관훈동寬勳洞 지점支店에 저당한 집값 남어지 백삼십 원百參拾円은 다 치르고 그 문서류文書類를 찾어오다. 최익채崔益采, 조용해趙龍海 군君에게 편지를 하다. 학교學校 시험試驗은 끝맞히고 종업식終業式을 하였으나 성적成績 고사考査니 무에니 하는 일ㅅ거리는 산山ㅅ덤이 같이 남었다.

12월 23일. 맑다.

오날도 종일終日 학교學校에서 일을 하였다.

12월 24일. 맑다.

성적고사회成績考査會. 밤에는 명월관 본점明月館本店에서 망년회忘年會를 하였다. 매헌梅軒을 찾어보고 꿔어 온 돈을 갚어주었다.

12월 25일. 맑다.

성적成績을 발표發表하였다. 애류崖溜, 매헌梅軒, 오철호吳徹浩, 김병룡金秉龍 군君과 같이 영도사永導寺에 가서 저녁을 먹었다. 석전石顚 상인上人도 맞나 보았다. 밤이 깊어서 달 알에 솔나무 그림자를 밟으며 돌어오다.

12월 26일. 맑다.

동희東熙, 태전太田이를 다리고 진고개에 갔었다. 오철호吳徹浩 군君을 찾다.

12월 27일. 맑다.

황석우黃錫禹, 도진호都鎭鎬 군君이 찾어와 『조선시단詩壇』 주최主催 강연회講演會에 나와 강연講演을 해 달라고 조른다. 오철호吳徹浩 군君을 찾다.

12월 28일. 맑다.

애류崖溜가 오다. 같이 이윤재李允宰 군君을 찾다.

12월 29일. 맑다.

오철호吳徹浩 군君을 찾어 같이 매헌梅軒을 보고 같이 와서 저녁을 먹다.

12월 30일. 맑다.

오철호吳徹浩 군君이 떠나는데 김병룡金秉龍 군君과 같이 용산龍山까지 나갔다. 저녁에 천도교天道敎 기념紀念 강당講堂에 가서 「시조時調의 사적史的 발전發展 급及 문학적文學的 지위地位」에 대하여 강연講演을 하였다. (조선시단朝鮮詩壇 주최主催).

12월 31일. 눈.

아츰 7시七時 반半 차車로 떠나 오후午後 2시二時 강경역江景驛에서 나려 두어 시간時間이나 기다리다가 병관秉寬 군君을 맞나 같이 자동차自動車를 타고 저믈어서야 새술막까지 나려 집에 들다. 집안은 감긔가 한통이다. 어머님께서도 앓으시다 일어나서 반기신다. 노성魯城 고모부姑母夫께서 오셨다. 안삼호安三湖 박만취朴晩翠가 와 멈으른다.

1929년(단기 4262년)

1929년(단기 4262년) 기사己巳

1월

1월 1일. 맑다 칩다.

저녁은 작은아버지 댁에서 먹었다. 초거주서여初居珠書如 — 운韻ㅅ자字를 내어 한시漢詩를 짓는 데 끌려 지어보았다.

1월 2일. 맑다.

사곡沙谷 종조부從祖父를 가 뵈었다. 노성魯城 아자씨는 가셨다.

1월 3일. 맑다가 흐리고 음산하다.

오날 떠나기로 하다가 어제 병룡秉龍이가 가미도씨보중익기탕加味陶氏補中益氣湯을 지어 한 첩帖을 다려 잡수시고 더쳐서 앓으심으로 못 떠났다. 향소음香蘇飮을 써서 신열身熱은 좀 물러갔다.

1월 4일. 대설大雪.

오전午前 8시八時 반半 신막新幕에서 자동차를 기다리다 눈은 펑펑 쏟아진다. 9시九時 반半에야 자동차自動車를 타고 사뭇 눈ㅅ속으로 이리裡里를 갔다. 11시十一時 반半 전주행全州行 차車를 타고 차창車窓으로 좌우左右 설경을 내다보며 전주全州에 이르어 조 형趙兄댁으로 찾어들다. 만실滿室 우환憂患이다. 애들은 홍역紅疫. 저녁에 청운淸雲을 맞나다.

1월 5일. 흐리다. 야우夜雨.

조반朝飯 뒤에 조병은趙炳殷을 앞세고 가서 청수정淸水町 병숙秉玉의 집을 찾어보고 이덕가李德可 씨氏를 보고 대화정大和町 청운淸雲집으로 가서 백정목白定木 청운淸雲을 맞나 한글 토론討論을 하다. 조 형趙兄도 왔다. 오찬午餐을 먹다. 그리고 청운淸雲과 조 형趙兄과 조 형趙兄 집으로 와 잤다.

1월 6일. 맑다.

오전午前 8시八時 떠나 9시九時 10분十分 전주역全州驛에서 차를 탔다. 병국炳國, 청운淸雲이 와 전송餞送을 한다. 오후午後 7시七時 40분四十分 경성역京城驛에서 나려 전차電車로 해 안국동安國洞에 이르니 태전太田이와 동희東熙가 와 기다린다. 규동桂洞 집에 드니 한희漢熙도 아니 자고 누님도 와 있다. 병국炳國이가 준 건시乾柿 한 상자箱子를 내 놓고 난워주었다.

1월 7일. 눈.

학교學校에 갔었다. 출석부出席簿만 처리處理하였다. 장남계張南溪를 찾어보고 전주全州 누님 약방문藥方文을 내어 달라 하였다. 집에 편지하다.

1월 8일. 눈.

개학식開學式. 장남계張南溪에게 약방문을 얻어 전주全州 편지를 붙이다.

1월 9일. 맑다.

『휘문徽文』 잡지雜誌의 준準을 보았다. 숙직宿直.

1월 10일. 맑다.

매헌梅軒을 보았다.

1월 11일. 맑다.

조선문법朝鮮文法 원고原稿를 등사원지謄寫原紙 네 장張을 썼다.

1월 12일. 흐리다.

오후午後 5시五時 태서관泰西館에서 신명균申明均, 이중건李重乾, 정열모鄭烈模, 최현배崔鉉培, 이윤재李允宰, 권덕규權德奎, 이정원李正源 군君들과 같이 모여 저녁을 먹었다. 비용費用은 신명균申明均 군君이 요전 한글강습회講習會 수입금收入金으로 썼다. 병륙秉陸이 편지가 오다. 어머님 병환이 평복平復되시었다 한다.

1월 13일. 맑다.

수당壽堂이 오다.

1월 14일. 맑다.

안국동安國洞 예배당禮拜堂에서 한글강습회講習會를 열었다. 「한글과 시조時調」란 제목題目을 가지고 한 시간時間 말하였다. 회원會員은 백여 명百餘名.

1월 15일. 맑다. 칩다.

안국동安國洞 예배당禮拜堂에 가서 「한글과 시조時調」로 한 시간時間 말하였다.

1월 16일. 맑다.

최학송崔鶴松, 애류崖溜와 같이 저녁을 먹었다. 증곡曾谷이 오다.

1월 17일. 맑다.

매헌梅軒을 찾다.

1월 18일. 맑다.

조용해趙龍海 군君 편지가 오다.

1월 19일. 맑다.

교장校長집에 가서 문병問病. 안국동安國洞 예배당禮拜堂에 가서 한글강습회講習會를 보다.

1월 20일. 맑다 흐리다.

증곡曾谷을 찾어 못 보고 수표교水標橋 교육협회敎育協會를 가 이중건李重乾 군君도 못 보고 매헌梅軒을 찾어보다.

1월 21일. 맑다.

풍기豊基 준시蹲枾 백 개百個를 일 원一円 육십 전六十錢에 사다.

1월 22일. 맑다.

조운曺雲 군君의 편지가 오다.

1월 23일. 맑다.

쓸에발기통를 곧히다.

1월 24일. 맑다.

조용해趙龍海 군君, 조운曺雲 군君께 편지를 하다.

1월 25일. 맑다.

교내校內 유도柔道, 검도대회劍道大會를 구경하다.

1월 26일. 맑다.

아츰 안개가 걷히고 해가 따뜻하게스리 빛인다. 직원회職員會. 안국동安國洞 예배당禮拜堂 김우현金禹鉉 목사 집에서 석찬夕餐을 먹었다.

1월 27일. 맑다.

애류崖溜, 매헌梅軒. 증곡曾谷을 찾어보다. 매헌梅軒, 증곡曾谷과 같이 석반夕飯을 먹었다.

1월 28일. 맑다.

애류崖溜가 오다.

1월 29일. 맑다.

조용해趙龍海 군君의 편지가 오다. 마음이 유쾌愉快하다.

1월 30일. 맑다.

시마詩魔에 끌려 자정子正을 지나 잤다.

1월 31일. 맑다. 칩다.

『삼국사기三國史記』를 읽었다.

2월

2월 1일. 맑다. 바람. 영하零下 이십 도二十度.

음陰 무진戊辰 12월十二月 22일二十二日이다. 화평花坪 소산 장小山丈이 기세棄世.

2월 2일. 맑다.

한강漢江 토정土亭 앞에서 빙상경기대회氷上競技大會를 하였다. 오후午後 4시四時에 돌아오다.

2월 3일. 맑다.

증곡曾谷, 매헌梅軒을 찾어보다.

2월 4일. 맑다. 입춘立春.

2월 5일. 눈.

소산 장小山丈 돌아갔다는 부고訃告가 왔다. 집에 편지 붙이다.

2월 6일. 맑다.

숙직宿直.

2월 7일. 맑다.

오날 은동隱洞 진사進士 어른이 돌아가셨다는 전보電報가 오다. 오날은 음陰 무진戊辰 12월十二月 28일二十八日. 팔판동八判洞을 가서 영운永運 군君을 보았다.

2월 8일. 맑다. 밤에 비가 좀 오다. 애류崖溜, 찬燦 군君이 오다. 애류崖溜게 이십 원二十円 꿔어주었다. 매헌梅軒이 오다. 유중환柳重桓 형兄께 조장弔狀을 보냈다.

2월 9일. 맑다. 김영운金永運 군君의 편지가 오다. 곳 답장答狀. 조용해趙龍海 군君께 답장答狀하였다. 김영운金永運 군君과 같이 밤 10시十時 20분二十分 차車로 떠나 은동隱洞을 가다. 음陰 무진戊辰 제석除夕(十二月 三十日).

2월 10일. 맑다. 음陰 기사己巳 정월正月 일일一日.

오전午前 4시四時 반半 두계역豆溪驛에 나려 컴컴한 속으로 히미한 눈ㅅ길을 찾어 산모롱이 하나를 돌아 길을 잃고 사뭇 눈 덮인 밭두렁 논두렁으로 헤매어 권중학權重學 군君을 찾었다. 맛힘 일어나 사랑 부엌에서 불을 때는 이가 있어 그에게 물어 중학重學 군君의 자는 방을 알어가지고 들어가 자는 이를 깨웠다. 술ㅅ국을 마시어 해장을 하였다. 좀 누워 자려다가 깨었다. 해는 벌서 떠오른다. 은동隱洞으로 가서 보니 벌서 가빈家殯을 하고 성복제成服祭를 지낸다. 참가하였다. 사당祠堂에 고유告由를 한다. 안상제喪制 밧상제喪制 급及 복인服人들이 대곡對哭을 한다. 가빈家殯을 가 보았다. 영운永運 군君은 오반午飯 후後 다른 데로 갔다. 호상소護喪所에 있었다. 부의賻儀 십 원十円.

2월 11일. 눈. 종일終日 흐리다.

오후午後 4시四時 55분五十五分 차車로 떠나다. 태전太田 정거장停車場 호텔에서 석찬夕餐을 먹었다. 11시十一時 지나 경성역京城驛에 이를었다. 눈보라가 되우 친다. 영운永運 군君과 동행同行하여 오다. 안국동安國洞에서 갈렸다.

2월 12일. 맑다.

김동복金同福을 찾어보았다. 정충시鄭忠時 군君의 편지가 와 있다.

2월 13일. 맑다. 칩다.

태전太田이가 저녁 마슬을 갔다가 열 시쯤 하여 들어오다가 정신精神이 어질하여 마당에서 넘어지고 또 문을 열고 넘어지며 사지四肢를 벌벌 떨기도 하고 불끈 일어나 나가려고도 하고 입에서는 버큼도 나고 불러야 아무 대답도 없다. 간신히 뉘어놓고 나는 홍제병원洪濟病院으로 갔더니 유홍종劉洪鐘이는 맞흠 출타出他하여 못 맞나고 돌아오다. 장남계張南溪를 찾어보고 병세病勢을 말하고 약藥쑥을 사가지고 와 쥐구녁께다 세 방을 때 주었다. 정신精神은 차차 회복된다.

2월 14일. 맑다.

『휘문徽文』 잡지 일로 총독부總督府 도서과圖書課를 가보다. 하춘홍河春興 군君이 소개하여 주어 퍽 편하엿다. 편집과編輯課에 들어가 이원규李源圭 군君과 이능화李能和 씨氏며 현헌玄櫶을 맞나 보았고 하 군河君과 식당食堂에서 점심을 먹었다. 오후午後 6시六時 반半붙어 12시十二時까지 명월관 본점明月館本店에서 대출정독大出正篤[1] 환영회를 열다. 전도田島도 맞나 보다. 정충시鄭忠時 군君께 편지 답장答狀.

2월 15일. 맑다.

매헌梅軒을 찾어보다. 설상을 받었다.

2월 16일. 맑다.

---

1 경성고등보통학교 교유(教諭)

찬燦 군君, 김영근金永近 군君, 양백화梁白華, 염상섭廉想涉 군君이 오다.

2월 17일. 맑다.

매헌梅軒을 찾어보다. 애류崖溜을 가보다. 김영운金永運 군君, 정구태鄭求太 군君과 같이 가서 정금해鄭金海 어른을 찾어보다. 병구秉矩 집을 들여다 보았다.

2월 18일. 맑다.

이창구李昶求 군君이 찾어오다.

2월 19일. 맑다.

연동蓮洞 청년면려회靑年勉勵會에서 주최主催한 한글시조회時調會(연동예배당蓮洞禮拜堂)에 가서 '한글과 고가요古歌謠'에 대하여 강연講演을 하였다. 오후午後 8시八時~9시九時.

2월 20일. 맑다.

이창구李昶求 군君이 오다. 같이 저녁을 먹었다. 연동예배당蓮洞禮拜堂에 가서 강연講演을 하였다. 집에 편지를 하였다. 윤정중尹正重 군君의 편지가 오다. 곳 답장答狀.

2월 21일. 맑다.

연동예배당蓮洞禮拜堂에 가서 강연講演을 하다.

2월 22일. 흐리다.

밤에 좀 비가 오다. 이극로李克魯 군君을 맛나 보았다.

2월 23일. 맑다.

직원회職員會. 동희東熙를 다리고 가서 이발理髮을 하였다. 밤에 매헌梅軒을 찾어보고 같이 가서 김병룡金秉龍 군君을 찾어보고 이야기도 하고 부으름도 깨물었고 약밥도 먹었다.

2월 24일. 맑다.

음력陰曆 기사己巳 정월正月 15일十五日. 한공석韓公錫 군君ㅅ집에서 김영운金永運 군君과 음식상을 받고 놀다가 저녁까지 먹고 같이들 나서 종로鐘路를 돌아왔다.

2월 25일. 맑다.

김지연金志淵 군君, 권태희權泰禧 군君, 하춘흥河春興 군君과 같이 저녁을 먹었다.

2월 26일. 맑다.

이승규李昇圭 군君과 같이 박기홍朴基鴻 씨氏 집에 가서 책冊을 보았다. 매헌梅軒을 찾아보았으며 매헌梅軒과 함상훈咸尙勳 군君과를 청請하여 같이 놀았다.

2월 28일. 맑다.

3월

3월 1일. 맑다.

3월 2일. 맑다. 직원회職員會. 매헌梅軒을 찾아보았다.

3월 3일. 맑다. 조 형趙兄의 편지를 보다.

3월 4일. 맑다. 백우용 군白禹鏞君이 찾아왔다. 김진용金振瑢, 김용익金容益, 윤정중尹正重 군君의 편지가 오다.

3월 5일. 맑다.

졸업식卒業式 준비로 오전午前 네 시간時間만 하였다.

3월 6일. 맑다.

제7회第七回 졸업식卒業式을 오전午前 10시十時 대강당大講堂에서 거행擧行하다. 오후午後 5시五時 석찬회夕餐會를 명월관 본점明月館本店에서 하다.

3월 7일. 맑다.

조용해趙龍海 군君 편지가 오다. 이능화李能和 씨氏 댁宅에서 저녁을 먹었다. 주식酒食이 훌륭하다. 애류崖溜, 안확安廓, 이병도李丙燾, 이중화李重華, 안명환安鳴渙, 임청林靑, 백우용白禹鏞 제군諸君과 같이 모였다.

3월 8일. 맑다.

찬燦 군君과 김인수金仁洙 군君이 찾아오다. 저녁을 같이 먹다.

3월 9일. 맑다.

조용해趙龍海, 김진용金振瑢 군君에게 편지 답장答狀을 하다.

3월 10일. 맑다.

『학생學生』 잡지雜誌 원고原稿를 썼다.

3월 11일. 맑다. 바람이 되우 분다.

송순엽宋淳曄 씨氏가 찾어오다. 숙직宿直.

3월 12일. 맑다. 바람이 되우 분다.

제3학기第三學期 시험試驗을 보다. 송순엽宋淳曄 씨氏를 조선여관朝鮮旅館에 가서 찾어보다. 김용익金容益 군君께 편지 답장答狀하다. 병국炳國이가 오다.

3월 13일. 맑다. 바람이 되우 분다.

병국炳國이가 저녁 차車에 떠나갔다.

3월 14일. 맑다. 바람이 그치지 아니 한다.

인삼人蔘 40편四十片 한 근斤과 부자附子 6냥중六兩重을 사 가지고 송순엽宋淳曄 씨氏을 찾어보고 수철환水銕丸 세 근斤을 지어 달라고 하였다.

3월 15일. 맑다.

심신心神이 좋지 못하다.

3월 16일. 맑다.

저녁 일곱 시붙어 중동학교中東學校에서 한글 횡서橫書에 대對한 토의討議가 있었다. 출석원出席員은 신명균申明均, 최현배崔鉉培, 양건식梁建植, 장지영張志暎, 이재학李在鶴, 심의린沈宜麟, 이세정李世楨, 이원규李源圭, 박현식朴顯植, 정열모鄭烈模, 이상춘李常春, 이극로李克魯, 명이제明以濟. 10시十時에 폐회閉會.

3월 17일. 맑다. 공일空日이지만 출근出勤. 직원회職員會. 김영천金永天 군君이 오다. 이종운李鍾韻 군君 편지가 오다.

3월 18일. 비 오다. 입학시험入學試驗을 보다. 이백二百 명名을 뽑으려 하는데 지원자志願者가 천이백팔십 명千二百八十名이다. 나는 검정시험檢定試驗 보는 이들을 맡어보았다. 밤 열 시까지 사무事務를 보았다.

3월 19일. 맑다.

어제 제1회第一回 시험試驗에 오백여五百餘 명名을 뽑아 오날 또 제2회第二回 시험試驗을 보았다. 저녁에 김영운金永運 군君을 찾어보았다.

3월 20일. 맑다.

구술시험口術試驗을 보았다. 이종운李鍾韻 군君이 찾어왔다.

3월 21일. 맑다.

합격자合格者 이백사십여 명二百四十餘名을 강당講堂에 모여 놓고 여러 가지 지시指示을 하였다. 서상란徐相鸞 선생先生의 초대招待로 명월관 본점明月館本店에 가서 석찬夕餐을 받었다.

3월 22일. 맑다.

3학기三學期 성적고사成績考査하기에 퍽 밭브다.

3월 23일. 맑다.

오후午後 2시二時붙어 직원회職員會를 열고 성적 급 조행사정成績及造行査定을 하였다. 문예공론사文藝公論社에서 원고지原稿紙를 보내고 투고投稿를 하여 달라 한다.

3월 24일. 맑다.

학적부學籍簿 급及 통신부通信簿를 정리整理하였다.

3월 25일. 맑다.

성적成績 발표發表를 하였다. 매헌梅軒을 찾어보고 같이 삼성태본점三成泰本店에 가서 누런 구두 한 커리를 사았다(십일 원十一円). 박노갑군朴魯甲君이 오다.

3월 26일. 맑다.

애류崖溜를 찾어보고 오래 앉어 담소談笑를 하였다. 종로도서관鐘路圖書館 윤지병尹芝炳, 대정생명보험회사大正生命保險會社 이필상李弼相, 박규범朴圭範 군君이 오날 저녁붙어 조선어朝鮮語를 배우러 온다.

3월 27일. 맑다.

학교學校를 잠간 단여 왔다.

3월 28일. 맑다.

조 형趙兄의 편지가 오다.

3월 29일. 맑다.

장성급張性汲, 내전구차內田龜次에게서 편지가 오다. 애류崖溜가 와 『조선사강좌朝鮮史講座』 일반사一般史 1壹을 빌어갔다. 삼판통三坂通[2]에 가서 내전귀차內田龜次를 찾어보았다.

2 삼판통三坂通은 현 용산구 후암동의 일제감정기 명칭임.

3월 30일. 맑다.

학교學校에 갔다가 김건찬金健燦 군君과 같이 창성동昌成洞을 가서 이규종李奎鍾 군君 문상을 하고 이병규李炳奎 선생先生을 찾었다 못 보고 장발 선생張勃先生 집을 찾어들어 점심을 얻어먹고 같이 학교學校로 왔었다.

3월 31일. 맑다.

집에 편지를 하였다. 최윤식崔允植 군君이 찾어오다. 하태홍 군君이 찾어오다.

4월

4월 1일. 맑다.

애류崖溜과 매헌梅軒과 같이 영도사永導寺를 나아가 점심點心을 시겨먹고 들어오다.

4월 2일. 맑다.

직원회職員會가 있다. 2병급二丙級 주임를 맡게 되었다. 전주全州 조형趙兄께며 청운淸雲께 편지하다.

4월 3일. 맑다.

찬燦 군君이 찾어오다. 백우용白禹鏞 군君이 오다.

4월 4일. 맑다.

찬燦 군君이 오다. 애류崖溜도 오다. 저녁을 같이 먹고 이야기를 하였다. 조선어朝鮮語 배우러 온 이필상李弼相 군君 외外 삼인三人은 그대로 돌려보냈다. 밤중만 하여 잠을 깨어 세 시간時間 이상以上을 못 자았다.

4월 5일. 맑다.

교수敎授을 시작하였다. 네 시간時間을 연連하여 떠들고 나니 목이 앓브다.

4월 6일. 구름 끼다.

저녁 먹고 나서 이능화李能和 씨를 찾어보고 같이 삼판통三坂通에 가서 내전귀차內田龜次[3]를 찾어보고 그를 앞세고 소창진평小倉進平[4] 박사博士를 찾어보고 이야기를 하고, 모여 논 책册도 보고 박사博士 논문집論文集(『향가鄕歌 급及 이두연구吏讀硏究』)도 보고 「조선어朝鮮語 된시옷」, 『평안남북도平安南北道 방언方言』도 얻어왔다.

4월 7일. 맑다 구름 끼었다.

중동학교中東學校를 오전午前 10시十時에 가서 횡서橫書 문제問題를 가지고 토의討議한다고 오후午後 5시五時까지 있다가 돌아왔다. 모인이는 이극로李克魯, 최현배崔鉉培, 이상춘李常春, 신명균申明均, 정열모鄭烈模. 문일평文一平 군君을 맞나 같이 와 저녁을 먹었다.

4월 8일. 비 오다. 종일終日.

송순엽宋淳曄 씨氏의 편지가 오다.

4월 9일. 흐리다. 밤에 천동天動과 비.

4월 10일. 흐리고 바람 불다.

해초중학海草中學과 전全 휘문徽文과의 야구시합野球試合을 휘문徽文 운동장運動場에서 하였다. 구경을 하다가 돌아왔다.

---

3 內田龜次는 경성 제1고등여학교 교유(敎諭)

4 소창진평小倉進平(오쿠라신페이, 1882~1944): 일본의 언어학자, 한국어학자.

4월 11일. 맑다.

매헌梅軒을 찾어보다. 김도수金燾洙가 짐을 가지고 와 있다.

4월 12일. 맑다.

장지영張志暎 군君의 초대로 애류崖溜와 나와 이극로 군李克魯君과 같이 안정사安靜寺로 나가 저녁을 먹고 놀다 오다.

4월 13일. 흐리다. 바람이 분다. 우박이 오다 비가 뿌린다.

4월 14일. 맑다.

이극로李克魯 군君을 찾어보고 김성수金性洙 군君을 찾어보다. 조 형趙兄이 편지가 오다.

4월 15일. 맑다.

매헌梅軒을 찾어가 보고 같이 성균관成均館 옆에를 가서 정인보鄭寅普 군君을 찾어보았다. 두 번이나 일어서 오려다가 돌우 붙들려 앉어 이야기를 하였다. 돌아올 제는 달빛이 성균관成均館 앞 숲 사이로 빛인다. 집에 편지며, 소포小包(못짐 일곱 톳, 육포 한 봉)를 보내다.

4월 16일. 맑다.

이필상李弼相 군君 일동一同이 와 조선어朝鮮語 문법文法을 배우다. 숙직宿直.

4월 17일. 맑다.

이필상李弼相 군君 일동一同이 와 조선어朝鮮語 문법文法은 띄었다. 매헌梅軒이 오다.

4월 18일. 맑다.

박술음朴術音 군君과 진고개 서점書店에를 갔었다.

4월 19일. 맑다.

이은상李殷相 군君이 찾어왔다. 같이 저녁을 먹으며 시조時調 연구硏

究와 창작創作에 대하여 이야기를 하였다.

4월 20일. 비. 천동天動 벽력霹靂 뇌광雷光.

4월 21일. 맑다.

찬燦 군君을 찾어보고 점심點心을 먹고 나서 창경원에 갔었다. 앵화櫻花가 한창이다. 내외국인內外國人 남녀노소男女老少— 인산인해人山人海다.

4월 22일. 맑다.

조용해趙龍海 군君의 편지가 오다. 송순엽宋淳曄 씨氏가 수철환水鐵丸 세 제를 지어 가지고 오다.

4월 23일. 비, 전뢰電雷, 취우驟雨, 소우小雨, 대우大雨.

아츰밥도 먹기 전에 은동隱洞 김건수金建洙, 두계豆溪 김종익金鍾翼이가 와서 차귀분車貴芬(태전太田)이를 얻어다 김종익金鍾翼이가 생남生男키 위하여 작첩作妾을 하겠다고 하여 제 의향意向을 대강 탐지探知하고 선을 보이고는 서로 면대面對까지 시기고 이십 원二十円 돈을 쥐어 주어 옷감까지 바꾸게 하였다. 그리고 나는 조반을 좀 떠먹다가 학교學校로 갔었다. 퍽 섭섭한 마음이 난다.

4월 24일. 맑다.

주동국周東國 편지를 받어보았다. 김도수金燾洙에게 김종익金鍾翼이 방금 십팔 세十八歲 되는 처妻를 두었단 말을 듯고 태전太田의 의향意向이 불가不可하다 함으로 이게 사실인지 아닌지 은동隱洞 김동수金同洙 군君께 조사하여 달라는 편지를 써 붙였다.

4월 25일. 비 오다.

봉천奉天 풍용대학馮庸大學 교수들이 휘문학교徽文學校 참관을 왔다.

4월 26일. 맑다. 직원회職員會, 연일連日 마음이 좋지 못 하다. 김인수金寅洙 씨氏가 오다.

4월 27일. 맑다.

두계豆溪 김종익金鍾翼 편지가 오다. 오날 오후午後 8시八時 내경來京하겠다는 뜻으로. 과연 오후午後 9시九時쯤 하여 김종익金鍾翼이 은동隱洞 연순連順이를 다리고 왔다. 들어당짝에 전날 거짓말을 말하니 십팔 세十八歲된 건 얻었다가 내보냈다고 한다. 태전太田이가 불러서 옆에 앉히고 직접直接 담판談判을 하게 하였다. 하나 김金의 말만으로는 믿을 수 없으므로 달리 조사調査하여 본 뒤에 응락을 하겠다 하였다. 김金은 수송壽松여관으로 가 버렸다.

4월 28일. 맑다.

증곡曾谷에게 끌려 매헌梅軒과 같이 동소문 밖으로 산보를 나가 노석老石 댁을 찾었다. 수송여관壽松旅館에 가서 김종익을 찾어보았다. 오날 아츰은 김영운 군金永運君의 집에 가서 먹었다. 군君의 생일生日이다.

4월 29일. 맑다.

대판옥大阪屋에 가서 책册을 찾어오다. 김동수金同洙 군君께 편지를 하다.

4월 30일. 맑다. 돈 삼십 원三十円과 옷 한 벌과 바느질 기구 한 벌을 사서 태전太田이를 주어 저녁 8시八時 반半에 인력거人力車를 태워 수송여관壽松旅館 김종익金鍾翼이게 보냈다. 퍽 서운하다. 김동수金同洙게서 전보電報가 오다.

5월

5월 1일. 맑다 흐리다.

수송여관壽松旅館을 찾었더니 태전太田이와 김金이 문을 걸어 잠그고 외출을 하였다. 매헌梅軒을 찾어보다. 신기神氣가 좋지 못하다. 머리가 앓브다. 휘문학교徽文學校 창립기념일創立紀念日이다. 종일終日 놀았다. 하나 책冊도 보기 싫고 무슨 일이든 하기도 싫고 한 것이 무에라고 말 할 수 없는 심사心事다.

5월 2일. 맑다 흐리다 빗낫이 듯는다.

태전太田이가 오날에야 단이러 왔다. 몇 가지 말을 하여 주었다. 저녁밥이나 먹고 가랐더니 인력거人力車를 불러 타고 간다. 저녁에 가 보니 태전太田이와 김金이 외출外出을 하였다. 연지동蓮池洞 가서 누님을 찾어보았다.

5월 3일. 비가 오다 개였다. 서풍西風이 불고 칩다.

아츰에 김종익金鍾翼이 찾어와 돈 십 원十円을 꿔어 갔다. 오날 열 시 차車에 태전太田이와 같이 간다 한다. 경성운동장京城運動場에서 가서 휘문徽文 대對 중앙中央 야구전野球戰을 보았다.

5월 4일. 맑다.

조 형趙兄의 편지가 오다. 은동隱洞 김동수金同洙 군君께며 집에 편지를 하였다.

5월 5일. 흐리다.

이상호李相湖, 김종익金鍾翼 편지가 오다.

5월 6일. 맑다.

문우회文友會 위원회委員會가 있었다.

5월 7일. 맑다.

5월 8일. 맑다, 흐리다. 바당이 누님이 여산礪山을 간다. 오후午後 10시十時 20분二十分 차車로 전송餞送을 나갔다.

5월 9일. 흐리다.

오후午後 7시七時 40분四十分 부산 차車로 일본시찰日本視察 갔다 오는 서상란徐相鸞 선생을 경성역에서 맞었다.

5월 10일. 맑다.

신광영申侊永, 김종익金鍾翼께 편지를 하다.

5월 11일. 맑다.

매헌梅軒을 찾어 가서 같이 화동花洞까지 와서 증곡曾谷을 찾었다 못 맞났다.

5월 12일. 맑다 비 오다.

증곡曾谷을 다리고 매헌梅軒을 찾어갔다. 매헌梅軒에게 끌리어 신흥사新興寺(홍천사興天寺)까지 나갔다. 청암사淸岩寺 가는 길로 그릇 들었다가 촌村 아이를 맞나 물어 가지고 다시 정릉貞陵을 거쳐 고개 하나를 넘어서니 신흥사新興寺다. 칠성각七星閣 옆에 집에 들어 밥을 시겨먹었다. 비는 나린다. 그치지 않는다. 얘기얘기 하다가 이제나 그칠가 하며 보면 한 모양으로 온다. 옆방에서는 주인主人 악아씨가 코를 곤다. 날은 저믈어간다. 주인主人 노파老婆는 마루에 나서 우산雨傘 얻어 줄 걱정을 한다. 말이나마 고맙다. 그 알에 그 이웃집들에는 장고 소리, 놀애 소리가 난다. 동구洞口에는 자동차自動車가 와 기다리고 있다. 돌아가는 자동차自動車에게 다시 오기를 항약亢約하였다가 실패해 버리고 다시 온 자동차自動車에 실려 우리 일행一行은 창경원昌慶苑까지 와서 나렸다. 집에 들어오니 오후午後 11시十一時.

5월 13일. 흐리다.

김영룡金永龍 군君이 경남慶南 고성군固城郡 회화면會華面 배둔背屯 금융조합 이사金融組合理事로 갔단 편지가 오다.

5월 14일. 비 오다.

5월 15일. 비 오다.

이은상李殷相 군君이 찾어와 시조時調에 대하여 문의問議를 한다. 저녁을 같이 먹다.

5월 16일. 맑다.

임시시험臨時試驗을 보았다. 정충시鄭忠時 군君 편지를 보았다.

5월 17일. 맑다.

김종익金鍾翼이가 옷감을 떠 보내달라고 편지했다. 괘씸하기 짝이 없다.

5월 18일. 맑다.

임시시험臨時試驗 끝났다. 청량사淸凉寺로 학교學校 직원職員 일동一同이 가서 밥을 시겨먹고 놀았다. 게서 이은영李殷永, 김영근金永近 군君 도 맞나보았다.

5월 19일. 맑다.

애류崖溜를 찾어갔다 동아식당으로 끌려가 점심點心을 먹었다. 김영룡金永龍 군君도 찾어보았다. 집에서 편지가 오다.

5월 20일. 맑다.

직원회職員會를 열었다. 수학여행修學旅行에 대한 일.

5월 21일. 맑다.

『학생學生』 잡지雜誌 6월호六月號에 단오절端午節 이야기를 써달라고 몹시 졸렀다.

5월 22일. 맑다 좀 흐렸다.

매헌梅軒을 찾어보다.

5월 23일. 흐리다.

동희東熙, 도수燾洙를 다리고 경성역京城驛에 갔었다. 좀 기다리다가 입장권入場券을 사가지고 들어가 오후午後 7시七時 10분十分 착着 부산釜山서 온 차車에 나리시는 어머님 아버님을 맞어다 모시고 밖으로 나와 수하물手荷物을 찾어가지고 택시를 잡어 타고 계동桂洞까지 왔다.

5월 24일. 맑다.

매헌梅軒, 김병룡金秉龍 군君를 찾어보았다. 칭익稱翼 씨氏, 조순祖舜 씨氏, 김규창金奎昌 씨氏를 찾어보았다. 서재학徐在學 부인夫人이 왔다.

5월 25일. 맑다. 음陰 4월四月 27일二十七日 아버지 생신生辰이다. 김규창金奎昌 씨氏, 칭익稱翼 씨氏, 조순祖舜 씨氏를 청請하여 조반朝飯을 같이 먹었다. 찬燦 군君, 김락순金洛淳 군君, 매헌梅軒, 김병룡金秉龍 군君을 청請하여 오찬午餐을 먹었다.

5월 26일. 맑다.

이학년二學年 일행一行이 밤 10시十時 20분二十分 차車로 부여 여행旅行을 떠났다. 경성역京城驛을 나가서 보았다.

5월 27일. 맑다.

황금정黃金町 평천사진관坪川寫眞館으로 아버님 어머님을 모시고 가서 촬영撮影을 하였다.

5월 28일. 맑다.

1학년一學年 226명二百二十六名과 매헌梅軒과 서상란徐相鸞, 김동형金東瀅, 이재훈李載勳, 김도태金道泰, 고교첨사랑高橋鐱四郎, 유길상劉吉相 군君과 같이 평양여행平壤旅行을 떠났다. 밤 11시十一時 10분十分.

5월 29일. 맑다.

오전午前 5시五時 평양역平壤驛 착着. 이윤주李潤柱 선생先生은 먼저 가서 여관旅館 주인主人들과 이인영李仁榮 군君과 같이 맞웅을 나왔다. 여관旅館으로 들어가 조반朝飯을 먹고 제당회사製糖會社를 보고 사동寺洞을 가서 탄광炭鑛을 보고 임강정臨江亭을 보고 대동大同ㅅ벌로 하여 나루ㅅ배를 타고 대동강大同江을 건너 연광정練光亭과 대동문大東門을 보고 여관旅館으로 돌아오다. 이재훈李載勳 선생先生 부친父親이 우리 직원職員 일행一行을 대성관大成館으로 초대招待하였다. 오후午後 세 시時부터 배ㅅ놀이를 준비準備하고 기다렸다는데 불가不可하다는 의논議論이 일어나 맞흠내 사절謝絶하고 대성관大成館 이층二層 위에서 석찬夕餐을 먹었다.

5월 30일. 맑다.

조반朝飯 후後 일행一行은 청류벽淸流壁 위ㅅ길로 올라 청류정淸流亭을 보고 법국이, 꾀꼬리 소리도 들으며 녹음綠陰 속으로 걸어 기자릉箕子陵, 을밀대乙密臺, 최승대最勝臺(모란봉牡丹峯), 영명사永明寺, 부벽루浮碧樓를 보고 어느 학부형學父兄이 준 맥주麥酒도 먹고 촬영撮影도 하고 청류벽淸流壁 알에로 돌아오다. 어복魚腹장국도 사 먹고는 오후午後 2시二時 20분二十分 차車로 떠나 8시八時 40분四十分에 경성역京城驛에 나려서 생도生徒들은 해산解散시기고 직원職員 일행一行은 어느 일본日本 요리料理ㅅ집에서 석반夕飯을 사 먹고 돌아왔다.

5월 31일. 맑다.

애류崖溜가 아츰에 찾어 왔다.

6월

6월 1일. 맑다.

급주임회級主任會를 열었다. 평천사진관坪川寫眞館을 가 보다.

6월 2일. 맑다.

한공석韓公錫 군君을 찾아보다. 평천사진관坪川寫眞館을 갔었다.

6월 3일. 맑다.

조용해趙龍海 군君에게 편지를 답장答狀하다.

6월 4일. 맑다.

매헌梅軒이 찾아오다.

6월 5일. 구름 끼다.

한공석韓公錫 군君을 찾아보다.

6월 6일. 맑다.

6월 7일. 맑다.

6월 8일. 맑다.

매헌梅軒 집에서 음식飮食을 가져왔다.

6월 9일. 맑다.

애류崖溜와 한충韓冲 군君의 집에 가서 음식飮食을 먹었다. 그 계씨季氏 혼일婚日이 어제다. 오다가 수송루壽松樓에서 애류崖溜가 맥주麥酒를 사준다.

6월 10일. 맑다 흐리다.

6월 11일. 맑다. 단오.

비가 좀 오다. 누님이 왔다.

6월 12일. 맑다. 협성여자신학교協成女子神學校에 가서 시조時調 강연講演을 하였다. 수당壽堂이 오다.

6월 13일. 맑다.

6월 14일. 맑다.

6월 15일. 맑다.

6월 16일. 맑다. 김철수金鐵洙 군君이 백단선자白檀扇子를 가지고 왔다.

6월 17일. 맑다.

조용해趙龍海 군君의 편지가 오다.

6월 18일. 맑다. 서풍西風이 좀 분다.

봉천奉天 서탑西搭 조선예배당朝鮮禮拜堂 사봉仕奉 조선인소년회朝鮮人少年會 문예부文藝部에서 회가會歌 지어 달라는 편지가 오다.

6월 19일. 맑다. 서풍西風이 좀 분다.

송정松亭을 갔었다. 이야기 하다가 해가 졌다. 전등電燈이 켜졌다. 돌아오다 보니 좁은 골목에서 밝안 적삼이 번적어리며 어느 애가 꺾어가는 꽃가지를 뺏으랴 커니 아니 주랴커니 한다. 꽃가지는 맞흠내 밝안 적삼에게 돌아가고 만다. 밝안 적삼은 엉덩춤을 추며 납작은 판장문으로 들어간다. 나는 어느 꽃을 뺏아 가지랴지도 아녔지만 괜이 서운한 마음이 난다.

6월 20일. 흐리다.

『삼천리三千里』 잡지雜誌가 오다. 장발張勃, 이재훈李載壎, 박술음朴術音 군君과 같이 김형배金亨培 군君에게 문상問喪을 갔었다.(외간상外艱喪).

6월 21일. 맑다.

최익채崔益采 군君, 황병석黃炳碩 군君이 찾어오다. 최 군崔君은 신병

身病으로 황 군은 병病든 그 아우를 다리고 내경來京한 것이다.

6월 22일. 맑다.

김철수金錣洙 군君을 찾어 저녁까지 먹게 되었다. 황병석黃炳碩 군君을 찾다.

6월 23일. 맑다.

오전午前 7시七時 30분三十分 부산행釜山行 열차列車로 아버님께서 떠나셨다. 경성역京城驛까지 나갔었다.

6월 24일. 맑다. 퍽 덥다.

6월 25일. 맑다. 퍽 덥다. 빈대 모기가 끌는다.

6월 26일. 맑다. 구름 끼다. 비는 좀 오다 만다. 퍽 덥다. 빈대 모기가 끌는다. 더위에 밥도 못 먹겠고 물것에 잠도 못 자겠다. 찬燦 군君이 왔었다.

6월 27일. 흐리다. 비가 온다. 밤새도록 온다.

6월 28일. 비가 온다. 종일終日 온다. 저녁엔 좀 그친다. 뒤 언덕이 좀 뚫어졌다.

6월 29일. 비가 멎었다.

매헌梅軒을 찾어갔다가 못 맞났다. 함상훈咸尙勳 군君이 찾어오다.

6월 30일. 맑다. 무덥다.

백용희白庸熙 씨氏가 찾어오다. 종일終日 집에 있었다.

7월

7월 1일. 비가 오다. 밤에도 오다.

뒤 언덕이 또 좀 묺어졌다. 묺어질 것은 맛흠내 다 묺어져야 한다. 지난해 이때쯤 하여 한상룡韓相龍하고 언쟁言爭하든 일도 생각난다. 또한 5년 전五年前 여름 서울 물란리 날 때 비는 억수로 쿼붓고 밤은 깊었는데 전등電燈도 꺼져 지척咫尺도 분간할 수 없이 컴컴한 속에 더그럭 우두둑 묺어지매 그때 안ㅅ방에서는 태전太田이 남고 어머님이며 처며 어린 것들이 모다 사랑방으로 옮아가 자든 일도 생각난다. 임시臨時로 수업시간授業時間 단축短縮(40분四十分).

7월 2일. 맑다.

7월 3일. 맑다.

백용희白庸熙와 같이 저녁을 먹었다.

7월 4일. 맑다.

7월 5일. 맑다.

조용해趙龍海 군君의 편지를 보다.

7월 6일. 맑다.

장남계張南溪을 찾어보다.

7월 7일. 맑다.

장남계張南溪에게 가서 한약漢藥 십 첩十帖을 지어 오다. 처妻의 수변병數便病.

7월 8일. 맑다.

최 군崔君이 와서 이의백李宜白의 『오계집梧溪集』을 찾어가다. 이중갑李重甲, 임보환林普桓 군君께 답장答狀.

7월 9일. 맑다.

저녁에 매헌梅軒을 더불고 한강漢江을 갔었다.

7월 10일. 맑다 흐리다. 무덥다. 제1학기第一學期 시험試驗을 본다.

7월 11일. 종일終日 대우大雨.(매평每坪 2석 3두二石三斗).

뒤 언덕이 또 문어졌다. 신문을 보면 시내市內 각처各處의 수재가 굉장하였든 모양이다. 전복 혹은 유실된 가옥이 수백 호. 사상자死傷者가 34인三四人.

7월 12일. 비는 멎었다. 무덥다.

명월관 본점明月館本店에 가서 조선일보사朝鮮日報社에서 주는 저녁을 먹었다. 학기 휴가에 귀향歸鄉하는 학생學生들에게 언문보급반諺文普及班을 조직組織해 달라는 조건條件. 각 학교 교원들이 모였다. 조사朝社에서 시기는 대로 할 뿐으로 말하고는 헤졌다.

7월 13일. 비. 무덥다.

조용해趙龍海, 정충시鄭忠時, 조운曺雲 군君께 편지하였다.

7월 14일. 비.

7월 15일. 비.

청운清雲의 편지가 오다.

7월 16일. 맑다.

제일학기第一學期 시험試驗이 끝나다. 종업식終業式을 하였다.

7월 17일. 맑다.

시험성적고사試驗成績考查.

7월 18일. 맑다.

시험성적고사試驗成績考查.

7월 19일. 맑다. 시험성적고사회試驗成績考查會.

일기

29권

1929. 7. 20. ~ 1930. 9. 21.

1929년(단기 4262년)

7월

7월 20일. 맑다. 성적발표成績發表. 문광당文光堂을 가서『대동야승大東野乘』을 흥정하다.

7월 21일. 밝다. 오철호 군吳徹浩君이 찾어왔다. 밤에 증곡曾谷 매헌梅軒과 한강교漢江橋를 나가 밟었다. 시원하다.

7월 22일. 맑다. 이윤주李潤柱 군君을 찾아보다. 오날 아츰에 대만臺灣을 가랴다가 어젯밤에 갑작이 설사복통泄瀉腹痛을 한 까닭에 임시중지臨時中止하고 오날 밤에나 떠나려 한다. 학교學校를 가다 ―『대동야승大東野乘』 13권十三卷에 80원八十円을 주고 학교學校 문우회文友會에서 사오다.『대동야승大東野乘』을 갖다보다.

7월 23일. 비. 증곡曾谷 매헌梅軒과 한강漢江을 가서 한남교漢南橋에서 냉면冷麵을 사먹고 강반수림江畔樹林 속으로 거슬러 올라 거닐다가 비를 맞나 다시 한남교漢南橋에 들었다가 오다. 애류崖溜를 찾어갔다가 게서 취농翠儂도 맞나다.

7월 24일. 소우小雨. 담曇. 아악부雅樂部에 가서 김천홍 군金千興君에게 4원四円을 주고 유직렬劉直烈에게『가곡원류歌曲源流』 초본草本을 사다 달라고 하였다. 애류崖溜께 가서 취농翠儂과 같이 점심點心을 먹었다.

7월 25일. 맑다 흐리다. 오전午前 8시八時 아악부雅樂部 문門 앞에 가서 김천흥金千興 군君에게 『가곡원류歌曲源流』 초본草本을 받았다. 오취농吳翠儂이 찾아오다. 취농翠儂과 같이 김진우金振宇 군君에게 가서 백단선자白檀扇子에 화죽畵竹을 받었고 취농翠儂과 같이 와서 저녁을 먹었다. 정열모鄭烈模 군君이 오다.

7월 26일. 소우小雨. 교육협회敎育協會에 가서 철자법문제강연건綴字法問題講演件 협의協議. 김란기金鸞基 군君이 와본다.

7월 27일. 소우小雨. 전동시장典洞市場에 가서 장적 외상을 갚어주고 남대문南大門 밖으로 가서 유직열劉直烈을 찾었다 못 보고 교육협회敎育協會로 가서 철자법문제강연회綴字法問題講演會 광고廣告를 쓰고 장교정長橋町[1]에 가서 매헌梅軒을 찾아보다.

7월 28일. 맑다. 중앙고등보통학교中央高等普通學校에 가서 철자법강연건綴字法講演件 토의討議.

7월 29일. 맑다. 오후午後 7시七時 중앙기독교청년회관中央基督敎青年會館을 가서 철자법문제강연회綴字法問題講演會 사회司會를 하였다. 동同 8시八時 10분十分 개회開會 동同 11시十一時 20분二十分 폐회閉會. 청중聽衆은 수백 명. 퍽 정숙靜肅하다.

7월 30일. 맑다. 취농翠儂이 찾어왔다. 석반夕飯을 같이하고 가서 애류崖溜를 찾어 더불고 한강교漢江橋를 나가 밟었다.

7월 31일. 맑다. 아악부雅樂部를 갔었다. 매헌梅軒이 오다. 김지연金

1 장교정長橋町은 현 장교동의 일제감정기 명칭.

志淵 군君을 찾었다 못 맞나보았다. 병구秉矩 집으로 하여 종로鍾路를 돌아오다.

8월

8월 1일. 맑다. 아츰에 매헌梅軒집에 가서 밥을 먹었다. 애류崖溜, 취농翠儂도 맞났다. 이은상李殷相 군君이 오다.

8월 2일. 맑다. 증곡曾谷을 맞났다. 취운정翠雲亭으로 피서避暑를 갔었다.

8월 3일. 맑다. 『신생新生』, 『신민新民』의 원고原稿를 썼다. 『신생新生』에서는 주시경 선생周時經先生의 기념호記念号, 『신민新民』에서는 한글호号를 한다 한다.

8월 4일. 맑다. 이병도李丙燾 군君을 찾어보았다.

8월 5일. 맑다. 이은상李殷相 군君이 찾어오다. 『신생新生』 원고를 내주었다.

8월 6일. 맑다. 몹시 무덥다. 참 견댈 수 없다. 증곡曾谷, 취농翠儂과 매헌梅軒를 찾었다. 못 맞나보고 탑동공원塔洞公園 등藤ㅅ자장 알에서 앉어서 이야기 이야기하다 헤처 왔다. 어찌 무덥든지 새로 네 시까지 잠을 못 잤다. 자꾸 덤버드는 빈대 벼룩도 많이 잡었다.

8월 7일. 비가 좀 왔다.

8월 8일. 비가 오다가다 한다. 취농翠儂과 같이 애류崖溜를 찾었다. 못 맞나고 매헌梅軒을 찾었다 못 맞났다.

8월 9일. 맑다. 취농翠儂이 찾어왔다. 파탕巴湯 위층을 가서 놀았다.

파탕巴湯 위층에는 평제사平濟社가 생기었다.

8월 10일. 맑다. 아악부雅樂部를 가서 김천흥金千興 군君을 찾어보았다. 김란기金鸞基 군君을 찾었더니 시골을 갔다 한다. 봉래정蓬萊町을 나가서 유직열劉直烈을 찾었다 또 못 맞났다.

8월 11일. 맑다. 애류崖溜를 찾어보다. 한공우韓公愚 군君을 찾었다 못 맞났다. 홍문사弘文社를 찾어가서 백관수白寬洙 백남규白南奎 군君을 맞나보다.

8월 12일. 맑다. 종일 들어앉아서 『대동야승大東野乘』을 보았다.

8월 13일. 맑다, 파탕巴湯 위층을 가 놀았다.

8월 14일. 맑다. 대구고보大邱高普에 있는 진서림陳瑞林 군君이 찾어왔다. 조선어 급 시조朝鮮語及時調에 대하여 여러 시간 말하였다. 학교에 가서 정지용鄭芝溶 군君을 맞나보았다.

8월 15일. 흐리다 비오다. 김란기金鸞基 군君을 찾어보고 아악부雅樂部로 하여 매헌梅軒께까지 가보았다. 정소석鄭素石이 찾어왔다.

8월 16일. 비 오다. 종일 비오다. 조 형趙兄의 편지를 보다.

8월 17일. 비오다 개었다. 집에서 편지가 오다.

8월 18일. 남대문외南大門外 봉래정蓬萊町을 가서 유직렬劉直烈을 찾어보고 『가곡원류歌曲源流』 서문 작자序文作者를 물으니 자기가 년전 임선준任善準의 집에 있든 것을 벗긴 겐데 그 작자는 모르겠다고 한다. 진인사眞人社 시산성웅市山盛雄[2]을 찾어보고 돌아오다 조선권번朝鮮券

2 시산성웅市山盛雄(이치야마 모리오)은 당시 노다장유주식회사(野田醬油株式會社) 경성출장소장으로 '眞人'의 동인이었으며, 동인지 『眞人』을 간행하였으며, 일본어로 쓴 조선 민요연구서의 효시인 『조선민요의 연구』(1927)와 『조선풍토가집』(1935)을 간행하였다.

番에서 하규일河奎一 씨氏를 찾어보고 신민사新民社 김영진金永鎭 군君을 찾어보고 봉익동鳳翼洞 이능화李能和 씨氏를 찾어 보았다.

8월 19일. 맑다. 채태성蔡台星 군君이 찾어오다.

8월 20일. 비 좀 오다. 애류崖溜가 찾어오다.

8월 21일. 맑다. 학교가서 월급을 찾었다. 박술음朴術音 군君을 맞나 같이 나섰다. 동아식당東亞食堂에서 양식으로 점심을 박 군朴君이 사준다. 진고개 책사冊肆들을 거쳐 맞흠내 대판옥大阪屋에 가서 사상思想, 문학文學 양 전집兩全集을 찾었다.

8월 22일. 맑다. 오철호吳徹浩 군君을 찾어보고 같이 나서 애류崖溜를 찾었다 못 맞났다. 병룡秉龍이 편지가 오다. 김원근金瑗根 씨氏며 이광수李光洙(춘원春園) 군君을 찾어보다.

8월 23일. 맑다. 저녁에는 몹시 무덥다. 애류崖溜가 오란 것을 못 갔다. 처妻가 산고産故 기미가 있다. 저녁에 어데를 가랴고 나섰더니 속히 들어오라고 한다. 겨우 안국동安國洞 네거리를 나갔다가 돌우 돌아왔다. 오후午後 8시八時 반半부터 배가 앓브다고 처妻는 둘어누웠다. 차차 더 앓븐 모양이다. 소리를 지른다. 열 시는 되었다. 모라지물이 터졌다. 그려도 애는 아즉 나오랴고 자리도 잡지 아녔다. 무척 실변을 한다. 배가 터지는 듯 끊어지는 듯하다고 소리를 치고 동희, 한희 두 어린 것을 두고 어찌 죽을가 하며 "나는 죽네! 나는 죽네!" 한다. 거의 열두 시나 되었다. 나는 달음질을 하여 홍제병원洪濟病院을 갔더니 유홍종 군劉洪鍾君은 한강 출장漢江出張을 가고 없다. 게서 일보는 사람에게 관훈동寬勳洞 신필호申弼浩 의사醫師 말을 듯고 그리 찾어가 문을 두드렸다. 맞흠 의사는 안에서 자랴다가 옷을 주어입으며 나온다. 찾어온 이유를 말하고 나는 앞서고 왔다. 막 집에 들어 두루막이를 벗고 나니 벌서 인력거人力車군이 초롱ㅅ불을 대문안에 들여대며 의사醫師가 왔다고 소리를 친다, 곳 들오라 하여 진찰을 시겼다. 의사는 하는 말이 모라지물이 넘우 일즉 터져서 좀 늦게야 애가 나오겠다 하며 혼자서 보시기가 적막할터니 산파産婆 하나를 천거하겠다, 산파를 부른대도 자연해산自然解産되는 대로 하는 것 밖에는 딴 도리가 없으나 몹시 실변하여 산모産母나 태아胎兒가 위급危急케 되는 경우만은 미리 알 수 있어 의사를 불러 수술이라도 시길 수 있다 한다. 그 말이 그럴 성하여 산파 하나를 불러달라고 하고 그 사로금謝勞金은 얼마나 하느냐 한즉 보통 하룻밤 경과經過하여 해산解産이나 기기고 이삼 일 더 와보면 십오 원十五円쯤 주면 된다고 한다. 의사는 자기의 친한 산파 하나를 보내겠다 하고 떠나갔다. 처는 한 모양으로 고통苦痛을 부르질 뿐이다. 한참 있으니까 인력거人力車군이 산파 한신광韓晨光을 다리고 왔다. 산파는 처의 다리 앞에 앉어 손을 대고 애가 나오기를 기다린다. 어느덧 애의 머리가 손에 닿았으니 곳 나오겠다고 하며 힘을 돕기 위하여 주사注射 한 대를 외약다리 널벅지에다 놓았다. 얼마 아녀서 애는 나온다. 산파는 손을 놀여 나오는 애를 도아준다. 애는 나왔다. 사내다. 새로 1시一時 50분五十分. 애는 괴롭게 나오노라고 얼굴이 파라케 되었다. 산파는 삼을 가르고 애를 들어 한 바퀴 꺼꾸로 돌리고 모로 돌리고 요리조리 흔들고 하더니 코에 대고 호호 세네 번 부니 애는 그제야 와— 운다. 애는 베쪽에 쌓아 한편에 뉘어 두고 산모의 배를 손으로 눌러 나려(이러기 전부터 다른 사람 시겨 배를 누르게 하여 태가 위로 못 올라가게 하였다.) 차첨차첨 한 손으로는 태ㅅ줄을 나오는 대로 잡어당긴다. 그러하여 태도 다 나왔다. 아기는 다스한 물에 목욕沐浴을 시겨 뉘었다. 산파는 세 시쯤 하여 갔다. 오날은 기사己巳 7월七月 20일二十日, 처서處暑 날이다.

8월 24일. 오전午前 세 시 반에야 잤다. 10시경에 애류崖溜를 찾었다. 취농翠儂도 맞났다. 놀다가 같이들 나섰다. 비는 한두 방울씩 떨어진다. 장송루長松樓로 들어가 점심點心을 먹었다. 비는 줄줄 나린다. 오후午後 세 시나 되어 비가 좀 멎을 때 집에 돌아왔다. 최석렬崔石烈 씨氏가 여러 번 찾어왔다고 한다. 두루막이를 벗어 걸고 한잠을 자는대 밖에서 누가 와 찾는다. 나가보니 최석렬崔石烈 씨氏다. 좀 준비準備해 논 것이 있다고 자기집으로 가자한다. 나는 최 씨崔氏 집(계동桂洞 50번지)을 갔다. 청요리잡채淸料理雜菜 한 그릇에 소주燒酒를 내왔다. 하자는 말은 자기 아들 최인태崔仁台의 일이라.(인태仁台는 지금 휘문학교徽文學校 제第2년생으로 내가 담임擔任한 이병二丙에 있어 제1학기에 낙제를 하였다.) 집에 있어 공부工夫를 잘 아니하니 그 뉘 최순자崔順子(순자順子는 일본동경日本東京 어느 여자전문학교 재학중女子專門學校在學中 휴가休暇가 되어 지금 집에 돌아와 있다.)와 같이 동경東京을 가서 고생이나 하면 공부가 좀 낫게 할가 하여 얼마 아녀 그 뉘는 가는 길에 다리고 가겠다고 하는데 대하여 상의相議함이라. 나는 내해를 더 묵힐 작정을 하고 그대로 휘문徽文에 두어달라고 하였다. 최인태崔仁台, 최순자崔順子도 다 나와 인사를 하고 옆에 앉었다. 결국 동경東京 가는 일은 작파作破하고 내가 더 감독監督을 하여 휘문徽文에 두기로 하였다. 술을 마시며 국수도 내와서 먹고 이야기 장長찬을 하다가 11시十一時에야 돌아왔다. 집에 편지하였다.

8월 25일. 맑다. 산파産婆 한신광韓晨光이 왔다. 의사醫師 신필호申弼浩 군君을 찾어보고 그에게 계산計算을 시겨 산파에게는 십 원十円 의사에게는 삼 원三円, 인력거 싹 일 원一円 사십 전四十錢을 내주었다. 조순祖舜 씨氏를 찾어보고 이하용李河用 군君도 찾어보았다. 갓난이가 운다. 그치잖고 운다. 신열身熱도 끓는다. 밤새도록 울어서 집안사람이 잠 한소곰 못 잤다.

8월 26일. 새벽에 홍제병원洪濟病院에 가서 자는 유홍종劉洪鍾 군君을 깨워가지고 갓난이의 경과經過를 말하였다. 의사는 넘우 일즉 우유牛乳를 먹어서 체滯하였다고 하며 보통 산후産後 일주야一晝夜에 먼저 사탕沙糖물을 좀 먹이고 한 시간쯤 지난 뒤 젖이 없으면 미음을 조음씩 세 시간 걸러 먹여야 하는 것인대 얘는 낳든 날 저녁부터 우유를 종작없이 먹였으니 탈이 아니 생기겠느냐고 한다. 의사는 와 보고 약을 쓰기로 하여 내가 집에 돌아온 뒤 얼마 안 되여서 왔다. 진찰을 하여 보더니 과연 잔뜩 체하였다 한다. 의사는 돌아가서 약을 보내준다. 그 약 가운대 위선 설사 시기는 약을 쓰고 한 시간쯤 지나니 과연 설사가 나온다. 이 약 쓰기 전에는 배 안의 똥과 아울러 뭉컬뭉컬한 뒤를 한 번쯤 본 일이 있었으나 그러케 많이는 아니 나왔다. 갓난이는 여전히 울고 울다가 잠이 스르르 들었다. 두어 시간이나 잤다. 나도 늦게야 아츰을 얻어먹고는 어제 밤새도록 못 자든 잠을 자기 시작하였다. 얼마를 자다가 또 갓난이 우는 소리에 깨어보니 한울은 컴컴하다. 밖에서는 밥쌀을 씻는 소리도 난다. 나는 벌서 저녁이 되었나 하고 있으니 이제야 오정포午正砲 소리가 난다. 갓난이는 두세네 시간을 띄어서 운다. 비가 온다. 금시에 폭우暴雨로 쏟아진다. 바람도 몹시 분다. 비바람이 창문을 치며 방안에는 물이 헌건하게 괴었다. 이러케 하여 한 시간이나 계속하였다. 이 비가 개어지며 저녁때가 되었다. 갓난이는 더 운다. 나는 유홍종劉洪鍾 군君을 찾어가 보고 또 해열제解熱劑를 지어왔다. 갓난이는 밤에도 간간 울기는 하나 어제ㅅ밤 같든 않었다. 신량新凉이 썩 돈다. 더위를 보낸 것도 돌이어 섭섭이 생각난다.

8월 27일. 맑다. 쾌청快晴이다. 장남계張南溪가 찾어왔다. 집으로 가는 편지를 써 달라 하여 갓난이 작명作名을 하겠다 하며 사주四柱를 적고 육갑六甲을 외고 점괘占卦를 벌인다. 그러나 맞당한 자字를 찾지 못하고 만다. 오철호吳徹浩 군君 한충韓冲 군君이 찾어왔다. 갓난이 작명作名을 상의하며 지어 보았다. 그중에는 한 군韓君이 말한 '상희祥熙'가 낫다. 『청구단곡靑丘短曲』도 보았다. 노석老石 어른이 빌어갔든 『장씨총서章氏叢書』를 가져왔다. 갓난이는 오날도 신열身熱은 여전하고 간간 몹시 운다. 어제 오전午前 1시一時부터 오날 오전午前 6시六時까지 약밖에는 아무것도 아니 먹이다가 의사의 말대로 미음米飮만 오날 오전午前 6시六時에 먹이고 전후 한 시간 내외 물약 가루약를 먹였더니 한 번에 그 분량이 과해서 그런지 몹시도 운다. 간간 한 시간 이상을 계속하여 울기도 한다. 밤에는 잠을 좀 잔다.

8월 28일. 맑다. 이윤주李潤柱 군君을 찾어보았다. 이윤재李允宰 군君을 찾어보았다. 연순連順이를 다리고 가서 전동시장典洞市場에 미억과 찬饌ㅅ거리를 샀다.

8월 29일. 흐리다. 갓난이는 아주 평복平復되었다. 유도乳道도 돌았다.

8월 30일. 비가 오다. 오철호吳徹浩 군君과 같이 애류崖溜를 찾어보고 놀다가 점심도 먹고 저녁도 먹었다. 김도수金燾洙 군君이 오다.

8월 31일. 맑다. 학교를 가서 직원회職員會에 참여하였다.

오후午後에 집으로 돌아와서 전주全州, 두계豆溪, 노성魯城으로 편지를 써 보냈다. 하종원河鍾源 군君이며 박서양朴瑞陽 군君이 다 왔다. 갓난이 이름을 '경희京熙'라 하여 경성부京城府에 출생신고出生申告를 하였다.

9월

9월 1일. 맑다. 종로도서관鐘路圖書館을 가서 『순오지旬五志』, 『해동악부海東樂府』(이엄李儼 저著 3권三卷 1질一帙)를 보았다. 윤지병尹芝炳 군君이 편의便宜를 도아준다.

9월 2일. 맑다. 제2학기 시업식第二學期始業式만 하였다. 황병인黃炳仁 군君이 홍합 4곶紅蛤四串 전복 10개全鰒十箇과 건해초乾海草 5축五軸을 가져왔다.

9월 3일. 맑다. 오날부터 2주일二週日 동안은 아즉도 덥다 하여 40분 교수敎授를 하기로 하고 시업始業하였다. 오철호吳徹浩 군君이 와 잤다.

9월 4일. 애류崖溜, 염상섭廉想涉 군君이 찾어왔다. 조 형趙兄의 편지가 오다.

9월 5일. 맑다. 윤석범尹錫範 군君의 편지를 보았다.

9월 6일. 맑다. 최삼열崔三悅 군君이 찾어왔다. 정신여자교貞信女子校에 있게 되었다 한다.

9월 7일. 맑다. 저녁은 좀 무덥다. 학교강당에서 교장의 대만시찰담臺灣視察談을 들었다.

9월 8일. 종일 흐리다. 종일 집에 있었다. 최삼열崔三悅 군君이 와서 『조선문전朝鮮文典』을 배우고 시조時調를 사십여 수를 벳겨갔다.

9월 9일. 맑다. 주동국周東國, 황병석黃炳碩 군君께 편지 답장을 했다. 밤에 자다 꿈을 꾸었다. 이백李白이를 보았다. 시에 대하여 여러 가지 질문을 하다가 나종에는 '광산마철匡山磨鐵'을 물어보기까지 하였다. 하나 그 대답은 있든가 없든가 분명히 기억이 아니 된다. 과연 꿈이다.

9월 10일. 맑다. 매헌梅軒을 찾어보다.

9월 11일. 맑다.

9월 12일. 맑다. 누님이 와 잤다.

9월 13일. 맑다. 직원회職員會.

9월 14일. 맑다. 저녁에 소낙비가 오다. 전종익全鍾翼 군君이 오다. 자기 사위가 도망逃亡해 와서 잡으러 왔다고.

9월 15일. 맑다. 어대를 가자니 가기도 싫고 글을 쓰자니 글도 안 된다. 방안에 논 화분花盆에서는 옥잠화玉簪花가 두어 송이 피어 좋은 향내를 피운다. 저녁에 책을 보다 보니 어느때 들어왔나 왕퉁이 한 마리가 전등 걸린 벽위에 붙어있다. 파리채를 들어 때려 잡으랴다 다시 생각하고는 이ㅅ솔 담었든 갑을 찾아가지고 그 각 속으로 들어가게 하여 문을 열고 날려보냈다.

9월 16일. 맑다. 이층 위 교단教壇에서 문법文法을 가르치다. 쏴—하는 소리를 듯고 창밖을 바라보니 소낙비가 지나간다. 또 울에ㅅ소리가 난다. 시간을 다 맞히고 교원실教員室로 들오니 야구부野球部 주임선생主任先生은 오날 경성운동장京城運動場에서 하랴는 중앙中央 대對 휘문徽文의 시합試合을 못하게 한다고 고스랑댄다. 나는 소사小使 시겨 집으로 양산兩傘을 가지러 보내랴다가 다시 생각하고 말었더니 오후午後 하학하고 집에 돌아올 제에는 한울에 구름 한 점도 없으며 언제 비 왔든가 할 만치 개어버렸다, 저녁볕은 고요히 빛인다, 길에는 몬지도 아니 나고 개천 물도 맑아케 흐르고 북악北岳은 목욕沐浴을 하고 난 것 같이 보인다.

9월 17일. 맑다. 벌서 밤은 좀 차다. 귀뜰암이가 언제 들어왔나 문턱 밑에서 책상册床 밑에서 울고 있다. 달빛은 하얀 실낮같이 창틈으로 빛어든다. 웃목에 논 화분花盆에서는 옥잠화玉簪花 행내가 은은히 움즉인다.

9월 18일. 비가 좀 오다.

9월 19일. 맑다. 경성운동장京城運動場을 가서 휘문徽文 대對 중앙中央 야구전野球戰을 보았다.

9월 20일. 맑다.

9월 21일. 맑다. 매헌梅軒을 다리고 새로 된 한강교漢江橋를 가 보았다. 맞흠 박람회 관광단원博覽會觀光團員들이 떼를 지어 보는 바람에 퍽 분잡奔雜하다. 한강漢江의 가을빛은 꽤 좋다. 더구나 저녁빛이 볼만하다. 돌아오다 사해루四海樓에서 저녁을 먹었다. 안방을 뜯고 새로 노았다.

9월 22일. 맑다. 찬燦 군君과 최삼열 군崔三悅君이 와 놀았다. 은동隱洞 김택수金宅洙 군君이 왔다. 새로 논 안방은 거의 다 말렀다.

9월 23일. 맑다. 찬燦 군君과 최삼열崔三悅 군君과 같이 박람회博覽會를 가보았다. 관광단觀光團들이 많이 들어밀려서 혼잡混雜하기 이를대없다. 서너 시간 서서 돌아단인 것이 몹시 피곤을 늣기게 한다. 도배장이 하나를 대어 안방 도배를 하였다. 간間 반半 방을 새로 뜯어놓기에 이것저것 합하여 통 이십 원二十円이나 들었다.

9월 24일. 맑다. 찬燦 군君과 같이 서일여관西一旅館, 박람여관博覽旅館을 찾어갔다가 여산礪山서 온 단체團體는 맞나보지 못하였다. 병관秉寬 군君이 왔다. 병철秉徹이가 왔다,

9월 25일. 비 오다. 여름날같이 무덥다. 병철秉徹이는 떠나갔다.

9월 26일. 비 오다 그쳤다. 병관秉寬 군君이 떠나갔다. 최현배崔鉉培

군君이 『우리말본』 한 권을 보내주었다. 이중갑李重甲 군君의 편지가 오다. 곳 답장答狀.

9월 27일. 맑다. 택수宅洙 군君이 떠나갔다.

9월 28일. 맑다. 직원회. 휘문학교 운동장徽文學校運動場에서 전조선全朝鮮 씨름대회大會를 구경하였다.

9월 29일. 맑다. 오철호吳徹浩 군君이 왔다. 같이 매헌梅軒을 찾어보았다.

9월 30일. 맑다. 전주 조 형全州趙兄이 왔었다. 조운曺雲 군君도 왔었다. 황갑선黃甲善, 이상호李相湖 군君이 왔었다. 이중갑李重甲 군君도 왔었다.

10월

10월 1일. 맑다. 오날은 시정기념일始政記念日이어서 논다. 천연정天然亭 최학송崔鶴松 군君의 집을 찾어보고 조운曺雲 군君 부처夫妻도 맛나 보았다. 홍화문弘化門 앞에서 두어 시간 기다리어 창경원昌慶苑 구경하고 나오는 조 형趙兄과 정기용鄭機用 씨氏를 맛나 같이 집으로 오다. 김병룡金秉龍 군君과 오철호吳徹浩 군君이 찾어오다. 조운曺雲 군君 부처夫妻와 최학송崔鶴松 군君도 찾어와서 같이 저녁을 먹었다. 조 형趙兄과 같이 나서 증곡曾谷을 찾어보고 이중갑李重甲 군君도 찾어보고 다동여관茶洞旅館에도 갔었다.

10월 2일. 맑다. 이세신궁 천궁식伊勢神宮遷宮式이 있어 오날도 논다. 이창구李昶求 군君이 왔다. 김택수金宅洙 군君의 편지가 오다. 저녁때 광화문光化門앞에 가서 박람회博覽會구경ㅅ군의 나옴을 보다가 팔판동八判洞 김옥두金玉斗 군君을 찾어보았다.

10월 3일. 맑다. 오철호吳徹浩 군君이 왔다.

10월 4일. 맑다. 대운동회준비大運動會準備로 오전午前만 수업하였다.

10월 5일. 맑다. 제6회 육상대운동회第六回陸上大運動會을 학교운동장에서 하였다. 나는 맡아놓고 기록계 주임記錄係主任이 되어 『휘문시보徽文時報』를 발행하였다. 오전午前 8시八時로부터 오후午後 5시까지 하였다. 저녁에는 명월관 본점明月館本店에서 밥을 먹었다.

10월 6일. 흐리다 비오다. 당직當直. 숙직宿直. 화평花坪 류 형柳兄이 왔다.

10월 7일. 맑다. 청진동淸進洞 익진여관翼軫旅館에 가서 정충시鄭忠時 군君을 맞나보고 서화叙話를 하였다.

10월 8일. 맑다. 문ㅅ간방에 있는 학생 하종원河鍾源 군君이 앓는다.

10월 9일. 맑다.

10월 10일. 맑다. 조병국趙炳國이가 왔다.

10월 11일. 맑다. 음陰 9월九月 9일九日. 경희京熙 77일七七日. 힌무리떡과 송편을 좀 했다. 직원회.

10월 12일. 맑다. 매헌梅軒을 찾어보다. 조병국趙炳國이가 왔다.

10월 13일. 맑다. 『신생新生』, 『조선강단朝鮮講壇』의 원고를 쓰노라고 휴일休日 아무대도 못갔었다.

10월 14일. 맑다.

10월 15일. 맑다 흐리다 비오다. 병룡秉龍이가 제수씨弟嫂氏와 동창東昌이와 목포木浦집과 같이 왔다.

10월 16일. 맑다. 쌀쌀하다. 병룡秉龍 일행一行과 어머님과 동희東熙가 조선박람회朝鮮博覽會를 구경갔다.

10월 17일. 맑다. 매헌梅軒을 가 더불고 박람회博覽會 구경을 들어갔다. 연기관演技館과 만국가萬國街도 보았다. 독일인獨逸人 푸우시 양孃의 괴력시험怪力試驗을 보았다.

10월 18일. 맑다. 오전午前 2시二時부터 어머님께서 코ㅅ피가 나기 시작하여 그치 않는다. 6시六時 경에 장남계張南溪를 가보고 상의商議하고 다시 유홍종劉洪鍾을 가보고 어머님을 뫼시고 가서 의사를 뵈고 수술手術를 하여 겨우 지혈止血이 되었다. — 소독면포消毒綿布로 피나는 코ㅅ구녁을 꼭 틀어막고 탈지면脫脂綿으로 또 막어둔다. 알고 본즉 그 수술은 어려운 것도 아니라 아무도 할 수 있다. 이런 것을 모르고 그저 이마에나 코ㅅ등에 냉수를 마르고 피를 많이 흐르게 하고 걱정만 하였다.

10월 19일. 맑다 흐리다. 비 좀 오다. 오전午前 9시九時 발發 진관사 원족회津寬寺遠足會를 하였다. 오후午後부터 구름이 끼어 세 시 반쯤 하여 홍제원洪濟院으로 돌아올 때에 비를 맞났다. 십전대보탕十全大補湯 오첩五貼을 지어다 어머님께 다려 들였다. 삼평사三平社를 가보았다.

10월 20일. 맑다. 종일 집에 있었다. 김용익金容益 군君이 왔다.

10월 21일. 맑다.

10월 22일. 맑다. 어머님과 병룡秉龍이 일행이 떠났다. 오전午前 7시七時 반半 부산행 열차釜山行列車로. 나는 경성역京城驛까지 가서 전송餞送을 하였다. 맞흠 박람회博覽會 때라 퍽 분잡奔雜하다. 먼저 들어가 자리를 잡아놓았 것도 소용이 없다. 병룡秉龍이는 지갑紙匣(현금 4원現金四円이 들었음)을 잃고 어머님은 돈 1원一円 (쓰시라고 들였던 것)을 잃고 하마트라면 풍덩이도 잃을 번하였다. 차ㅅ속에서 다행히 장현식張鉉植 군君을 맞나 돈 4원四円을 꿔어 병룡秉龍이를 주었다.

10월 23일. 맑다. 병룡秉龍이 편지가 왔다. 잘 갔다고.

10월 24일. 맑다. 제2학기第二學期 임시시험臨時試驗을 보았다.

10월 25일. 맑다. 대판옥大阪屋을 가보았다. 조용해趙龍海 군君의 편지가 오다.

10월 26일. 맑다. 용익容益 군君이 떠나갔다. 시험 끝났다. 밤에 하태흥河泰興 군君이 그 형兄 경덕敬德 군君과 같이 왔다. 이슥하도록 담소談笑를 하였다.

10월 27일. 맑다. 학생들을 다리고 박람회장博覽會場를 들어갔다. 경품景品을 뽑는다 하여 사람들이 많이도 들어왔다. 나는 수족관水族館에 들어가 고기의 이름들(한쪽에는 조선말, 한쪽에는 한ㅅ자漢字 또는 가명假名ㅅ자字로 적은 것)을 벳겼다. 그 이름을 벳기며 그 형체形體과 생활상태生活狀態를 자세仔細히 보았다. 치리의 노는 것이 퍽 자미滋味스럽다. 물이 퐁퐁 쏟아져 나오는대 작은 치리, 큰 치리들이 여내 소리진을 치고 도는 것이 퍽 자미滋味스럽다. 이익상李益相 군君, 김영운金永運 군君, 한공석韓公錫 군君을 맞났다.

10월 28일. 맑다. 애류崖溜가 왔다.

10월 29일. 맑다. 가갸날 기념紀念키 위하여 조선어회원朝鮮語會員에게 통전通牋을 써 보냈다. 저녁에 적십자병원赤十字病院을 가 보니 하종원河鐘源 군君이 벌서 죽었다 한다. 병病은 장질부사腸窒扶斯, 폐염肺炎, 뇌막염腦膜炎. 그 부친父親 하동국河東國을 찾어보고 위로를 하였다. 돌아오다가 하경덕河敬德 군君을 찾어보았다.

10월 30일. 맑다. 조용해趙龍海 군君이 찾어와서 깃브게 담화談話를 하였다.

10월 31일. 맑다. 음陰 9월九月 29일二十九日, 가갸날. 오후午後 7시七

時 조선교육협회관朝鮮教育協會舘에 가서 가갸날 기념회紀念會를 하고 다음에 조선어사전편찬회朝鮮語辭典編纂會를 열었다. 내게도 위원委員이란 이름을 씌운다. 주간主幹은 이극로李克魯, 이윤재李允宰, 신명균申明均 등等이다.

11월

11월 1일. 장발張勃 군君이 입장권入場券 하나를 주어서 이화여자전문학생 기독청년회梨花女子專門學生基督青年會 주최主催인 「베니스 상인商人」 연극演劇을 장곡천 공회당長谷川公會堂에 가서 보았다. 방인근군方仁根君, 이은상李殷相 군君을 맞나보고 나종엔 장발張勃 군君과 같이 돌아왔다.

11월 2일. 맑다. 안확安廓 군君이 찾어왔다. 문일평文一平 군君을 찾어보고 창덕궁昌德宮 뒤로 돌아 숭이동崇二洞으로 빠져나와 찬燦 군君을 찾어보았다. 매헌梅軒도 찾어보았다.

11월 3일. 학교學校를 갔다 왔다. 찬燦 군君이 찾어오고 양백화梁白樺가 찾어왔다.

11월 4일. 맑다. 매헌梅軒이 찾어왔다. 김지연金志淵이 경대 등사본京大謄寫本 『가곡원류歌曲源流』를 보냈다.

11월 5일. 맑다. 집에 편지를 보냈다.

11월 6일. 맑다. 임시직원회臨時職員會—이승우李承雨와 박승빈朴勝彬과의 싸움에 대한 토의討議. 증곡曾谷이 앓는단 말을 듯고 가보았다. 그 본병本病인 위장병胃腸病이 도졌다. 저녁 신문(『중외일보中外日報』)

을 보고야 애류崖溜가 오날 오후午後 3시 내간상內艱喪을 당한 줄 알고 곳 가 보았다. 자정에야 돌아왔다.

11월 7일. 맑다. 오후午後에 애류崖溜 집을 가서 보았다.

11월 8일. 맑다. 학교學校에는 결근缺勤을 하고 연희면 공동묘지延禧面共同墓地까지 가서 애류崖溜 모친상母親喪의 회장會葬을 하고 저믈어서야 돌아왔다.

11월 9일. 맑다. 증곡曾谷을 가 보고 인삼人蔘 세 뿌리를 보내주었다.

11월 10일. 맑다. 애류崖溜를 찾었다 못 맞났다. 한공석韓公錫 군君을 찾어보았다. 하태홍河泰興 군君 형제兄弟를 찾어보았다.

11월 11일. 맑다. 임시직원회臨時職員會— 광주고보光州高普와 중학교中學校 학생學生 간間의 투쟁鬪爭이 있어 꽤 문제가 되었는데 경신학교 생도儆新學校生徒 모某(과학연구회원科學硏究會員)가 광주光州에 가서 조사調査를 하고 와서 맹휴盟休를 일으키고 배재학교培材學校도 맹휴盟休를 하려하고 시내市內 각各 고보高普에도 격문檄文이 와서 불안不安한 상태狀態에 있음으로 거긔 대책對策을 토의討議하였다.

11월 12일. 맑다. 병륙秉淕의 편지가 오다.

11월 13일. 맑다. 매헌梅軒이 오다. 같이 증곡曾谷의 문병問病을 갔다.

11월 14일. 맑다. 김철수金鐵洙 군君이 오다. 밤에 비가 오다.

11월 15일. 흐리다 비오다. 경희京熙가 수일 전부터 감기가 들었다. 그다지 중하지 아니하여 의사도 아니 뵈었는데 갑자기 경驚ㅅ기가 있고 깔어앉어 눈도 아니 뜬다고 연순連順이를 학교로 보내어 나를 부른다. 깜짝 놀래어 돌아와 보니 듯든 말과는 다르다. 곳 박서양朴瑞陽(안숙案宿하는 학생學生) 군君을 보내어 유홍종劉洪鍾 군君을 청請하여 왔다. 자세히 진찰을 해보더니 감기感氣 겸兼 협체挾滯가 되었다며 대단

치는 않다고. ─ 비롯오 안심이 되었다. 통속대학通俗大學에 나가 강연講演할 원고原稿를 썼다.

11월 16일. 맑다. 교내 웅변대회校內雄辯大會가 있었다. 오후午後 1시一時 40분四十分부터 동同 5시五時까지 교내 대강당에서. 오후午後 7시七時 정동貞洞 예배당禮拜堂 통속대학通俗大學 강연회講演會에 갔었다. 맞흠 최현배崔鉉培 군君이 철학哲學에 대하여 말한다. 나는 그 한편 걸상에 앉어 강단 주위講壇周圍에 놓인 화분들을 바라보았다. ─ 황국黃菊, 백국白菊, 홍국紅菊 기타 이름도 모르는 양화洋花가 많다. 청중이 한 오백 명 되어 보인다. 청중에는 남녀 학생들이 많다. 최 군崔君의 강연講演이 끝나고는 가정과家庭科에 대한 강연이 한 20분二十分 동안 있었고 그 다음에는 내가 나섰다. 원고대로 차근차근 말하자면 두 시간이나 걸릴 것인데 나는 그럴가 염려되어 자꾸 주어대어 끝을 내고 보니 겨우 한 65분 밖에 아니 걸렸다. 9시九時 반半에 돌아오다. 달은 밝다.

11월 17일. 비. 애류崖溜를 찾어보고 오후午後 4시반 정동예배당貞洞禮拜堂에 가서 석찬夕餐을 받고 8시八時쯤 하여 비를 맞고 오다.

11월 18일. 비. 북한산北漢山에는 눈이 와서 하얀하다.

11월 19일. 흐리다. 증곡曾谷을 찾어보다.

11월 20일. 비. 흐리다 맑다. 이은상李殷相 군君이 찾어왔다.

11월 21일. 맑다. 장인丈人이 오셨다. 이복규李福圭 씨氏와 같이.

11월 22일. 맑다. 장인丈人이 관철동貫鐵洞 이복규李福圭 씨氏게로 가 지무시겠다고 하여 뫼시고 갔었다. 매헌梅軒을 찾어보았다.

11월 23일. 맑다. 장인丈人이 떠나시는데 오전午前 7시七時 반半 경성역京城驛을 나가보았다. 증곡曾谷이 왔다.

11월 24일. 흐리다. 밤에는 눈이 좀 오다. 종일 갑갑하게 집에만 들여 있었다.

11월 25일. 흐리다. 좀 눈이 오다 곳 녹았다.

김성수金性洙 군君을 찾었다 못 보았다.

11월 26일. 맑다. 하태홍河泰興 군君의 전화를 받었다. — 청운淸雲이 지난 밤에 내경來京하였다 한다. 장현식張鉉植 군君을 찾어보고는 그 길로 돌아서 광주여관廣珠旅館을 가서 청운淸雲과 수당壽堂과 하태홍河泰興 군君 형제兄弟를 맞나보고 이윽하도록 이야기하다 자정子正에야 돌아왔다. 병륙秉陸의 편지가 왔다.

11월 27일. 여산礪山서 팟, 찹쌀 한 가마니가 왔다. 숙직宿直.

11월 28일. 맑다. 청운淸雲이 찾어왔다. 같이 증곡曾谷을 찾어보고 돌아와서 일배주상송파一杯酒相送罷하였다. 김성수金性洙 군君을 찾었다 못 보았다.

11월 29일. 흐리다. 세우細雨.

11월 30일. 맑다. 찬燦 군君이 오다.

12월

12월 1일. 맑다. 경희京熙 백일百日이 되었다. 떡을 한다.

12월 2일. 비. 장마비 오듯한다.

12월 3일. 비.

12월 4일. 맑다.

12월 5일. 맑다. 조 형趙兄의 편지를 보았다.

12월 6일. 눈오다. 바루 녹았다. 직원회.

12월 7일. 맑다. 매헌梅軒을 찾어보고 하경덕河敬德 군君을 찾어보다.

12월 8일. 맑다. 애류崖溜와 같이 영도사永導寺를 나갔다. 석전石顚은 없어서 못 보았다. 조선어사전편찬회朝鮮語辭典編纂會에서 저녁을 먹인다. 십여 인 모였다. 정인보鄭寅普 군君이 애류崖溜와 장지영張志暎 군君과 말다툼을 한다. 혼자서 게드름을 빼다가 그러케 되었다. 나와 애류崖溜와 장지영張志暎 군君과는 먼저 일어서 왔다. 안개는 희미하게 깨었고 달은 로맨틱하게 빛이고 공장工場에서 처녀處女들은 헤쳐 돌아간다. 송림松林의 그림자, 모래 언덕, 흐린 등ㅅ불, 마을집, 나무 팔고 돌아가는 수레, 절에서 나는 종소리.— 모두가 아름다운 야경夜景이다. 그 속에 어정거리며 돌아오는 우리 일행도 그 경景의 하나이겠다.

12월 9일. 맑다. 학교에서는 3, 4, 5학년 일동이 광주사건光州事件으로 말미암어 맹휴盟休를 한다. 순사포위巡査包圍 형사간섭刑事干涉에 대개 진정되었다. 들으면 경신儆新에서는 삼백여 명이 보성고보普成高普로 가서 합동合同하여 다시 남대문상업학교南大門商業學校로 와 합동合同하여 창경원昌慶苑 앞으로 나오다 저지沮止되고, 다시 창경궁昌慶宮 담 뒤로 돌아 취운정翠雲亭으로 빠져 중앙中央과 합동合同하여 쏟아져 나오다 저지沮止되고, 다시 삼청동三清洞으로 현무문玄武門 앞으로 돌아 효자동孝子洞으로 나오다 검거檢擧되어, 경관교습소警官敎習所 교습생敎習生, 소방대消防隊까지 출동出動하여 사뭇 자동차自動車로 실어갔다 한다. 임시직원회臨時職員會.

12월 10일. 맑다. 2학년二學年 일동一同 맹휴盟休. 순사형사巡査刑事는 여전히 활동한다. 직원이 총출동總出動하여 제 주소住所마다 더불어다 주었다. 임시직원회臨時職員會.

12월 11일. 맑다. 오는 24일까지 휴업休業. 임시직원회臨時職員會. 생도生徒 부형父兄에게 편지를 다 붙였다. 이은상李殷相 군君이 오다.

12월 12일. 비. 요마적 일기日氣는 아주 봄과 같다.

12월 13일. 구름 끼다. 찬燦 군君과 애류崖溜가 오다.

12월 14일. 구름 끼다.

12월 15일. 비. 바람도 분다.

12월 16일. 비. 태서관泰西館에서 저녁을 먹다. 신민사新民社에서 주는 것이다.

12월 17일. 비.

12월 18일. 맑다. 학생 가정방문學生家庭訪問.

12월 19일. 구름끼고 종일 음산하다. 학생가정방문學生家庭訪問.

12월 20일. 맑다. 임시직원회臨時職員會.

12월 21일. 맑다. 『휘문徽文』 잡지雜誌의 준準을 볼나 학교의 남저지 일을 볼나 퍽 밭브다. 그런 중 세 조선불교중앙교무원朝鮮佛教中央教務院에를 가서 『월인천강지곡月印千江之曲』(3권三卷)을 세 질帙(한 질은 애류崖溜, 한 질은 청운淸雲, 한 질은 내 것)을 찾어왔다. 그리고 남보다 늦도록 학교에 있었다. 박술음朴術音과 같이 동아식당東亞食堂에서 점심을 먹었다. 진고개를 갔다 오다가 안합호安合号에서 수선화 한 떨기를 사왔다.

12월 22일. 대동인쇄소大東印刷所를 가서 『휘문徽文』 원고原稿의 준準을 보았다. 진고개를 갔었다. 연순連順이를 다리고.

12월 23일. 눈오다. 다섯 치는 쌓였다. 대동인쇄소大東印刷所로 하여 학교를 가서 『휘문徽文』 원고原稿의 준準을 보았다.

12월 24일. 맑다. 오전午前에서 눈을 녹이고 오후午後에는 돌우 얼린다. 학교, 대동인쇄소大東印刷所, 조선일보사朝鮮日報社, 매헌梅軒 집을 거쳐서 천도교기념강당天道教記念講堂에 가서 이극로李克魯 군君과 김공순金恭淳 양孃과의 결혼식을 보았다. 이 결혼식은 유진태兪鎭泰의 지도하指導下에 신랑 신부新郎新婦는 고식 복장古式服粧하고 식장式場에 나와 서로 배례拜禮를 하고 서로 서약서誓約書를 낭독朗讀하고 신랑 신부新郎新婦의 내력來歷을 그 지인知人들이 나와 말하고 축전祝電과 축하문祝賀文의 장수張數를 보고報告하고는 파罷하였다. 이 식式은 유진태兪鎭泰 식式이라 가정假定하여 두자. 대개 지금들 행하는 혼례식이 몇 가진가 들어보자. 一. 구식舊式, 二. 야소교식耶蘇教式, 三. 불교식佛教式, 四. 천도교식天道教式, 五. 박승빈식朴勝彬式 (계명구락부식啓明俱樂部式)이 있으니 이것까지 하면 여섯 가지나 된다. 이 외에도 또 몇 가지나 될 것인가는 아즉 미지수未知數다. 『월인천강지곡月印千江之曲』(2책二册 외外 2책二册)을 가지고 애류崖溜를 가보았다. 앓는다 인후증咽喉症으로 하여 4, 5일채 누워있다 한다.

12월 25일. 종일 구름 끼고 퍽 음산하다. 하경덕河敬德 군君을 찾어보고 『월인천강지곡月印千江之曲』을 전해주다. 학교에 가서 『휘문徽文』 잡지雜誌 납본納本을 하다.

12월 26일. 비. 오전午前 5시五時에 일어나 6시六時에 집을 떠나 연순連順이를 다리고 안국동安國洞에 갔더니 전차가 없어서 종로까지 걸어갔었다. 7시七時 반 승차. 종일 음침하고 비가 좀 오다. 오후午後 1시一時 30분三十分 논산論山 착着. 동同 2시二時 자동차로서 떠나 동同 3시三時 여산礪山 착着. 시장에(맞흠 장날) 진사동眞絲洞 사람이 누가 왔나 하고 갔다가 조기호趙起好를 맞나 집 안부安否를 듯고 우육牛肉 저육猪肉 사탕砂糖 급及 짐을 들려가지고 같이 신막新幕까지 오며 이야기를 하였다. 비는 좀 멎었다 다시 온다. 병관秉寬이게서 술 한 잔을 먹고 우산雨傘을 얻어들고 건너왔다. 병석秉釋이가 본병本病으로 신음呻吟한다.

12월 27일. 비.

12월 28일. 비.

12월 29일. 비. 연일 장마ㅅ비처럼 왔다, 오날 오후午後에야 좀 그친다. 모새ㅅ골을 가서 종조從祖할아버지는 못 뵈었다.

12월 30일. 비. 여산읍礪山邑 터를 와 두어 시간이나 기다렸다. 자동차는 시간을 한 30분 에누리하여 온다. 논산역論山驛에 와 세 시간을 기다리게 되었다. 퍽 심심하다. 맞흠 정인보鄭寅普를 맞나 이야기 하노라고 태전太田까지는 오는 줄 모르게 왔다. 오후午後 11시十一時 20분二十分 계동桂洞ㅅ집으로 들어오다.

12월 31일. 맑다. 학교를 갔었다. 이하용李河用 군君을 찾어보았다. 책장 하나를 사오다. (八, 五○).

1930년(단기 4263년)

1930년(단기 4263년) 경오庚午

1월

1월 1일. 맑다. 학교에 일인 교사日人敎師들에게 음식飮食을 얻어먹었다. 당직 숙직當直宿直.

1월 2일. 맑다. 매헌梅軒을 찾어보다. 백정목 군白定木君의 편지가 오다.

1월 3일. 맑다. 애류崖溜를 찾어보다. 년하장年賀狀이 수백 장数百張 오다.

1월 4일. 맑다. 『기독신보基督申報』에 갈 원고原稿를 썼다.

1월 5일. 맑다. 교육협회敎育協會에 가서 조선어연구회朝鮮語硏究會에 참석參席하였다. 임원任員 개정改定을 하였다. 소위 간사幹事의 이름은 오날에야 가지지 않게 되었다. 그동안 여러 번 총회總會를 하려다 못하였다. 새로난 간사幹事는 장지영張志暎, 이극로李克魯, 최현배崔鉉培요, 한 일은 신명균申明均 군君의 「박승빈朴勝彬의 경음변증硬音辨證」에 대한 이야기만이다.

1월 6일. 맑다. 중앙교무원中央敎務院(불교佛敎)으로 하여 냉동冷洞 협성신학교協成神學校에 있는 기독신보사基督新報社에 가서 방인근方仁根 군君을 맞나 원고原稿(조선문학朝鮮文學에 대한 것)를 주고 점심을 얻어먹고 공덕리孔德里에 가서 성봉한成鳳翰 씨를 찾다찾다 못 하고(세 시간 이상 헤매었다) 돌아오다. 박술음朴術音 군君을 찾아보고 저녁을 얻어먹고 왔다. 최익동崔益東 군君의 부음訃音이 왔다. 백정목白定木 군君께 답장答狀.

1월 7일. 맑다. 임시직원회臨時職員會. 오후午後 6시六時 식도원食道園에서 조선강담사朝鮮講談社의 초대招待를 받었다.

1월 8일. 맑다. 제3학기第三學期 개학開學.

1월 9일. 맑다. 명천鳴川 대고모大姑母께서 오셨다. 소년 하나 다리고.

1월 10일. 맑다. 급주임회級主任會. 학생 일동이 시험 일자試驗日字 연기延期를 하여달라고 함에 대한 의론議論이다.

1월 11일. 맑다.

1월 12일. 맑다. 명천鳴川 대고모大姑母께서 아츰 차에 떠나셨다. 경성역京城驛까지 가서 전송餞送하였다.

1월 13일. 맑다. 시험을 보는데 첫 시간에 백지답안白紙答案을 내놓고 동맹同盟을 한다. 이유는 다만 시험 일자試驗日字를 아니 연기延期해주었다고 할 뿐. 임시직원회臨時職員會를 열고 생도生徒 소청所請대로 시험 날짜를 일주일 연기해주었다.

1월 14일. 맑다.

1월 15일. 맑다. 첫 시간에 4, 5학년 몇 사람이 소리를 쳐 생도 전체를 내몰아 문밖으로 나가랴다가 맞흠 문 앞에서 수직守直하는 순사巡査에게 저지沮止되고 말었다. 그래 공부는 못 시기고 강당에 생도 일동을 모여놓고 교장이 훈유訓諭하여 다 돌아보냈다. 임시직원회. 퇴학생 십일 명, 정학생 십 명.

1월 16일. 맑다. 조병국趙炳國의 편지를 보다.

1월 17일. 맑다. 조용해趙龍海 군君, 최익면崔益冕 군君, 정충시鄭忠時 군君께 편지하다.

정 군鄭君께는 해의海衣 여섯 톳을 사 보냈다.

1월 18일. 맑다. 퇴학생退學生 복교復校시기고 광주사건光州事件 외外 수개数個 조건條件의 청구서請求書를 속달 우편速達郵便으로 하여 보내고 맹휴盟休를 하였다. 겨우 등교생이 전체 70명. 임시직원회臨時職員會. 생도生徒 가정방문家庭訪問. 은동隱洞 김동수金同洙 군君에게 과실果實 한 궤짝을 사 보내고 편지를 하였다. 조병국趙炳國이에게도 편지 답장答狀.

1월 19일. 맑다. 생도生徒 가정방문家庭訪問.

1월 20일. 맑다.

1월 21일. 맑다.

1월 22일. 맑다. 동경東京서 조용해趙龍海 군君의 편지가 오다.

1월 23일. 맑다. 김영근金永近 군君, 한공석韓公錫 군君을 찾어보았다.

1월 24일. 맑다. 대판옥大阪屋을 가서 책상册床을 찾어오다.

1월 25일. 맑다. 임리林里 김창현金昌鉉 군君이 준시蹲柹 한 접을 보냈다. 하경덕河敬德 군君을 찾어보고 저녁을 먹고 오래 놀다 오다.

1월 26일. 음산하다. 종일 구름 끼었다. 매헌梅軒 집에 우육牛肉 5근五斤을 사 보내다. 증곡曾谷이 연천漣川 본제本第의 화재火災를 보았다. 십 원十円 기증寄贈.

1월 27일. 구름 끼다. 푹하다. 임시직원회臨時職員會. 정충시鄭忠時 군君의 편지가 오다.

1월 28일. 눈이 오다. 조용해趙龍海 군君, 송상근宋相根 군君께 편지 보내다. 매헌梅軒이 오다.

1월 29일. 눈이 오다 개었다. 애류崖溜께 갔었다. 기사년己巳年 12월十二月 30일三十日이다.

1월 30일. 흐리다 맑다. 경오년庚午年 1월一月 1일一日. 교동校洞 민병주閔丙疇 군君의 집에 가서 설상床을 받었다.

1월 31일. 맑다.

2월

2월 1일. 맑다. 매헌梅軒 집에 갔었다. 하경덕河敬德 군君에게 영어를 배우러 갔다. 매주每週 수요水曜 토요土曜 야夜에 단이기로 하였다.

2월 2일. 맑다. 박술음 군朴術音君과 같이 정남진鄭南鎭 집에 가서 설상을 받었다. 집에서 편지가 오다.

2월 3일. 맑다. 하경덕河敬德 군君 형제兄弟와 최삼열崔三悅 군君을 청하여 저녁을 먹다.

2월 4일. 맑다. 집에 편지며 안경眼鏡을 보냈다.

2월 5일. 맑다. 숙직宿直. 문일평文一平 군君이 찾어오다. 김용익金容益 군君이 신경쇠약증神經衰弱症이 나서 대학의원大學醫院에서 치료治療코저 오다.

2월 6일. 맑다. 최학송崔鶴松 군君과 애류崖溜 군君이 오다. 저녁을 같이 먹다.

2월 7일. 맑다. 황병인黃炳仁 군君이 오다.

2월 8일. 맑다. 정소석鄭素石(기용機用)이 오다. 찬燦 군君이 오다.

2월 9일. 맑다. 이상호李相湖 군君이 오다.

2월 10일. 맑다. 명천鳴川 할머님의 편지며 꿔어간 돈 5원五円이 오다. 2, 3, 4년생도 모다 등교하였다. 애류崖溜와 같이 장지영張志暎 군君에서 저녁을 먹다.

2월 11일. 맑다.

2월 12일. 맑다.

2월 13일. 맑다. 정월正月 보름.

2월 14일. 맑다.

2월 15일. 맑다.

2월 16일. 맑다. 정소석鄭素石이 아츰에 찾어와서 그 자당慈堂이 앓고 온 식구가 여러 날채 굶는다고 하여 백미白米 한 가마니를 사 보냈다.

2월 17일. 맑다. 재학생 일동이 졸업생 송별회를 하는 데 참여하였다.

2월 18일. 흐리다. 비가 온다.

2월 19일. 우수雨水. 맑다. 아버님의 하서下書를 받어 보았다.

2월 20일. 맑다. 매헌梅軒이 찾어오다.

2월 21일. 맑다. 직원회職員會.

2월 22일. 맑다. 삼열三悅 군君이 찾어오다.

2월 23일. 오후午後에 비오다. 이원규李源圭 군君이 찾어오다.

2월 24일. 맑다.

2월 25일. 흐리다. 애류崖溜가 오다.

2월 26일. 비 오고 눈 오다. 애류崖溜에게 돈 20원二十円을 꿔어주다.

2월 27일. 눈비.

2월 28일. 비. 직원회職員會.

3월

3월 1일. 흐리다.

3월 2일. 비 오다. 종일 오다.

3월 3일. 맑다.

3월 4일. 맑다.

3월 5일. 맑다. 학교에서는 오전午前 11시十一時 제8회第八會 졸업식卒業式을 거행하였다. 오후午後 6시六時 명월관明月館에서 석반夕飯을 먹었다.

3월 6일. 맑다.

3월 7일. 맑다. 양정고보養正高普 서봉훈徐鳳勳 선생先生 집에 가서 석반夕飯을 먹었다. 조한교원회朝漢教員會가 있었다.

3월 8일. 맑다. 이원규李源圭 군君을 찾아보았다.

3월 9일. 맑다 흐리다. 오전午前 9시九時 정거장停車場에서 이원규李源圭 군君을 전송餞送하였다. 회비會費 삼 원三円을 기증寄贈하였다.

3월 10일. 맑다. 서대문 예배당西大門禮拜堂에 가서 이재훈李載壎 군君, 노금주盧今珠 양孃과의 혼례식婚禮式을 보았다.

3월 11일. 맑다.

3월 12일. 흐리다. 밤에 비바람 몹시 쳤다. 아츰 차에 김용익金容益 군君이 떠나갔다.

3월 13일. 비. 매헌梅軒, 증곡曾谷이 오다. 임시직원회臨時職員會가 있었다. 내일 입학시험 사무처리 협의入學試驗事務處理協議.

3월 14일. 맑다. 제1학년생 입학시험을 보다. 응시자가 칠백여 명. 체격검사體格檢查도 하였다.

3월 15일. 흐리다 좀 비오다. 체격검사體格檢査과 구술시험口述試驗을 보았다. 밤 10시十時까지 하여 성적고사회成績考査會를 하였다.

3월 16일. 맑다. 성적발표를 하였다. 합격자 이백삼십 명.

3월 17일. 맑다. 재학생 제3학기 시험을 보다.

3월 18일. 맑다. 이창구李昶求 군君이 찾아왔다.

3월 19일. 맑다. 바람도 불다. 박술음朴術音 군君과 진고개를 갔었다.

3월 20일. 맑다. 창구昶求 군君이 백 원百円을 꾸어갔다.

3월 21일. 맑다. 순안의명학교順安義明學校 곽기호郭驥浩의 편지를 보다.

3월 22일. 맑다. 시험을 다 보았다.

3월 23일. 곽기호郭驥浩에게 편지 답장을 하다.

3월 24일. 맑다. 하경열河慶烈 씨氏가 찾아오다 밤에 증곡曾谷과 같이 청운淸雲을 가보았다. 집에서 편지며 메주가 오다.

3월 25일. 맑다. 김국수金國洙 군君과 이창구李昶求 군君께서 편지가 오다. 돈 백 원百円도 오다. 창구昶求 군君께며 차덕삼車德三에게 편지를 하였다. 밤에 문일평文一平 군君과 이병도李丙燾 군君이 찾아오다.

3월 26일. 맑다. 시험성적고사試驗成績考査를 하다.

3월 27일. 흐리다 비 오다. 성적발표成績發表를 하고 청운淸雲께 가서 같이 나서 애류崖溜며 상현尙玄을 찾어보고 집으로 와서 저녁을 같이 먹었다.

3월 28일. 맑다. 이병도李丙燾 군君이 찾어오다. 매헌梅軒이 오다.

3월 29일. 맑다. 태전군太田郡 외남면外南面 차덕삼방車德三方 이기분李其芬(태전太田)에게서 편지오다. 곳 답장을 하였다. 청진동淸進洞 187一八七 김낙순金洛淳 군君을 찾어보고 매헌梅軒을 찾어보고 같이 진고개를 갔었다.

3월 30일. 맑다. 매헌梅軒과 이병도李丙燾 군君과 같이 정원사淨源寺를 나가 점심點心을 사먹고 오다. 집에 편지며 소포(인삼人蔘 60편六十片 1근一斤)며 돈 5원五円을 보냈다. 아버님 어머님께 고기나 사들이라고.

3월 31일. 맑고 흐렸다. 소석素石이 아츰에 왔다.

4월

4월 1일. 흐리다 맑다. 학교 당직當直이 되어 학교를 가 있다가 수송동壽松洞 공보교公普校에 가서 김석호金錫昊를 학교평의원學校評議員으로 추천推薦하였다. 오후午後 4시에 김건영金健榮 군君에게 숙직을 해 달라하고 왔다. 임실任實 조 군수趙郡守 형兄께 편지하다. 집 뒤에 간間반를 늘이는데 종로경찰서鐘路警察署에 허가원許可願을 제출하였다. 동희東熙가 수송유치원壽松幼稚園에 입원入園하였다.

4월 2일. 흐리다. 직원회職員會. 2을二乙 담임擔任. 문우회文友會 학예부장學藝部長, 솝니 병양秉錫 군君이 오다. 그 아들 정환鼎煥이가 중앙고보中央高普에 입학이 되어 더불고 온 것이다. 집에서 숙식을 한다. 이병도李丙燾 군君이 오다. 애류崖溜를 같이 가서 찾었다 못 보았다.

4월 3일. 맑다. 병석秉錫 군君이 밤차로 떠나갔다. 도수燾洙게 전보가 오다. 그 안애가 죽었다고. 곳 가보라고 권고勸告하였다.

4월 4일. 맑다. 도수燾洙가 아츰에 떠나갔다. 이기분李其芬에게 편지를 하였다. 곳 오라고. 제1학기第一學期 시업始業. 어제 순사가 나와 조사하고 가더니 가옥개축허가장家屋改築許可狀이 나오다. 역사役事를 시작하였다.

4월 5일. 맑다. 매헌梅軒을 찾어보다.

4월 6일. 맑다. 애류崖溜를 찾어 못 보고 매헌梅軒과 같이 뻐쓰를 타고 서대문西大門 밖을 나서 악박골 약藥물을 먹고 선바위를 올라 인왕산仁旺山 남南쪽 봉峯에까지 올라 놀다가 나려오다. 김영근金永近 군君이 오다. 문일평文一平 군君이 오다.

4월 7일. 맑다. 찬燦 군君이 오다.

4월 8일. 맑다. 애류崖溜를 찾어보았다.

4월 9일. 구름끼다. 애류崖溜와 같이 이병도李丙燾 군을 찾어보다. 끌리어 천향원天香園을 가서 자정에야 돌아오다. 비가 와서 인력거를 타고 오다.

4월 10일. 비. 이광종李光鍾 선생先生 집에서 조한교원회朝漢教員會를 하여 저녁을 먹인다. 나도 참여하였다.

4월 11일. 맑다. 박재륜朴載崙, 이희균李羲均, 이원영李元榮, 이천규李天珪, 송재운宋在雲, 민탁기閔鐸起 군君들과 같이 완빈루忨賓樓에서 석찬夕餐을 먹었다. 『학생學生』 잡지雜誌 현상소설懸賞小说의 상금賞金을 타가지고 이와 같이 나를 청請한 것이다.

4월 12일. 맑다. 집에서 편지가 오다. 매헌梅軒, 이병도李丙燾 군君, 안확安廓 군君이 와 밤이 이슥도록 놀았다. 서대문통西大門通을 가서 창문窓門을 사오다.

4월 13일. 맑다. 김동수金同洙 군君의 편지를 보았다. 이기분李其芬이게서 편지가 오다. 못 온다고.

4월 14일. 맑다. 김동수金同洙 군君께 편지 답장答狀을 하였다.

4월 15일. 맑다. 매헌梅軒이 와서 같이 나서 증곡曾谷을 찾어 못 보고 애류崖溜를 찾어 같이 영도사永導寺를 가서 밥을 시겨 먹었다.

4월 16일. 숙직. 직원회.

4월 17일. 맑다. 명월관明月館에서 함병업咸秉業 선생先生 송별회送別會을 하였다. 김영근金永近 집에 방문주方文酒 두 병甁을 사 보냈다. 그 자부子婦의 우례于禮가 있다.

4월 18일. 흐리고 밤 폭풍우暴風雨가 쳤다. 아츰 여섯 시에 경성역京城驛을 나가 기다리었으나 오신다는 어른은 안 오신다. 학교를 갔다 오후午後에 돌아오니 빙모聘母께서 오시고 병석秉錫 군君이 그 안애와 아들을 다리고 창경원昌慶苑 꽃구경 하러 왔다. 정양주鄭錫朱 군君과 김상기金庠基 군君이 오다.

4월 19일. 비가 종일 온다.

4월 20일. 비. 병석秉錫 군君의 일행은 밤차에 떠났다.

4월 21일. 흐리다. 김영근金永近 군君 집에 가서 술을 먹었다.

4월 22일. 흐리다.

4월 23일. 비.

4월 24일. 비.

4월 25일. 흐리다.

4월 26일. 맑다. 우이동牛耳洞으로 원족遠足을 갔었다.

4월 27일. 맑다. 고故 백우용白禹鏞 군君의 영결식永訣式을 가 보았다. 오전午前 9시九時 고등상업학교高等商業學校 부근附近에서 하였다.

4월 28일. 비.

4월 29일. 비. 가역家役은 겨우 끝났다.

4월 30일. 비. 명월관明月館 주인主人의 접대接待를 받었다.

5월

5월 1일. 맑다 학교 창교기념일學校創校紀念日 휴업休業.

5월 2일. 맑다.

5월 3일. 맑다. 이상호李相湖 군君이 찾아오다.

5월 4일. 비.

5월 5일. 맑다.

5월 6일. 맑다. 조용해趙龍海 군君의 편지를 받어보다.

5월 7일. 맑다. 용해龍海 군君께 답장答狀을 하고 조선철도안내서朝鮮鐵道案內書 1책一册을 보내주었다.

5월 8일. 맑다.

5월 9일. 맑다. 직원회職員會.

5월 10일. 맑다. 집에 편지하고 돈 5원五円을 보냈다.

5월 11일. 맑다. 빙모聘母께서 떠나가시는데 경성역京城驛까지 가보았다. 오후午後 11시十一時. 이병도李丙燾 군君을 찾어 애류崖溜도 맞나게서 저녁을 먹다.

5월 12일. 맑다. 어제 동막東幕 권중학權重學에게 소나무 장적 1차一車를 13원十三円에 들여와 오날부터 때기 시작하였다.

5월 13일. 맑다. 한강漢江을 나가보았다.

5월 14일. 맑다. 문우회 부장회文友會部長會를 하였다. 다마금 백미多摩錦白米 세 가마니를 39원三十九円에 들여왔다. 오날부터 그 쌀을 먹기 시작하다.

5월 15일. 맑다. 김억金億 군君이 찾어왔다.

5월 16일. 맑다.

5월 17일. 맑다 흐렸다.

5월 18일. 흐리다. 『학생學生』 잡지雜誌의 원고를 썼었다. 오전午前 3시까지.

5월 19일. 비. 숙직. 문우회 위원회文友會委員會가 있었다.

5월 20일. 맑다. 종일 기분이 덜 좋다. 이희균李羲均 군君과 이천규李天珪 군君이 찾어와 보다.

5월 21일. 맑다.

5월 22일. 세우細雨. 증곡曾谷이 오다.

5월 23일. 맑다. 집에서 편지가 오다. 병석秉釋 아우의 병이 더 중重하고 피골皮骨이 상연相連하였다 한다. 애류崖溜도 오고 매헌梅軒도 오다. 건설사建設社를 가고 전기종로출장소電氣鍾路出張所도 갔었다.

5월 24일. 맑다.

5월 25일. 맑다. 이병도李丙燾 군君, 안확安廓 군君과 같이 경복궁景福宮 안에 가서 조선미술전람회朝鮮美術展覽會를 보고 나오다 장송루長松樓에서 점심을 먹고 수표교水標橋로 해서 황금정黃金町으로 들어 놀다 오다.

5월 26일. 맑다. 심신心神이 퍽 불쾌不快하다.

5월 27일. 맑다. 심신心神이 퍽 불쾌不快하다.

5월 28일. 맑다. 병석秉釋의 부보訃報을 받다. 오후午後 10시 반 차에 떠났다. (陰 五月 初一日).

5월 29일. 오전午前 5시五時쯤 하여 강경역江景驛에서 나려 강경 시가江景市街에 들어가 보니 여산행礪山行 자동차는 요마적 아니 단인다 한다. 나는 도보로 나섰다. 망성 면사무소望城面事務所 앞에를 이르니 마츰 인력거 하나가 온다. 1원 80전壹円八十錢에 신막新幕까지 가기로 하고 인력거를 탔다. 나는 인력거 같은 건 타기를 싫어한다. 별로 타지를 아녔다. 하나 이번은 것기가 퍽 싫다. 하는 수 없이 이걸 탄 것이다. 새말 와서 주막酒幕에서 닭국에 술 한 잔을 먹었다. 지난밤에 어느 손님 하나이 자고 갔다 한다. 주파酒婆는 한 삼십여 세三十餘歲요 능能히 권주가勸酒歌를 부를 줄 안다 한다. 얼굴도 면추免醜는 하였다. 8시八時 반 새술막에 와 나렸다. 집에 들다. 병석秉釋 시체屍體 앞에 꺼우러져 한참 통곡痛哭을 하였다. 일환一煥의 세 이모姨母와 이모부姨母夫 하나이 왔다.

5월 30일. 맑다. 앞산 위에다 저의 유언대로 묻어주었다. 저의 심덕이 좋아서 일 보아주는 이며 회장會葬하는 이들이 모다 애처로운 빛을 하여 성심誠心껏 한다. 오전午前 중에 장사葬事는 끝났다. 몹시 무덥다.

5월 31일. 몹시 무덥다. 비는 올 듯해도 아니 온다. 잇다금 한두 방울씩 떨어지다 만다. 오전午前 8시八時 떠나 여산礪山 읍내에 와서 두 시간 이상 기다리다. 면사무소面事務所에 가서 인사도 하였다. 11시十一時 25분二十五分에야 자동차가 왔다. 정각보다 25분二十五分을 에누리한다. 은진恩津 읍내에 오다 웬 여인네 두 사람이며 웬 양복장이 두 사람이 오르고 나리는 바람에 시간을 꽤 허비하였다. 논산論山에 이르니 벌서 기차는 연산으로 달어난다. 대성여관大成旅館에서 점심을 먹고 그 주인 최종현崔鐘鉉을 불러보고 이야기를 하였다. 가을 수학여행에 여관를 주선周旋하여 달라고. 그리고 그에게 논산論山의 상황을 대개 들었다. 요리집, 색주가色酒家 따위만 점점 더욱 번창한다고 하며 퍽 세상을 걱정한다. 시가市街를 좀 돌아보니 과연 난봉가 소리며 장고소리가 많이 난다. 이 골목 저 골목에서 인조견人造絹 치마 입은 젊은 아가씨네가 나온다. ― 이러다가 네 시간을 지나 오후午後 4시 5분에 떠났다. 태전太田 오니 겨우 50분五十分쯤 기다리게 되었다. 밖에 나서 어정이다 대동리大東里를 물으니 발우 그 옆이라 한다. 샛골목을 들어 철둑을 건너가니 한 동내가 있고 사람들이 한 정자나무 밑에 모여 앉었다. 차덕삼車德三집을 물으니 한 사람이 모른다 하고 한 사람은 안다 한다. 안다는 사람의 말을 좇아 저리 좀 산 밑에로 붙어 있는 마을 찾어갔다. 게서는 신순경申順京의 집을 찾어가면 곳 덕삼德三의 집이라하여 신순경申順京을 찾었다. 젊은 여인 둘이 내다 보고 누구를 찾느냐고 뭇는다. 마츰 그 옆에 있는 게집애를 불러내어 이기분李其芬의 일을 물어보았다. 처음은 모른다더니 다시 말하기를 얼마 전에 버드내로 시집을 갔다 한다. 그냥 나오다 다시 들어가 차덕삼車德三이 불러보고 말말하니 퍽 반가워하며 고맙게 녀기고 자꾸 만류挽留를 한다. 제 안애는 방금 부증으로 하여 몇 날 못 살겠다고 한다. 나는 차 시간이 촉박하여 할 말도 못다 하고 돌아서 정거장에 왔다 곳 차에 오르다. 차 속에서 송주용宋舟用 군君을 맞나 이야기하며 경성역京城驛까지 왔다. 계동桂洞 본가本家에 드니 오후午後 11시十一時다. 대문을 걸어잠그고 다들 잔다. 퍽 무심無心하다. 내가 오날 저녁에 꼭 온다는 말 하였었다. 퍽 야단을 하고 저녁도 아니 먹었다.

6월

6월 1일. 비. 서재학徐在學 군君을 찾어보다. 병석病席에 누었다. 피골皮骨이 상련相連하였다.

6월 2일. 맑다. 매헌梅軒이 찾어오다.

6월 3일. 맑다. 효창曉窓이 찾아오다.

6월 4일. 맑다.

6월 5일. 맑다. 이기분李其芬에게서 편지가 오다. 북간도北間島 길을 간다고 내일 오전午前에나 오후午後에 경성역京城驛을 지나겠다고 나오라 하였다. 퍽 무례無禮하다.

6월 6일. 맑다.

6월 7일. 맑다. 제7회 대운동회回大運動會가 있었다. 오전午前 8시八時一오후午後 4시四時. 이순규李舜圭 군君과 같이 황희돈黃羲敦 군君의 집으로 갔었다. 조한문교원회朝漢文教員會가 있었다. 다시 대관원大觀園에 갔었다. 학교에서 저녁을 먹인다. 서재학徐在學 군君이 오날 세상을 떠났다. 가 보았다. 퍽 불상하다.

6월 8일. 맑다. 이병도李丙燾 군君 집을 찾어갔다. 게서 이중화李重華 군君을 맞나 이야기하다가 양이兩李와 작반作伴하여 중앙학교 대운동회中央學校大運動會에 갔었다. 서재학徐在學 군君 집을 찾어가 보았다. 내일 출관出棺을 한단다. 노석老石 어른이 오시다.

6월 9일. 맑다. 이희균李羲均 군君, 이천규李天珪 군君, 박재륜朴載崙 군君, 이원영李元榮 군君이 찾어오다. 애류崖溜가 편지를 하였다. 가 보다. 노석老石, 매헌梅軒, 유년수柳年秀 군君이 와 있다. 조용주趙鏞周 군君이 오다.

6월 10일. 맑다. 김년수金年秀 군君이 오다. 애류崖溜를 찾어 못 보다. 김낙준金洛俊 소사召史를 찾어보다.

6월 11일. 맑다. 『금강경삼가해金剛經三家解』 국어역본國語譯本 4권四卷(초 1권 낙初一卷落)을 95원九十五円에 샀다. 유년수柳年秀 군君이 소개하였다.

6월 12일. 맑다. 김락순金洛淳 군君을 맞나보다.

6월 13일. 맑다. 김락순金洛淳 군君에게 『남명집南明集』(상권上卷)을 얻어오다.

6월 14일. 맑다. 총독부 박물관總督府博物館에 가서 조선활자朝鮮活字를 조사하였다.

6월 15일. 맑다. 하박사河博士 경덕敬德 군君이 찾어와 놀았다.

6월 16일. 맑다.

6월 17일. 맑다.

6월 18일. 맑다. 숙직.

6월 19일. 맑다. 이병도李丙燾 군君을 찾어보았다. 대중공론사大衆公論社에 가서 만찬晩餐을 먹었다.

6월 20일. 맑다. 직원회.

6월 21일. 맑다. 밤에 비ㅅ방울이 좀 뿌리다 말었다. 김승렬金承烈 군君 집에서 조한문교원회朝漢文教員會가 있었다.

6월 22일. 좀 흐렸다. 애류崖溜를 찾어보았다.

6월 23일. 맑다. 전기회사원電氣會社員이 와서 학생 방에 있는 전등다마를 가져갔다. 학생들이 60촉 다마를 썼다.(본래 10촉을 쓰든 것) 학교에서 오후午後 스타 박사(미인美人 인류학자人類學者)의 강연을 들었다.「너이는 너의 자신을 알어라.」하는 문제에 대하여 하는 것이다.

6월 24일. 맑다.

6월 25일. 맑다.

6월 26일. 맑다. 이병도李丙燾 군君을 보다.

6월 27일. 맑다.

6월 28일. 맑다. 오후午後 7시七時 반半부터 12시十二時 까지 학교에서 학예부學藝部 주최主崔의 교내 웅변대회 급 연극校內雄辯大會及演劇이 있었다. 나는 새로 한 시에야 집에 돌아왔다. 전기회사電氣會社에서 엽서가 왔다.

6월 29일. 맑다. 박한영朴漢永 스님이 왔었다. 애류崖溜도 왔었다. 같이 점심을 먹었다.

6월 30일. 비. 집에 편지와 돈 5원五円을 붙였다. 종로전기출장소鐘路電氣出張所를 가서 16촉十六燭 다마를 가죠다.

7월

7월 1일. 비.

7월 2일. 맑다.

7월 3일. 소낙비. 문일평文一平 군君이 왔었다.

7월 4일. 비가 종일終日왔다.

7월 5일. 아츰에 비는 그쳤다. 저녁에 콩나물죽을 쑤어 먹었다. 나는 하박사河博士집으로 영어를 배우러 갔었다. 연순連順이가 찾어와 처妻가 곽란霍乱이 났다 하여 돌아왔다. 중로中路에서 매헌梅軒을 맞나 같이 왔다. 생강生薑집에 영신환靈神丸을 먹였다.

7월 6일. 맑다. 이병도李丙燾 군君 집에서 놀았다. 오날은 음력陰曆 6월 11일 어머님 생신生辰이다. 집 소식消息을 몰라 갑갑하다.

7월 7일. 비. 하학 후 이하용李河用 군君을 찾어보다. 늦게야 돌아와 보니 집에는 노석老石 어른이 최주역 노인崔周易老人과 같이 와서 『장태염총서章太炎叢書』를 내보고 앉었다. 같이 저녁을 먹고 주역 노인周易老

人의 말씀을 들었다. 그는 모든 걸 역리易理로 된 것이라 하고 해석한다. 얼굴은 청수淸秀하고 사령辭令은 좋다. 그리고 퍽 건강한 노인이다.

7월 8일. 비.

7월 9일. 비.

7월 10일. 맑다.

7월 11일. 비 제1학기第一學期 시험試驗시작. 임보환林普桓 군君에게 편지 답장을 하였다.

7월 12일. 비. 이하용李河用 군君을 찾어보다.

7월 13일. 비. 이병도李丙燾 군君 집에서 놀았다.

7월 14일. 비.

7월 15일. 비.

7월 16일. 비. 제1학기 시험을 다 맞히고 종업식을 하였다. 이병도李丙燾 군君과 한강교漢江橋를 나가 보았다.

7월 17일. 비. 매헌梅軒을 찾어보다.

7월 18일. 폭풍우暴風雨. 숙직. 집 편지를 보니 이번 장마에 사십여 두락斗落이 수파水破되었다 하였다.

7월 19일. 비. 직원회. 성적고사成績考査. 초복初伏.

7월 20일. 맑다. 유년수柳年秀 군君과 같이 궁정동宮井洞 박완朴浣 군君 집에 가서 『해동가요록海東歌謠錄』과 『요도瑤圖』와 『투보骰譜』와 『간독정요簡牘精要』와를 5원五円에 사오다. 학교에 가서 성적발표를 하고 돌아와 열 시 반에나 아츰을 먹었다. 김지연金志淵 군君이 와서 조선어를 배운다. 오내午內에 광동서관光東書館에 가서 『망로각수기忘老却愁記』(가요집歌謠集)를 3원三円에 사오고 박기홍朴基鴻 집에서 『명탁한예明拓漢隸』 4종四種을 사오다. 매헌梅軒을 찾어보다. 조운曺雲 군君

의 편지를 보다. 갑작이 생각이 난다고 하였다.

7월 21일. 비. 학교에 갔다가 장발張勃 군君과 같이 나서 낙원동樂園洞에서 한충韓沖 군君을 맞나가지고 위창葦滄 오세창吳世昌 씨氏를 찾어 송판宋板 책冊과 고려판高麗板 책冊들을 얻어보았다. 김병룡金秉龍 군君을 찾어보다.

7월 22일. 맑다. 이병도李丙燾 군君과 진고개를 갔었다. 여러 책사冊肆를 거쳐 군서당群書堂에서 『대열반경소大涅槃經疏』 사진판寫眞板 한 책을 일 원一円에 샀다.

7월 23일. 비. 『칠서언해七書諺解』 끼어 전부(79권七十九卷 영판營板 전판全板)을 25원二十五円에 샀다. 이정섭李廷燮 군君이 오날부터 조선어를 배러 단인다.

7월 24일. 비. 학교에 갔었다. 찬燦 군君이 왔었다.

7월 25일. 맑다. 불교중앙교무원佛教中央教務院에 갔었다.

7월 26일. 맑다. 홍제의원洪濟醫院에 가서 정수리에 돋아나는 군살을 베어났다. 게만 몽혼夢魂을 시겨 앓븐 줄을 몰랐다. 수술을 다 한 뒤에야 좀 앓븐 듯하고 또한 몽둥이로나 두드려 맞은 듯한이 정신이 종일 어리뜩하다. 하경덕河敬德 군君을 찾어보았다.

7월 27일. 맑다. 매헌梅軒을 찾어보다.

7월 28일. 비. 오후午後에는 깨었다.

7월 29일. 맑다. 중복中伏. 애류崖溜께 가서 놀았다. 홍제의원洪濟醫院에 갔다. 정수리 수술한 대는 합창이 되었다. 하경덕河敬德 군君에게 육포肉脯와 참외와 수박과 자두를 보냈다.

7월 30일. 맑다. 병국炳國의 편지가 오다.

7월 31일. 맑다. 병국炳國의 보낸 선자扇子가 오다. 매헌梅軒이 오다.

저녁을 같이 먹다. 박재륜朴載崙, 송재운宋在雲 군君이 수사법修辭法을 배러 단인다. 진고개 어느 고서점古書店에서 『동파시집東坡詩集』 16책十六冊과 『좌전左傳』 15책十五冊(명판明板)을 4원四円에 사오다.

8월

8월 1일. 맑다. 동막東幕 권중학權重學에게서 장적 한 마차가 들어왔다. 재동정미소齋洞精米所에서 백미 한 가마니, 밀가루 한 포대 들여오다. 밀국수 저녁을 먹고 처가 병났다.

8월 2일. 맑다. 이병도李丙燾 군君과 같이 나서 박기홍서포朴基鴻書鋪를 갔었다. 매헌梅軒도 찾어보았다. 가미양위탕加味養胃湯 세 첩을 썼다. 처는 좀 났다.

8월 3일. 맑다. 하경덕河敬德 군君과 같이 창경원昌慶苑에 들어가서 서화 기타 미술품을 보았다. 이능화李能和 씨를 찾어보았다. 이병도李丙燾 군君에게 갔다가 점심을 먹고 『이계집耳溪集』에서 가요한역歌謠漢譯을 보았다. 그는 자기가 번역한 것인지 아닌지 모르겠다. 내가 이와 어대서 얻어둔 것은 그보다 더 종류가 많다.

8월 4일. 맑다. 『규사葵史』(전全 2책二冊)을 6원六円에 사 오다. 광동서관光東書館에서 『방시문집方是聞輯』 1책一冊을 50전五十錢에 사 오다.

8월 5일. 맑다. 학교로 하여 하용河用 군君을 찾어보았다. 『훈몽자회訓蒙字會』(원판으로 보는 것)을 19원十九円에 사다.

8월 6일. 맑다. 집에서 편지가 왔다. 장골 아주머니가 어제 뇌일혈로 갑작이 돌아가셨다고. 학교, 불교중앙교무원佛教中央教務院, 매헌梅軒

군君 집을 단여오다. 집에, 조운曺雲 군君께, 병국炳國께 편지 답장을 썼다.

8월 7일. 맑다. 오전午前 7시七時 반半 발發. 태전역에서 목포행 열차를 바꿔 타다. 차중에서 김필수金弼洙 군君을 맞났다. 그 첩인 독일 여자와 자녀들을 다리고 인내 별장으로 피서를 간다. 같이 연산역에서 나려 자동차를 타고 구 연산 읍내를 돌아 차곡車谷 앞으로 나서 병암甁岩을 지나 인천仁川으로 갔다. 필수弼洙 군君과 작별하고 나는 그 옆에 지상紙商 손종한孫宗漢을 찾어 지가紙價를 물어보고 동편 내ㅅ가의 주막에서 점심을 먹고 애놈에게 가방을 들려가지고 도보로 나섰다. 김영철金永哲의 새로 진 집이란 것을 바라보며 솔이개재를 넘어 새ㅅ터에 이르어 족숙族叔 영연靈筵에 일곡一哭을 하고 다시 산ㅅ골로 들어 쌍계사雙溪寺를 찾어들다. 쌍계사雙溪寺(불명산佛明山) 넘어에는 시껌은 구름이 끼고 울에ㅅ소리가 나더니 내가 법당에 앉어 주지스님과 이야기를 시작하자 쏴— 하고 소낙비 한 줄금이 지나간다. 대웅전 뒤ㅅ구석에 묻혀있는 판각을 일일히 내놓고 조사하고 사람을 시겨 물을 떠다 씻었다.

8월 8일. 맑다. 새벽에 주지스님의 아들을 인천에 보내어 백지白紙 75七十五 속束을 13원十三円 50전五十錢에 사 오다. 그리고 주지와 그 아들을 더불고 『월인천강지곡月印千江之曲板』 판을 박이기 시작하였다. 『월인천강지곡月印千江之曲』은 융경隆慶 삼년三年 한산지寒山地 백개만白介萬의 집에서 사긴 걸 이 절로 옮겨다 둔 것인데 제21, 총 222장이 지금 남은 것은 47개(1개 전후면 각 2장씩 사기고 기중 1개는 3장. 또 1개는 2장만 사겼음) 185장이다. 이 판은 경상도慶尙道 안동安東 광흥사廣興寺에도 있는 것인데 광흥사판廣興寺板은 한 장도 누락이 없이 온전히 남었으며 각자刻字도 그것이 훨썩 났다. 이건 간간히 사성점四聲點을 사기지 않은 것이 많다. 이걸 박노라고 여러 시간을 꿉으리고 앉었더니 가슴이 앓브고 허리가 저리다. 오후午後 다섯 시쯤 하여 육곡六谷 주재소駐在所 주임순사와 강경 경찰서 황뢰춘荒瀨春 경부보警部補가 놀려왔다. 왜과자倭菓子에 왜소주倭燒酒를 자꾸 권하여 먹이고 이야기를 하자 하여 해를 지워버렸다.

8월 9일. 맑다. 종일 일을 하였다. 뼈마대가 아니 앓븐 대가 없으며 더욱이 가슴과 허리가 저린다. 『월인천강지곡月印千江之曲』만은 다 박었다. 등ㅅ불 알에에 『미타경역해彌陀經譯解』와 『법화경역해法華經譯解』 제7권第七卷을 얻어 보았다. 『법화경法華經』만은 가방에 얻어 넣었다.

8월 10일. 맑다. 퍽 덥다. 새벽에 『수구隨求』와 『은중경恩重經』을 마자 박어버렸다. 아즘 후에 행장을 정둔하여 주지 아들께 지워가지고 떠났다. 주지主持 스님은 동구洞口에 까지 나와 작별한다. 인천仁川 와서 광목廣木 두 자를 사서 다시 짐을 묶어가지고 자동차에 실려 연산역에 이를어 짐은 서울로 붙이고 어느 주막에서 점심을 먹고 나서 강경, 논산서 여산까지 자동차가 왕래하느냐고 물은즉 다 모른다 하고 운전수와 역사무원은 강경이 것은 꼭 단인다고 한다. 나는 그 말을 아니 믿을 수 없어 강경이까지 와 차를 타고 와 보니 여산 자동차는 올 봄부터 아니 단인다. 오후午後 두시 반 제일 더운 때다. 길에는 행인 하나이 아니 보인다. 더운 김은 길바닥에서 푹푹 솟아오른다. 아이 하나를 다리고 그저 걸어오는데 참으로 견댈 수 없다. 오다 쉬고 오다 쉬고 하여 다 저녁때에야 여산을 왔다. 수일 동안 밥도 잘 못 먹고 넘우나 고달피었든 몸이라 함부로 용기를 낼 수 없다. 게다가 오날은 바람 한 점 없이 무척 무더운 날이다 더욱 피로疲勞하는 것 같다. 여산礪山은 마츰 장날이다. 장터에 들어 우육牛肉과 과자를 좀 사가지고 갔다. 소낙비가 용화산龍華山께로 지나간다. 그리고 동풍이 불어온다. 집에 드니 또 소낙비가 지내가고 꾀꼴이며 맴이들 소리가 들린다. 재당숙모再堂叔母 영연靈筵에 들어 곡哭을 하였다.

8월 11일. 맑다. 강경이에서 다리고 온 아이는 돌려보내다. 그 아이가 신통하다. 제가 벌어서 조부모를 살린다 하며 보통학교 3학년까지 단이다 말었다 한다. 종조부從祖父께, 중부仲父께 가 뵈었다. 관희觀熙를 다리고 북당北堂골 물을 가 맞었다. 오후午後에 소낙비가 지냈다. 회충蛔虫 한 마리를 발견하였다.

8월 12일. 맑고 흐리고 바람도 불었다. 배가 좀 앓브다. 회충산蛔虫散를 사다 먹었다. 계동 집으로 엽서를 붙였다. 어머님께서 서감暑感으로 앓으신다. 인삼패독산人參敗毒散 두 첩을 지어들이다. 밤에 소우小雨.

8월 13일. 조우朝雨. 어머님께서는 좀 낳으시다. 병륙秉陸이와 같이 여산 읍내를 왔다. 두 시간 이상 기다리게 되었다. 망화정望華亭에 올라 앉어 면장과 같이 담화를 하였다. 오전午前 11시十一時 자동차를 타고 논산 역에 와서 곳 기차를 타고 서울로 오다. 차중에서 이강원李康元 노인老人을 맞나 전주 이야기를 많이 들었다. 오후午後 7시七時 경성역에 나리니 경희, 한희가 아버지 하고 뒤에 쫓어온다.

8월 14일. 소낙비. 하경덕河敬德 군君을 찾어보고 청운淸雲께 편지를 하였다. 이병도李丙燾 군君을 보다. 쌍계雙溪에서 가존 인쇄물印刷物를 접었다. 김지연金志淵 군君을 찾어보았다.

8월 15일. 흐리고 맑고 하였다. 애류崖溜를 찾어보았다. 쌍계사雙溪寺에서 가존 인쇄물印刷物를 제책製册하라고 김지연金志淵 군君께 맡겼다.

8월 16일. 맑다. 누님이 오다. 중앙교무원中央教務院을 가서 이은상李殷相 군君을 맞났다.

8월 17일. 맑다. 매헌梅軒을 찾어 점심을 얻어먹고 김병룡金秉龍 군君을 찾어 오문호吳文浩 군君을 맞나고 병룡秉龍 군君이 서체환약暑滯丸藥 50개를 주어 받었다. 김낙준金洛俊 군君이 오다.

8월 18일. 말복末伏. 노석老石 어른이 오셨다. 개벽사開闢社에서 『학생學生』 원고를 찾어갔다.

8월 19일. 맑다. 퍽 무덥다. 학교에 가서 문우회文友會 도서圖書를 정리하였다. 하박사河博士를 찾어보고 영어英語 2권二卷을 시작하였다. 청운淸雲의 편지를 보다. 김억金億 군君이 와서 놀다 갔다. 한시漢詩를 역譯한다고 『동인시집東人詩集』을 찾는다.

8월 20일. 맑다. 흐리다. 퍽 무덥다. 동희, 한희의 지침(백일해)는 끔하고 처의 지침이 시작한다. 쌍계사 주지에게 편지를 하였다.

8월 21일. 비. 학교에 가서 8월八月 봉급俸給을 찾어다가 쌀값, 반찬값, 기타 외상들 갚었다. 나는 우산 받고 진고개를 가서 책사册肆들을 더듬었다. 대판옥大阪屋에서 『마씨문통馬氏文通』과 『현대어사전現代語辭典』을 가죠고 문광당文光堂에서 『첩해몽어捷解蒙語』 一, 二, 三, 四 전全 4책四册을 5원五円 40전四十錢에 사오다. 처가 점심을 먹고 나서 가슴속에 무엇이 치밀어 오르고 오한惡寒이 좀 있고 하여 저녁도 못 먹고 들어누웠다. 장남계張南溪에게 가서 조해가양탕調解加養湯 3첩三貼을 지어왔다. 집에 편지를 하였다.

8월 22일. 맑다.

8월 23일. 맑다.

8월 24일. 맑다.

8월 25일. 맑다. 애류崖溜와 열운冽雲이 왔다. 『월인천강지곡月印千江之曲』 제21第二十一 한 권씩 주었다.

8월 26일. 맑다. 매헌梅軒을 청하여 새 방 도배를 하다.

8월 27일. 맑다. 무덥다. 매헌梅軒이 와서 도배를 온 종일 하여 맞혔다. 유년수柳年秀 군君이 고영희高永喜 집 책册 5백여 책을 160원百六十円에 사오다. 새 방에 쌓아 두고 그중에 『예기禮記』 15책十五册(채제공인蔡濟恭印), 『증보문헌비고增補文獻備考』 50책五十册, 『문헌통고文獻通考』 80책八十册, 『기아箕雅』 사본寫本 7책七册, 『설문번전說文繁傳』 6책六册, 『이십자전서二十子全書』 23책二十三册, 『환재집瓛齋集』 5책五册, 『이아주소爾雅註疏』, 『설문해자징익說文解字徵翼』 6책六册, 『주례周禮』 7책七册, 『사류통편事類統編』 1질一帙, 『대전회통大典會通』 5책五册, 『선원보략璿源譜略』 8책八册, 『일사략日史略』 3책三册을 빼아놓고 그 나머지는 내가 팔게 하였다.

8월 28일. 무덥다. 비오다. 새방 동벽東壁이 또 새었다. 도배한 것을 버렸다. 이틀 동안 매헌梅軒과 같이 애쓴 것이 헛수고가 되었다.

8월 29일. 무덥다. 이희균李曦均 군君이 집에서 오다가 황주黃州서 임금林檎[1] 한 망태를 사 왔다. 이천규李天珪 군君도 같이 왔다. 매헌梅軒께 임금林檎과 참외를 보냈다. 변일섭邊日燮 군君의 편지가 오다.

8월 30일. 맑다. 학교에 가서 직원회에 참여하였다.

8월 31일. 구름끼고 무덥고 비오다. 애류崖溜가 오다. 간도間島서 이태영李台榮 군君의 편지가 오다.

---

1 이 시기 한반도의 사과 주산지는 남쪽의 대구(大邱)와 북쪽의 황주(黃州)이었다.

9월

9월 1일. 맑다. 제2학기 시업식.

9월 2일. 맑다. 이태영李台榮 군君께 편지 답장을 하였다.

9월 3일. 맑다.

9월 4일. 맑다.

9월 5일. 맑다. 청량사淸凉寺 조한문교원회朝漢文敎員會에 참여하였다. 일 원一円. 석반夕飯.

9월 6일. 맑다. 하경덕河敬德 군君을 찾어보다. 중앙교무원中央敎務院에 가서 『퇴경退耕』을 보았다. 전주全州 청운淸雲께 『월인천강지곡月印千江之曲』 제21일第二十一 두 책册을 보내주었다.

9월 7일. 맑다. 김영완金永完 군君이 왔었다.

9월 8일. 맑다. 김상기金庠基 군君을 찾었다 못 맛났다.

9월 9일. 구름 끼고 무덥다. 전주 청운淸雲께서며 백정목白定木 군君께서 편지 오다. 대금代金 인환引換으로 『월인천강지곡月印千江之曲』1第一, 二, 二十一, 네 책册을 백정목白定木 군君께 보냈다. 봉화奉化 강종원姜鍾遠 군君께 편지를 하였다. 고서古書를 조사하여 달라고.

9월 10일. 맑다. 하경덕河敬德 군君 집에 가서 영어를 또 배우기 시작하다.

9월 11일. 맑다. 돌잡이 떡을 한다고 시끌시끌하는 바람에 잠을 못 잤다. 감기가 들다.

9월 12일. 맑다. 음 7월 20일 경희京熙 돌날이다.

9월 13일. 맑다. 인금인환통지서引金引換通知書가 왔다. 조선어연구회朝鮮語硏究會 출석.

9월 14일. 맑다.

9월 15일. 맑다. 김우경金宇慶 군君의 편지가 왔다. 보약을 지어 보내 달라고.

9월 16일. 맑다. 유년수柳年秀 군君이 30원三十円을 가져갔다. 『자치통감강목資治通鑑綱目』을 맡기고.

9월 17일. 맑다. 대금인환代金引換 10원十円을 찾었다. 백정목白定木 군君의 편지가 오다.

9월 18일. 맑다. 노재갑盧在甲 군君께서 엽서葉書가 오다.

9월 19일. 맑다. 강종원姜鍾遠 군君의 편지가 오다. 매헌梅軒이 찾어 오다.

9월 20일. 맑다. 김우경金宇慶 군君께 보약 한 제를 지어보냈다. 오후午後 6시六時 명월관 본점明月館本店에서 도엽稻葉 교사教師 송별회를 하였다. 김낙준金洛俊 부인이 왔다.

9월 21일. 맑다. 경성역에 나갔다. 처가 동희, 경희를 다리고 친정에 가는데 오후午後 7시七時 반半 남행차南行車로 떠났다. 정기용鄭機用 소석素石를 찾으러 마포麻浦까지 갔다가 어대로 떠나서 못 맞났다. 노재갑盧在甲 군君께며 백정목白定木 군君께 다 답장을 하였다.

일기

30권

1930. 9. 22. ~ 1931. 7. 23.

1930년(단기 4263년) 경오庚午

9월

9월 22일. 맑다, 흐리다, 비 좀 왔다. 김우경金宇慶에게서 송이松栮 한 끄럼이가 왔다. 김지연金志淵 군君을 찾어보았다.

9월 23일. 맑다. 북풍이 분다. 제법 칩다. 김우경金宇慶의 편지를 보았다. 매헌梅軒을 찾어보았다. 이정희李政熙 군君의 편지가 왔다.

9월 24일. 맑다. 진고개를 갔다. 어느 고서점古書店에서 『동문선東文選』 一, 六, 두 책을 3원三円 80전八十錢에 사 오다. 동광당東光堂에 있는 『동문선東文選』 二, 三, 四, 五, 七을 사서 채우랴고 가보니 마츰 주인이 어데로 가고 없다.

9월 25일. 맑다. 저녁때 좀 흐리고 밤에는 비가 오다. 3학년 일동이 갑작이 맹휴盟休를 하였다. 퇴학생 최두익崔斗翼을 복교復校시기고 3갑 주임三甲主任 김 선생金先生을 배척한다는 조건. 이정희李政熙의 편지가 오다. 시조時調를 지어 보내고 곧혀달라는 것. 새로 책장 한 개를 고高첨지(행랑行廊 사람)에게 째워서 골방에 놓았다. 임시직원회. 계동, 가회동에 있는 3학년생 가정방문을 하였다.

9월 26일. 맑다. 직원회. 동수同洙 군君의 편지가 오다.

9월 27일. 맑다 비가 좀 오다. 이정희李政熙, 김우경金宇慶에게 답장.

9월 28일. 맑다. 진고개를 갔었다. 군산群山 제일공보교第一公普校 김진용金振瑢 군君께 편지를 하였다.

9월 29일. 맑다. 병륙秉陸이 편지가 오다. 한희漢熙 턱에 진버듬이 나서 종약腫藥을 사다 발러주었다.

9월 30일. 맑다. 하 박사河博士 군君을 찾어가 같이 진고개를 갔었다.

10월

10월 1일. 비오다. 종일 오다. 오후午後 7시七時 경성역에 한희, 연순이를 다리고 갔었다. 7시七時 착 급행열차에는 처가 아니 온다. 돌아왔다. 오후午後 11시十一時 처와 동희 형제가 왔다. 밤에는 비가 그쳤다.

10월 2일. 음우陰雨. 조용해趙龍海 군君의 편지가 오다.

10월 3일. 맑다. 차옥此玉이가 앓는다는 말을 들었다. 저녁에 유년수柳年秀 군君과 같이 의전병원醫專病院으로 찾어 갔었다. 차옥此玉이는 서편 조그마한 병실에 고요히 누워있다. 그 어머니와 누의는 그 침대 옆에 서 있다. 얼굴이 해쓱하고 눈알이 멀건하고 아주 정신을 차리지 못한다. 마츰 의사가 와 진찰하여 보더니 입맛을 두어 번 다시고는 돌아버린다. 나는 의사의 뒤를 딸어나왔다. 의사는 나에게 보시는 바 같이 패혈병敗血病으로 그러케 되어 인제는 아무 도리도 없다 하며 오날 밤에 시체실로 옮겨놓을 터이니 서로 체번替番을 하여 지켜달라고 한다. 김낙준金洛俊 부인, 이일李一 군君 부인도 문병을 왔다. 간호부(日女)가 밖으로 나갔다 오더니 그 뒤에 곳 두 사람이 들것을 가지고 온다.

유 군柳君과 간호부가 병실에 들어가 염습殮襲을 다 한 뒤에 시체실로 옮겨갔다. 시체실 옆에는 다다미방 한 간이 있고 한가운대에 숫불 피어논 화로 한 개가 놓였다. 차옥此玉의 어머니와 김낙준金洛俊 부인婦人은 집으로 돌려보내고 유 군柳君과 같이 화로를 안고 있다가 중앙학교中央學校 교직校直이가 오고 폐문종閉門鍾을 친 뒤에 나는 돌아왔다. 와서 잠을 일우지 못하였다. 평양수행平壤修行 가 있는 애류崖溜에게 전보電報를 하였다. 조용해趙龍海 군君에게 답장.

10월 4일. 맑다. 학교 가서 한 시간을 맞히고는 곳 화동花洞 애류崖溜에게 갔다. 의전병원醫專病院으로 갔다. 애류崖溜는 와 있다. 준비는 다 되었다 한다. 얼마 아녀 두 사람이 상여喪轝를 가지고 왔다. 유년수 군柳年秀君은 부청府廳에서 전화電話를 한다. 교직校直이에게 돈을 주어 부청府廳으로 보냈다. 중앙학교中央學校에서는 서기書記가 와 본다. 김화진金龢鎭 군君이 왔다. 상여喪轝는 떠났다. 애류崖溜와 김화진金龢鎭 군君과 또 한 사람(상여喪轝를 주선周旋한 이)과 나는 그 뒤를 걸어갔다. 서대문 턱으로 나서 무악毋岳재를 넘어 부영화장장府營火葬場으로 갔다. 화장장은 꽤 설비가 되어 있다. 화장 절차를 맞히고는 우리는 돌아왔다. 홍제원洪濟院에서 점심을 먹었다. 모래밭으로 오르다 내ㅅ물을 거슬러 수구문水口門으로 오다. 보제각普濟閣을 올라 보고 세검정洗劍亭으로 하여 창의문彰義門으로 들어왔다.

10월 5일. 맑다. 진고개를 갔다. 모자(청회색靑灰色) 하나를 평전상점平田商店에서 샀다. 물가物價 2원貳円 14전拾四錢.

10월 6일. 맑다. 조용해趙龍海 군君께 편지를 하다. 임상종林尙鐘 군君이 와서 원판 불경元板佛經을 팔어달라고 퍽 조른다. 석전石顚 스님이 찾어왔다. 오는 10일이 환갑還甲이라고 청한다. 저녁을 같이 먹었다.

10월 7일. 맑다. 오후午後 10시 반 경성역에서 2학년 부여여행단扶餘旅行團을 전송하였다. 임상종林尙鐘 군君이 오후午後 12시에 와서 문을 두드린다. 쓰다 남은 돈을 다 털어주었다.

10월 8일. 맑다. 오전午前 7시七時 반半 발發. 3학년생 백여 인百餘人, 윤병섭尹丙燮, 이일李一, 박술음朴術音, 입교쟁사랑立橋鐨四郎과 동행. 오후午後 4시 대구 착. 동 4시 48분 발. 동 8시 17분 경주 착. 안동여관安東旅館에 들었다. 북천北川 내ㅅ가에 씨름판이 섰다 하여 생도들이 많이 구경을 갔다. 우리도 여관 아이를 앞세고 북천北川내를 찾어가다. 집경전集慶殿과 밝은 집들을 지나 밭 가운대로 뚫여있는 큰길로 나서 북으로 꺾여간다. 멀리 사면에 둘러있는 산과 산들은 낮읏이 보이고 지금 우리를 중심으로 한 헤널운 들판은 두푸룩하게 솟아 있는 것 같으며 고요히 빛이는 달빛은 파광터 같은 옛 도회의 안윽한 모든 시름을 견댈 수 없이 자아내게 한다. "동경東京 밝은 달에 …" 하고 「처용가處容歌」 일절을 나는 갑작이 불렀다. 마츰 저편에서는 웬 청년이 여자의 손목을 잡고 다정스러이 속살거리며 지나간다. "… 이것이 인생이 아니고 무엇고." 하는 여자의 강한 소리가 들리고는 만다. 우리는 그 길로 얼마를 더 나가서 물이 좀 보이다 마는 북천내ㅅ바닥을 밟어갔다. 온통 조약돌뿐. 저편 숲이 선 강변으로 가서 씨름판 있다. 씨름판 옆으로는 음식점, 잡화점, 오락장이 임시로 설치되어 있다. 상투장이, 머리딴 이가 많다. 씨름은 순 그 지방 방식으로 한다. 한참 보다가 생도들을 돌려보내고 우리도 돌아왔다.

10월 9일. 맑다. 오전午前 8시八時에 일동이 여관을 나섰다. 봉황대鳳凰臺, 금관총金冠塚, 박물관博物館을 보고 11시十一時 40분四十分 경주역을 떠 12시十二時 20분二十分 불국사역 착. 도보로 33정三十三町 불국사, 점심, 26정二十六町 석굴암을 가보고 오후午後 6시六時 25분二十五分발發로 경주를 돌아오니 7시七時 5분五分.

10월 10일. 맑다. 오전午前 8시八時 반半 여관에서 나다. 군청에서 온 안내원 최남주崔南柱 군君과 북천北川, 독산獨山을 지나 사면불석四面佛石, 백림사柏林寺, 표암瓢岩(이알평李謁平 탄생처), 석탈해왕릉石脫解王陵, 알천閼川, 분황사芬皇寺(사화쟁국사지비부寺和諍國師之碑趺, 김정희 제기金正喜題記), 황룡사皇龍寺, 안압지雁鴨池, 반월성半月城, 인왕리仁旺里, 석빙고石氷庫, 첨성대瞻星臺, 계림鷄林, 향교鄕校. 재매정財買井, 문천蚊川, 오릉五陵을 보고 점심, 알영정閼英井, 숭덕전崇德殿, 천관사天官寺, 나정蘿井, 창림사昌林寺, 포석정鮑石亭, 서천西川, 김양묘金陽墓, 태종무열왕릉太宗武烈王陵, 서악서원西岳書院, 김유신金分信, 김산재金山齋, 서천西川(형산강兄山江 상류上流)에서 목욕하고 여관으로 드다. 저녁은 2병二丙 배기식裵基式의 형兄 배기달裵基達 군君이 여관 옆 무열각茂悅閣 요리집에서 준다. 최남주崔南柱 군君에게 『경주향토사慶州鄕土史』 한 책冊을 얻었다. 밤에 생도들이 씨름판에 나가서 새로 두시에야 왔다. 여관 안이 퍽 씨끄러워 잠은 잘못 잤다.

10월 11일. 맑다. 오전午前 5시五時 기침起寢, 7시七時 35분발三十五分發로 떠나서 11시十一時 10분十分 대구大邱 착着. 조용해趙龍海 군君이 나왔다. 끌리어 도청道廳 위생과 분실衛生課分室에 가서 다시 대구탕반大邱湯飯 집에 가서 점심을 얻어먹었다. 오후午後 담曇, 오후午後 7시七時 경성역 착.

10월 12일. 맑다. 김화진金龢鎭 군君이 『강목綱目』 견본見本을 가져갔다. 애류崖溜에게 끌리어 영도사永導寺를 나가 맹 씨孟氏 집에서 점심. 이위관李韋觀 매헌梅軒도 같이 갔었다.

10월 13일. 맑다. 연순이가 앓는다. 벌서 일주채, 두통, 오한.

10월 14일. 맑다. 연순이를 다리고 장남계張南溪에게 보이고 약을 지오다.

10월 15일. 맑다. 『강목綱目』 견본見本은 찾어왔다.

10월 16일. 맑다. 동경東京 김상기金庠基 군君 편지며 소포(『몽고어첩경蒙古語捷經』)이 오다. 유년수柳年秀 군君이 『법화경언해法華經諺解』 견본見本(전부全部 7책七册 중판重板)을 가지고 오다. 70원七十圓을 받으라 하였더니 돌오 가지고 갔다.

10월 17일. 맑다. 종일 집에 있었다. 노석老石 어른이 오셨다.

10월 18일. 맑다. 누의에게 돈 10원十円을 차용借用하고 불서佛書 수종數種을 사다. 송재운宋在雲, 이상우李相雨가 오다. 저녁에 박재륜朴載崙, 이희균李曦均, 이천주李天柱 군君이 오다.

10월 19일. 종일 비.

10월 20일. 맑다. 동경 김상기金庠基 군君께 편지를 하다.

10월 21일. 맑다. 『원각경圓覺經』(上一之二) 두 책册을 사다.

10월 22일. 맑다. 동아일보사東亞日報社 고서화전람회古書畵展覽會를 가보다.

10월 23일. 맑다. 연순이는 금계납金鷄納을 사 먹고 낫었다.

10월 24일. 맑다. 『금강경오가해金剛經五家解』 2책二册, 『원각경圓覺經』 1책一册을 사다.

10월 25일. 맑다. 경성대학에 가서 소창 박사小倉博士, 고교 박사高橋博士의 강연을 들었다. 소창 박사小倉博士는 조선어 자모음 라마자 표기법朝鮮語子母音羅馬字表記法, 고교 박사高橋博士는 조선분묘재朝鮮墳

墓齋, 천지팔양경天地八陽經에 대하여다.

10월 26일. 맑다. 넘우 푹하다. 종일 『학생學生』 원고를 쓰다.

10월 27일. 맑다. 문우회文友會 『세계풍속대계世界風俗大系』 3책三册을 주문당周文堂에서 찾어오다.

10월 28일. 맑다. 일은 아츰에 조운曺雲 군君이 찾어오다.

10월 29일. 맑다. 김상기金庠基 군君 편지가 오다. 김용익 군金容益君이 오다.

10월 30일. 맑다. 용익容益 군君이 떠나갔다. 조운曺雲, 학송鶴松 군君과 저녁을 먹었다. 김철수金鐵洙 군君의 편지가 오다.

10월 31일. 흐리다. 김상기金庠基 군君이 보낸 『고려사高麗史』 3책 三册 1질一帙이 오다. 임시시험. 밤에 비가 오다.

11월

11월 1일. 음냉陰冷하다.

11월 2일. 음냉陰冷하다. 종일 집에 있었다. 일요일.

11월 3일. 눈이 오다. 종일 집에 있었다. 명치절明治節 휴일休日.

11월 4일. 음산하다. 꽤 칩다. 김상기金庠基 군君께 편지하다.

11월 5일. 흐르다. 진고개를 갔었다. 지나수선화支那水仙花 두 덩이를 사오다. 그 덩이 네 쪽으로 그어주고 자세仔細히 보니 곁뿌리 난 쪽은 그 속에 나오는 움이 갈러졌다.

11월 6일. 비. 숙직. 매화梅花 한 분盆을 사다. — 1원一円 12전二十錢.

11월 7일. 흐리다. 조운曺雲 군君의 편지를 보다.

11월 8일. 맑다. 입동立冬.

11월 9일. 맑다.

11월 10일. 맑다. 이리裡里 임보환林普桓 군君의 편지가 오다.

11월 11일. 맑다.

11월 12일. 맑다. 『옛글모이』를 등사謄寫함.

11월 13일. 음냉陰冷. 조운 군曺雲君께 답장 편지며 지은 시조 삼십수 뽑은 것을 보냈다. 임보환 군林普桓君께 편지며 유성원柳誠源 시조 1수一首를 보내주다.

11월 14일. 흐리다. 이극로 군李克魯君이 전화를 한다.— 요전 토요일 조선어연구회朝鮮語硏究會에서 이번 일요일에 주시경 선생周時經先生 산소山所에 나가기로 작정作定하였으니 같이 가자고.

11월 15일. 흐리다. 오후午後에는 비가 왔다. 오후午後 두 시부터 학교 대강당에서 학예부學藝部 주최主催 토론대회討論大會가 있었다. 연제演題는 「조선학생朝鮮學生의 돌아갈 곳이 도시都市냐 농촌農村이냐」다. 나와 말한 이는 한 편에 5씩 도합 10인인데 논리論理, 성음声音, 태도態度 어느 것이든지 어느 사람이나 하나도 그리 잘한 건 없다. 그러나 네 시간 반이나 걸렸다. 이걸 보든 몇 분 선생과 저녁을 사다 먹고 밤에는 희극喜劇 「5월五月의 도회都會」를 보았다. 맥주도 담배도 먹으며 연애도 한다. 교풍校風이 문란紊乱하겠다고 걱정하는 선생도 있다. 열 시 나 하여 집에 돌아왔다.

11월 16일. 맑다. 오전午前 10시 경성역에 갔다. 대합실마다 사람이 많이 모여 있다. 돌아단이며 보아도 아는 이는 없다. 정거장 앞마당에 나와서 따뜻한 볕을 쬐었다. 좋은 날이다. 주백산周白山, 주왕산周王山, 이종우李鍾禹, 고 군高君이 온다. 장지영張志暎, 이극로李克魯, 정열모

鄭烈模, 이중건李重乾, 최현배崔鉉培, 신명균 군申明均君이 온다. 일행이 거의 다 온 모양이다. 10시 반 평양행 차로서 수색역에 가 나렸다. 역을 나왔다. 나와 두어 사람 밖에는 이 길이 모다 초행인 듯하다. 오든 철로를 넘어서 묘목 밭과 마을 앞을 지나, 고개를 넘어 고택골 뒤ㅅ산 위로 올라 주시경周時經 선생先生의 뫼를 찾어보고 절을 하였다. 토피土皮가 벗어진 산에 뫼도 초라하게 되었다. 이럴 수 있나 면례緬禮를 하야지 하는 이도 있으나 다시 수축修築이나 더하고 비석碑石이나 세우자는 의논으로 그치고 고택골 동내를 거쳐서 내를 건너, 경퇴ㅅ절(정토사淨土寺) 알에ㅅ마을 앞으로서 소나무가 다복이 깃은 산기슭을 안고 돌아 하얀 모래만 쌓인 내ㅅ바닥을 거슬러오다 도랑물을 건너 또 고개를 넘어 홍제원洪濟院 화장장火葬場 옆으로 나섰다. 마츰 화장장 굴뚝에서는 솟아나는 연기가 바람에 꺾여 고약한 냄내를 피우며 돈다. 잰걸음을 쳐 지나왔다. 홍제원 큰길만 나와도 벌서 도시의 맛이 난다. 어느 전문학생 같은 양복한 청년 하나이 십팔구 세쯤 되어 뵈는 여학생 3인을 다리고 속은속은 하고 잔웃음을 치고 가며 우리를 혐의ㅅ적게 녀기는 듯이 슬금슬금 본다. 우리는 그들보다 앞서 오다 악박골을 못 가본 동행이 있어 그리 가기를 말함으로 악박골로 들어서 영천수靈泉水를 얻어 마시고 그 위 새로 지어 논 뷘 집 마루에 가서 가졌든 점심들을 난워 먹었다. 그러나 그것만으로 부족하다 하여 다시 어느 선술집으로 들어갔다. 동행 한 분은 이것도 처음 보는가 보는 족족 어린애처럼 묻는다. 술 먹는 이는 술로 술 못 먹는 이는 안주만으로 하여 어느 입에서나 인제는 부족하다는 소리는 아니 나온다. 행촌동杏村洞, 사직동社稷洞으로 거쳐 돌아왔다.

11월 17일. 눈이 좀 오다. 성기효成耆孝 군君이 저녁부터 기숙寄宿하였다.

11월 18일. 흐리다. 임보환林普桓 군君 편지가 오다.

11월 19일. 비. 오후午後 6시六時 명월관 본점明月館本店을 갔다. 비는 오다 그쳤다. 길은 질어 수렁이 되었다. 자동차 바퀴는 좌우로 진흙을 흩뿌리며 지나간다. 나는 고무신을 신고 두루막이 자락을 걷어잡고 길가에로만 가만가만이 걸어갔다. 아즉도 사람들은 다 모이지 아녔다. 방은 맨 뒤ㅅ게로 있는 큰 방이다. 본점에서는 제일 큰 방인 듯 우리가 갈 제면 언제든 그 방을 치어준다. 시간은 일곱 시 반이나 되었다. 번번이 실행하자든 시간여행時間勵行은 아즉도 아니 된다. 한 육십 명 모였다. 주최측主催側(조선어연구회朝鮮語硏究會)에서는 방 한편에 탁자 하나를 갖다놓고 장지영張志暎 군君이 나서 개회사開會辭를 한다. ― 한글 반포일頒佈日에 대하여 기념記念과 축하祝賀를 하자는 의미로. 다음에는 일동一同이 기립起立하고 『훈민정음서訓民正音序』를 봉독捧讀하고 다음에는 신명균申明均 군君의 한글 경력經歷에 대한 보고報告며 김창제金昶濟, 주요한 군君의 간곡한 축사가 있고 명년부터는 해마다 양력陽曆 10월十月 28일二十八日로 이 기념일記念日을 정하기로(그 날을 환산하여본 결과 그러케 된다 함) 하고 일동이 손을 들고 만세 삼창萬歲三唱을 하고 식을 맞히고는 저녁밥을 먹고 돌아왔다. 김상기金庠基, 임보환林普桓 군君께며 병륙秉陸에게 편지를 써 붙였다.

11월 20일. 비.

11월 21일. 맑다.

11월 22일. 맑다.

11월 23일. 맑다. 애류崖溜와 영도사永導寺 대원암大圓庵을 나가서 석전石顚은 못 보고 돌아오다가 창신동昌信洞 심형필 군沈亨弼君을 찾어보고 숭인동崇仁洞으로 찬燦 군君 장현식張鉉植 군君을 찾았다 못 만나고 유경상劉敬相 군君만 보고 왔다.

11월 24일. 맑다 흐리다. 애류崖溜 자당慈堂 소상小祥 날이다. 방문주方文酒 한 병과 김치 한 단지를 보내주었다. 그리고 밤에 찾아보았다.

11월 25일. 맑다. 일인日人이 학자견學者犬 도미를 다리고 와 학교 대강당에서 연기를 하였다. 각국 기各國旗, 명사名詞, 위인사진偉人寫眞, 백百 이하以下의 가감승제加減乘除 따위를 뭇는 대로 무란히 알어맞훈다. 황병인黃炳仁 군君, 조성해趙声海 군君이 왔다. 조용해趙龍海 군君의 편지가 왔다.

11월 26일. 종일 음산하였다.

11월 27일. 맑다. 조돈하趙敦賀 군君이 왔다. 황병인黃炳仁 군君과 같이 저녁을 먹었다. 조용해趙龍海 군君께 편지를 보내다.

11월 28일. 맑다. 밤에 비가 오다.

11월 29일. 비. 김극배金克培 군君 집에서 한문 교원漢文教員들을 초대하였다. 음식을 잘 먹었다.

11월 30일. 맑다. 조돈하趙敦賀 군君께 시조「일력日曆」을 써보냈다.

12월

12월 1일. 맑다.

12월 2일. 맑다.

12월 3일. 맑다.

12월 4일. 맑다. 조 형趙兄의 편지며 병륙秉陸의 편지를 받었다.

12월 5일. 맑다. 퍽 따뜻하다. 직원회. 매헌梅軒을 가보았다.

12월 6일. 맑다. 조 형趙兄께 답장을 하였다. 한희漢熙가 감긔로 앓는다.

12월 7일. 맑다. 동희東熙가 또한 감긔로 몹시 앓는다.

12월 8일. 맑다.

12월 9일. 맑다. 밤에 각황사覺皇寺 도진호都鎭鎬 군君을 찾어보고 담소談笑를 하였다.

12월 10일. 맑다. 처가 감긔로 대통大痛한다. 장남계張南溪에게 한약 두 첩을 지어다 먹였다.

12월 11일. 좀 비가 오다 말고 종일 음침하였다. 이하용李河用 군君을 찾어보았다.

12월 12일. 맑다.

12월 13일. 맑다. 조선교육협회관朝鮮教育協會館 조선어연구회朝鮮語研究會를 가서 보았다. 오후午後 두 시 반부터 일곱 시까지 걸리었다. 이극로李克魯 군君의 박우천朴宇天 문법文法에 대하여 말이 있었고 그 담엔 단편적 문제로서 서로 다툴 뿐.

12월 14일. 눈이 오다. 안확安廓 군君이 오다. 같이 이병도 군李丙燾君을 더불고 민광식閔光植 군君을 찾었다가 못보다.

12월 15일. 맑다.

12월 16일. 맑다. 동경東京 김상기金庠基 군君께서 편지며 소포小包(『고려사高麗史』)가 왔다.

12월 17일. 맑다. 이대권李大權 군君의 편지가 오다.

12월 18일. 맑다. 전동춘全東春 군君의 편지가 오다.

12월 19일. 맑다. 청양군수靑陽郡守 이만용李萬用 군君께 편지를 하였다. 『한중록恨中錄』(6책六册) 한질帙을 샀다. (15원十五円).

12월 20일. 맑다. 대원암大圓庵(영도사永導寺) 석전石顚 스님께 수선화水仙化 한 분盆을 보냈다. 제2학기 종업식第二學期終業式이 있었다.

12월 21일. 종일 음산.

12월 22일. 맑다. 제 이학기 성적고사.

12월 23일. 맑다. 성적고사. 직원회. 이대권李大權 군君께 수산선생기념비守山先生記念費 3원三円과 김상기金庠基 군君께 『고려사高麗史』 대代 4원 20전四円二十錢을 보냈다.

12월 24일. 맑다. 성적발표. 『천태사교의天台四教儀』(고려사문체관록高麗沙門諦觀錄 대안大安 5년五年 기사己巳 2월二月 해인사 중각海印寺重刻)와 『법화경언해法華經諺解』(권7卷七)를 샀다(10원十円).

12월 25일. 맑다. 흐리다. 애류崖溜을 찾어보다. 애류崖溜과 두계杜桂와 열운冽雲과 같이 저녁을 먹었다. 상현尙玄 어른을 찾어보았다.

12월 26일. 음침하다. 매헌梅軒께 10원十円을 주었다. 대관원大觀園에서 저녁을 먹었다.

12월 27일. 맑고 따뜻하다. 눈 얼음이 퍽 녹았다. 하경덕河敬德 군君이 찾어왔다. 같이 나서 박경소朴敬韶 집에 가서 책册을 보고 『해동금석록海東金石錄』을 가졌다.

12월 28일. 맑다.

12월 29일. 맑다. 집에 편지와 돈 10원十円을 보냈다.

12월 30일. 맑다. 『두시언해杜詩諺解』 사본寫本 교정을 하였다. 이대권李大權 군君의 편지가 오다. 곳 답장을 하였다.

12월 31일. 흐리다. 이대권李大權 군君의 편지가 오다.

1931년(단기 4264년)

1931년(단기 4264년) 신미辛未

1월

1월 1일. 흐리고 눈 오다. 학교에 가서 보았다. 종자從姉께서 오셨다. 두계杜桂, 매헌梅軒을 찾아보았다. 연하장 백여 장이 오다.

1월 2일. 흐리고 눈 오다. 이대권李大權 군君의 편지며 돈 10원十円이 오다. 수산기념품守山紀念品을 받어달라고 보낸 것. 이만용李萬用 군君의 편지가 오다. 이승규李昇圭 군君을 찾어 못 맞났다.

1월 3일. 맑다 흐리다 눅었다. 아츰에 이승규李昇圭 군君을 찾어 보다. 매헌梅軒을 찾고 남대문南大門 밝으로 나아가 내전구차內田龜次, 소창진평小倉進平 박사博士을 찾어보다. 김영용金永龍 군君이 오다.

1월 4일. 가랑비가 오다. 매헌梅軒을 더불고 화신상회和信商會, 정자옥丁字屋으로 하여 삼월상점三越商店에 가서 백릉白綾 5척五尺을 사가지고 당주동唐珠洞으로 가서 성당惺堂 김돈희金敦熙 씨氏를 찾어보고 수산기념守山紀念으로 할 글씨를 받었다. 길은 퍽으나 질다. 집에 돌아와 편지를 쓰고 소포小包로 하여 이대권李大權 군君께 보냈다. 또 이대권李大權 군君의 편지를 받었다.

1월 5일. 흐리고 비오다. 이병도李丙燾 군君과 같이 나서 금서룡 박사[1] 今西龍博士를 찾어보다. 이야기하다가 만찬晩餐까지 먹었다. 수산엽서守山葉書와 이대권李大權 군君의 편지가 오다. 이하용李河用 군君께 수선화 한 분을 보내주었다.

1월 6일. 비오다. 매헌梅軒을 찾어보고 조선교육협회관朝鮮敎育協會館 조선어편찬위원회朝鮮語編纂委員會에 갔었다. 규칙개정規則改正. 이극로李克魯 군君이 왔었다.

1월 7일. 흐리다. 직원회. 하 박사河博士ㅅ 집을 갔었다. 김동수金同洙 군君께 편지며 돈 5원五円, 윤석면尹錫冕 군君께 편지며 저고리ㅅ감을 보냈다. 용복容復의 혼인날이 갓갑다 한다.

1월 8일. 눈비. 제3학기 시업식을 하였다. 이하용李河用 군君을 찾어보았다. 손이 많다. 전前 군수郡守들이다. 그들의 이야기마다 군수郡守 때 일이 들어난다. 썩 잘한 양으로 하나 돌이어 한심할 배다.

1월 9일. 눈. 무척 칩다. 이대권李大權 군君의 편지며 환전표換錢票가 오다.

1월 10일. 북풍. 영하 이십 도.

1월 11일. 맑다. 김영근金永近 군君 김영운金永運 군君 김영용金永龍 군君과 저녁을 먹었다. 밤에 숭인동崇仁洞 113 찬燦 군君을 찾어보고 돈 군燉君도 맞나보았다.

1월 12일. 눈. 이대권李大權 군君께 편지하다.

1월 13일. 눈. 숙직.

---

1 금서룡今西龍(이마니시 류, 1875~1932)은 일본의 동양사학자, 경성제국대학 교수. 1925년부터 1932년까지 조선 총독부 조선사 편수회 회원으로 한국사를 왜곡·말살하는데 주도적 역할을 하였음.

1월 14일. 맑다.

1월 15일. 맑다. 김우경金宇慶의 편지가 오다. 증곡曾谷의 편지도 보다.

1월 16일. 흐리다.

1월 17일. 맑다.

1월 18일. 맑다. 김상기金庠基 군君의 편지를 받어보았다.

1월 19일. 맑다.

1월 20일. 맑다.

1월 21일. 맑다. 병륙秉陸 편지가 오다.

1월 22일. 눈이 오다. 조선사편수회朝鮮史編修會 도엽군산稻葉君山[2]이 이병도李丙燾 군君으로 하여 『천태사교의天台四教儀』를 사진촬영寫眞撮影하여 『조선사朝鮮史』에 넣겠다고 빌어갔다.

1월 23일. 맑다. 『천태사교의天台四教儀』를 가졌다.

1월 24일. 맑다. 조선교육협회관朝鮮教育協會館에 가서 한자제한위원회漢字制限委員會를 보았다. 서로들 의견만 말하다가 다시 회를 하기로 하였다. 애류崖溜, 열운洌雲, 장석태張錫台 군君과 같이 저녁을 먹었다. 열운洌雲이 사준다.

1월 25일. 맑다. 조선사편수회朝鮮史編修會에서 감사장感謝狀이 왔다.

1월 26일. 맑다 흐리다 바람불고 퍽 치웠다. 오전午前에 수업을 다 맞히고 나왔다. 이병도李丙燾 군君의 집에서 금서룡 박사今西龍博士와 여러 시간ㅅ동안 담화를 하였다.

1월 27일. 맑다. 김상기金庠基, 증곡曾谷께 답장. 금서룡 박사今西龍

2 도엽군산稻葉君山(이나바 이와키치, 1876~1940): 일본의 역사학자. 1922년 조선사 편찬위원회 위원 겸 간사로 임명되었고, 총독부 수사관, 조선사 편수회 간사직을 맡아 『조선사』 편찬 사업에 참여했다.

博士가 『금강경삼가언해金剛經三家諺解』 제5권第五卷을 사진촬영 하겠다고 빌어갔다 왔다.

1월 28일. 맑다. 밤에 눈이 오다. 이윤재李允宰 군君이 작문作文교과서敎科書에 넣겠다고 시조 두어 수를 가져갔다.

1월 29일. 흐리다. 눅인다. 눈이 녹는다. 하 박사河博士와 같이 박기홍朴基鴻 책사冊肆에 갔었다.

1월 30일. 맑다. 매헌梅軒을 찾었다가 못 맞나보았다.

1월 30일. 맑다. 매헌梅軒이 찾어왔다.

2월

2월 1일. 맑다. 병륙秉陸이에게 편지 하였다.

2월 2일. 맑다. 저녁에 매헌梅軒을 더불고 대원암大圓庵을 가서 석전石顚 스님을 찾어보고 이야기하다가 돌아왔다. 송림설월松林雪月이 참 좋았었다.

2월 3일. 맑다.

2월 4일. 흐리다. 비오다가 밤에는 눈이 많이 온다.

2월 5일. 맑다.

2월 6일. 맑다. 북풍北風. 퍽 칩다. 풍기豐基 준시樽柹 소小 95전九十五錢, 대大 1원一円 50전五十錢, 도합都合 1백개一百箇를 샀다.

2월 7일. 맑다. 북풍. 영하 십육 도. 오후午後에 중동학교를 가서 책구경을 하였다. 집에 편지와 풍기豐基 준시樽柹 백 개百箇를 보냈다.

2월 8일. 맑다. 애류崖溜가 찾어왔다. 저녁에 하 박사河博士 경덕敬德

군君의 집에 가서 청운淸雲을 맞나보고 그 새 사돈 김현섭金顯燮도 맞나보고 같이 교자ㅅ상도 받었다.

2월 9일. 맑다. 하학 후 애류崖溜와 같이 청운淸雲을 찾어가 저녁을 먹었다.

2월 10일. 맑다. 창경원 가서 빙상운동대회氷上運動大會를 하였다. 오전午前 중에 다 하였다. 식물원, 동물원을 한 번 돌아보고 나왔다.

2월 11일. 맑다.

2월 12일. 맑다. 저녁에 공덕리孔德里에 나가서 하산霞山을 찾어보고 이야기 하다가 밤ㅅ중에야 왔다. 병륙秉陸의 편지를 보았다.

2월 13일. 흐리다 눈이다. 매헌梅軒 집에 정육 5근을 사보내다.

2월 14일. 맑다. 숙직. 조한교원회朝漢敎員會를 하였다. 보성普成 황희돈黃羲敦, 경신儆新 김승열金承烈, 중앙中央 애류崖溜, 이광종李光鍾, 이화梨花 김극배金克培, 중동中東 유정열劉廷烈, 성균관成均館 안인식安仁植, 휘문徽文 이승규李昇圭와 나까지 아홉 사람이 모였다. 저녁 어듦 시로부터 열 시 반까지 윷을 놀았다. 집에서 떡국과 술을 갓다가 먹였다. 은동隱洞 동수同洙 군君께 돈 3원三円을 과실果實 대금代金으로 보냈다.

2월 15일. 맑다. 음 12월 28일 처조妻祖의 대상大祥날.

2월 16일. 흐리다. 울진蔚珍 황병석黃炳碩에게 편지 답장하였다. 음 12월 29일 경오년 맞우막 날이다. 집에서 보낸 찹쌀ㅅ짐은 오날에야 들어왔다. 병륙秉陸이에게 편지 붙이다. 밤 눈.

2월 17일. 맑다. 이능화李能和 어른을 가 뵈았다. 신미辛未 정월正月 1일一日.

2월 18일. 맑다. 김병룡金秉龍 군君, 매헌梅軒이 왔다. 병륙秉陸에게 편지하였다.

2월 19일. 맑다. 황병석黃炳碩 군君 편지가 오다. 곳 답장.

2월 20일. 맑다. 봄기운이 제법 있다. 재학생이 졸업생 송별회를 하였다. 참여하여 보았다.

2월 21일. 맑다. 저녁에 김병룡金秉龍 군君의 집에 가서 설상을 받었다. 매헌梅軒, 애류崖溜도 같이.

2월 22일. 맑다. 이상호李相湖 군君이 세배歲拜를 왔다.

2월 23일. 맑다.

2월 24일. 맑다.

2월 25일. 맑다. 밤에 눈이 퍽 왔다. 오후午後 9시九時—10시十時까지 연지동蓮池洞 면려청년회勉勵青年會에서 한글 문헌文獻(『훈민정음訓民正音』, 『월인석보月印釋譜』, 『용비어천가龍飛御天歌』, 간경도감판刊經都監板 『불경언해佛經諺解』, 『두시언해杜詩諺解』, 『금강경삼가해金剛經三家解』, 『남명南明』 등等)에 대하여 강연을 하였다. 오전午前에 수업 시간을 다 맟히고 오후午後 12시 40분에 나왔다. 이병도李丙燾 군君과 같이 불교사佛教社를 가서 『석가보釋迦普』, 『석가씨보釋迦氏普』를 보았다. 오후午後 7시七時에 집을 나서 연지동蓮池洞 한글 강습소를 찾어가다. 으스름 달이 빛이고 희미한 연애煙靄가 가려 있다. 좋은 시경詩境이다. 일종一種 기이奇異한 흥감興感을 자아낸다. 연지동蓮池洞 신작로新作路에서 한 시간 반을 거닐었다. — 강연을 맟히고 나오니 눈이 펄펄 나린다. 사뭇 눈을 므릅쓰고 돌아왔다. 집에서 호적등본이 왔다. 곳 행랑영감行廊令監 고운선高雲善을 시겨 가지고 가서 부청府廳에서 호적증명을 내어오고 동희를 다리고 가서 그 입학지원서를 재동보통학교齊洞普通學校에 들였더니 오후午後 3시三時부터 받는다고 사절辭絶한다. 한

30분 후 다시 처를 시겨 들이었다.

2월 26일. 맑다. 제일고보第一高普에서 편지가 왔다. 임시교육양성소臨時敎育養成所 동창생들의 주소, 현직을 알려달라고.

2월 27일. 맑다. 김화진金龢鎭 군君이 『여지도輿地圖』 십삼 폭十三幅, 『백월비탁본白月碑拓本』, 『행주대첩비탁본幸州大捷碑拓本』, 『연해도沿海圖』, 『요상膫常』, 『상고서첩尙古書帖』, 우암尤庵 필筆 탑본搨本, 『화성도華城圖』를 가지고 왔다.

2월 28일. 맑다. 직원회, 졸업생 성적고사. 김화진金龢鎭 군君이 왔다. 35원三十五円을 변통하여 주었다. 밤에 하 박사河博士 집에서 『근역서화징槿域書画徵』을 찾어 가지고 오다가 중로中路에서 빠쳐버렸다.

3월

3월 1일. 맑다. 김화진金龢鎭 군君이 왔다. 『여지도輿地圖』 13폭十三幅에는 평양과 원산ㅅ사이의 한 폭이 없는 것이다. 돌우 내주려다가 말었다.

3월 2일. 맑다. 『여지도輿地圖』와 『화성도華城圖』는 중동학교中東學校를 주었다. 최진순崔瑨淳 군君이 말하여서. 밤에 안확安廓 군君, 이병도李丙燾 군君하고 민광식閔光植 군君을 찾어가 놀았다. 새로 두 시에나 돌아왔다. 김화진金龢鎭 군君이 『근역서화징槿域書画徵』 한 권을 보냈다.

3월 3일. 맑다. 오후午後 7시七時 이병도李丙燾 군君이 애류崖溜와 나를 청請하여 천향원天香園에서 저녁을 먹였다. 오날은 음 정월 15일.

3월 4일. 맑다. 오전午前 10시 제7회 졸업식이 있었고 오후午後 7시七時 명월관에서 직원 일동 석찬회가 있었다. 나는 갔다가 돌아오는 길에 잠간 복해원福海園에 들어가 졸업생들을 보고 와버렸다.

3월 5일. 흐리다. 석전石顚 스님이 왔다. 저녁을 같이 먹었다. 매헌梅軒이 왔었다.

3월 6일. 흐리다. 석전石顚 스님이 와서 『중국대문학사中國大文學史』를 얻어갔다. 김상기金庠基 군君이 왔다.

3월 7일. 맑다.

3월 8일. 맑다. 김상기金庠基 군君이 왔다.

3월 9일. 맑다.

3월 10일. 맑다.

3월 11일. 맑다. 병희炳喜 편지가 왔다.

3월 12일. 맑다. 애류崖溜를 찾었다. 못 보았다.

3월 13일. 맑다. 신명균申明均 군君이 찾어왔다. 김영준金永準, 이정희李政熙 군君의 편지를 보다.

3월 14일. 맑다. 오전午前 수업, 오후午後 방학. 이재형李在衡 군君이 명월관에서 초대, 석찬. 병희炳喜가 와 보다.

3월 15일. 맑다. 수당壽堂 이석현李石峴 씨氏가 찾어왔다. 정열모鄭烈模 군君을 찾었다 못 보다.

3월 16일. 맑다. 입학지원자 6백여 명을 보아 조組를 난우고 시험에 대한 주의를 시겼다.

3월 17일. 맑다. 입학시험. 나는 11조 주임. 체격검사體格檢查의 의사 옆에서 조력. 조 형趙兄의 편지를 보았다.

3월 18일. 맑다. 입학시험. 나는 구술시험을 보았다. 직원회. 밤 열 시에 파하였다. 신명균申明均 군君이 찾어왔다. 동희가 수송유치원壽松幼稚園을 졸업하였다.

3월 19일. 맑다. 합격자 발표. 애류崖溜을 찾어보았다.

3월 20일. 흐리다. 출근. 학과표學課表를 학급주임에게 주었다. 병희炳喜가 와 보고 저녁 차에 떠나갔다.

3월 21일. 흐리다. 출근. 이종호李鍾浩 편지를 보다.

3월 22일. 흐리다. 뇌우雷雨. 출근. 송순엽宋淳燁 씨氏 편지를 보다.

3월 23일. 맑다. 직원회. 성적고사.

3월 24일. 맑다. 성적발표. 금지金池 김영준金永準, 일로一老 이정희李政熙, 장단長湍 이종호李鍾浩, 이리裡里 송순엽宋淳燁, 은동隱洞 김동수金同洙 군君께 답장을 하였다. 동희가 밤에 재동보통학교齋洞普通學校에 가서 입학시험을 보았다. 애류崖溜, 유광열柳光烈, 문일평文一平 군君이 찾어왔었다.

3월 25일. 맑다. 매헌梅軒과 같이 동아식당東亞食堂에서 점심을 먹었다.

3월 26일. 맑다. 비가 좀 뿌렸다. 이만용李萬用 군君께 편지하였다. 동희가 입학되었다고 재동보통학교齋洞普通學校에서 통지서와 후원회서류後援會書類가 왔다.

3월 27일. 맑다. 애류崖溜에게서 고산자古山子 『청구도靑丘圖』를 얻어다가 원산元山 내지乃至 평양平壤 일대一帶를 그리다.

3월 28일. 맑다. 지도地圖를 그리다. 미원장米元章 『서첩書帖』을 사서 배첩褙帖장이를 다려다 뜯어 고산자古山子의 『대동여지도大東輿地圖』 몇 폭幅을 얻었다. 물에 온종일 담거가지고 뜯었다.

3월 29일. 맑다. 도성都城(경성京城) 전도全圖를 그리다. 조병국趙炳

國이가 왔다가 저녁에 떠나갔다.

3월 30일. 맑다. 도성전도都城全圖를 그리다. 찬燦 군君이 오다.

3월 31일. 맑다. 학교에 갔다. 직원회職員會. 2을二乙 주임主任 문우회학예부장文友會學藝部長을 또 맡긴다. 출석부, 명부, 학적부를 정리하였다.

4월

4월 1일. 맑다. 오전午前 10시十時 시업식. 처가 동희를 데리고 재동학교齋洞學校에 가다.

4월 2일. 맑다. 수업.

4월 3일. 맑다.

4월 4일. 맑다. 집에서 메주ㅅ가마니가 왔다.

4월 5일. 흐리다. 병륙秉陸이 편지가 왔다.

4월 6일. 눈이 오다. 경희가 홍제병원洪濟病院에 가서 옳은쪽 다리 종긔 파종을 하였다.

4월 7일. 맑다. 조병희趙炳喜 편지가 오다.

4월 8일. 흐리다.

4월 9일. 흐리다. 유광열柳光烈 군君이 찾어오다.

4월 10일. 흐리다. 비오다.

4월 11일. 비. 조선교육협회내朝鮮教育協會內 조선어학회朝鮮語學會에 가서 오후 3시 반부터 동 4시 50분까지 용비어천가龍飛御天歌 급及 간경도감판본刊經都監板本, 활자본活字本으로 된 정음서적正音書籍에 대하여 강화講話하였다.

4월 12일. 맑다. 애류崖溜를 찾어보다. 이중화李重華 군君을 찾어보다. 김환수金煥洙가 왔다 갔다. 집에 편지며 30편三十片 인삼人蔘 한 근을 보냈다.

4월 13일. 흐리다. 밤에 비가오다.

4월 14일. 맑다. 매헌梅軒을 찾어보다.

4월 15일. 흐리다 맑다 하였다. 찬燦 군君을 찾어가 보았다.

4월 16일. 가랑비가 온종일 왔다. 밤에는 바람이 좀 불었다. 숙직宿直.

4월 17일. 맑다. 방과후放課後 직원회職員會. 이하용李河用 군君을 찾어보다.

4월 18일. 맑다.

4월 19일. 맑다. 동희東熙 한희漢熙 경희京熙 연순連順이를 다리고 취운정翠雲亭, 응봉鷹峯, 맹감사현孟監司峴을 올라 보았다.

4월 20일. 맑다.

4월 21일. 흐리다. 가랑비가 좀 나리다.

4월 22일. 맑다.

4월 23일. 맑다. 방과후放課後 직원일동職員一同이 청량사淸凉寺를 나가서 저녁을 먹었다.

4월 24일. 맑다.

4월 25일. 맑다. 한강漢江을 가서 다리를 건너 강江을 끼고 올라 흑석리黑石里를 지나 동작銅雀 못미처까지 갔다. 암석岩石에 앉어 강江을 나려다보다가 날이 저믈어 돌아오다.

4월 26일. 흐리다. 밤에는 비. 문일평文一平 군君이 찾어왔다. 같이 나가서 애류崖溜를 맞나 점심點心을 먹었다.

4월 27일. 비. 화평花坪 자부姉夫가 찾어와 잤다.

4월 28일. 맑다. 자부姉夫가 떠났다.

4월 29일. 흐리다. 이창구李昶求 군君이 외간상外艱喪(신미辛未 3월三月 5일五日)을 당하였다고 부고訃告가오다.

4월 30일. 맑다. 동소문東小門, 청암사青岩寺 앞, 보국문輔國門으로 들어 북한산성北漢山城을 끼고 돌아 동장대東將臺, 용암문龍岩門, 위문衛門(일명一名 아문阿門)으로 하여 백운대白雲臺를 올라보고 다시 위문衛門으로 나서 우이동牛耳洞으로 갔었다. 오날 원족회遠足會는 직원 생도職員生徒를 두 파派로 난아 2학년二學年 이상以上은 나와 같이 이 경로經路를 밟어가고 1학년一學年만은 동소문東小門으로 나서 다만 순로順路로 갔었다. 오전午前 8시八時 발發, 오후午後 6시六時 돌아 왔다.

5월

5월 1일. 맑다. 발이 부릍어 한 종일終日 집에만 들어 있었다.

5월 2일. 맑다. 이병도李丙燾 군君, 안확安廓 군君, 안명호安明浩 군君과 같이 경대京大 고서전관회古書展觀會를 갔었다. 그닥지 진귀珍貴한 책册은 많지 못하다. 『태조太祖, 태종실록太宗實錄』이며 『용감수경龍龕手鏡』 따위가 볼 만하다.

5월 3일. 맑다. 흐리다. 매헌梅軒을 찾어갔다가 끌리어 신흥사新興寺를 나갔다. 점심點心만 먹었다. 돌아오다가 노석老石을 찾었으나 못 뵈었다.

5월 4일. 맑다. 덥다.

5월 5일. 흐리다. 신미辛未 3월三月 16일十六日 은동隱洞 김도수金燾洙 군君 조모상祖母喪의 부고訃告가 오다.

5월 6일. 종일終日 비.

5월 7일. 맑다. 동대문東大門 밖 동묘東廟 앞, 개천開川ㅅ가에 산보散步.

5월 8일. 맑다. 이창구李昶求 군君께 조장弔狀 부의賻儀 2원二円. 은동隱洞 동수同洙 군君께 편지며 부의賻儀 3원三円을 붙이다.

5월 9일. 맑다. 직원회職員會 급及 문우회文友會 부장회部長會.

5월 10일. 맑다. 일직日直 숙직宿直.

5월 11일. 맑다. 김기승金基昇 군君의 편지를 보다. — 상해上海 오송吳淞 —.

5월 12일. 맑다.

5월 13일. 맑다. 방과후放課後 문우회위원회文友會委員會 예산통과豫算通過.

5월 14일. 맑다. 동수同洙 군君의 편지를 보았다.

5월 15일. 비오다. 화평花坪 유 형柳兄의 편지를 보다. 김기승 군金基昇君께 답장答狀.

5월 16일. 오전午前 흐리고 오후午後는 맑었다. 숙직宿直.

5월 17일. 흐리다 맑다 하였다.

5월 18일. 맑다.

5월 19일. 맑다.

5월 20일. 맑다.

5월 21일. 맑다. 오후午後 매헌梅軒과 하 박사河博士와 같이 안정사安定寺를 나가 저녁을 먹었다. 오전午前에 남대문소학교南大門小學校 부평의원선거장府評議員選擧場에 갔었다.

5월 22일. 맑다.

5월 23일. 맑다. 박용철朴龍喆 군君을 맞나 시화詩話를 하였다. 매헌梅軒을 찾어보았다. 애류崖溜를 찾었다 못 맞났다.

5월 24일. 맑다. 학교운동장에 가서 야구 구경을 하였다. 전 휘문 대 전 중앙 시합. 휘문 승.

5월 25일. 맑다. 정충시鄭忠時 군君, 조운曺雲 군君께 편지를 하였다.

5월 26일. 맑다.

5월 27일. 흐리다. 서풍. 학교운동장에서 전 휘문 대 전 배재 야구시합을 하였다. 6대 3으로 전 휘문全徽文이 이겼다.

5월 28일. 흐리다. 유 형柳兄께 편지 답장. 병륙秉陸에게 편지.

5월 29일. 맑다. 이능화李能和 씨氏가 오셨다.

5월 30일. 맑다. 오후午後 장발張勃 군君, 김도태金道泰 군君, 서화書畵에 취미를 가진 생도 몇 사람과 같이 경복궁景福宮 안에 가서 제10회 미술전람회美術展覽會를 구경하였다. 신원영창新垣永昌 집에서 석반夕飯을 먹었다.

5월 31일. 흐리다. 정구영鄭求瑛 군君, 정금해 장鄭金海丈, 병구秉矩 집을 찾어보았다. 김용순金用淳 군君이 외간상外艱喪을 당하였다고 부고訃告가 왔다.

6월

6월 1일. 맑다.

6월 2일. 맑다. 김기승金基昇 군君의 편지를 받어보았다.

6월 3일. 맑다. 매헌梅軒이 오다. 같이 하 박사河博士 군君을 찾어보았다.

6월 4일. 맑다.

6월 5일. 흐리다. 양정고보養正高普, 서봉훈徐鳳勳 군君이 학감學監이 되었다고 축하 겸 한문교원회漢文教員會를 태서관泰西館에서 하였다. 오후午後 5시一.

6월 6일. 맑다. 학교운동장學校運動場에서 오전午前 9시九時―오후午後 5시五時까지 제8회第八回 육상대운동회陸上大運動會을 하였다. 김도수金燾洙 부친父親이 왔다. 바루 갔다.

6월 7일. 맑다. 덥다. 매헌梅軒과 같이 현저동峴底洞 산山 2二―1一에 가서 애류崖溜를 찾었다. 똑같은 2二―1一번지가 하도나 많아서 한 시간ㅅ동안이나 헤매었다. 이야기 좀 하다가 악박골 물을 먹으러 나섰다. 오일찬吳一贊 군君, 유년수柳年秀 군君을 만났다. 어느 음식점飮食店에서 냉면冷麵으로 점심을 하고 같이들 가서 악박골 영천수靈泉水를 한 주전자 사서 마셨다. 5전五錢.

6월 8일. 맑다.

6월 9일. 맑다.

6월 10일. 비. 병륙秉陸의 편지가 오다.

6월 11일. 맑다. 명월관에서 저녁을 먹었다. 종인宗人 병규炳奎 군君이 그 부친 화갑花甲을 치르고 와서 먹이는 것.

6월 12일. 맑다.

6월 13일. 구름 끼고 비오다. 숙직. 오후午後 7시七時 20분二十分부터 학예부 주최 교내웅변대회校內雄辯大會 급及 극劇(2막二幕)을 열어 동 12시十二時에 맞혔다.

6월 14일. 맑다. 오후午後 6시六時, 종자從姊, 애오랏 누의, 동희, 한희를 다리고 경성역에 나갔다. 나와 종자從姊는 입장권을 사가지고 들어가 기다리다 7시七時 특급열차가 온 뒤에 삼등차에서 나리는 이들을 주의해 보았으나 어머님과 중부仲父께서는 아니 보이신다. 얼마ㅅ동안 멈웃멈웃 하다가 돌아왔다. 돌아와서 저녁을 먹으려 하니 장룡이 어미가 소리를 치고 들오며 어머님과 중부仲父께서 뒤좇아 들오신다.

6월 15일. 비.

6월 16일. 맑다 흐리다.

6월 17일. 구름 끼고 비 온다.

6월 18일. 맑다. 매헌梅軒이 찾어오다.

6월 19일. 맑다 흐리다 하였다.

6월 20일. 맑다 흐리다 하였다.

6월 21일. 맑다. 매헌梅軒이 오다. 같이 김승열金承烈 군君을 찾어가 보았다. 앵도櫻桃와 점심을 준다.

6월 22일. 맑다. 저녁 10시 40분 봉천행 차로 5학년 수학여행단이 떠났다.

6월 23일. 맑다. 중부仲父께서 오전午前 7시七時 원산행 차元山行車로 금강산 행차行次를 떠나셨다.

6월 24일. 맑다. 동아일보사 이층 위에 가서 연극진열품演劇陳列品을 구경하였다. 박병철朴炳哲 군君이 와서 시조를 배우겠다고 한다.

6월 25일. 맑다. 아버님 편지가 왔다.

6월 26일. 맑다.

6월 27일. 비. 문일평文一平 군君이 와서 잤다. 중부주仲父主 편지를 보다. 장안사長安寺에서 하신 편지.

6월 28일. 맑다. 애류崖溜가 왔었고 저녁에는 매헌梅軒, 하 박사河博士 형제兄弟가 왔다.

6월 29일. 맑다. 수업시간 단축(오전午前 8시八時—12시十二時 50분五十分).

6월 30일. 맑다. 교주校主 팔십 생일 오찬午餐.(五月 十五日). 밤에 비 오다.

7월

7월 1일. 비. 종일 시름없이 오는 비. 중부주仲父主 편지를 보다. 온정리溫井里에서 하신 편지.

7월 2일. 아츰에 비가 그치다. 밤ㅅ비.

7월 3일. 아츰에 비가 그치다. 병륙秉陸에게 편지며 소포를 붙이다. 아버님 고의, 적삼, 버선 각 두벌을 해 보냈다. 임병철林炳哲 군君이 오다.

7월 4일. 맑다.

7월 5일. 맑다. 종로에 나가서 양산洋傘(三, 二〇〇), 지우산紙雨傘을 사오다.

7월 6일. 맑다. 무덥다.

7월 7일. 무덥다. 밤ㅅ비오다. 새도록 비ㅅ소리가 났다.

7월 8일. 무덥고 밤ㅅ비. 병륙秉陸의 편지가 오다.

7월 9일. 무덥다. 임병철林炳哲 군君이 왔다. 시조 습작을 보인다.

7월 10일. 좀 비.

7월 11일. 맑다. 조선어학회朝鮮語學會를 가서 보았다. 애류崖溜가 조선어朝鮮語에 관關한 고금인물古今人物에 대하여 말하였다 그리고는 동아일보사 주최 조선어강습회朝鮮語講習會에 대하여 의논이 좀 있었다. 이병도李丙燾 군君과 같이 도엽군산稻葉君山을 찾어보았다.

7월 12일. 맑다. 애류崖溜를 찾어가 보았다. 『청구도靑丘圖』를 갖다주었다. 안국 네거리 고서적점古書籍店에서 『석고가서첩石鼓歌書帖』 4책四冊 1질一帙을 샀다.(一, 二○). 이는 이원교李員嶠의 진필眞筆이다. 원교員嶠의 도장圖章은 보이지 않으나 글씨 그것이 분명하다. 사가지고 돌아와서 그 제목을 뜯어보니 강세황姜世晃(표암豹菴)의 도장圖章이 직혔다. 아마 이는 표암豹菴이 보든 것인 듯하다.

7월 13일. 맑다. 동북풍이 불고 첫 가을날 같이 소랭하다.

7월 14일. 맑다.

7월 15일. 맑다. 이헌구李軒求 군君이 고서를 구경하러 왔다.(陰 六月初一日). 김영근金永近 군君이 내간상內艱喪을 당하였다. 가 보았다.

7월 16일. 맑다. 김영근金永近 군君을 가 보았다.

7월 17일. 맑다. 김영근金永近 군君을 가 보았다. 저녁에 오철호吳徹浩 군君이 왔다. 같이 잤다. 제1학기 방학식을 하였다. 오전午前 세 시간만 수업하였다.

7월 18일. 비. 오철호吳徹浩 군君이 비 때문에 종일 집에 있었다.

7월 19일. 맑다. 오 군吳君과 같이 나서 매헌梅軒을 찾어보았다. 오후午後에 학교에 가서 직원회에 참여하였다.

7월 20일. 맑다. 오후午後 2시 성적발표. 아츰에 김영근金永近 군君 형제兄弟를 찾어보다. 그들은 두계豆溪에 가서 장례葬禮를 맞히고 오날 아츰 차에 돌아왔다.

7월 21일. 맑다. 김병룡金秉龍 군君 집에 가서 오철호吳徹浩 군君을 찾었다 못 맞났다.

7월 22일. 맑다. 매헌梅軒과 같이 오철호吳徹浩 군君을 찾었다가 못 맞나다.

7월 23일. 맑다. 오철호吳徹浩 군君을 찾어갔다. 길에서 맞나 같이 매헌梅軒을 찾어보고 셋이 같이 나서 위창葦滄을 찾어보고 영도사永渡寺를 나갔다. 매헌梅軒이 점심을 사주어 먹었다.

7월 24일. 조우朝雨.

여수풍경麗水風景

四二六四. 九. 五.

뫼와 뫼 마주서서 끝없이 열린 골에
어미 섬 아들 섬 나부시 누워있고
한바다 푸른물ㅅ결이 굼실굼실 밀어오네.

여수항麗水港 오시는 이 다른 덴 못 보아도
등대燈臺 앞 찾아올라 대양大洋을 바라보소.
그제야 이곧 풍경風景이 어떤 줄을 아리다.

치는 물ㅅ결이며 오고가는 배를 보고
이윽고 바다ㅅ가에 시름없이 앉었더니
이날도 기나긴 해가 다 저믈어 가누나.

임실任實 군아郡衙에서

산두메 고을ㅅ집을 어둑하여 찾어들어
비어둔 마루방에 흐린 등ㅅ불 돋우혀고
누나의 이야기ㅅ소리 밤을 그저 새우네.

풀밭이 뜰이 되어 버레들이 울고 웃고
앞뒤의 뫼에서는 두견이 또한 울고
이 밤의 이내 마음도 아니 울어 못하네.

군산群山서

밤은 이윽한데 달은 새로 떠오르고
뜰 앞의 나무 그림자 발 사이로 흐늑이고
내 또한 흥에 겨워서 잠 못 들어 하노라.

첨아에 물ㅅ방울ㅅ소리 하나 둘 헤어보다
한종일 오든 비가 밤에야 개인다 하고
반가이 뜰에 나서서 별을 바라보노라.

정조正租 백만 석百萬石이 부두埠頭에 쌓였더니
여름도 나기 전에 다 어대로 가았느뇨.
산山머리 옴막집에선 배고프다 우더라.

앞엔 큰 강이요 뒤에는 바다라도
조개를 캐느냐 가사리를 뜯을느냐.
한종일 돌이나 쪼겨 벌이한다 하더라.
(종일 마치를 들고 길 까는 돌을 쪼겨 한 이십 전二十錢벌이 한다.)

여수풍경麗水風景

비는 오는 밤에 우산雨傘을 들고 서서
컴컴한 앞으로 배를 띄어 나아가니
물농을 치는 곧마다 야광충夜光蟲이 반작이네.

지나온 바다 위를 돌아서 바라보니
등인가 별인가 천千이요 만萬이러니
그 빛이 빛인 곧마다 야광주夜光柱가 솓아나네.

송광사松廣寺

보성강寶城江 십오 리十五里를 거슬러 오르다가
그 강江을 막 건너 산山으로 돌아드니
깊은 숲 그윽한 골에 종경鐘磬소리 들리어라.

합장合掌 배례拜禮하고 가부跏趺를 겻고 앉어
보조普照 국사國師의 원불願佛을 읊어보고
이윽고 고요한 밤을 선삼매禪三昧에 드노라.

골은 길치 양 하고 물소리 졸졸인다.
금벽金碧을 뒤에 두고 청심문淸心門 높이 서서
저으기 드는 이로 하여 시름 닞게 하여라.

어둔 새벽부터 염불念佛소리 잠을 깨어
한 옆에 비어 있는 설법당說法堂을 들고 보니
고려판高麗板 대열반경大涅槃經 고히 남어있도다.

유달산儒達山

산山마루 험한 길을 요리조리 돌아오다
높은 봉 바위 머리 긔어잡고 올라서니
조그만 뫼요 물이요 바다 아니 보이러라.

어대를 바라보나 물과 물 뫼와 뫼이
또한 그 뫼마다 섬이요 섬이라네.
그럴사 그럴 듯하다 다도해多島海라 이름도.

어린 양羊과 같은 힌옷 닙은 무리들아
좁은 인간人間에야 살어 붙일 곧이 없어
바위에 의지를 하고 산山으로나 오르리라.

여수麗水

대소인大小人 하마비下馬碑를 쪼긴 이 누구이며
거붑배 새긴 돌은 어대메 묻히인고
지금의 어린아이도 순신대감 부르러라.

- 충무공비각忠武公碑閣 -

골마다 무실목에 가랸들 어이 가리.
앞 바다 앞 바다로 거붑배 이어 몰고
현해탄玄海灘 못 건너섬을 길이 슲어 하노라.

- 장군도將軍島 -

충무공忠武公 활을 익혀 쏘든 곧이 여긔런가.
정자亭子에 지어 서서 옛일을 그리다가
다시금 고개를 돌이켜 종고산鍾鼓山을 보노라.

- 군자정君子亭 -

월출산月出山

길이야 있든 없든 오르고 오르고 보니
좌우左右에 졸졸이든 물소리도 아니 나고
산山머리 검은 구름은 비가 되어 나리네.

바위며 덤불이며 안개와 구름 속에
산ㅅ새는 한두 마리 날어가고 날어오고

어대서 폭포수瀑布水소리 산山도 골도 울리네.

구정봉九井峯 알에ㅅ봉에 바위 셋이 놓였으니
둘은 촛대바위 하나는 탑塔바위요
그 위에 얹힌 바위는 영암靈岩이라 하더라.

어져 이내 몸이 이리도 고달핀가
산山도 바위도 구름도 다 아니 뵈고
오로지 괴로움만이 이 길인가 하노라.

비소리 바위서리 이것이 뫼이온데
어대가 어댄가를 보아도 모르러니
한 곧을 다 올라서니 천황봉天皇峯이 여긔네

햇살이 퍼지는가 안개 더욱 엷어지고
한 쪼각 두 쪼각 파란 한울 내보이며
월출산月出山 봉오리마다 예서 제서 나오네.

들은 푸르르고 바닷물 번번한데
예는 어대며 저긔는 어대메오.
손 들어 가리치는 곧에 다시 명산名山 보이러라.

보똘바다

섬하나 안 보이고 끝없이 열린 바다
저어 가고 저어 오든 조고만 배와 배이
하얀한 파도波濤 저 속에 없다 있다 하더라.

구름이 비를 띄어 온 바다를 가리더니
구름은 몰려가고 바람 더욱 불어오며
물ㅅ결에 물ㅅ결이 닐어 천파만파千波萬波 되더라.

앞으로 가올 길은 아즉도 멀고 멀다.
창파滄波 만경萬頃에 배 하나 의지하여
뛰노는 고기나 보고 나도 반겨 하노라.

용당진龍塘津서 조운曺雲 군君에게

부경埠頸에 나오신 이 하나 둘 아니어도
몸태와 걸음걸이 내 어이 모르리오.
떠가는 뱃머리 서서 돌아보고 보노라.

타고 갈 자동차自動車야 기다려도 아니 오고
오든 나룻배만 다시 가고 다시 오고
낮읏한 먼 산山머리에 해는 지려 하더라.

일기

31권

1931. 7. 24. ~ 1931. 8. 27.

1931년(단기 4264년)

7월

7월 24일. 조우朝雨. 맑다. 동아일보사 서무부장에게서 편지가 왔다. 명明 25일부터 전주에서 한글강습이 있으니 오날ㅅ밤 10시 반 차로 떠나가야 하겠다는—. 집을 나섰다. 나를 찾어오는 오철호吳徹浩을 맞나 같이 가다 하경덕河敬德 군君을 찾어보고 동아일보사로 가서 김전중金錢中 군君을 보고 말도 듯고 한글 교재도 얻고 여비(전주, 군산 십 원十円)도 받었다. 매헌梅軒을 찾고 한남서림翰南書林에서 언문궁체諺文宮體『수호전水滸傳』두 권을 샀다. 이병도李丙燾 군君을 찾었다 못 맞나고 김상기金庠基 군君이 찾어오다. 이하용李河用 군君이 찾어오다 나의 시골 간단 말 듯고 십이 세 된 계집애 하나를 연산역까지 다려다 주어 달라고 한다.

래일은 음 6월 11일 어머님 생신이다. 갑작이 일이 이리게 되어 아니 떠날 수 없다. 어머님께 말씀 여쭈고 오날 저녁에 몇 친구를 청하여 밥이나 먹기로 하였다. 매헌梅軒, 오철호吳徹浩 군君, 김병룡金秉龍 군君이 오다. 같이 저녁을 먹다. 뉘며, 종자從姊며 김낙순金洛淳 소사小使며 김응수金應洙 군君도 왔다.

오후午後 9시九時 반 이하용李河用 군君이 계집애를 보냈다. 그 애와 우리집 신연순과의 두 계집애를 다리고 나섰다. 경성역에 가니 10시나 되었다. 사람이 퍽 많다. 차표를 사는데 퍽 혼잡하다. 한 번에 세 차표를 산다고 내 뒤의 선 일인日人 하나이 게두덜댄다. 일어日語로는 두계豆溪나 강경江景이가 발음이 비슷함으로 두계표豆溪票를 강경江景이 표로 준다. 이걸 다시 바꾸노라고 더 더듸게 되었다. 목포행 차ㅅ간으로 오르다. 벌서 가득 찼다. 다행이 빈 자리를 얻어 가지고 두 계집애를 앉히고 나도 앉었다. 두어 간 건너 앉었든 젊은 일인日人 하나이 와서 내 옆에 앉어 조선말과 일어를 섞어하며 연순이를 쳐다보며 이러니저러니 하고 개 같은 수작을 한다. 나는 아무 대답도 아니하고 노려보았더니 저 혼자 짖거리다가 말고 꾸벅꾸벅 졸고 있다. 입에서는 술내가 물신물신 난다. 다른 대로 옮아가버린다. 작은 계집애는 한편에 뉘이고 연순이는 내 무릎 위에 뉘기도 하여 재우고 나는 잠 한잠 못 잤다. 새로 세 시는 되었다. 연순이는 깨었다. 돈 10원十円을 주며 잘 두었다 시집 갈 때 쓰라고 하였다. 차는 태전太田서 좀 멈추었다 떠났다. 네 시가 지냈다. 아즉도 컴컴하다. 두계역豆溪驛에서 연순이는 한 보통이를 가지고 나렸다. "안녕히 가시오." 하고는 한 번 돌아다보도 아니하고 쏜살같이 달어난다. 나는 우둑헌이 서서 바라보았다. 차는 다시 떠난다. 작은 계집애도 연산역에서 나렸다.

7월 25일. 새벽에 이리역에서 전주행 기동차를 갈어타다. 좌우로 보이는 들빛은 퍽 새롭다. 옛날 경편차輕便車 타든 것과 비교하면 여간 호강이 아니다. 오전午前 7시七時 전주에 이르다. 정거장도 전과는 딴판이다. 조선식 와가瓦家에 제법 떠벌렸다. 나리다. 비가 온다. 동아일보사 전주지국 총무인 김지수金智洙 군君이 나왔다. 같이 자동차를 타고 대정여관大正旅館에 들다. 김 군의 말을 들으니 애초에는 오전午前 오후午後 두 부로 난워 강습케 하려다가 강습생이 그다지 많지 아녀 오후午後부만 하기로 하였다 한다. 그리고 김 군金君은 곳 가버렸다. 나는 홀로 앉어서 다만 비ㅅ소리만 듯고 참선參禪을 하였다. 김 군이 와서 점심을 사 준다. 청운淸雲(하경렬 씨河慶烈氏)이 어제 지국까지 와서 내 말을 물었다 한다. 오후午後 4시四時로부터 7시七時까지 기독청년회관基督靑年會館 위층에서 개강開講을 하였다. 강습생은 30여 명. 하루 종일 비. 조병희趙炳喜가 와본다. 9시九時에 자다.

7월 26일. 맑다. 오전午前 6시六時 기起, 임실任實 조 형趙兄, 조용해 군趙龍海君, 동희, 병륙, 동수同洙 군君에게 편지를 써 보내다. 하청운河淸雲을 찾어보다. 병희炳喜이 오다. 청운淸雲께서 점심. 오후 3시 반 청운淸雲과 같이 강습회에 오다. 강습생은 어제보다 더 늘었다. 이승한 군李承漢君이 찾어오다. 청운淸雲도 오다. 경찰부 형사도 오다.

7월 27일. 맑다. 병희炳喜가 왔다. 같이 나서 수산오백족守山五百足을 찾어보다. 그리고 더 나아가 이덕가李德可 씨氏도 보고 청수정淸水町 이종림李鍾林 군君 집에서 사매舍妹도 보고 임응순林應淳 군君도 맞나보고 점심도 먹었다. 오후午後 4시부터는 강습을 하였다. 양상경梁相卿 군君(전북도청 토목과)이 오다. 휘문 졸업생徽文卒業生 신동주申東柱, 김석중金奭中 군君이 와본다. 소병식蘇秉寔이 찾어와서 명함을 두고 갔다. 윤석구尹錫龜, 청운淸雲 김완용金完容(전주경찰서 형사)이 오다. 경성 전극배全克培 군君의 편지가 오다.

7월 28일. 구름 끼고 밤ㅅ비. 청운淸雲이 오다. 백정목白定木 군君이며 병희炳喜의 집을 가보다. 신동기申東起 군君을 찾어보고 동아일보사지국장 박노수朴魯洙 군君을 맞나 보았다. 휘문 졸업생 이마사李

馬飼 군君, 김정완金正琬 군君, 김석중金奭中 군君, 신동주申東柱 군君이 와본다. 강연시간을 맞히고 이 사람들에게 끌려 서성칠徐星七 집에 가서 저녁을 먹었다. 오후午後 8시八時 20분二十分 자동차로 하여 임실任實을 가다. 비는 부슬부슬 나리고 밤은 컴컴한데 자동차는 전전등前電燈을 켜 가지고 사뭇 깊드란 산ㅅ골로만 들어간다. 그 어두운 속으로 한 광명의 선을 그어가고 좌우의 서 있는 가로수닢은 도렷도렷한 그 얼굴들을 연해 나타내며 퍽으나 아름답게도 보인다. 이 자동차가 처음 떠날 때에는 나 혼자만이러니 차차 가면서 오르는 이, 나리는 이 꽤 번잡하다. 상인, 촌 여자, 또는 품팔이ㅅ군 같은 이도 있다. 내 옆에는 한 양반이 여자가 마츰 앉으려 하는 자리를 빼앗어 가지고 퍽 게드럼스럽게 걸어 앉었다. 운전수가 차ㅅ삯을 달라한즉 임실을 다가서 주겠다 한다. 중간에서 나리라거니 돈을 변통해 내라거니 한참 다투다가는 운전수가 지고 만다. 이러다가 한 시간 반이나 지나서 임실에 이르다. 산읍이다. 거리나 상점이 다 소조할 뿐이고 흐릿한 남포등은 예서 제서 고요히 졸고 있다. 나는 나리는 길로 군수 관사를 찾었다. 사람을 맞나 길을 물으면 "저리 가오." 한 마대 하고는 가버린다. 지행도 없이 어둠의 길을 밟어가다 길ㅅ가에 서서 단소 부는 청년 둘을 맞나서 물었다. 한 청년은 "소학교 옆으로 들어가오." 하고 또 한 청년은 썩 나서더니 "이리 오시오 제가 일러 들이겠습니다." 한다. 나는 그 뒤를 따라 오든 길로 돌오 오다 한 으슥한 골목으로 들어서니 좌우 수림 속에 한 판장 대문이 나선다. "이 집이 군수 관사요." 하고 청년은 돌아선다. 감사하단 말을 하고 나는 그 판장문을 밀고 들어섰다. 한편에는 판장을 둘러세었고 한편에는 사랑채가 있다. 사랑채 앞으로 가니 빈 집만이다. 다시 돌아 판장 센 대

로 하여 들어가니 넓은 마당에 한 가운대에는 큰 나무 하나가 서 있고 군대군대 수랑이 되어 질컥질컥하다. 사랑과 같은 방향으로 안채 한 채가 가로 뇌엇고 왼편으로는 건너채 하나 세로 서 있다. 또한 사랑과 같이 적적하다. 나는 안채 앞으로 바짝 다가들어서 여러 번 기침을 하였다. 뜰에서는 개 한 마리가 자다 놀래어 컹컹 짖는다. 방에 친 모긔장 안으로서는 누님이 고개를 들고 일어보며 "동생이 오나." 하고 나온다. 누님과 마루 위에 앉어서 이야기 이야기하다. 양주洋酒(위스키)를 내온다, 양과자洋菓子를 내온다, 사과를 깎어 준다 하며 이야기를 계속을 하다가 나는 사랑으로 나와 자게 되었다. 누님이 나와 방을 치고 요와 자리를 펴고 모긔장을 쳐 준다. 그리고 나는 편히 누었다. 누님은 한편 다다미ㅅ방에 앉어서 이야기를 한다. 밤은 퍽 깊었다. 두견이는 운다. 시계를 보니 새로 두 시. 사장査丈과 조 형趙兄은 오수獒樹를 가서 아니 왔다.

7월 29일. 비. 아츰에 일어나 병국炳國의 조모와 처자를 보고 조반을 먹다. 부호 진재학晉在學 씨氏가 그 아들 두현斗鉉 군君을 다리고 와 본다(두현斗鉉은 휘문 졸업생). 10시반 자동차로 떠나다. 진 씨晉氏 부자父子가 사이다 3병 과자 한 갑을 주며 전송을 한다. 12시 반 전주 착. 오후午後 1시一時부터 4시四時까지 강연을 맞히다. 청운淸雲과 병희炳喜가 오다. 여관에 돌아오니 강습생 십여 명이 와 다과회를 열고 시조문학에 대한 강화講話를 청한다. 수박을 먹고 맥주를 마시며 두어 시간 말하였다. 이 강화講話는 오후午後 8시八時부터 기독청년회基督靑年會 위층에서 하기로 하였든 것이 이러케 되었다. 청운淸雲도 같이 앉었다. 지국장 박노수朴魯洙 군君과 총무 김지수金智洙 군君이 서성칠徐星七 집에서 그 이웃의 청운淸雲을 청하여 같이 저녁밥을 준다. 지수智洙 군

君이 찾어와 밤이 깊도록 담화하였다. 김철중金鐵中, 임보환林普桓 군君의 편지가 오다. 이대권李大權 군君은 찾어왔다 명함을 두고 갔다. 오후午後부터 구름도 걷히고 맑었다.

7월 30일. 구름 끼다. 오전午前 6시六時 반半에 일어났다. 8시八時에 떠나다. 청운淸雲, 김지수金智洙 군君은 나 있든 여관으로 가 회계를 해주고 오고 박노수朴魯洙 군君, 병희炳喜가 역까지 와 전송한다. 8시 40분 발, 10시 이리 착. 이리 경정京町 임보환林普桓 군君을 찾어 보고 시조창時調唱과 작作에 대한 이야기를 하다 점심을 얻어먹고 나서 병석秉錫 군君을 찾고 오후午後 3시 발 4시 군산 착. 비가 온다. 인력거를 타고 지국장 방한회方漢廻 군君을 찾다. 한 10분十分 동안 오다가 큰길에서 나리어 개복동 고삿길로 요리조리 얼마를 올라갔다. 예는 조선인 빈민굴이다. 조고마한 집들이 산ㅅ비탈을 다복 덮에 있다. 그런데 겨우 사람 하나 단일만한 길이 꽤 까파른 데다가 진 황토흙이 미끌미끌하여 좀처로 발 부치기도 어렵다. 과자ㅅ가개 하나를 지나며 지국장 집을 뭇고 보니 바로 그 위의 새로 판장문 한 집에 동아일보사 지국이란 문패가 붙었다. 방한회方漢廻 군君은 없고 그 부인만 첨아ㅅ밑에 서서 "어대서 오셨나요." 하고 뭇는다. 내의 성명과 전주로서 왔다는 말을 하였더니 "그래잖아도 어찌 안 오시나 하고 이내 기다리다가 금방 나가셨으니 들어오서요." 하고 자꾸 말을 하며 퍽 불안스러워 한다. 인력거ㅅ군에게 30전三十錢을 내주고 가방을 받어들고 들어가 마루 끝에 걸어앉었다. 비는 줄줄 나린다. 부인은 어린 게집애 하나를 다리고 방 군方君을 찾으러 나가고 웬 여노인 한 분만 한 녚의 다락 위에 앉어서 실을 감는다. 방안을 들여다보면 잡지책雜誌册, 신문지축新聞紙軸이 썩 정돈이 되어 있고 빈대ㅅ피는 네

벽에 빈틈없이 발려 있으나 뜰 앞 장뚝대 녚에는 신하대 두어 떨기와 작은 전나무 한 주가 서 있고 그 넘어로는 백마강 하류가 둘러 있어 여러 배들이 오고가고 한다. 나는 하욤없이 그 배들만 바라보고 있었더니 노동자 복색을 한 방 군方君이 그 부인과 같이 들어와 퍽 미안하게 되었다는 인사를 하고 나의 가방을 들고 나가자 한다. 그의 뒤를 따라 개복동 일신여관日新旅館으로 들다. 이 여관은 군산 제일이라 한다. 하나 들어가는 문 앞에 진개치장塵芥置場, 공동변소共同便所가 있어 퍽 불결, 불유쾌하다. 벌서 있을 만한 방에는 미두米豆ㅅ군, 장사ㅅ부치 손님네들이 들어차, 장긔, 바둑, 이야기 따위로 하여 방마다 떠들썩하다. 그중 좀 조용하다는 방을 나는 찾어든 것이 바로 변소便所 옆이다. 방 군方君과 이야기하다 저녁을 먹다. 방 군方君은 저녁 먹는 걸 다 보고야 간다. 시가市街에 나서 납량納凉 마케트를 구경하고 돌아와 10시 취침.

7월 31일. 구름 끼고 저녁은 몹시 무덥다. 김진용金振瑢 군君, 이문석李文錫(제일공보), 최병규崔秉奎 군君, 방한회方漢廻 군君, 조남규趙南奎 군君(제일공보), 김준권金俊權(지국기자) 군君, 윤영상尹榮祥 군君(사진영업), 이세직李世稷(야소교인) 군君이 찾어오다. 김진용金振瑢 군君이 점심 접대을 한다. 술을 꽤 먹었다. 종일 앉어서 담소하였다.

오후午後 8시八時, 중앙유치원中央幼稚園(미우구락부米友俱樂部)에서 개강을 하다. 방한회方漢廻 군君이 지각遲刻을 하여 조남규趙南奎 군君이 나서 소개를 한다. 청강생은 오십여 명. 한글, 조선말 지위와 역사에 대하여 말하고 10시 40분에 파하다. 무척 덥다. 올해로는 이 더위가 처음이다. 땀이 조끼 등 위까지 배었다. 김철중金鐵中 군君 편지가 오다. 김정곤金定坤 군君(옥구군청沃溝郡廳)이 찾어와 본다.

8월

8월 1일. 구름 끼고 퍽 덥다. 땀이 나 옷을 적신다. 횡전정橫田町으로 산보. 최병규崔秉奎 군君과 같이 호화가虎畵家 황종하黃宗河(우석友石 개성인開城人)를 찾어보다. 최병규崔秉奎 군君, 방 군方君이 오다. 오후午後 4시四時—7시七時 조선 문예文藝 강연.

최원식崔元植(부용인芙蓉人) 군君, 송봉섭宋奉燮 군君이 오다. 방 군方君은 군산 명물인 임옥소주臨沃燒酒 한 병을 사 들고 왔다. 오후午後 8시八時—11시十一時, 중앙유치원 한글 강연. 돌아오다 창기娼妓, 작부酌婦, 예기藝妓 소개소紹介所 녚집에서 여학생 맵시한 소녀 하나이 싸우고 울며 게두덜거리며 앞서 달어나고 또 3, 4 소녀는 그 소개소에 맥없이 앉어 있는 걸 보고 가만이 눈물을 흘렸다.

정희 군政熙君 편지가 오다. 김홍두金洪斗 씨氏를 찾었다가 못 맛났다.

8월 2일. 아츰부터 저녁까지 큰비가 오다. 군산서는 올해로 처음 오는 비라 한다. 일은 아츰에 시가를 나가 책사册肆를 찾어보고 『일본기행수필日本紀行隨筆』 1책과 공책 두어 권을 샀다.

황종하黃宗河, 최병규崔秉奎 군君을 찾어보다. 이문석李文錫, 최원식崔元植, 조남규趙南奎, 송봉섭宋奉燮 군君이 오다. 문석文錫 군君은 종일 서로 대하여 문화文話를 듣고 점심을 사 주고 원식元植 군君은 참외와 맥주를 사 준다. 방 군方君이 오다. 유치원은 비가 새서 오후午後 4시 문에 강연은 중지. 8시八時—11시十一時의 한글 강연만 하다. 방 군方君이 따라와 맥주를 사 준다. 밤이 깊다. 방 군方君은 가고 창 밖에 비ㅅ소리는 아니 그치고 정원의 나무ㅅ그림자는 창 위에 어른어른한다. 잠은 아니 오고 절로 시흥詩興만 난다.

8월 3일. 비는 그치고 바람이 인다. 윤영상尹榮祥 군君이 와 같이 나가 지나요리점에서 점심을 사 준다. 강ㅅ가를 한 번 돌아오다. 비가 또 온다. 옥구군 서수면 취동리(구 임피 무장리) 사는 김병우金柄祐 군君이 사십 리 밖에서 찾어왔다 한글과 시조에 대하여 이야기하였다. 강연은 여전히 하였다.

8월 4일. 구름 끼다. 비. 아츰에 정거장에 가서 순천 도착 시간을 물었다. 영정榮町에서 산보. 이발. 여관에 돌아오니 불을 때놓아서 앉어 박일 수가 없다. 이문석李文錫, 김인환金寅煥(제일공보), 이병길李秉吉君(제일공보)이 찾어왔다. 같이 나섰다. — 개복동開福洞, 둔밤이(둔율리屯栗里)에 이르다. 둔밤이는 아즉 군산부에는 넣지[編入] 아녔으나 다닥다닥 붙은 옴막집들이 온 산ㅅ비탈과 골짝을 덮어있다. 맨 노동자들만 사는 마을이다. 군산의 진상眞狀을 알자면 이런 마을을 보아야 한다. 한 집에 몇 가족들이 살며 품팔이를 한다. 품팔이를 못하는 날에는 굶는다. 어느 집을 보든지 별로 낫고 못한 것이 없다. 7천 노동자의 부락 —개복동, 경장리, 송창동, 신흥동. 둔율리. 그 가운대에도 이곧이 제일 중심지다. 고샅고샅에 나드는 사람들을 보아도 대번 그들의 살음살이를 짐작하겠다. 고개를 넘어 좀 까파른 대로 나리다, 양철동의에 물을 질어 가지고 못 올라오는 게집애를 맞나 도아주고 그 밑의 유곽지인 신흥동을 지나다 비를 맞나 어느 상점에서 잠간 피하고 그 건너 명월산을 바라보며 다시 나서 비를 맞으며 망해수도를 뚫고 나서 한 목공장을 구경하고 공원으로 오르다. 비는 부슬부슬 나린다. 항구와 시가를 나리다 보고 조선ㅅ과자점에 들앉어 유성기ㅅ소리를 들으며 김인환金寅煥, 이문석李文錫 군君이 사 주는 복숭아와 빵을 먹으며 이야기를 하다가 또한 비를 맞으며 돌아왔다. 황종하黃宗河, 나동순羅

東淳 씨氏가 찾어와서 명함을 두고 갔다. 방 군方君이 왔다. 비는 한 모양으로 나린다. 문예강화, 한글강연은 끝을 맞혔다. 오후午後 10시 문을 나니 인력거 한 채가 대비해 있다. 비는 좔좔 나린다. 타기 싫은 인력거를 또 타게 되었다. 군산서는 유명하다는 대구탕 집으로 들어가다. 윤영상 군尹榮祥君은 먼저 와서 기다리고 있다가 등ㅅ불을 들고 앞서 인도를 해 준다. 가로 논 나무토막을 골라 디디고 기드란 문ㅅ간으로 들어갔다. 썩 깨끗한 집이다. 잠시 알에ㅅ방으로 들어가 있다가 강습원들이 다 온 뒤에 위층으로 올랐다. 큰 다과상을 준비해 놨다. 일동 착석. 이문석李文錫 군君이 강습원 대표의 사辭와 기념 은배銀盃를 준다. 곳 답사答辭를 맞히고 여러 가지 감상담感想談을 하고 권하는 술도 많이 먹었다. 비는 여전히 온다. 강습원들과 작별하고 인력거 타고 돌아왔다. 오후午後 11시十一時 반, 방 군方君이 뒤따라 와서 이런저런 이야기를 하고 돈 10원十円을 준다. 방 군方君이 가고 새로 한 시나 되어서 자다.

이대권李大權 군君, 계동 집에 편지 부치다.

8월 5일. 인력거ㅅ군의 문 두드리는 소리에 잠을 깨어 일어나서 곳 옷을 주어 입고 가방을 들고 나섰다. 비는 여전히 좔좔좔. 정거장에 이르니 아즉 문도 아니 열어놨다. 조곰 기다리고 섰다가 문을 두드려 열게 되었다. 차 타러 온 사람은 나밖에 두엇이 있을 뿐이다. 방한회方漢廻 군君이 전송을 나왔다. 떠났다. ─오전午前 4시 50분五十分. 솝니에 이르러 목포행으로 바꿔 탔다. 비는 멎지 안는다. 김제역金堤驛 못 밎어서 방죽 물이 넘쳐 철둑을 덮에 흐른다. 기차는 게서 한 시간ㅅ동안을 지체하였다. 9시九時나 넘어서 송정리역에서 여수항행으로 갈아탔다. 광주에 이르러서 담양행은 떨어져 담양 방면으로 간다. 광주는 꽤 넓은 대다. 새로 된 신광주역 부근으로는 새 건축물이 많이 들어서 새 시가의 광경이 나타나 보인다. 무등산을 바라보다 어느덧 산ㅅ골로 들었다. 송정리에서 사 두었든 벤또을 먹고 보성, 벌교 따위를 지나 순천역에서 나리다. 비는 그쳤다. 곳 자동차로 하여 순천 시내로 동서여관東西旅館(동아일보사 지국장 김정기金正基 군君 집)에 들다. 지국장 김정기 군金正基君을 찾아보았다. 군은 김제가 고향이요, 이왕 아전이었다 한다. 다른 유지들도 많이 와 본다. 같이 점심. 시내를 한 번 돌았다. 산수도 퍽 좋다. 삼산三山이며 죽도竹島며 삼산수三山水(장대수長大水)며 옥천수玉川水 따위가 퍽 아름답다. 그리고 옥천교 옆에는 연자루, 팔마비의 터만 남었다. 감초란 별명을 듯는 함태선咸泰善 군君이 와서 꼬댁꼬댁 소리를 질러 순천 이야기를 한다. 저녁에 환선정 옆을 지나서 삼산수에 가서 목욕. 김철중金鐵中 군君이 5원五円(순천서 보낸 차비)를 보냈다. 수일 전에 애류崖溜가 비를 무릅쓰고 순천을 와 자고 갔다. 경남은 경찰부의 금지를 당하여 한글 강연을 못하게 되어 여수로 하여 왔든 것이라 한다.

8월 6일. 새벽녁에 소낙비가 지났다. 그리고 하루 종일 끈끈한 것이 퍽 불쾌하다. 조병희趙炳喜, 노석정盧錫正(여수 지국장) 군君의 편지가 오다.

한글 강연은 오전午前 오후午後 두 부로 난웠다. 오전午前 부는 9시九時－12시十二時, 오후午後부는 4시四時－7시七時. 강습원은 각각 40여 명. 그런데 오전午前 부에는 여자와 운동하는 남자들이 오고, 오후午後 부에는 각 관서, 회사원들이 온다. 군수 안종철安種哲, 호남은행 지배인 김희성金喜誠 또는 장흥長興(백리百里 밖) 청년靑年 김두환金斗煥 군君도 와서 청강을 한다. 회장會場은 공립보통학교 강당. 저녁에는 김정기 군金正基君과 그 외 이삼 인과 모여 앉어 담화. 오날도 무척 더웠다. 옷에 땀이 찼다.

8월 7일. 맑다. 훈증薰蒸하다. 병희炳喜, 노석정盧錫正, 방한회方漢廻 군君께 편지하다. 오후午後 강연을 맞히고 김두환金斗煥 군君, 김정기金正基 군君과 또 강습원 한 분과 같이 옥천수 상류에 가서 목욕을 하였다. 목욕을 하고 나니 퍽 고달피다. 광주 최흥종崔興宗(이왕 목사, 지금은 자선사업운동), 김무수金武洙(동부인同夫人 청강聽講, 순천재판소 서기) 군君이 이야기를 하였다.

8월 8일. 입추. 퍽 무덥다. 이대권李大權 군君의 편지가 오다. 오날은 강연을 맞히고는 김정기金正基 군君과 같이 서양인촌西洋人村을 찾었다. 안력산병원安歷山病院, 매산학교梅山學校, 도립병원道立病院을 돌아오다. 시설이 놀랍다. 수림 속에 드문드문 양옥들이 서 있고 삼백여 마리나 되는 양토원養兎園이 있다. 앞의 보탕寶湯에 가서 목욕. 아까 보통학교에서 냉차를 먹고 곳 복통이 나든 것이 더하지는 않다. 밤ㅅ중쯤 하여 술주정, 창가唱歌를 하며 지나는 이, 또는 옆집 개 짓는 소리에 잠을 깨었다. 예는 밤마다 이러타.

8월 9일. 맑다. 훈덥다. 비빔밥 점심. 도진호都鎭浩 군君을 맞났다. 군은 이 골이 고향, 그 자姊 도도엽都桃葉은 예서 술장사를 한다. 오날은 오전午前 오후午後 합부合部를 하여 오후午後에만 하게 되었다. 한 시간 맞히고는 일동 촬영을 하고 일동의 뜻을 좇아 내일ㅅ것까지 다 하여 강습회는 끝을 냈다. 오후午後 8시八時 반. 간단한 다과회가 있었다. 군수 안종철安鐘哲 군君이 나서 강습원 대표의 사辭를 한다. 돌아와 저녁을 먹고 임규홍任奎洪 군君, 김창선金昌善(여수 나병원 감독麗水癩病院監督)과 같이 설전을 하였다. 아르랑타령 예술론에 대하여다. 그들은 민중이 좋아한다는 의미로 하여 그것이 예술이다 함을 나는 부인하였다. 무단이 어떤 소녀가 꿈에 보인다.

8월 10일. 맑다. 김두환金斗煥 군君은 떠났다. 오날은 순천 장날이다. 김정기金正基 군君과 같이 장 구경을 가서 방언조사를 해 보았다.

오후午後 5시 김정기金正基 군君, 김명신金明信 군君(광주 수피아학교 교무주임), 이영환李永煥(매산학교 교원)과 같이 자동차를 타고 나섰다. 도진호都鎭浩 군君이 전송하는 강유문姜裕文 군君 일행도 같이 탔다. 그 일행은 쌍암雙岩에서 나려 선암사仙岩寺로 가고(쌍암서 선암사가 십 리, 순천서는 삼십 리), 삼가리(구례求禮로 가는 길), 광천교(곡성으로 가는 길)를 지나 보성강을 끼고 산 언덕 십오 리ㅅ길을 돌다. 새파란 물이 비단ㅅ결같이 곱다. 퍽 시원도 하다. 낙수(송광면 광주로 가는 길)에 이르러 예배당에 일보는 김태호金泰鎬 군君을 맞나 같이 송광사를 가다. 자동차는 낙수까지만 정기定期로 단이는 것을 김태호金泰鎬 군君이 교섭하여 송광사까지 가게 된 것이다. 저녁비는 부슬부슬 나리고 구름은 산山을 덮어 나린다. 십 리를 산ㅅ골 깊숙한 수림 속으로 들어간다. 길ㅅ가에는 일조一條 청계淸溪가 흐른다. 청심문淸心門으로 들어갔다(순천서 송광사가 백십오 리). 손영환孫永煥(5년 전 휘문 재학생), 김하석金荷石(불전교수 김해언 상좌), 김해언金海彦, 임병철林炳喆(감무監務), 서성우徐成祐(학인) 또는 여러 학인이 와본다. 다과를 준다. 고물古物(능견난사와 조각품과 기타 진품)를 보여준다. 보조국사普照國師의 가졌든 원불願佛(향목 조각품)은 조선의 보배다. 상승上乘의 미술품이다. 석반夕飯. 9시九時 반 무슨 강연을 청한다. 한편 야학하든 곧으로 가서 「불교佛敎와 조선 문학文學」에 대하여 한 시간 반을 하였다. 또 시원한 어느 마루로 가서 다과를 준다. 맥주도 준다. 모과수, 소라 간쓰메도 있다. 11시十一時 반이 지나서 사무실 옆방에 잤다. 물컷 하나 없고 깨끗하고 또 시원하다. 잘 잤다.

8월 11일. 비. 염불 소리, 목탁 소리, 경쇠, 쇠북 소리가 난다. 잠을 깨었다. 아즉도 어둡다. 두어 시간을 지나서야 밝아진다. 김하석 군金荷石君의 인도로 불전, 보조국사의 가사, 삼일천三一泉 비사리 구수를 보고 진락당眞樂堂 터에 올라 절의 전경을 나려다보니 커단 기아집들이 한 골짝이를 다복 덮어 있고, 그 주위로는 수림이 잔뜩 깃은 산과 산들이 꽉 둘러 있고 다만 서으로 좀 터진 곧이 들어오는 동구洞口이었다. 건축물로 보아서 이러케 온전히 남어 있는 절은 온 조선에서 이 절뿐이라 함도 그럴 듯하다. 뒤에 솟은 송광산 머리에는 구름이 깃을 나려 가려 있고 은실 같은 가는 비ㅅ발은 부슬부슬 나려온다. 나려오다 이 절의 최고 건물이라는 국사전을 보고 보조국사의 거처하였다는 조사전을 보고 또 다른 절에서는 볼 수 없는 설법당(단순히 장경과 설법만 위한 것)을 보고 거긔 비장秘藏한 고려판高麗板 또는 이조 초기의 판인 경전經典도 보고 유명한 『대열반경大涅槃經』 원본原本도 보고 보조국사탑도 올라보고 다시 돌아나려서는 보조국사가 꽂아 논 지팽이라는 고목古木도 보고는 자동차 오기를 기다리다 7시七時에야 자동차를 타고 떠났다. 김해언金海彦, 김하석金荷石, 손영환孫永煥, 임병철林炳喆 군君이 나와 전송을 한다. 낙수에 와서 송광면장 집으로 찾어들다. 이곧 김태호金泰鎬 군君의 주선과 김명신金明信 군君의 관계(수피아 학교에 이 면장 딸이 단인다)로 하여 아츰을 이 집에서 얻어먹게 되었다. 면장은 없고 그 아들 이춘우李春雨(광주고보 재학 정구선수)만 나와서 인사를 하고 마지를 한다. 기다려 밥을 먹다. 보성강 명산인 은어를 구어 놓았다. 간한 것이지만 맛이 있다. 9

시九時에나 떠났다. 중로에서는 비를 맞났다. 운전수는 코 먹은 소리를 하며 곳잘 이야기를 한다. 첩 하나를 낙수에 두고 아즉도 신정이 다하지 않은 모양이다. 오날도 늦잠을 자노라고 예정보다 거의 한 시간은 늦었다. 10시 반 순천 착. 예는 비가 아니 온다. 오후午後 3시 반 여수 가는 자동차를 기다리다가 6시六時 50분五十分에야 떠나게 되었다. 기차로 하여 오자든 것을 김정기金正基 군君이 반대를 한 것이다. 기차로 가서 역에서 들어가자면 아즉 가로가 정리 못 되어 퍽 곤난함으로 자동차를 타야 한다 함이라. 그런데 자동차가 사고가 생겨서 이러케 되었다. 김정기 군金正基君이 가방 속에다 돈 10원十円을 넣어 주며 퍽 미안하다고 한다. 광주 수피아 교원 김명신金明信 군君과 동승同乘. 중로에서 오르는 이가 꽤 많다. 율촌栗村(나병원 근처癩病院近處)에서 젊은 일녀日女들이 오른다. 그 하나는 좀 어엿브다. 운전수는 그 여자를 여내 돌아다보며 추파秋波를 보내며 연담戀談을 한다. 나는 김명신金明信 군君과 이야기를 하며 연변의 바다와 산들을 바라다보다 8시八時 20분二十分에야 여수에 이르다. 시가에 들어서자 순사가 나서 전전등前電燈을 아니 켰다고 취체取締를 하며 정지를 시긴다. 우리는 행구를 들고 걸어서 여수 자동차부를 찾었다. 심부름하는 머슴애 하나 밖에는 없다. 동아일보사 지국장에게 전화를 해달라 하고, 마당에 논 평상에 앉어 앞의 야시夜市판을 보며 기다리었다. 오래ㅅ동안 아무 소식도 없더니 노동조합소급사勞働組合所給仕라는 아이가 와서 지국장이 곳 오신다고 노문만 놓는다. 거의 한 시간ㅅ동안이나 지나서 키가 짝달만한 지국장 노석정盧錫正 군君이 왔다. 노군盧君을 따러 용문여관龍文旅館으로 들었다. 석반夕飯. 김 군, 노 군과 같이 나서 부두埠頭로 산보를 하며 전 시가의 야경을 보았다. 돌아와서 빙수를 먹고 정재완鄭在浣 군君(동양대학 철학사, 청년회 주간)을 맞나다.

8월 12일. 맑다. 노 군盧君이 오다. 같이 나서 송옥여관松屋旅館으로 들어 윤선주尹善周 군君(조선일보사 지국장), 정남섭鄭南燮 군君(하동군 진정공보 강습래)를 맞나다. 노 군盧君은 다른 대로 가고 나는 윤선주 군尹善周君과 정남섭 군鄭南燮君을 따러나서 뒤ㅅ골목을 하여 공사하는 신작로를 거쳐 동정東町(구시장) 청년회관를 찾었다. 정재완鄭在浣 군君, 김홍식金鴻植 군君(동경미술학교 출)를 맞나보다. 회관은 구좌대변청舊左待變廳 집을 뜯어다 지었다는데 위 알애 이층에 꽤 넓고 꽤 높고 퍽 튼튼하다. 벽은 하야코 기둥과 섯가래는 밝아케 단청丹靑을 하였다. 이것이 순전히 이 사회의 경영사업經營事業이라 한다. 이 시설이 이 도시에 없지 못할 일이다. 퍽 반가운 일이다. 다시 나서 노동조합소 동아일보 지국을 찾고 순 조선인 촌을 거쳐서 군청, 경찰서를 지나 보통학교를 찾었다. 보통학교는 구 객사(진남관)이다. 굉장히 크게 튼튼하게 지은 집이다. 그리고 위치도 높고 수목도 많고 바다도 잘 보인다. 시원도 하다. 충무공께서 이 집에서 운주運籌를 하셨다 한다. 그러면 이 집은 임진壬辰 이전의 건축이었다. 이 집을 이번 강습회장으로 쓴다 한다. 당직하는 교원이 나와 인도를 하여 사무실도 들어가 보고 차를 마시다가는 송옥松屋으로 다시 왔다. 점심. 정남섭鄭南燮 군君이 시조를 묻고 술을 사 준다. 강중규姜仲奎(조선일보사지국 기자) 군君을 맞나다. 용문여관龍文旅館은 넘어 씨끄러 이리 옮겼다. 하나 이 집은 아즉 새로 진 집으로 영업허가가 아니 나왔다 하여 손님을 받을 수 없다. 노 군盧君이 경찰서에 가서 양해를 얻는다는 것이 돌이어 말성이 되어 서원署員 하나이 값싼 여관를 소개하여 준다 함으로 그도 어쩰 수 없어 또 옮겨야 하겠다고 노 군盧君이 와서 말한다. 희구옥여관喜久屋旅館으로 가서 하로 밤은 자게 되었다.

오후午後 7시七時 반 보통학교로 가다. 강연은 8시八時－10시十時를 하였다. －조선말과 조선글의 존재存在와 유래由來. 강습원은 남녀 공백삼십여 인. 강습원에는 '선생님' 하고 부르며 천진난만하게 구는 이도 있다. 자미滋味 있다. 노 군盧君과 정재완鄭在浣 군君, 김홍식金鴻植 군君과 같이 '삿보로빠—'에 들어 맥주와 냉차를 마시다.

8월 13일. 맑다. 조 군曺君의 편지가 오다.

정재완鄭在浣 군君, 노석정盧錫正 군君, 김홍식金鴻植 군君이 왔다. 담화, 점심. 송옥여관松屋旅館으로 오다. 다시 정재완鄭在浣 군君, 노석정盧錫正 군君, 김홍식金鴻植 군君, 정남섭鄭南燮 군君을 맛나 가지고 나루ㅅ배를 타고 장군도將軍島를 찾어갔다. 장군목 옆에 선 장군성비를 보고 그 위에 올라서 일인日人들이 심어논 앵림櫻林과 쌓아논 기념탑를 보고 나려오다 고비古碑 단편斷片도 보고 어부들의 고기 낚는 것도 보다. 석양에 돌아왔다. 다시 송옥여관松屋旅館 위층 방으로 옮겼다. 어느 일인여관日人旅館의 지점이라는 형식으로 숙박부를 경찰서에 보냈다 한다. 오후午後 7시七時－11시十一時, 강연을 하였다. 퍽 훈덥다. 돌아드니 여관에서는 다들 잔다. 어느 방ㅅ장 안에서는(예서는 모긔장을 방ㅅ장이라 함) '모닥불 위에 거적자리 보아 님 나와 듸어 죽을망정 정둔 오날ㅅ밤 더듸 새오시라.' 하고 팔을 겻고 눈 이도 있다. 노 군盧君이 와서 끌리어 나섰다. 동정東町 어느 음식점으로 들어갔었다. 새로 두 시나 되어 와서 자다. 나의 방ㅅ장 안에는 주인의 아들(보통학교 3년생)이 와 잔다. 내 소리를 듯고는 깨어 달어나더니 가만이 들으니 밖에서 모긔를 뜯기고 부시럭어린다. 다시 불러들이어 같이 잤다. 자다가 큰 이 한 마리를 잡었다.

8월 14일. 맑다. 덥다.

11시十一時. 용문여관龍文旅館에 가서 빨래시겼든 의복을 찾었다. 청년회관青年會館을 갔었다. 정재완鄭在浣 군君을 맞나, 이야기하다 또 김홍식金鴻植 군君도 맞나고 꽤죽 장사가 와서 그것으로 점심을 하였다. 또 노석정盧錫正 군君이 왔다. 김金, 노盧 양군兩君은 먼저 나서 음식점을 단여 오겠다 하고 정재완鄭在浣 군君과 나와는 종포鐘浦을 거쳐 산모롱이 바다ㅅ가, 기암괴석이 많은 여수 총석정이라는 곧으로 가서 그중 큰 바위ㅅ그늘, 자갈돌 밭에 모자며 옷을 벗고 앉었다. 꽤 좋았든 곧이다. 그 많든 기암괴석을 남조선철도주식회사에서 철도에 쓰기 위하여 많이 깨틀어 가고 지금은 엉성하다. 조용도 하다. 우리 밖에는 찾어오는 사람도 없고 이따금 갈머기들이 오고 가고 배나 지날 뿐이다. 한 30분 뒤에 노, 김盧金 양군이 이춘홍李春紅을 다리고 왔다. 혹은 눕고 혹은 앉어 담소를 하였다. 기다리든 음식점은 옆에 좀 나온 산기슭위, 우뚝 선 등대 앞에 나타난다. 우리는 그리 간다. 다들 앞서 가고 나는 춘홍春紅이를 다리고 바위 엉서리, 산비탈로 오르며 춘홍이의 내력과 생애의 이야기도 들었다. 등대 앞을 올라서 보니 과연 좋다. 앞으로는 뚝 터진 바다에 모자도母子島, 또는 이름도 모르는 섬들이 약간 벌여있고 그 좌우左右로는 아름다운 산과 산들이 굽을굽을 둘러 있다. 여수의 절경이다. 등대 앞에 자리를 잡고 음식상을 대하여 앉었다. 술도 마시고 닭의 다리도 뜯었다. 시원한 바람은 가끔 이마를 스쳐간다. 담화도 하고 이리저리 산보도 해보고 단안斷岸을 다달라 부드치는 파도도 굽어보다 해를 지웠다. 바루 보통학교로 와서 강연을 하고는 강습원들에게 끌리어 갑종요리집으로 찾어갔었다. 몸이 좀 고달피다. 잠이나 잤으면— 하는 생각이 난다. 음식은 두어 시간ㅅ동안이나 맨들었으나 마츰내 상이 들오고 보니 하저下箸할 곧은 적다. 기생도 셋이 들왔다. 모다 담양 출산潭陽出産. 좌우에 앉어 술도 권하고 놀애도 한다. 김관평金寬枰 군君(부읍장) 이수헌李壽憲 군君(군청 서기)이 술을 퍽 권한다. 여러 번 일어서 오랴다가 돌우 붙들려 앉었었다. 부득이 과음過飮. 새로 네 시나 해서 돌아왔다. 노석정盧錫正 군君, 김홍식金鴻植 군君은 여관까지 바래다 준다.

8월 15일. 맑다. 오정이나 되어서 일어났다. 신기가 좋지 못하다. 김홍식金鴻植 군君, 노석정盧錫正 군君, 정재완鄭在浣 군君이 왔다. 고등형사 박귀환朴貴煥도 왔다. 이도 강습원이란다. 정재완鄭在浣 군君이 전골을 시기고 술을 청하고 하여, 나는 아츰을 점심을 먹었다. 그리고 김金, 노盧, 정鄭 군君과 강중규姜仲奎, 정남섭鄭南燮 군君과 같이 나서 충무공 비각을 가 보았다. 앞의 상하인개하마지비上下人皆下馬之碑는 연전 일병日兵의 손에 반도막이 꺾여 그 옆 놓였고 좌우에 큰 느틔나무가 섰다. 여러 층계를 올라 문을 드니 통제이공수군대첩비統制李公水軍大捷碑(이항복 찬李恒福撰, 김현성 서金玄成書, 김상헌 전金尙憲篆)가 엄연히 섰고 그 뒤에는 일병日兵이 가지고 가다 중로中路 직사直死하고 돌우 갖다 봉안奉安하였다는 제상祭床과 한 녚에는 제물을 담아 나르든 갸자가 놓였다. 한참 동안 서서 보다가 나와서 그 근처 김홍식 군金鴻植君 집으로 들어갔다. 산듯한 새집이다. 화양식和洋式으로 진 집이다. 동서남으로 유리창을 내어 실내는 밝을 대로 밝은 그의 사랑 겸 서재로 쓰는 방에서 우리는 놀았다. 남들은 바돌을 두는데 나는 잠이 와서 한편에 누웠었다. 나더러 와 있으라든 방이 이 방인가 부다. 도야지고기와 술을 내온다. 빵 돌라 앉어 배들을 불린다. 벌서 오후午後 7시七時. 강습회로 달아왔다. 다 하고 노석정盧錫正, 김홍식金鴻植, 정재완鄭在浣 군君과 여수 제일이란 지나 요리점에 들어갔다. 작부酌婦는 조여朝女 2, 일녀日女 3. 버릇은 없다. 퍽 떠든다. 노 군盧君의 호령을 듯고야 얌전을 핀다. 그중 일녀日女 2인이 우리를 접대한다. 그걸 모델을 하겠다고 김홍식金鴻植 군君이 청하나 모델이 무엔지를 모른다. 김 군金君이 모델을 설명해 준다. 하나는 15세, 하나는 21세. 21된 것은 좀 철이 든 듯하다. 그것이 이 작부들 중에는 대장이다. 매삭每朔 6 원六円을 받고 날마다 밤 두 시까지 그 노릇을 하고 정오까지는 잠을 잔다고 한다. 김金, 노盧, 정鄭 군君은 또 여관까지 바래다준다. 12시.

8월 16일. 맑다. 오후午後 비.

노석정盧錫正 군君이 오다. 같이 나섰다. 보통학교 뒤로 올라가 군자정君子亭에 이르다. 군자정은 조고마한 정자요 옛날부터 사정射亭이다. 충무공께서 예서 활을 많이 쏘셨다 한다. 마츰 활을 기둥 위에 걸어두고 앉어 노는 늙은이들이 있다. 우리를 보고 올라오라고 하여 자리를 비어준다. 퍽 시원한 대다. 옆에는 종고산鐘鼓山, 한옆에는 고소산姑蘇山, 앞으로 뒤로 다 터저 바람이 들올 대로 들온다. 나는 그 늙은이들에게 충무공의 전설을 물어 보았다.

마래산馬來山(여수 북) 석천사石泉寺 옆에 충무공忠武公 위패位牌와 영정을 모시든 충렬사ㅅ집이 있었는데 대원군 때에 훼철毁撤이 되매 거긔 있는 영정은 예암산록隷岩山麓(여수 앞 남) 머리에 있는 당ㅅ집(신당神堂)에 옮겨 모시고 또한 계契들을 부어 유림 편에서는 비각계碑閣契, 이속吏屬 편에서는 단소계壇所契를 하여 지금도 비각계碑刻契에는 50두락斗落의 논, 단소계壇所契에서는 20두락斗落의 논이 남어 있으며 해마다 당ㅅ집에서 향사享祀를 한다 하고, 석천사石泉寺는 자운慈雲, 기암奇岩이라는 대사大師가 있어 충무공을 따라단이며 공양을 하였다. 그리하여 충렬사를 위하여 이 절을 두었든 것이라 하고, 당ㅅ집은 본래는 최영 장군의 영정을 모시고 무당들이 위하든 곧인데 다시 충무공의 영정을 모시게 되고 옛날 조운선漕運船이 예를 지날 때에는 이 집에서 제사를 지내어 앞길의 탈 없기를 축祝하였다 하고, 이 집에 모신 충무공의 영정은 비록 낡기는 하였으되 진적眞蹟으로서 볼 수 있더니 이 근년 이걸 누가 개필하여 실진失眞이 많이 되었다 하고 객사 부근에 있든 망해루望海樓는 충무공께서 제장諸將를 더불고 회의하시든 집이라는데 근년의 어떤 군수가 팔어 먹어 지금 일인日人 요리집 해월루海月樓가 그것을 뜯어다 진 것이라고 한다.

다시 돌아나려 보통학교로 와서 점심을 불러 먹고 정오부터 강연을 하였다. 오날은 일요일이라 이러케 하자고 한 것이다. 오후午後 5시까지 강연을 다 끝을 내버렸다. 예정 교재를 다 맞히고 또 일동의 원하는 바 — 시조에 대한 이야기도 하여 주었다. 비가 온다. 비가 멎는 틈을 타서 여관으로 돌아오다. 노석정盧錫正, 김홍식金鴻植, 정재완鄭在浣 군君이 따라오다. 좌담회을 하였다. 같이들 저녁을 먹고 비가 멎는 틈을 또 타서 노盧, 김金, 정鄭 군君과 또는 정남태鄭南泰 군君(골계인滑稽人), 윤선주尹善周 군君과 양산洋傘을 받고 같이들 나가 앞 바다에서 배를 타고 온 시가의 야경— 예서 제서 보이는 전등, 등빛에 반사하는 물빛, 또는 이상한 야광충 따위를 보고 서편 시가로 올라들어 어느 막걸리ㅅ집에서 주파酒婆(진주 산)의 시조, 소상팔경瀟湘八景을 듯고 있다가 주파酒婆의 늙은 어머니가 옆방에서 갑작이 앓는 소리를 지르는 바람에 일어섰다. 오후午後 12시.

8월 17일. 비는 부슬부슬 나린다. 머슴을 시겨 물어보니 목포 가는 배는 10시 반 출발. 9시 반에 와서 기다리라고. 9시 반이 넘었다. 순천 국장 김정기金正基 군君께 편지를 써 부치고 나섰다. 길은 퍽 질다. 예는 매축지埋築地에 더구나 가로 정리가 못 되어 이러케 진 날엔 단이기 어렵다. 조선기선회사지점朝鮮汽船會社支店에 가서 선표船票를 파는 대는 한 조선 여자가 앉어서 새로 규칙이 나서 학생, 기자는 이할 할인을 하되 교원은 할인이 없다고 한다. 마츰 노석정盧錫正 군君이 왔다. 노 군盧君에게도 그와 같이 말을 한다. 노 군盧君은 아무 말 없이 나가더니 웬 일인日人 같은 뚱뚱한 조선인을 다리고 온다. 그는 이 지점장이라 한다. 그 여자 옆에 서서 주산珠筭을 놓아 보더니 삼등표 한 장을 그 여자 시겨 끊어 두며 제가 선장에게 말하여 이등객실을 타게 하라 하고, 몇 할인을 하느냐 한즉 이등二等도 2할인二割引하여 3원 80전三円八十錢이면 타나 3원 20전三円二十錢에 삼등표로서 이러케 타고 가서 뽀이를 한 50전五十錢주는 것이 낫다고 한다. 노 군盧君과 다시 여관으로 돌아와 있다가 10시 반이나 되어 부산서 들어오는 배의 기적소리를 듯고 머슴에게 가방을 들리고 그 앞 선창으로 나와 가모메 마루(역무환力无丸)라는 배를 탔다. 뚱둥한 지점장은 얼굴 검은 일인日人(선장)과 손을 잡고 나오더니 나를 이등객실에 인도해 준다. 이 실의 뽀이는 양창옥梁昌玉이란 제주인이다. 나의 양산과 가방을 갖다 놓고 자리 하나를 한 편에 잡어 주며 예가 이 배에서는 젤 편안한 곧이라고 하며 담뇨를 펴고 베개를 놓아준다.

배는 떠난다. 오전午前 11시十一時. 전송 나온 노석정 군盧錫正君, 윤선주尹善周 군君, 정재완鄭在浣 군君, 김홍식金鴻植 군君과는 악수를 하고 작별하였다. 노 군盧君은 퍽 서섭하다고. 기적은 운다. 나는 갑판에 서서 선창에 서 있는 그들과 시가와 종고산鐘鼓山을 바라보다 어느덧 배는 예암산隷岩山 촉뿌리를 돌아 장군도將軍島 큰 목을 돌아간다. 당머리—산옴태기, 바다ㅅ가, 고목사이—에 누어 있는 당ㅅ집을 건너다 보고 좌우로 나타났다 슬어졌다 하는 섬과 산들을 바라보며 부슬부슬 나리는 비에 옷이 젖는 줄도 모른다. 바다는 점점 넓어지고 뉘(풍랑風浪)는 일고 배는 흔들기를 한다. 나는 실 안으로 들어누었다. 배는 좌경우경左傾右傾, 일상일하一上一下 자미滋味스럽게 논다. 이러하여 험궂은 보똘바다를 지나서 나로도羅老島에 이르다. 사람들은 나리고 오른다. 내 옆에는 꼭 뒤에 혹 돋힌 뚱뚱보 일인日人과 폐병환자 같은 일인 청년日人靑年 넷이 와서 자리를 잡고 유성기을 틀어 놓는다. 나는 저녁 벤또를 먹고 또 나서 보았다. 시산 바다, 풍남豊南을 지나, 한편의 나병원癩病院(총독總督 나환자癩患者 칠백 명)을 둔 소록도小鹿島를 바라보며 녹동鹿洞(고흥군高興郡)에 이르다. 이번 강습회에 왔든 조선탁曺善卓 군君(녹동금융조합소 서기, 곡성인. 4년전부터 이 곧에 있음)은 삼등객실을 타고 오다가 갑판에 올라와 예서 나린다 하고 비봉산飛鳳山과 쌍충사雙忠祠와 공회당을 가리쳐 주고 자긔 여동생이 양산을 가지고 저긔 마중을 나왔다 하며 와 닿는 쌈판에 나린다. 유성기 가진 축도 나리고 일인日人 하나이 고만고만한 어린 게집애 셋을 다리고 올라 내 옆에 자리를 잡고 앉어 도마도, 과자, 사탕을 주며 먹으라고. 그는 소록도 나병원 어느 의사의 처. 평양을 간다고. 앞으로 밤개(율포栗浦), 수문포水門浦를 지날 제는 날이 벌서 저믈다. 나는 실 안으로 들어와 누었다. 잠이 들었다. 사람들이 떠드는 소리에 깨어 보니 배는 덕동에 닿았다. 오후 10시. 또 얼마 아녀서 완도에 이르다. 나서 보니 컴컴한데 예서제서 흐릿한 등ㅅ불은 끄먹

끄먹하고 있다. 다시 돌와 누었다. 배는 또 흔들흔들한다. 아마 만호 바다를 지나는 것이다. 자다 들으니 기적소리를 겊어 내며 짐을 가조라 한다. 예는 벽파진이다. 또 기적소리가 요란히 난다. 잠을 깨니 벌서 목포를 왔다고 뽀이는 소리를 친다. 벽파진 다음에 씨아바다는 어떠케 지난지 자노라고 몰랐다. 배는 멈추고 닻을 나린다. 나는 뽀이에게 벤또 값과 행하行下를 주고 행구를 창겨가지고 선창에 나리다. 오전午前 5시五時 20분二十分.

8월 18일. 비. 선창에서 한 아이에게 행구를 지워 가지고 동아일보 취급소를 찾었다. 암만 불러야 아모도 나와 보지 아니하고 지국 총무 임홍수林興洙 군君은 하로 한 번이나 와 단여간다고 방 안에서 소리만 한다. 아이에게 물어 조일여관朝日旅館으로 들어갔다. 방방이 손님이 가득 찼다. 어대서 관광단이 왔단다. 나는 어느 방— 어떤 이가 누어 자는 방 한편에 들앉었다. 아츰을 먹고 주인에게 동아일보사 지국 임홍수林興洙 군君에게 전화를 해달라 하였다. 임홍수林興洙 군君이 전화를 받고 곳 찾어왔다. 임 군林君는 내 가방을 들고 나서 다른 대로 옮기자 한다. 비는 줄줄. 질컥질컥한 길을 밟아 죽동竹洞 창신여관昌信旅館으로 제3호실로 들다. 예도 방마다 찼다. — 공주 관광단 손님이. 지국기자 박만조朴萬祚 군君이 와본다. 점심은 비빔밥을 시겨 먹었다. 폭풍우가 불어온다. 비ㅅ발이 방 안에까지 들어치고 천정은 샌다. 여간 일에는 옴낫도 못 하겠다. 방마다 가득 찬 공주ㅅ손들은 제 멋대로 떠들어댄다. 밖으로 들오는 사람의 말을 들으면 큰 나무나 전신주들이 자빠지고 집웅들이 뒤짚여 날리고 배들도 여러 척 상하였다고 한다. 과연 무서운 풍우다. 방 안에 있는 이로도 가슴을 울렁거리게 한다. 만일 이 풍우가 어제 불었드라면 나는 배에서 어찌 되었을는지 모르겠다. 만행

만행이다. 저녁에는 공주公州ㅅ손님이 반이나 떠나갔다. 나는 다시 제 1호실로 옮겼다. 요전 춘원春園 이광수李光洙 군君이 예 왔을 때 들었든 방이요 춘원은 예를 오면 꼭 이 방으로 오겠다고까지 하였단다. 의자, 사방침, 장침, 보료 따위가 놓였고 모긔장도 썩 좋은 것이 걸렸다. 뜰 앞엔 화단도 꾸며 놓고 화분ㅅ개도 벌여 두었다.

오후午後 6시六時 반半 석반. 비는 줄줄. 7시七時에 임 군林君을 박만조朴萬祚 군君을 따라 한글 강습회장인 중학원 집(구舊 사상회사私商會社ㅅ집)으로 갔다. 지국장 신남진申南鎭 군君을 맞났다. 이 집은 지금 목포실업전수학교木浦實業專修學校 기성회와 사립 상공학원 집이다. 삼백 명이나 되는 야학생이 밤마다 지금 배우는 곧을 이 강습을 하기 위하여 5일간 임시 휴업을 하고 그 대신 나더러는 그 야학생의 일부(지원자)에게는 낮에 한두 시간씩 한글을 가르쳐 달라는 것이다. 7시七時 반半 지국장이 개회사를 하고 나는 한글 유래와 조선말 존재를 가지고 강연을 하였다. 강습원은 남녀 공 60여 명. 10시에 그치다. 배충석裵忠錫(조선일보사기자) 군君이 인사를 한다. 임 군林君과 같이 나오다 식도원으로 가서 냉면을 먹었다. 게집애 둘이 있다. 버릇이 없다. 임 군林君의 이야기를 듯다 12시나 되어서 돌아왔다. 비는 이제야 멋고 별이 나서 보인다.

8월 19일. 비 오다 개었다. 오전 세 시나 되어 잠을 깨었다. 옆의 방 손들이 어대 나갔다 들와서 왁자근한이 떠들고 또는 무슨 음식들을 먹고 그륵그륵 게우는 소리가 난다. 온몸이 퍽 끈끈하다. 방안은 훈덥고도 음산하다. 야기夜氣에 촉냉觸冷이 되어 배가 꽤 앓브다. 설사를 하였다. 배에다 손을 대어 문질기도 하고 누르기도 하여 복통을 갈앉혔다.

아츰 8시八時 일어났다. 박만조朴萬祚 군君이 왔다. 오전午前 10시十時 강습회장에 가다. 야학생—동남동녀童男童女들이 많이 모여서 기다린다. 한글 한 시간을 가르쳐 주었다. 야학교원 허우선許禹善 군君이 인사를 하고 한글에 대하여 뭇는다. 비는 부슬부슬. 돌아와 점심. 임흥수林興洙 군君이 왔다. 조운曺雲 군君의 편지를 전해 준다. 조운曺雲 군君, 유거상劉去相 군君, 영암 지국장 최판옥崔判玉 군君께 편지를 보내다. 오후午後 7시七時 반半—11시十一時 한글 강연. 김면수金冕洙 군君이 와 본다(무안군청에 사근仕勤). 임林, 박朴, 양군兩君과 같이 나서 시가를 돌았다. 군대군대 음식점이요, 음식점마다 삼사 인 여자를 두었다. 마츰 가두에 나와 나란이 앉은 것도 있고 서서 방황하는 것도 있다. 그에는 머리 딴 계집에도 있고 제법 노티 나는 것도 있으며 혹은 미인도 있다. 그러나 찾어드는 손들은 그다지 많지 못한 모양이다. 예나 제나 조용하다. 비는 개었으나 길은 퍽 질다. 새로 한 시나 해서 와서 잤다.

8월 20일. 맑다. 전영록全永琭 군君이 그 아들 효수孝洙 군君을 다리고 와 본다. 수일 전에 예를 왔다고. 박만조朴萬祚 군君이 오다. 같이 강습장을 가서 한 시간 한글을 가르쳤다. 그리고 나와 지국장 차남진車南鎭 군君ㅅ 집을 찾어보고 그길로 북교동北橋洞을 지나 달성사達聖寺로 오르다. 이 절은 내가 이왕 제주 갈 때 한 번 와본 대다. 벌서 여러 해다. 그때보다 퍽 달라진 것은 이 유달산 중터리 이상까지 조선인의 빈민굴이 확대됨이다. 이 절 있는 대까지도 거의 인가가 연해 있다. 절에 다달라 목포서 제일이라는 절 우물 물을 한 그릇 얻어 마시고 옷을 벗고 좀 바람을 들이고 다시 나서 절 뒤로 오르는데 박만조朴萬祚 군君은 예 오르기를 싫어하나 나에게 끌려 하는 수 없이 가는 것이다. 차차 구배勾配가 급하다. 숨은 차고 땀은 흐른다. 일인日人의 맨들어 논 팔십팔 개소의 부처는 대개 바위 틈마다 서서 보인다. 부처님께 화장化粧 시긴다고 거긔 다 단청丹青까지 하여논 것이 돌이어 이 바위들과는 부조화不調和해 보인다. 여러 층단層段으로 오르고 오르다 큰 바위 밑으로 돌아 이 산꼭대기에 오르다. 과연 오르고 보니 좋다. 바다ㅅ바람이 불어온다. 그 나려쪼이는 불 같은 볕에도 더운 줄은 모르겠다. 그리고 바라보면 겹겹이 에두른 산과 물, 물과 산들이 검웃 히뜩 하나도 범연히 생긴 것이 없다. 이는 이 목포서만 가지고 있는 절경絶景이다. 동북로는 승달산 서남으로는 다도해를 중심으로 하여 천태만장, 천변만화의 이 풍경이야말로 참 무에라고 말할 수 없다. 이 목포를 와서 이곧을 못 올라본다면 퍽 섭섭한 일이다. 목포의 온 시가를 조감도처럼 봄이야 무론, 다도해의 풍경도 또한 그러케 보임이다. 딴은 이 목포도 섬처럼 되었다. 그리하여 이 유달산은 기암괴석으로 되어있는 가장 수려한 섬의 산山이요 그 산山의 절정이 곳 지금 내가 서서 보는 곧이다. 이는 비로봉, 해금강에서도 볼 수 없는 것. 또는 다도해ㅅ속에서도 볼 수 없는 것이다. 나려올 마음이 없다. 그저 언제든지 보고만 서 있고 싶다. 이러다가 박 군의 나려가자는 재촉을 받아 앗가운 이 절경을 떠나게 되었다. 다시 암봉를 돌아나려 '유달산신 부동명왕儒達山神不動明王'이라 '홍법대사弘法大師'라 하여 사겨 논 석상 앞을 지나 동편 기슭으로 오다 송도원松濤園으로 들어 제2절경을 나려다보고 맥주를 마시고 또한 점심을 시기고 앉었다 누었다 한 두어 시간을 보냈다. 이 집은 목포서는 제일 높은 집이다. 이 산ㅅ줄기로 나려오다 좀 도도록하게 솟아 있는 바위서리에 지은 집이다. 요전 폭풍우에 큰 경겁을 한 모양이다. 부서진 대를 곧히노라고 마츰 마치 소리가 야단이다. 더 있고 싶어도 마치 소리가 듣기 싫다. 여관으로 돌아와 한잠을 자고 저녁을 먹고 가서 강연. 강연 시간 중에 질문을 하는 이 또는 질문을 하고저 하는 이가 있다. 그럼으로 강연을 다한 뒤에 한 10분十分ㅅ동안 질문 시간을 두었다. 하나 질문을 하는 이는 많지 못하고, 어느 강습원은 한글 교재를 아니 준다고 야단들이다. 동아일보사에서 인쇄 발행하여 무료 배부한 것인데 이 지국에서는 먼저 50부 온 것을 남용濫用하고 다시 청구請求하였으나 절본絶本이 되었다 하고, 겨우 10여 부만 보낸 것을 박만조朴萬祚 군君이 난워주다가 여교원(정명여학교)들에만 주고 다른 여자에게는 주지 못하였는데 그들은 "나는 얼굴이 곱지 못하여 아니 준다."고. 하는 수 없이 이걸 다시 등사謄寫하여 난워주기로 하였다. 여관에 돌아오니 이인묵李仁默 군君(목포양주주식회사)이 한글에 대한 질문 편지를 두고 갔다. 박만조朴萬祚 군君은 왔다 가고 옆방의 새로 든 손들은 기생들을 끼고 앉아 이야기 장단을 한다. 말ㅅ소리를 들어보니 모다 전남 사람이다. 광주서 온 이들이다. 이 여관에는 이와 같이 기생을 다리고 노는 이가 끊일 적이 없다 한다. 벌서 내가 온 뒤로도 그런 이가 여러 번 나고 들고 혹은 나보다도 먼저 와 있는 이도 있는 것을 보겠다. 이 목포에만 하여 공창公娼, 작부酌婦, 그 따위는 그만두고라도 기생으로도 큰 조합소까지 있으며 그 수효는 이 한글 강연원보다도 더 많다. 대개는 이것이 광주, 담양, 송정리에서 온다. 게는 발원지發源地다. 전남지방은 기후가 좋고 물산이 많아 생활이 퍽 낫다. 이런 걸 보아도 알겠다.

8월 21일. 맑다. 퍽 덥다. 오전午前 9시九時 영광 조운曺雲 군君이 전화를 한다. 이번ㅅ길에 알과戛過를 하게 됨은 퍽 섭섭한 일이다. 조운曺雲이 이 가을에 서울을 오겠다고, 그때나 맞나기로 하고 전화를 끊었다. 영암 지국에서 "한글 강습준비 완필 二 三일 왕방"이라는 전보가 왔다. 강습회장에 가서 한글을 가르치고 「거룩한 이들의 이야기」를 해 주었다. 아이들을 대할 때엔 웃음이 저절로 나온다. 그 순진한 인생이 무엇보다도 귀엽다. 첫번 맞나도 한 동무로 알고 나를 반긴다. 나도 이 아이들에는 그와 같은 감응感應을 아니 가질 수 없다. 오전午前 11시十一時 돌아와 욱정旭町까지 가다가 말었다. 어느 빙수점氷水店에 들어 빙수 두 그릇을 먹고 좀 척서斥暑를 하였다. 그리고 여관에 들와 냉면으로 점심을 하고 잠 한잠을 잤다. 오후午後 양태교梁泰橋 군君(추자공보—이번 강습원)이 찾어왔다. 한글 이야기, 또는 세담世談, 문화文話를 하였다. 그리다 해는 지웠다. 땀에 찬 의복을 안ㅅ주인에게 빨렸다. 저녁상에는 민어회가 놓였다. 보드랍고 맛이 있다. 오후午後 7시七時 반半—10시十時 한글 강연. 돌아오니 편지한 이인묵李仁默 군君이 동부인同夫人(그 부인은 이번 강습원)하고 찾어와 한글 질문을 한다. 퍽 꼼꼼하게 파는 이다. 낮낮이 답변을 하여 주었다. 오후午後 12시十二時까지. 노석정盧錫正 군君에게 편지를 하다. 최판옥崔判玉 군君께서 답전答電이 오다.

8월 22일. 맑다. 오전午前의 강화講話를 맞히고 돌아오니 조운曺雲 군君이 동부인同夫人하고 찾어왔다가 명함을 두고 갔다. 박만조朴萬祚 군君과 임흥수林興洙 군君이 오다. 옷을 끄르고 평상 위에 누어 막 잠이 들려 할 때 웬 양복한 청년이 선생님하고 찾는다. 그는 조운曺雲이다. 그 부인도 왔다. 같이 앉어서 이야기를 하자 진도 부자 김충주金忠柱(2만 석)이 패가 우, 들어와 이 방에 두었든 금궤金櫃를 열고 수형手形을 쓰고 나간다. 점심과 술을 먹었다. 생전복회를 말한 것이 오날 환시장奐市場에는 아니 나서 가오리회를 하여 왔다. 별맛이 없다. 민어회만도 못하다. 강습원인 은행원 한 축이 찾어 왔다. 어제ㅅ밤에 오날

세 시 이 여관에서 맞나기로 약조한 것. 하나 여관은 넘우 시끄럽다고 돌우들 갔다. 머슴이 와서 김참봉金參奉(충주忠柱 가호假号)이 있겠다고 이 방을 비어노라 한다. 나는 삼호실로 행구를 옮겨놓고는 임홍수林興洙 군君 박만조朴萬祚 군君과 같이 강습회장 옆의 김응순金應淳 군君(식산은행)집을 찾어갔다. 김응순金應淳 군君, 최기용崔基龍 군君(조선은행—시조문예론 수집성책), 홍인보洪仁普 군君(호남은행—보전상과 출), 여복현呂福鉉 군君(식산은행), 임진택林珍澤 군君(호남은행—남원인 묘청년), 최영환崔永奐 군君[상업가]이 모여있다. 이들이 앗가 내 여관에 찾어온 축이었다. 음식상을 들여온다. 맥주ㅅ병을 가져온다 하며 서로들 술ㅅ잔을 권한다. 나는 잔을 받으며 시조문예강화를 하였다. 그러다 예서 저녁까지 먹고 강습회장으로 왔다. 7시七時 반半, 아즉도 아니 모였다. 한 30분 뒤에야 개강. 11시十一時까지에 이 강습회는 끝을 내었다. 딴 교실로 나를 인도한다. 강습원들이 모여서 다과회를 연다. 여러 회원의 감상담도 듯고 수박도 먹고 나는 먼저 일어나 돌아오다가 조운曺雲 군君 부인과 김형모金衡模 군君(운군의 매부—나주금융조합)을 (그들은 날 찾어오는 길) 맞나 가지고 여관으로 드니 내 행구를 다시 일호실로 옮겨놓고 모긔장을 쳐놨다. 임홍수林興洙 군君, 박만조朴萬祚 군君, 강석봉姜錫奉 군君(기미운동 해륙물산위비매매己未運動海陸物産委批賣買)이 와서 나가자 한다. 명월식당明月食堂으로 갔다. 이왕 갑종요리점甲種料理店 주인은 기생조합 감독, 예천 여자다 한다. 푸대한 여자가 나온다. 그는 주인의 사촌, 우리는 술을 마시며 딴 이야기만 하니 여자는 우둑한이 앉었다 나가 버린다. 곁의 방에서 왁잘한이 소리가 난다. 새로 두 시 반이나 하여 돌아왔다. 조운曺雲 군君은 옆의 방에서 잔다.

8월 23일. 맑다. 무척 덥다. 밤에는 꽤 시원하다. 오전午前 6시六時 일어났다. 옆의 대청에서 자든 김형모金衡模 군君도 일어나더니 조운曺雲의 부처도 깨워 일으킨다. 이야기하다 아츰은 늦게야 먹었다. 임홍수林興洙 군君 박만조朴萬祚 군君이 오다. 영암 지국장 최판옥崔判玉 군君이 오다. 점심. 조운曺雲 군君 일행은 작별을 하고 나간다. 임 군林君이 봉투지 하나를 준다. 나는 오후午後 1시一時 20분二十分에 떠나다. 김응순金應淳 군君이 오다. 김金, 임林, 박朴, 최崔 군君과 같이 선창에 걸어 나오다. 50분五十分이나 기달려 최판옥崔判玉 군君과 배를 탔다. 배는 똑딱똑딱 소리를 하며 십 분十分만에 용당진龍塘津을 당하였다. 나려서도 퍽 기달렸다. 강진으로 가는 자동차가 떠나고 오후午後 네 시 반이나 되어서 자동차를 타고 떠나다. 내 옆에는 푸대하게 생긴 김상식金相植(삼호면장三湖面長)이 앉었다. 인사를 청하고 전학생 하나를 휘문에 받아달라고 떼를 쓴다. 이구죽이구죽 말을 곳잘 한다. 서창西倉을 지나다 최 군崔君이 웬 막은 것을 가리치며 저것이 보통학교 수신교과서修身教科書에도 오른 학도들이 돌을 주어다 맨든 길이라고 한다. 독촌犢川에 이르다. 예서 강진으로 가는 길이 난위어 있다. 우리는 구림鳩林(영암군靈巖郡 군서면郡西面—왕인王人, 도선道詵 탄생지)을 지나며 월출산을 우럴어보고 저물어서야 영암읍靈巖邑에 이르다. 소금강옥小金剛屋(김채석 가金彩石家)에 들다. 하헌섭河憲燮[지국기자], 한동석韓銅錫 군君(대서업)이 와본다. 또 강습하러 온 청년 둘이 왔다. 월출산 머리로 지난 달을 바라보며 밤이 이윽도록 이야기를 하다.

영암읍은 서는 터지고 동북에도 산이요 남에는 월출산이 막어 있다. 월출산의 달 뜨는 광경을 보자면 구림鳩林에서라야 좋다. 월출산 이름은 구림鳩林에서 지은 것이라 한다. 월출산은 석산石山이다. 뾰족뾰족

솟아 있다. 이 산을 소금강小金剛이라고도 한다. 천왕봉天王峯은 그 중에 가장 높은 봉. 여관ㅅ마루에 나앉으면 썩 잘 보인다. 이 산을 일인日人이 대부貸附하여 개인 소유로 하였다. 앗가운 일이다. 대자연도 부자유하게 되었다. 나무숲이 많다. 그리고 조고만 산山이 중앙中央에 서려 있고 샘물이 훌륭하다. 장뚝거리 샘물을 주인 마누라 시겨 질어다 마시고 보니 과연 맛도 좋고 퍽으나 시원다. 물맛이 좋아 예는 토질이나 문둥이 같은 병인이 별로 없다. 어느 일인日人은 이 물로 양주를 정종을 맨든다. 한 잔 갖다 맛을 보았다. 맑고 산듯한 것이 그럴 상하다.

8월 24일. 맑다. 덥다. 밤에는 동풍이 불고 제법 서늘하다. 최판옥崔判玉 군君이 오다. 한동석韓銅錫 군君이 오다. 나는 한 군을 따라 나섰다. 어제 오든 길로 얼마를 가다 보통학교 문앞에서(예서 해창으로 가는 길, 구림으로 가는 길 두 가닥이 있다.) 동행들을 많이 맞나 가지고 구림 가는 길로 가다 논틀 밭틀 좁은 길로 들어서 한 산ㅅ골로 시내를 끼고 오르다. 바위ㅅ덩이, 돌뭉이, 사이로 물이 요리조리 흐른다. 골은 더욱 좁고 암석岩石은 더욱 많고 기괴하고 물ㅅ소리는 더욱 굉장하게 난다. 예가 용추龍湫라는 대다. 벌서 선발대는 와서 차일을 쳐 놓고 솥을 걸고 음식을 준비하다. 큼즉한 바위들이 가로 세로 놓였는데 시내ㅅ물은 그 틈이나 또는 그 위로 흘러 나리며 혹은 소도 되고 폭포도 되고 여흘도 되고 그중中에도 가장 깊고 넓은 곳이 용추龍湫도 되었다. 차일 속 자갈밭에 옷을 벗어두고 용추龍湫로 들어가 헤엄도 치고 물도 맞었다. 암벽에는 낭산시사원朗山詩社員의 성명姓名을 사겼다. 아는 이 성명(김영근金永近 군君)도 있다. 차일遮日 곁 반석磐石 위에서는 신묘생辛卯生 을유생乙酉生 계원契員들이 모여서 술을 먹고 도야지 다리를 뜯는다. 나도 한 신묘생 자격으로서 이 회를 참가하였다. 벍어숭이들이다. 아무 꾸밈도 숨김도 숭허물 없다. 되는 대로 마시고 떠들고 놀애하고 작난하고 앉고 눕는다. 나는 한 차례 순배를 받고는 혼자서 바위를 더위잡고 긔어긔어 그 위로 위로 오르다. 좋은 폭포, 소, 여흘이 군대군대 있다. 마츰 보통학교 6년생들이 그 담임선생과 같이 와서 목욕을 한다. 곧마다 오물오물한 벍어숭이, 서로들 물작난 치며 노는 것이 퍽 사랑스럽다. 나는 어느 바위서슬에 엄지손ㅅ고락을 좀 상하고 오르다 이 골의 깊이며, 이 시내의 근원까지는 못 찾고 말었다. 굽이굽이 돌아들어도 끝이 아니 난다. 시내ㅅ가 모래판에는 해당화가 있고 두 산 언덕엔 동백나무가 여긔저긔 있다. 그 파란 닢이 반작반작 물에 빛인다. 목욕도 하고 속옷을 벗어 빨래도 하였다. 김희간金喜侃 군君(휘문생도)이 위에서 목욕을 하다 반갑게 달아와 본다. 이런 말 저런 말 하다 나의 등을 좀 문질러 달라 하고 나는 다시 그 알에로 나려왔다. 여러 계원들에게 끌려 여러 번 순배도 받고 점심도 하였다. 술은 소주, 잔은 대접, 밥은 한 솥, 찬은 도야지고기, 암치쪽. 배를 불릴 대로 불리고 취할 대로 취할 흥은 날 대로 나서 뛰고 춤추고 놀애 부른다. 나도 그 축에 한참 끼어 어리ㅅ광대 노릇을 하였다. 계원의 김상용金祥鎔(김근용金根鎔 제弟), 조병은曺秉恩(조옥환曺玉煥 부친) 군君은 은근히 친분을 말하고 더 반가워한다. 최판옥崔判玉 군君이 왔다. 나는 먼저 옷을 줏어 입고 최 군崔君과 같이 돌아오다. 김희간 군金喜侃君을 찾어 그 아버지 김준원金俊元 씨氏를 찾어보다. 딴 집이다. 산ㅅ비탈 높은 집이다. 이 영암읍에서 제일 탄탄한 부자다. 자질교육子姪敎育 밖에는 다른 대 돈 한 푼 아니 쓴다 한다. 여관에 돌아오다. 이 강습에 장흥서 온 민동식閔東植 군君과 같이 유당留當.

오후午後 8시八時 최판옥崔判玉 군君 또는 여러 청년들을 따라 낭남학원朗南學院으로 갔다. 낭남학원은 전前 사정射亭, 산 위에 있다. 8시八時 반부터 11시十一時까지 조선말 존재存在와 한글 유래由來에 대하여 강연. 돌아와 앞의 청요리집에서 최 군과 몇 청년과 맥주, 빙수를 마셨다.

8월 25일. 맑다. 덥다. 오후午後부터 동남풍이 몹시 불다. 이윤주 교장李潤柱校長, 임보식林普植 군君, 동희게 편지를 부치다. 김희간金喜侃 군君이 오다. 한동석韓銅錫 군君이 오다. 김희간金喜侃 군君을 따라 그 아버지 김준원金俊元 씨氏 집으로 가다. 점심을 준다. 닭을 잡아 전골을 하고, 소주를 자꾸 권한다. 이 김金은 김준연金俊淵 군君의 친족. 예는 김金, 하河, 조曺의 씨족氏族이 잘 되었다. 점심을 먹고 나서는 이야기하다가 돌아왔다. 최판옥崔判玉 군君이 오다. 조규옥曺圭玉 군君[휘문 졸업생徽文卒業生]이 찾어오다. 오후午後 4시, 낭남학원朗南學院으로 가서 조선문예사 강화를 하였다. 동남풍이 불어온다. 이 집은 더욱이 높은 대가 되어서 퍽 시원도 하다. 오후午後 5시 반 다시 여관으로 돌아오다. 내일 월출산 천황봉을 오르기를 강습원들과 의논하여 새벽에 떠나가기로 하였다. 하나 동남풍이 그치지 않고 구름이 모여들어 아마도 비가 올 듯하다. 저녁 8시八時 또 낭남학원에 가서 11시十一時까지 강연. 바람은 더욱 몹시 분다. 옷깃이 풀풀 날린다. 비ㅅ발이 듯듯는다. 내일 등산은 중지. 곽명도郭明燾 군君[구림鳩林서 온 강습원講習員]이 와 같이 잤다.

8월 26일. 동남풍. 종일 종야終日終夜 비. 최판옥崔判玉 군君이 오다. 이야기 이야기하였다. 비바람은 친다. 조규옥曺圭玉 군君이 와서 교동리校洞里 자기 집으로 가자 한다. 최판옥崔判玉 군君, 민동식閔東植 군君, 또는 중로에서 한동석韓銅錫 군君을 더불고 갔다. 조규옥曺圭玉 군君은 자모대하慈母待下, 당가當家를 하여 살림을 한다. 형세形勢는 오백

석, 빗 한 푼 없고 지내기 걱정 없다. 먼저 술상을 내오고 다음엔 밥상을 내오다. 묵은 짠지, 영암의 명산인 숭어 어란이 놓였다. 참 맛이 있다. 비바람은 아니 그친다. 이럭저럭 오후午後 3시 반이 되었다. 낭남학원으로 가서 조선 문예사 강화와 야담을 두어 시간 하였다. 여관에 돌아오다. 저녁은 먹히지 않는다. 8시八時—11시十一時 강연. 강습원들은 이런 우중雨中에도 여전히 모였다. 이 골에는 노동 야학교가 이십 군대나 되는데 이번 강습원은 그들이 대부분이다. 지국장 집에서 기식합숙寄食合宿, 또는 십여 리 밖에서 날마다 통학하는 이도 있다. 돌아와 곽명도郭明燾 군君에게 끌리어 앞의 청요리 집에서 밤참을 하였다.

8월 27일. 볕이 나다 비가 뿌리다 하다. 오후午後에는 맑었다.

아츰을 먹은 뒤 우산雨傘 들고 민동식閔東植 군君을 다리고 옛날 군청 자리를 거쳐 객사 뒤(지금은 객사에 군청을 지었음.) 몰랑이(말랑이)에 올라, 좌우 전후로 조고만 산ㅅ줄기가 에둘러 있고 고 옴태기마다 나무와 집들이 듬성듬성 서 있는 읍내의 전경을 바라보고 노송나무ㅅ사이로 이리저리 거닐다가 다시 나려와 강진, 장흥으로 가는 길로 나서 월출산 내맥來脈을 도선국사道詵國師가 짱캇다는(끊었다는) 마운다비와 유명한 샘인 관청샘과 소나무들이 밋밋하게 들어섰는 아나봉과 또는 옥샘을 바라보며 오리정(춘양리春陽里)에 이르다. 예는 영암 18면 세전靈巖十八面稅錢을 치러주고 일생을 기생과 음율로 보냈다는 이 곧 부호이든 하재후河在厚 씨氏의 비각碑閣이 바야흐로 만발해 있는 배롱(백일홍)나무 속에서 있고 그 곁에 두어 가호 주막酒幕이 있다. 김성직金成直의 주막집에 들앉어서 마츰 이약(이야기)을 하는 늙은이를 맞나 그의 푸짐한 이야기를 들었다. —

월출산에는 천왕봉, 드룽봉(속束에 들왔다고), 긔ㅅ대봉, 지아집봉, 산성별장은 낭주 때(고려시대)에는 이 산에 팔만구암자가 있는데 영암 읍내에서 관아官衙 폐문閉門을 할 때마다 경磬ㅅ쇠 소리와 맞추어 또한 폐문을 하였다 하고 암석이 천연 문턱을 일웠다 하며, 구릉봉奉은 구정봉九井峯, 바위 위에 아홉이 구녁이 있어 물이 괴어 있음으로 이것을 이름이라 하며, 그 옆에는 배틀샘이 있으니 이는 임진왜란 때 큰아기가 이 곧으로 피란을 와서 배(베)를 짱았다 하며 또는 우앙ㅅ골이란 골이 있는데 이 골은 퍽 좁고 깊고 숲이 많아서 옛날에는 도적놈의 굴혈이었고 지금은 호표虎豹의 굴혈이라 하며 이 산에는 주먹만한 밤이 나는데 해마다 가을이면 마을ㅅ사람들이 올라가 따는 이도 있다 하며 산삼이 있어 혹 캐기도 한다 하며 도선국사(옥룡자玉龍子)가 구림(지금 군서면)에서 났다는데 동구림 앞 성기천聖基川 조암槽岩으로 큰아기가 겨울ㅅ달에 빨래를 하러 나왔더니 난대 없는 외 하나가 둥둥 떠서 그 알에에서 거슬러 오르는지라 그것을 건져내어 먹고 그 뒤로 애를 배어 만삭이 되어 옥동자 하나를 낳았다 하나 처녀가 애를 낳은 것을 붓그러이 녀겨 서구림 국사암國師庵이란 바위에다 내버려 두었더니 아홉 비들기가 날어와서 그 날개로 옹호하여(혹은 숲 속에 버려두었더니 학이 나려와 날개 한 가락으로 가려주었다 함.) 오래 있으매 큰아기가 다시 다려다가 기르니 그 아이가 곳 도선국사요 국사암國師岩 또는 구림鳩林이란 이름이 그래서 생긴 것이라 하며 또 서구림西鳩林 마을 가운대에 힌 바위 하나가 크게 있고 구림만鳩林灣 가운대에도 힌 바위 하나가 솟아있는데 도선국사가 이 산을 나올 때에 적삼을 벗어 가지고 이 만灣 가운대로 들어가서 그 바위에 던지고 하는 말이 이 바위가 검거든 내가 죽은 줄로 알어라 하여 그 뒤에 그 바위를 적삼바위(구림 알에 바위)라 하고 지금도 그 바위ㅅ빛은 여전히 힘으로 아니 죽은 줄로 믿는 이도 있다 하며 또 화수花樹(학산면)에는 대술객大術客인 학선궁(김 씨)이란 이가 있어 힘이 장사요 저녁밥 먹고는 개를 다리고 서울을 와서 놀다가 이윽하면 돌아가 잤다 하며 서구림西鳩林에는 회사정會社亭이란 정자가 있으니 이는 옛날 조행립曺行立, 박성오朴省吾란 이가 향약을 베풀어 여러 선비를 모아 강론을 하든 곧인데 주위에 노송이 욱어지고 맑은 시내ㅅ물 졸졸이고 하는 좋은 곧이라 한다.

다시 여관으로 돌아오다. 오후午後에는 비가 갠다. 조사원曹士元(조선일보사 지국장)이 찾어오다. 오후午後 4시 문예 강화와 오후午後 8시 한글강의를 하고, 내일은 월출산을 가기로 제의하였다. 그리고 그 준비를 하였다.

기획
김익두 · 이경애

후원기관
전북대학교, 전라북도, 익산시, 전주시, 전북대학교 인문대학 국어국문학과

고문
김남곤(전 전북예총회장), 김성주(국민연금공단이사장), 김윤덕(전 전주시 국회의원), 서거석(전 전북대 총장), 송하진(전라북도지사), 김승수(전주시장), 박경철(전 익산시장), 정헌율(익산시장), 서창훈(전북일보 사장), 신효균(전 전주SBS 사장), 양희섭(전 전주KBS 총국장), 유춘택(전 전라일보 회장), 장명수 (전 전북대 총장), 전성진(전 전주MBC 사장), 전정희(전 익산시 국회의원), 최승범(전북대 국문과 명예교수) * 가나다 순. 2019년 5월 현재.

자문위원
고규진(전 전북대 인문대 학장, 전북대 독문과 교수), 김용택(시인), 백남혁(전 전라일보 · 전주도민일보 주필), 양병호(전 전북대 인문대 학장, 전북대 국문과 교수), 오하근 (전 원광대 국문과 교수), 유재희(가람 이병기 선생 자부), 김병곤(전 전북도의회 의장), 정병헌(전 숙명여대 교수), 진동규(시인, 한국문인협회 부이사장) * 가나다 순

운영위원
김은정(전 전북일보 기자), 김익두(전북대 국문과 교수, 간행위원장), 박태건(원광대학교 대안문화연구소 연구원), 복효근(전 전북작가회의 회장), 유범상(전북대 공과대 교수), 유화수(전 호원대 교수), 이경애(전북대 국문과 박사, 간행위원회 총무), 이민희(강원대학교 국어교육 과 교수), 이병천(소설가, 전북문화관광재단 이사장), 이원배(유족대표), 이태영(전북대 국문과 교수), 이희경(유족대표), 임귀택(전 익산시 여산 면 기초단체 의원), 임명진(전 전북대 국문과 교수), 이택회(전 남성고등학교 교사), 정군수(전 전북문인협회 회장), 황재문(서울대학교 규장각 한국학연구원 교수) * 가나다 순

간행 · 편집위원
위원장 : 김익두
위원 : 박태건 · 유범상 · 유화수 · 이경애 · 이민희 · 이택회 · 황재문

가람 이병기 전집 ❽

일기 Ⅲ

지은이 이병기
펴낸이 김동원
펴낸곳 전북대학교출판문화원

초판 1쇄 인쇄 2019. 10. 1
초판 1쇄 발행 2019. 10. 15

전북대학교출판문화원 전라북도 전주시 완산구 어진길 32 (풍남동2가)
전화 (063) 219-5321~2
FAX (063) 219-5323
출판등록 2012년 8월 20일 제465-2012-000021호

값 35,000원

ISBN 979-11-6372-046-1 04810
ISBN 979-11-87892-59-5(세트) 04810

이 도서의 국립중앙도서관 출판예정도서목록(CIP)은 서지정보유통지원시스템 홈페이지(http://seoji.nl.go.kr)와 국가자료공동목록시스템(http://www.nl.go.kr/kolisnet)에서 이용하실 수 있습니다. (CIP제어번호 : CIP2019036128)